Steven Carter / Julia Sokol
Nah und doch so fern

Steven Carter
Julia Sokol

Nah und doch so fern
Beziehungsangst und
ihre Folgen

Aus dem Amerikanischen
von Volker Englich

Wolfgang Krüger Verlag

Die amerikanische Originalausgabe erschien 1993
unter dem Titel *He's scared, she's scared*
im Verlag Delacorte Press, Bantam Doubleday
Dell Publishing Group, Inc., New York
Copyright © 1993 by Steven Carter and Julia Sokol Coopersmith
Deutsche Ausgabe:
© 1995 Wolfgang Krüger Verlag, Frankfurt am Main
Gesamtherstellung: Wagner GmbH, Nördlingen
Printed in Germany 1995
ISBN 3-8105-0347-9

Gedruckt auf chlor- und säurefreiem Papier

Für Max

Inhalt

Ein Wort an unsere Leser 8
Danksagung 9
Einführung 11

Teil 1
Angst vor dem, was man gern hätte

1 Von wessen Angst ist eigentlich die Rede? 23
2 Bindungsängste und Bindungswünsche 56
3 Vom Davonlaufen und Hinterherlaufen – aktive
  Bindungsprobleme 82
4 Von Opfern und netten Typen – passive
  Bindungsprobleme 116
5 »Ich liebe dich, aber...« 147
6 Distanz gewinnen 175

Teil 2
Ängste verstehen und Problemen
offen entgegentreten

7 Das eigene Verhalten durchschauen 199
8 Eigene Gefühle und Ängste erforschen 217
9 Den Problemmechanismus offenlegen 248
10 Bindungen eingehen, die zählen 282

Anhang
**Probleme bearbeiten, Beziehungen verändern
– ein Leitfaden für Sie und Ihren Partner**

1 Ein neues Verhalten erlernen 305
2 Bindungsphobische Beziehungen beenden 342

Ein Wort an unsere Leser

Wir sind Autoren, keine Therapeuten. Unsere Erkenntnisse beruhen in erster Linie auf eigenen Erfahrungen und auf Gesprächen mit zahlreichen Männern und Frauen, die von den Problemen, um die es in diesem Buch geht, in verschiedenster Weise betroffen sind.
Deshalb kann die Lektüre dieses Buches kein Ersatz für professionelle psychologische Hilfe sein. Damit werten wir weder die von uns vermittelten Informationen noch die persönlichen Erfahrungen, die uns in vielen Gesprächen anvertraut wurden, ab. Es muß aber klar sein, wo die Grenzen des Buches liegen. Die Probleme jedes Menschen sind einzigartig und verdienen individuelle Zuwendung. Unser Buch soll als Ausgangspunkt für diesen Prozeß dienen.

Danksagung

Ein Buch dieses Umfangs ließe sich wohl kaum ohne ein größeres Maß an Hilfe und Unterstützung vollenden. Wir möchten allen unseren Dank aussprechen, die in der einen oder anderen Weise mitgewirkt haben.
An erster Stelle danken wir ganz besonders den zahlreichen Männern und Frauen, die wir interviewen konnten und die uns dafür so großzügig ihre Zeit geopfert haben. Durch ihre Offenheit enthält das Buch einen wahren Schatz wertvoller Erfahrungen.
Dank gebührt auch unserer Lektorin Jackie Cantor für ihre intensive Unterstützung. Ohne ihre Hilfe wäre das Buch nicht zustande gekommen.
Unserer Agentin Barbara Lowenstein danken wir dafür, daß sie nie den Glauben an uns und unser Projekt verloren hat.
Einer Reihe von Personen haben wir Anerkennung für ihre kreativen Beiträge zu zollen: Peter Coopersmith, Frederick Friedel, Eric Weiss, Nancy Weiss, Donna Miller, Dr. Irene Harwood und M. J. Kelly. Ihnen allen herzlichen Dank.
Ganz besonderer Dank geht an jene, die auf ihre Weise unverzichtbar waren: Ken Starr, Michael Frankfurt, Helen Sokol, Marilyn und John Whitney, Sonja Eisenberg, Michael Petruzillo, Cheryl Pelavin, Cheryl Barnes Cabasso, Matt Stolper, Norman Haggie, Paul Trudeau, Stacey Cahn, Randy Levine Miller, Sheila Starr, Joshua Levine, Alfred und Sydelle Carter, Jane Brinker, Bob Tabian, Sloan Harris, Al Secunda, Leonard Post, Charles Bernstein, Chip Kaplan, Neil Anderson und Rita Williams.

Ein spezielles Dankeschön sei an Don Schimelfenig gerichtet – für sein Verständnis für all die am Telefon oder Computer verbrachten Stunden.

Und schließlich danken wir den Vierbeinern und Kindern – Paddington, Carla, Maggie, Tom und Huck – für ihre Liebe, ganz frei von Bindungsangst.

Einführung

Es gibt Menschen, die ihr Leben lang weder selbst Bindungsangst verspüren noch solche Angst bei anderen kennenlernen. Für viele ist dieses Problem dagegen ein wiederkehrendes und beherrschendes Thema in den meisten, wenn nicht sogar allen ihren Beziehungen.

Manche von Ihnen können sicher ein Lied davon singen, welche Rolle Bindungsprobleme für Sie spielen. Hier nur einige Beispiele:

- Wenn Sie jemanden lieben, der vor Ihnen und der Liebe, die Sie ihm geben wollen, davonläuft, dann müssen Sie sich mit seinen Bindungsproblemen auseinandersetzen.
- Wenn Ihr Wunsch nach »Raum für sich selbst« in allen Ihren bisherigen Beziehungen eine Rolle spielte, dann haben Sie zweifellos ein Problem mit fester Bindung und wissen das vermutlich auch.
- Wenn Sie nie in der Lage waren, eine feste Beziehung über längere Zeit zu erhalten, wie sehr und wie oft Sie es auch versucht haben, wissen Sie sicher um Ihr Problem.
- Wenn Sie das starke Bedürfnis haben, Ihre Unabhängigkeit als Single zu erhalten, und mit Ehe die Furcht verbinden, jemand würde Ihnen »die Flügel stutzen«, dann ist Ihnen Ihr Wunsch nach Vermeidung einer festen Beziehung wahrscheinlich bewußt.

Doch bei manchen von uns liegen Bindungsprobleme nicht so offen auf der Hand. Sie verbergen sich vielmehr in den unterschiedlichsten Gewändern:

- Wenn Sie feststellen, daß Sie idealisierte Phantasiegestalten realen Partnern mit all ihren Schwächen vorziehen, dann

erkennen Sie vielleicht nicht, welchen Einfluß Bindungsängste auf Ihr Leben haben.
- Wenn Sie sich immer wieder mit Partnern einlassen, die nicht zu Ihnen passen oder die nicht zu haben sind, dann entgeht Ihnen vielleicht, welchen Anteil Ihre eigenen Probleme am ständigen Scheitern Ihrer Beziehungen haben.
- Wenn Sie sehr kritisch sind gegenüber möglichen Partnern, dann ist Ihnen vielleicht nicht bewußt, inwieweit Bindungsprobleme die Ursache dafür sind.
- Wenn Sie nach einer gescheiterten Beziehung nicht wieder auf die Beine kommen, dann übersehen Sie vielleicht, wie stark dieser lähmende Zustand mit Ihren eigenen Ängsten zusammenhängt.
- Wenn etwas an Ihrer Art und Ihrem Lebensstil potentielle Partner abschreckt, dann ist Ihnen vielleicht nicht bewußt, welche Hürden Sie selbst errichten, um eine mögliche Bindung zu verhindern.

In diesem Buch wollen wir uns ausführlich mit den Problemen und Unsicherheiten, die das Thema »feste Bindung« umgeben, beschäftigen und herausfinden, inwieweit die Schwierigkeiten, die Männer und Frauen damit haben, dauerhafte Liebe und Geborgenheit zu finden, auf das Konto dieser Probleme gehen. Oft wird versäumt, sich mit den Ängsten auseinanderzusetzen, die feste Bindungen in uns auslösen, mit den komplizierten Wegen, die wir beschreiben, um feste Bindungen zu vermeiden, und damit, wie Bindungsprobleme in unserem Leben Chaos stiften können.

Wir hören oft von Männern und Frauen, die sehr viel Zeit und Energie darauf verwenden, um eine Beziehung zu festigen, gegen die sich der Partner vehement sträubt. Für sie ist es ausgesprochen schwer zu glauben, *sie selbst* hätten ein Bindungsproblem. Oft denken sie, daß sie die feste Beziehung im Gegenteil *zu sehr* wollten. Falls es Ihnen ebenso geht, können wir das sehr gut verstehen. Haben Sie etwas Geduld, wir werden Ihnen zeigen, wie Sie von Ihren eigenen Problemen in diese unangenehme Lage gebracht werden.

Viele Frauen werden zum erstenmal hautnah mit Bindungsproblemen konfrontiert, wenn sie eine Beziehung haben, in der der Partner unentschlossen ist. Wir werden deshalb versuchen, die verschiedenen Ängste und Unsicherheiten aus der Sicht beider Beteiligter – Mann und Frau – darzustellen, so daß Sie ein Gespür dafür bekommen, wie sie sich in Beziehungen äußern.

Wir wissen, wie gefährlich es ist, ganz allgemein von Bindungsangst zu sprechen. Es gibt eine Vielzahl von Gründen, warum Menschen Probleme haben, feste Bindungen einzugehen. Manche Frauen fürchten ganz zu Recht, in einer traditionellen Ehe, die ihnen wenig Entfaltungsspielraum läßt, »festzusitzen«. Männer sorgen sich eher, daß ihnen die Rolle des Ernährers und damit die finanzielle Hauptverantwortung für eine Familie aufgebürdet wird. Manche Menschen sträuben sich dagegen, eine Familie zu gründen, die vielleicht nicht besser funktionieren wird als die ihrer Eltern; andere zögern bei dem Gedanken an eheliche Treue oder bei der Vorstellung, daß die Liebe ein Leben lang halten soll. Manche haben realistische und verständliche Gründe; andere können sich nicht erklären, warum der Gedanke an eine feste Bindung ein Gefühl nagender Angst in ihnen auslöst. Es gibt sicher unzählige Gründe, warum feste Bindungen in Frage gestellt werden.

Wir müssen auch die verschiedenen Abstufungen des Problems berücksichtigen, das von Männern und Frauen oft ganz unterschiedlich erlebt wird. Bei manchen löst die Vorstellung einer festen Bindung nur leichtes Unbehagen oder ein bißchen Nervosität aus, während andere viel heftiger reagieren und wieder andere geradezu von Panik ergriffen werden – wir sprechen dann von Bindungsphobie. Manche Menschen werden schon nervös, wenn das Thema Ehe auch nur erwähnt wird; andere entdecken ihre Ängste erst nach dem Hochzeitstag.

Wir werden auf einige der Gründe für die Angst zu sprechen kommen und uns mit den verschiedenen Graden und Arten von Bindungsangst sowie den Bedingungen, unter denen sie auftreten, beschäftigen. In diesem Zusammenhang werden wir versuchen, Einblicke in »bindungsphobische Beziehungen« zu vermitteln – Beziehungen, die dadurch gekennzeichnet sind, daß ein Partner »mehr« will und der andere »mehr Raum für sich« beansprucht. Wir werden auch beleuchten was geschieht, wenn solche Beziehungen einen zwanghaften Charakter annehmen.

Jeder hat seine eigene Definition dafür, was er unter einer festen Bindung versteht. Für den einen ist es schlicht und ergreifend die Ehe, und weniger kommt nicht in Betracht; für den anderen bedeutet es die Bereitschaft, an einer festen Zweierbeziehung zu arbeiten; manche verstehen darunter auch einfach nur Nähe. Für wieder andere ist es ein bißchen von allem.

Wir definieren feste Bindung als das Versprechen, *mit guten Absichten* Partner in einer *monogamen, zeitlich unbegrenzten, verantwortungsvollen* und *realistischen* Beziehung zu sein. Dies erscheint uns vernünftig und allgemein genug gehalten. Von Bindung nur im Zusammenhang mit der Ehe zu sprechen, finden wir ebenso verkehrt wie die Ansicht, daß die Ehe an sich der Prüfstein für Bindungsphobien darstellt – aber darauf kommen wir noch zurück.

Gute Absichten sind das Wichtigste, das man in eine Beziehung einbringen kann. Ihr Stellenwert ist unendlich viel höher als der einer Heiratsurkunde, weil sie die Bereitschaft beinhalten, an der Beziehung zu arbeiten und Probleme auszuräumen. Das bedeutet nicht, daß man sich alles bieten läßt, nur damit die Beziehung bestehen bleibt, ebensowenig daß man sich zwingen soll, in einer unglücklichen oder unbefriedigenden Beziehung mit einem Partner auszuharren, der sich keine rechte Mühe gibt. Es muß unbedingt Ehrlichkeit und Offenheit in die Beziehung eingebracht werden. Gute Absichten bedeuten nicht, daß man lediglich alle verneinenden Regungen verheimlicht, sondern daß einem die Zukunft der Beziehung aufrichtig am Herzen liegt.

Monogamie ist ein notwendiges Ingredienz jeder festen Beziehung. Sicherlich denken manche anders darüber und halten diese Vorstellung für zu konservativ oder althergebracht. Es gibt auch Paare, die ihre Partnerschaft als fest und dauerhaft ansehen, einander aber sexuelle Kontakte mit anderen zugestehen. Trotzdem sehen wir Monogamie als einen wichtigen Bestandteil einer echten Bindung an.

Zeitlich unbegrenzt bedeutet offen für die Möglichkeit, die Beziehung unbefristet fortzusetzen. Eine zeitlich unbegrenzte Beziehung bietet Raum für Wachstum und Wandel und zugleich Schutz für die emotionale Investition beider Partner. Das bedeutet, daß Partner nicht nur zusammenbleiben, solange die Beziehung gut läuft, sondern daß sie auch die Bereitschaft mitbringen, bei Bedarf daran zu arbeiten. Zeitlich unbegrenzt beinhaltet einen optimistischen Blick in die Zukunft, keinen Blick nach vorn mit Schrecken.

Eine echte Bindung ist ohne die Übernahme von *Verantwortung* – für die Beziehung, den Partner und sich selbst – nicht denkbar. Verantwortung kann vieles heißen. Zum Beispiel sollte man nicht mehr versprechen, als man emotional halten kann, und keine Gefühle verbergen, die man ausdrücken kann. Verantwortungsvolles Verhalten ist das Versprechen, sensibel für die Gefühle des Partners zu bleiben und nicht davonzulaufen, wenn man Angst bekommt.

Von entscheidender Bedeutung ist schließlich eine *realistische* Einstellung. Sich fest an einen Menschen zu binden, setzt die Fähigkeit voraus, Phantasievorstellungen über Bord zu werfen und den Partner mit all seinen Fehlern, Schwächen und Marotten zu akzeptieren.

Gute Absichten, Monogamie, zeitliche Unbegrenztheit, Verantwortung und Realismus – das sind die Merkmale der Bereitschaft, eine Beziehung zu pflegen und selbst in Zeiten daran zu arbeiten, in denen es leichter wäre, einfach Schluß zu machen. Darin liegt für uns das Wesen einer festen Bindung.

Warum Sie dieses Buch lesen sollten

Meistens machen uns Menschen, denen wir etwas bedeuten, darauf aufmerksam, daß wir Bindungsprobleme haben. Vielleicht liest der eine oder andere von Ihnen dieses Buch ja auf Anraten von Freunden, die meinen, daß Sie vor einer wichtigen Beziehung davonlaufen. Oder man hat Ihnen gesagt, Sie fänden immer zuviel an anderen auszusetzen, um sich auf feste Beziehungen einzulassen. Wenn dem so ist, wird hier sicher kein Urteil über Sie gefällt. Daß Sie Probleme haben, heißt nicht, daß Sie ein schlechter Mensch oder irgendwie seltsam veranlagt sind. Sie sind einfach jemand, der mit seinen Ängsten ringt. Wir hoffen, daß die gründliche Auseinandersetzung mit der Rolle, die diese Ängste in Ihrem Leben spielen, hilfreich ist und Licht auf einige Aspekte Ihrer Probleme und Ihres Verhaltens in Beziehungen wirft.

Vielleicht lesen Sie dieses Buch, weil Sie einen Partner haben, der vor Ihrer Liebe davonläuft. Wir wissen, wie belastend das sein kann, und werden versuchen, Ihnen neue Wege für einen konstruktiven Umgang mit dieser Situation aufzuzeigen. Nachdem wir jahrelang Interviews geführt haben, sind wir davon überzeugt, daß sich Menschen mit Bindungsproblemen in gewissem Grade gegenseitig anziehen. Gehen Sie daher bitte offen an dieses Buch heran und verschließen Sie sich nicht von vornherein der Erkenntnis, daß auch Ihre eigenen Probleme möglicherweise mit daran schuld sind, wenn Sie in der Liebe immer wieder die falsche Wahl treffen. Wir hoffen aufrichtig, daß Ihnen die Einsicht in die Art und Weise, wie Bindungsangst Ihr Leben beeinflußt, helfen wird, die notwendigen Änderungen vorzunehmen und endlich die Liebe zu bekommen, die Sie suchen.

Zuwenig Beachtung für die Probleme der Frauen

Im Jahre 1987 brachten wir mit unserem Buch »Warum der Mann nicht lieben kann« das »Syndrom Bindungsphobie« erstmals in die Diskussion. Wir sind noch heute sehr stolz darauf, weil wir glauben, daß es vielen Menschen geholfen hat.

Doch inzwischen ist uns klargeworden, daß es ein Fehler war, die Ängste von Frauen nicht stärker zu berücksichtigen. Natürlich haben wir *erwähnt*, daß auch manche Frauen Barrieren gegen feste Beziehungen errichten, beließen es aber bei diesem kurzen Hinweis und wandten uns gleich dem Thema zu, das wir für das spannendere hielten.

Obwohl unsere Interviewpartner für »Warum der Mann nicht lieben kann« zufällig ausgewählt waren, sprachen die Frauen so gut wie nie über ihre eigene Bindungsangst. Statt dessen hörten wir einen Bericht nach dem anderen über Männer, die vor der Liebe geflohen waren. Andererseits berichtete keiner der befragten Männer über bindungsscheue Frauen, obwohl sie dazu jede Gelegenheit hatten. Sie konzentrierten sich vielmehr ganz auf die eigenen Ängste.

Inzwischen hat sich das Bild gewandelt. Eine skeptischere Generation ist herangewachsen, die schon so viel über Ehekrisen und kaputte Familien gehört hat, daß sie viel sensibler für die Probleme geworden ist, die sich um das Thema feste Bindung ranken. In den letzten acht Jahren, seit wir die ersten Interviews über Bindungsprobleme geführt haben, konnten wir einen tiefgreifenden Einstellungswandel feststellen. Die Frauen haben heute einen ausgeprägteren Sinn für die eigene Unabhängigkeit und Macht. Sie stellen die Vorteile traditioneller Beziehungen häufiger in Frage und wägen auch die Nachteile ab. Dabei entwickeln sie ein größeres Gespür für die eigenen Ängste und dafür, wie diese Einfluß auf ihr Verhalten in Beziehungen nehmen. Der Mann, der sich nicht binden kann, hat sein Pendant in der Frau gefunden, die sich auch gar nicht so sicher ist.

Eins ist uns aus den Briefen, die wir in den vergangenen Jahren erhalten haben, und aus den zahlreichen Gesprächen klargeworden: Bindungsangst ist keine ausschließliche Domäne der Männer. Dieses Syndrom überschreitet die Grenze zwischen den Geschlechtern. Sicherlich ist es bei Männern sehr häufig zu beobachten. Aber auch viele Frauen können ein Lied davon singen, und ihre Zahl nimmt ständig zu.
Anfangs war es leicht, den Männern die Schuld am Gros aller Beziehungskonflikte zu geben. Ihr destruktives Verhalten war nur zu offensichtlich. Heute wissen wir auch, wie sich die Bindungsprobleme von Frauen in ihrer Partnerwahl, ihren Vorstellungen, Gefühlen, Träumen und in ihrem Verhalten ausdrücken. Den Frauen, die wir kennen, liegt viel daran, selbst Verantwortung für ihr Leben und ihre Beziehungen zu übernehmen. Sie möchten nicht immer nur als Opfer gesehen werden, sondern die eigene Rolle in ihren Beziehungen begreifen und damit besser umgehen können.
Das heißt nicht, daß wir Männer von allen Sünden freisprechen und ihnen ihr gesamtes Repertoire an destruktiven Verhaltensweisen verzeihen. Es gibt immer noch viel zu viele Situationen und Beziehungen, in denen Männer ungerechterweise im Vorteil sind, und das sollte auch künftig nicht außer acht gelassen werden.
Seit dem Erscheinen von »Warum der Mann nicht lieben kann« haben wir jedoch gelernt, daß es noch eine andere Seite bindungsphobischer Beziehungen gibt, eben die der Frau, die aus Gründen, denen wir in diesem Buch nachgehen wollen, ihren Teil zu den Problemen beiträgt. Sie kann eine aktive oder eine passive Rolle einnehmen. Aber eine Rolle spielt sie zweifellos.
Immer mehr Frauen erkennen, daß sie sich selbst viel zu stark unter Heiratsdruck setzen. Viele dieser Frauen sind es satt, Schuldgefühle zu haben, weil sie elterlichen Erwartungen oder gesellschaftlichen Normen nicht gerecht werden. Wir möchten nicht, daß sie sich von uns noch mehr unter Druck gesetzt fühlen. Es geht uns in diesem Buch nicht um die Frage, ob man

Single bleiben oder heiraten sollte, sondern darum, die eigenen Verhaltensmuster zu verstehen, richtige Entscheidungen zu treffen und belastende, krankmachende Beziehungen zu vermeiden.

Unsere eigenen Bindungsängste

Wir haben angefangen, über Bindungsängste zu schreiben, weil wir selbst viele Jahre damit zu kämpfen hatten: mit Angst, der Flucht aus Beziehungen und Beziehungen mit Partnern, die vor uns davonliefen. Als Autoren geht es uns also sowohl um den wissenschaftlichen Aspekt als auch darum, uns selbst besser zu verstehen. Bindungsprobleme gehen uns genauso an wie unsere Leser, wir stehen nicht über den Dingen.

Bindung als freie Entscheidung

Bindungsängste sind ein Teil des Preises für die Freiheit, seine eigene Wahl treffen zu können. Diese Freiheit bringt die Gefahr mit sich, sie wieder zu verlieren. Das ist ein wichtiger Aspekt. Bindungsangst selbst ist nicht das Problem. Doch wenn Sie oder jemand anders darunter leiden, wird sie dazu.
Es ist wichtig, sich darüber klarzuwerden, wie das eigene Verhalten andere verletzen kann. Aus solcher Einsicht kann man Konsequenzen ziehen und Änderungen vornehmen. Wir beschäftigen uns deshalb im Schlußteil dieses Buchs in zwei Abschnitten mit Möglichkeiten, wie beide Partner einer Beziehung ihr Verhalten ändern können.
Von Bindungsproblemen ist zwar heute mehr die Rede denn je zuvor, aber das heißt keineswegs, daß die meisten von uns

nicht mehr an festen Beziehungen interessiert wären. Viele wollen trotz aller Ängste und Unsicherheiten wissen, wie sie feste, dauerhafte Beziehungen aufbauen und bewahren können. Sie möchten wissen, wie sie den richtigen Partner finden, wie sie selbst zum richtigen Partner werden und wie sie dem Ziel einer festen Bindung am besten näherkommen.

Teil 1

**Angst vor dem,
was man gern hätte**

»Jedesmal, wenn wir fast soweit sind, uns fest zu binden, tut einer von uns etwas, damit nichts daraus wird.«
Jonathan, 28

»Bei dem Gedanken an Ehe und Familie packt mich die Angst... Ich will ja Liebe, aber wenn ich mir vorstelle, mit einem ganz normalen Ehemann und Kindern unter einem Dach zu wohnen, kriege ich das Grauen.«
Marcie, 32

»Barbara ist eine tolle Frau, aber heiraten will ich sie nicht... jedenfalls noch nicht. Ich will ihr nicht wehtun, aber das läßt sich wohl kaum vermeiden. Entweder heirate ich sie und mache sie glücklich, oder ich weigere mich und breche ihr das Herz.«
Daniel, 36

»Er will mehr von mir als ich von ihm. Ich will ihn nicht verlieren, aber er soll mich nicht immer mit Fragen über unsere Zukunft bombardieren.«
Angela, 33

»Alle Männer, an denen mir wirklich etwas lag, konnten Nähe nicht ertragen. Liegt es an mir? Liegt es an ihnen? Was stimmt eigentlich nicht?«
Nancy, 39

»Ich habe eine Verlobung scheitern lassen, bin einmal geschieden und habe mindestens ein halbes Dutzend ernsthafte Beziehungen abgebrochen, weil ich mich nicht festlegen kann. Insofern habe ich schon einiges auf dem Kerbholz... Aber wenigstens bin ich ehrlich.«
Robert, 45

1
Von wessen Angst ist eigentlich die Rede?

In gewissem Grade sind wir alle zwischen zwei essentiellen Wünschen hin- und hergerissen. Auf der einen Seite hat jeder von uns das Verlangen, mit einem anderen Menschen zu einer Einheit zu verschmelzen. Andererseits empfinden wir ein ebenso grundlegendes Bedürfnis nach Unabhängigkeit und der Freiheit, eigene Entscheidungen ungehindert und ohne Zwang zu Kompromissen zu treffen. Der Konflikt zwischen diesen beiden diametralen Gegensätzen und seine Lösungsmöglichkeiten sind ein wichtiges Thema unseres Buches.
Wer eine feste Bindung mit einem anderen Menschen eingeht, muß zwangsläufig Kompromisse und eine gewisse Einschränkung seiner Freiheit in Kauf nehmen. Nicht selten entstehen Zorn, Angst und Unsicherheit. Wer sich andererseits nicht bindet, zahlt einen emotionalen Preis in Form von Einsamkeit und dem Gefühl, etwas zu versäumen beziehungsweise nicht richtig dazuzugehören. Es ist ein Dilemma, dem niemand entrinnen kann.
Seit Jahren ist die Rede davon, wie schwer sich Männer mit festen Bindungen tun. Der »widerspenstige Bräutigam« ist eine bekannte Figur in unserer Gesellschaft. Ebenso gibt es aber Frauen, denen die Angst im Nacken sitzt. Manche gestehen ihre Probleme und Ängste offen ein. Sie fürchten, in einem konventionellen Haushalt an Heim und Herd gebunden zu sein. Ein schönes Häuschen mit Garten und Jägerzaun ist für sie keine Wonne, sondern ein Alptraum.
Aber was ist mit der Frau, die sagt, daß ihr genau das vorschwebt, sie es aber nicht finden kann? Nur schwer kann sie sich vorstellen, daß sie womöglich selbst vor einer dauerhaften

Beziehung davonläuft. Rückblickend kommt ihr vor allem die Liebe, Zuneigung und Bindungsbereitschaft in den Sinn, mit der sie die Männer, mit denen sie zusammen war, überschüttet hat. Ihre Einstellung läßt sich so zusammenfassen: Her mit den Männern, die jeden Abend zur gleichen Zeit von der Arbeit heimkommen; her mit den Babys, den Grillabenden im Garten und dem gemeinsamen Bankkonto. Erklären Sie ihr, sie selbst hätte Probleme mit festen Bindungen, wird sie erwidern: Aber ich doch nicht! Da sollten wir mal lieber mit den Männern in ihrem Leben reden. Sie seien es, die Probleme hätten. Dem Punkt wollen wir auch gar nicht widersprechen, aber sicherlich hängen ihre Probleme direkt damit zusammen, daß sie die Liebe, die sie sucht, nicht finden kann. Zu ihrem eigenen Schutz müßte diese Frau mehr über das Verhalten ihres Partners wissen, aber auch sich selbst besser verstehen.

Es ist noch gar nicht lange her, daß Männer und Frauen den Bund fürs Leben schlossen, ohne viele Fragen zu stellen. Die gesellschaftliche Norm wollte es so, und die meisten handelten konform. Wer sich sträubte, galt als komischer Kauz, alte Jungfer, Außenseiter, Muttersöhnchen oder Dummkopf. So einfach war das.

Man ging davon aus, daß Männer heiraten mußten, um regelmäßig Sex zu haben und damit jemand da war, der für sie kochte, das Geschirr abwusch und die Kinder versorgte. Frauen wiederum brauchten einen Vater für ihre Kinder, einen Beschützer und jemanden, der das Geld verdiente. Natürlich war beiden Geschlechtern auch an Liebe und Kameradschaft gelegen, aber so, wie die Dinge nun einmal lagen, waren Ehepartner in erster Linie dazu da, grundlegendere Bedürfnisse zu befriedigen. Niemand konnte sich vorstellen, daß Männer womöglich auch ganz passabel kochen, das Baby wickeln oder Wäsche waschen könnten. Und natürlich glaubte niemand, Frauen könnten im Berufsleben Erfolg haben.

Ehe beinhaltete mehr als Leidenschaft und Gefühle, sie war eine ausgesprochen praktische Lösung für die handfesten Probleme des Alltags. Aber dann geriet plötzlich alles in Bewegung, und es wurde kräftig an ihren Fundamenten gerüttelt.

Der Einstellungswandel begann in den sechziger Jahren. Die Antibabypille kam auf den Markt und verschaffte allen Frauen die Möglichkeit, ganz legal und bequem zu verhüten. Dann präsentierten Masters und Johnson 1966 ihre Arbeiten, und die »sexuelle Revolution« nahm ihren Lauf. Sie veränderte sofort die Einstellung zum Thema Bindung. Am wichtigsten dürfte gewesen sein, daß man nicht mehr in einer festen Beziehung leben mußte, um sexuell oft genug zum Zuge zu kommen. Diese Botschaft wurde am schnellsten von den Männern registriert, die scharenweise feststellten, daß sie nicht mehr vor den Traualtar treten mußten, um Frauen zu überreden, das Bett mit ihnen zu teilen. Es dauerte nicht lange, bis sich Frauen zu Wort meldeten und darüber klagten, daß ihre Freunde »Probleme« mit festen Beziehungen hatten. Plötzlich schien die Männerwelt von einer Epidemie erfaßt zu sein, deren Symptom darin bestand, die klassische Form der Ehe zu vermeiden. Wir alle kennen die Geschichten von Männern, die mehr Zeit oder Raum für sich brauchten, die sich nicht ganz sicher waren, die noch nicht genug Frauen gehabt oder zu oft die falschen kennengelernt hatten. Unterdessen lernten die Männer aber auch, im Haushalt ziemlich gut allein zurechtzukommen.

Mitte der siebziger Jahre begann die Frauenbewegung Früchte zu tragen. Das Selbstbewußtsein der Frauen im Berufsleben wuchs, und es gab immer mehr junge Frauen, die sich auch ohne »bessere Hälfte« zu behaupten wußten. Auch andere Einstellungen veränderten sich. Der Status alleinerziehender Mütter ist zwar nach wie vor oft mit finanziellen Schwierigkeiten verbunden, er gilt indes nicht mehr wie einst als Schande. Viele Frauen wählen ihn heute bewußt. Und vergessen wir auch nicht all jene, die sich fragen, ob sie überhaupt die Mutterrolle spielen wollen. Heute erleben wir die erste Generation von Frauen, die nach der Zeit der Frauenbewegung aufgewachsen sind. Jeden Tag entscheiden sich mehr und mehr von ihnen gegen traditionelle Bindungen, sie können sich ein erfülltes Leben auch ohne Ehemann vorstellen.

Wie war es vor der sexuellen Revolution? Hatte denn niemand Angst vor festen Bindungen? Und wie war es zu Großmutters Zeiten? Natürlich gab es auch damals Bindungsangst. Schließlich handelt es sich um eine ganz natürliche Reaktion des Menschen. Wägt man jedoch die Angst davor, in einer Ehe »festzusitzen«, gegen die Probleme ab, die man sich auflud, wenn man unverheiratet blieb – soziale Ächtung, wirtschaftliche Unsicherheit, selten oder nie Geschlechtsverkehr –, dann wird schnell klar, daß die Angst vor dem Alleinbleiben größer sein mußte als die Angst vor ehelicher Enge. Heute gibt es mehr Alternativen, besonders für Frauen, und weniger Gründe, Angst vor dem Alleinbleiben zu haben.

Natürlich ist die Wirklichkeit damit sehr vereinfacht dargestellt. Bei jedem Menschen sind die genauen Umstände und wirtschaftlichen Verhältnisse anders. Tatsache ist aber, daß die Notwendigkeit, feste Bindungen einzugehen und beizubehalten, nicht mehr die gleiche ist wie früher – ob man nun Angst hat oder nicht. Und für die meisten von uns bringt das Probleme mit sich.

An die weiblichen Leser

Männer mit Bindungsangst sagen sich oft, ihre Ängste würden mit der Zeit schon verschwinden und sie könnten ja, selbst wenn das erst mit Mitte Vierzig oder älter geschähe, immer noch heiraten und eine Familie gründen. Frauen sehen sich wegen des Tickens ihrer biologischen Uhr selten in der Lage, der Zukunft so gelassen entgegenzusehen. Erschwerend wirkt, daß es die Gesellschaft kaum akzeptiert, wenn Frauen mit der gleichen Freiheit, die Männern zugestanden wird, direkt nach einem Liebespartner suchen. Auch die emanzipierteste Frau muß bei der Partnersuche feststellen, daß sie nicht viel mehr tun kann, als geduldig auf den Richtigen zu warten.

Frauen, die von ihren Eltern unter Druck gesetzt werden, rasch zu heiraten und Enkel in die Welt zu setzen, stecken oft in einem noch komplizierteren Dilemma. Die Unfähigkeit, in diesem Bereich die gewünschte »Leistung« zu bringen, gibt ihnen das Gefühl zu versagen. Für Frauen stellt der Druck zu heiraten gepaart mit dem Wissen, daß die Entscheidung darüber nicht allein in ihren Händen liegt – es muß ja erst ein Mann den Antrag machen –, häufig eine ungeheure Belastung dar. Viele begraben ihre Bindungsängste deshalb in besonders selbstzerstörerischer Weise.

Somit sind Frauen, die es versäumen, sich mit den eigenen Bindungsproblemen auseinanderzusetzen, benachteiligt: Sie wissen nicht, welchen Einfluß versteckte Konflikte auf ihre Partnerwahl nehmen, geraten folglich oft in Beziehungen mit destruktivem Charakter und leben ihre Ängste passiv aus, indem sie sich mit Männern einlassen, die nicht zu ihnen passen oder die emotional nicht »zu haben« sind.

Wie sich das Bindungsdilemma äußert

Jeder, der einen Konflikt zwischen Freiheit und Bindung spürt und nicht weiß, wie sich dieser Konflikt in seinem Leben äußert, läuft Gefahr, all seine Beziehungen ungewollt zu sabotieren. Wenn Sie nicht wissen, was Sie empfinden und wie Ihre Gefühle Ihr Handeln bestimmen, wird sich diese Ambivalenz mit großer Wahrscheinlichkeit in Ihrem Verhalten niederschlagen. Das bedeutet, daß Sie aller Voraussicht nach eine ganze Serie von Beziehungen eingehen werden, in denen es nie richtig klappt, weil entweder Sie die Flucht ergreifen oder Ihr Partner davonläuft.

Feste, auf tiefer Verbundenheit beruhende Beziehungen fallen

niemandem in den Schoß. Man muß zudem viel Arbeit investieren, um sie zu pflegen. Noch schwieriger ist es, wenn Sie gar nicht wissen, wie Sie von den eigenen Bindungsproblemen zur Wahl von Partnern verleitet werden, bei denen das Scheitern der Beziehung vorprogrammiert ist. Überall berichtet man uns über derartige Fälle. Sie handeln meist von Männern und Frauen, die verkünden, daß sie eine feste Beziehung wollen, deren Verhalten aber genau das Gegenteil ausdrückt. Tom, 31 Jahre alt und von Beruf Vertreter, zählt zu dieser Kategorie.
Seit Jahren muß Tom sich von allen Seiten anhören, daß er ein Problem hat. Seine Freundinnen, seine Eltern, seine Freunde – alle halten ihm vor, er hätte Angst vor einer festen Bindung. Tom versteht zwar diese Vorhaltungen, aber aus seiner Sicht ist alles anders. Hier ist seine Geschichte.
Mit 24 Jahren stand Tom kurz davor, sich mit Angela zu verloben, mit der er seit zwei Jahren ging. Sie war intelligent, nett, liebevoll und ganz verrückt nach ihm. Angela glaubte fest an eine gemeinsame Zukunft, als Tom sich plötzlich zurückzog. Er verschob die Verlobung und sprach davon, daß er noch etwas Zeit benötigte.
Angela gab sich große Mühe zu verstehen, was in Tom vorging, aber er wußte es ja nicht einmal selbst. Auf seinen Vorschlag hin beschlossen die beiden, sich einen Monat lang nicht zu sehen. In dieser Zeit lernte Tom Reba kennen, eine geschiedene Mutter von 32 Jahren, und verliebte sich stürmisch. Reba war zuerst weniger hingerissen; sie fand Tom sehr attraktiv, hielt ihn aber für zu jung und finanziell noch zu unsolide, um ihr und den beiden Kindern die gewünschte materielle Sicherheit geben zu können.
Die Beziehung dauerte drei Jahre. Tom mußte immerzu an Reba denken oder von ihr erzählen – von ihren Bedürfnissen, den Wünschen ihrer Kinder und Rebas Ansprüchen an ihn. Besonderen Gefallen fand er daran, für Reba den Ehemann zu spielen und für die Kinder den Vaterersatz. Seine Bemühungen wurden belohnt. Davon überzeugt, sie und Tom würden für

die Kinder ein gutes Elterngespann abgeben, begann Reba, in der Nachbarschaft Ausschau nach einer größeren Wohnung zu halten, die Tom mehr Platz für seine Arbeit bot.
Nachdem sie fündig geworden war, kamen Tom Zweifel. Immerhin war Reba inzwischen 35, ihre Kinder kamen demnächst in die Pubertät, und sie wollte ein drittes Kind, bevor es zu spät war. Plötzlich sah Tom alles wie durch eine dunkle Brille. Er schaute Reba an, und wo er einst nur makellose Haut gesehen hatte, entdeckte er nun Krampfadern. Wo er einst entzückende Kinder erblickt hatte, dachte er jetzt an rebellische Teenager und hohe College-Gebühren. Und wo er sich einst über die Annehmlichkeiten des Zusammenlebens mit Reba gefreut hatte – köstliches Essen, gute Gespräche, behagliche Nähe –, fühlte er sich nun gelangweilt, eingeengt und vorzeitig gealtert. »Muß ich das eigentlich haben?«, fragte er seine Freunde.
Aber Tom war innerlich zutiefst unentschlossen. Er fühlte sich Reba sehr zugetan und war sexuell und emotional von ihr abhängig. Es fiel ihm schwer, auch nur eine Nacht ohne sie zu verbringen. Zwei qualvolle Jahre vergingen, bis die beiden sich endgültig trennten. Als Tom seine Unsicherheit zur Sprache brachte, fühlte sich Reba verraten und verkauft. Sie war sehr wütend, auch wegen der Kinder, die ihren Ersatzvater mittlerweile ins Herz geschlossen hatten.
Tom hatte enorme Schuldgefühle und fragte sich unentwegt, was er eigentlich empfand und warum. Reba versuchte während der zwei Jahre, in denen die Beziehung auseinanderging, immer wieder herauszufinden, was sie tun könnte, um die Sache wieder ins Lot zu bringen. Es war ein ständiges Hin und Her. Mehrmals trennten sich Tom und Reba und fanden wieder zusammen. Irgendwann wurde die Situation unerträglich. Reba erklärte, sie hätte genug, und Tom widerstand dieses Mal dem Drang, sie anzurufen, wenn ihn bei der Vorstellung, daß sie mit einem anderen ausging, die alte Eifersucht überkam.
Durch die Beziehung mit Reba war Tom vorsichtiger gewor-

den. Er hatte den festen Vorsatz, nicht so schnell etwas Neues anzufangen. Statt dessen baute er die Kontakte mit seinen Freunden aus, unterhielt freundschaftliche Beziehungen mit mehreren Frauen und fing erst allmählich wieder an, mit der einen oder anderen auszugehen. Er lernte viele Frauen kennen, doch ihm gefiel keine. Noch mit Reba zusammen, hatte er einigen sehnsüchtig hinterhergeschaut, doch nun kamen sie ihm alle launisch und unreif vor, mit nichts als ihren Karrieren und materiellen Wünschen im Sinn. Tom wollte eine feste Beziehung mit der Richtigen eingehen – wenn er sie doch nur finden könnte. Wenn ihm doch nur jemand wie er selbst über den Weg liefe – eine Frau, die das gleiche suchte wie er. Eine, die intelligent war und seine Probleme verstehen konnte.

In dieser Phase lernte er Susan kennen. Sie war 27, und in der Chronik ihrer Liebesbeziehungen standen bisher drei Einträge: einmal heftig verliebt und zwei ernsthafte Beziehungen. Verliebt hatte sie sich im College in ihren Englischdozenten, der gerade dabei war, sich von seiner Frau scheiden zu lassen. Im wesentlichen bestand das Verhältnis der beiden aus abgesagten Treffen, heimlichen Telefonaten und schmachtenden Blicken im Seminar. Intime Begegnungen gab es nur selten, aber Susan mußte immer daran denken. Als sich der Dozent und seine Frau wieder versöhnten, brauchte Susan Monate, um über die Enttäuschung hinwegzukommen. Das dauerte fast zwei Jahre. Während ihre Freundinnen mit jungen Männern aus waren, saß sie allein zu Hause, träumte von ihrem verheirateten Schwarm und las alle Bücher, die er je erwähnt hatte.

Erst nach dem College fing Susan wieder an, mit Männern auszugehen. Sie lernte einen erfolgreichen Jungunternehmer kennen und verlobte sich mit ihm. Beide Elternpaare waren entzückt, Susan machte es eher nervös. Nachdem sich die erste Begeisterung gelegt hatte, kamen ihr Bedenken. Sie hatte keine Lust auf das Leben einer jungen Hausherrin. Sie wollte selbst im Beruf etwas erreichen und begann sich auch zu fragen, ob sie nicht vielleicht zuwenig Erfahrung mit Männern gesam-

melt hatte. Sie war überzeugt, ihren Verlobten wirklich zu lieben, doch als der Termin zur Hochzeit näherrückte, wurde sie immer deprimierter. Sie bekam Alpträume, die ganz offensichtlich mit ihren Zweifeln zusammenhingen. Als sie ihren Freundinnen das Herz ausschüttete, versicherten ihr alle, daß sie ihre Zweifel schon überwinden werde und überhaupt froh sein könne, einen so netten Typ gefunden zu haben.
Zwei Wochen vor der Hochzeit, als bei einem Essen mit ihrem Verlobten und beiden Elternpaaren in einem Restaurant die letzten Einzelheiten für das Fest geplant werden sollten, wurde ihre Unruhe so stark, daß sie befürchtete durchzudrehen. Susan blieb fast die Luft weg, und sie hätte laut schreien mögen. Sie sah sich als Figur in einem Film und stellte sich vor, sie würde mit dem Kellner durchbrennen. In diesem Augenblick sah jeder andere Mann in dem Saal attraktiver, interessanter und begehrenswerter aus als der, den sie heiraten sollte.
Wieder zu Hause, weinte sie und sprach mit ihrer Mutter. Ihre Mutter weinte und sprach mit ihrem Vater. Die beiden halfen ihr, es dem Verlobten beizubringen. Es war entsetzlich. Danach hatte Susan das Gefühl, sie müßte einen ganz neuen Weg einschlagen, und suchte sich als erstes eine Stelle in einer anderen Stadt. Dort begegnete sie Ben.
Ben war das Gegenteil von ihrem Exverlobten – romantisch, interessant, spontan, gefühlvoll. Wie Susan war auch er auf der Suche nach einer Bleibe, und als er fragte, ob sie sich nicht zusammen etwas suchen wollten, ergriff sie die Gelegenheit, obwohl sie sich noch keine drei Wochen kannten. Noch nie hatte ein Mann so stark auf sie gewirkt wie Ben. Schon bald entdeckte sie, daß die Kehrseite seines Wesens darin bestand, daß er sich oft längere Zeit übellaunig zurückzog, nicht redete und sich ihr in jeder Hinsicht verweigerte, auch sexuell. Aber sie war schon so in Ben verliebt, daß ihn diese Rückzugsphasen nur noch interessanter zu machen schienen. Susan wurde zum Experten für Bens Seelenleben, seine Kindheit, seine Ängste und seine Ambitionen.
Als Musiker war Ben abends oft unterwegs. Nach sechs Mo-

naten hatte Susan handfeste Beweise, daß Ben nicht immer arbeitete, wenn er weg war. Sie mußte erkennen, daß er untreu, unzuverlässig und unaufrichtig sein konnte. Es lief immer nach dem gleichen Muster ab: Ben kam zu spät nach Hause, sie stritten sich, Susan weinte, er zog sich zurück, Susan ebenfalls, sie vertrugen sich wieder. Jedesmal, wenn Ben aus dem Haus ging, hatte Susan den Verdacht, er würde sich mit einer anderen treffen. Manchmal tat er das auch, doch selbst wenn nicht, war sie furchtbar angespannt und nervös. Sie hatte Angst, er würde nicht zurückkommen. Sie hatte Angst, ihm würde etwas zustoßen. Und sie machte sich Gedanken, wie sie wohl ihre Abhängigkeit von ihm verringern könnte.

Doch dann ging es aufwärts mit der Beziehung. Ben schien gefestigter, und Susan begann zu hoffen, es würde alles gut werden. Auf einmal, es war am Silvestermorgen, eröffnete er ihr, daß er sie verlassen wollte. Er hatte sich in eine andere Frau verliebt und plante, sie zu heiraten. Susan hatte in der neuen Stadt nur wenige Freunde und verbrachte über ein Jahr in einsamer Depression. Nachdem Ben fort war, malte sie sich die Zeit mit ihm in der Phantasie wunderschön aus. Sie vergaß den häufigen Streit und die qualvollen Nächte allein, sah nur noch die romantische Anfangsphase ihrer Liebe, den tollen Sex und das, was hätte sein können. Sie war untröstlich und brauchte länger, um über den Bruch hinwegzukommen, als die Beziehung insgesamt gedauert hatte. Irgendwann verblaßte die Erinnerung an Ben, die Welt sah wieder etwas freundlicher aus, und sie begegnete Tom.

Als Susan und Tom ihre Beziehung begannen, wußten sie folgendes von einander:

- Beide kannten die gescheiterten Verlobungen des anderen und hatten Verständnis für dessen Angst, zu früh in einer traditionellen, »langweiligen« Ehe gefangen zu sein.
- Susan wußte von Toms Beziehung mit Reba und bewunderte seine Bereitschaft, für eine Frau und deren Kinder zu sorgen. Sie sah darin ein Zeichen von Verläßlichkeit. Für

seinen Rückzieher hatte sie Verständnis, weil Reba älter war als er und hätte wissen müssen, daß so etwas nicht gutgehen könne.
- Tom wußte von Ben und hatte den Eindruck, daß Susan von einem Widerling, der sie nicht verdiente, sitzengelassen worden war.

So nahm die Beziehung der beiden ihren Lauf. Zuerst sagte Susan immer zu, wenn Tom mit ihr ausgehen wollte, und sie trafen sich drei- bis viermal wöchentlich. Nach ungefähr drei Monaten erklärte Susan, die Beziehung würde sie zu sehr strapazieren; wenn sie immer mit Tom zusammen wäre, hätte sie nicht genug Zeit für sich selbst. Tom gestand, daß er ganz ähnlich empfand. Unter Hinweis auf die viele Arbeit im Büro schlug er vor, daß sie sich eine Weile nur noch an den Wochenenden sehen sollten. So ging es einen Monat, aber dann ergaben sich immer wieder neue Anlässe, und sie trafen sich auch in der Woche. Susan erklärte wieder, daß ihr mit der Beziehung alles zu schnell ging, und sie beschlossen, sich seltener zu sehen, einander aber auf jeden Fall treu zu bleiben.

In den nächsten Wochen telefonierten sie jeden Abend, trafen sich einmal während der Woche kurz zum Essen und sahen sich wie bisher an den Wochenenden. Der große Unterschied bestand darin, daß sie nicht mehr automatisch die Nacht zusammen verbrachten. Einmal mußte Tom in dieser Zeit dienstlich nach San Francisco. Auf dem Flug lernte er eine besonders nette, gutaussehende Frau kennen. Sie unterhielten sich die ganze Zeit, tranken etwas zusammen, und es kam Tom vor, als ob sie etwas von ihm wollte.

Tom hatte nicht vor, Susan untreu zu werden, stellte sich aber die Frage, woran er eigentlich mit ihr war. Wenn er auf andere Frauen verzichtete, um die monogame Beziehung mit Susan fortzusetzen, dann mußte es seiner Meinung nach auch endlich vorangehen. Er begann, sich kritisch zu äußern und hielt Susan vor, sie würde nicht genug für die Beziehung tun. Er wollte mehr von ihr. Sie erwiderte, daß sie ihn zwar verstehen könne, aber mehr Zeit brauche. Zeit und Raum für sich.

Unterdessen hatten sich beide gegenseitig Eltern und Freunden vorgestellt. Toms Mutter war begeistert. Sie hielt Susan für geeignet, ihren Sohn richtig »anzufassen«, und prophezeite, sie werde ihn schon mit der Zeit dazu bringen, sich selbst die Schlinge um den Hals zu legen und ihr einen Heiratsantrag zu machen. Susans Mutter war von Tom ebenfalls sehr angetan, wenn er auch nicht soviel Geld verdiente wie Susans Exverlobter. Sie hatte Angst, daß ihre Tochter am Ende gar keinen Mann abbekommen würde und als alte Jungfer enden müßte.

Während Susan und Tom versuchten, sich Klarheit über ihre Beziehung zu verschaffen, hielt Tom regelmäßigen Kontakt mit der Frau aus dem Flugzeug. Er war sich allerdings sicher, daß er nicht auf sie zugehen würde, selbst wenn es mit Susan nicht klappen sollte. Toms neue Bekanntschaft hatte ihm bereits signalisiert, daß sie unbedingt heiraten und ein Kind bekommen wollte, und besonders die Aussicht auf ein Kind machte ihn sehr nervös. Immerhin bekam er auf diese Weise vermittelt, daß er als Mann attraktiv war, und das tat ihm gut.

Tom und Susan feierten ihren ersten Jahrestag. Einen Monat später kam Tom nach einer besonders romantischen Nacht spontan aufs Heiraten zu sprechen. Susan wußte genau, daß sie heiraten und auf jeden Fall Kinder haben wollte. Und sie war sich auch ganz sicher, daß sie Tom liebte. Ihr war bloß nicht hundertprozentig klar, ob Tom für sie der richtige Mann war. Sie zögerte. Tom war darüber verärgert und drängte sie, sich stärker festzulegen. Er machte ihr klar, daß ihm wirklich an einer funktionierenden Beziehung gelegen sei, und Susan entgegnete, daß sie ernsthaft übers Heiraten nachdenken wolle, wenn erst die persönlichen Unstimmigkeiten zwischen ihnen ausgebügelt seien.

Tom kam es vor, als würde Susan jede Woche einen neuen Grund finden, um noch länger mit der Entscheidung warten zu können, wo ihre Beziehung hinführen solle. Susan argumentierte, daß sie noch etwas Zeit brauche, um innerlich

seßhaft zu werden, hatte aber auch Angst, daß Tom trotz aller gegenteiliger Beteuerungen eigentlich jemanden suchte, der die traditionelle Rolle der Ehefrau und Mutter spielen will, was für sie nach eigener Überzeugung nie in Frage käme. Sie schwankte zwischen dem Gefühl, ihr würde die Luft abgeschnürt – fast so wie bei ihrem Exverlobten –, und der Heidenangst, ihn zu verlieren.
Tom hielt Susan wegen ihrer bisherigen Erfahrungen mit Männern für unfähig, ihm zu vertrauen. Er war hin- und hergerissen zwischen dem Wunsch, ihr zu beweisen, daß er anders sei und ihr Vertrauen verdiene, und dem Wunsch, einfach alles hinzuwerfen. Obwohl er Susan liebte, ärgerte ihn doch zunehmend ihre »Hinhaltetaktik«, so daß er mit dem Gedanken spielte, auch mit anderen Frauen auszugehen, und sich fragte, ob er überhaupt an so etwas denken würde, wenn es mit Susan wirklich Liebe wäre. Zudem beschlich ihn ein ganz komisches Gefühl, sobald er sich die Realität einer Ehe mit Susan vorstellte. Hatten seine Freunde recht? War er wirklich nur so lange an einer Frau interessiert, wie es so aussah, als sei sie schwer zu kriegen? Und machte er jedesmal sofort einen Rückzieher, wenn es ernst werden könnte? Tom wußte, er wollte eine feste Beziehung; eine gewisse Freiheit wollte er aber trotzdem behalten. Mit der richtigen Frau wäre sicher beides möglich. War Susan doch nicht die Richtige für ihn?
Hat Tom ein Bindungsproblem? Und was ist mit Susan, die sich nicht festlegen mag? *Was geht in dieser Beziehung schief?*

Weder Tom noch Susan sind in der Lage, die Widersprüche des eigenen Verhaltens beim Aufbau ihrer Beziehung zu durchschauen. Das zeigte sich darin, welche Entscheidungen sie getroffen und welche sie vermieden haben, wie sie Beziehungen eingegangen sind und wieder beendet haben und auch darin, wie sie ihre Gefühle beschreiben. Beide behaupten, sich nichts sehnlicher zu wünschen als den richtigen Partner für eine feste, dauerhafte Beziehung. Wir glauben dagegen, daß die beiden nur nicht erkennen, wie sie sich diese Möglichkeit immer wieder selbst verbauen.

So gesteht Tom ein, daß er nicht recht weiß, was er eigentlich will. Da er schon zwei Frauen mit seinem Handeln verletzt hat, ist er nicht frei von Schuldgefühlen. Dennoch meint er, daß er mit seinen Beziehungen in der Vergangenheit im Grunde einfach nur Pech hatte, und glaubt fest daran, daß seine Probleme schon verschwinden werden, wenn er erst die Richtige findet und vor den Traualtar führt.

Susan erscheint der Gedanke, sie könnte Bindungsprobleme haben, noch abwegiger als Tom. Ihre gescheiterte Verlobung beweist in ihren Augen allenfalls, daß der Verlobte nicht der Richtige war. Sie weiß, daß mindestens zwei der Männer, die in ihrem Leben eine Rolle gespielt haben, Bindungsprobleme hatten, sieht aber nicht, was das mit ihr zu tun haben sollte. Susan ist sich ganz sicher, daß sie eine Familie gründen will. Sie weiß noch genau, wie fest sie an die Beziehung mit Ben geglaubt hat und wie tief sie sich sogar mit ihrem College-Schwarm verbunden fühlte. Hätte nur einer der beiden Männer eine gemeinsame Zukunft mit ihr planen wollen, wäre sie sofort bereit gewesen.

Der Unterschied zwischen Männern und Frauen

Auch darin, wie sich Bindungsprobleme äußern, unterscheiden sich Männer und Frauen oft voneinander. Die Verhaltensmuster von Tom und Susan machen einige dieser Unterschiede deutlich. Außerdem zeigt sich, wieviel leichter es für Frauen ist, Bindungsprobleme vor sich selbst und aller Welt zu verbergen. Dafür gibt es zwei Gründe: Zum einen ist uns beigebracht worden, die Zeichen und Signale zu erkennen, die ein bindungsscheuer Mann aussendet, zum anderen hat man uns aber beigebracht, daß jede »normale« Frau heiraten will, so daß wir noch nicht gelernt haben, die gleichen Zeichen und

Signale richtig zu deuten, wenn sie von einer Frau kommen. Da die Initiative bei der Partnerwahl in unserer Gesellschaft immer noch im wesentlichen von den Männern ausgeht, lassen sie sich leichter durchschauen. Wir können beobachten, welche Frauen sich ein Mann aussucht, und sagen: »Die war aber gar nichts für ihn. Schlechte Wahl.« Bei Frauen ist das anders. Da sie normalerweise eher den passiven als den aktiven Part spielen, ist es für sie leichter, ihre Probleme unter einer Vielzahl von Entschuldigungen zu verbergen. Diese lauten zum Beispiel: »Es sind einfach nicht genug Männer da« oder »bei mir landen immer die falschen« oder »die guten sind alle schon vergeben«.

Es ist eine Binsenweisheit, daß »zum Tanzen immer zwei gehören«. Eine Frau mag sich eher als Opfer eines Mannes mit Bindungsangst vorkommen denn als Täter, aber wenn sie sich mit ihm einläßt, tanzt sie immerhin mit. Ihre Bereitschaft sagt viel über ihre eigenen Bindungsprobleme aus.

Wir möchten hier einmal festhalten, daß immer häufiger über Beziehungen berichtet wird, in denen die Frau diejenige ist, die »aus der Reihe tanzt« – oder dem Mann darin wenigstens nicht nachsteht. Ihr Verhalten zeigt oft die gleichen Merkmale wie das des vielgescholtenen Mannes, der »kalte Füße« bekommt.

Der Mut zur Bindung geht bei Männern und Frauen Hand in Hand mit dem Aufbau einer liebevollen, dauerhaft angelegten Beziehung.

Wer sich weigert, die gemachten Erfahrungen daraufhin zu untersuchen, wie Bindungsängste das eigene Leben mehr oder weniger stark beeinflussen, läuft Gefahr, daß sich Verhaltensweisen einprägen, die das Gegenteil von dem bewirken, was man sich wünscht.

Schwierigkeiten eingestehen

Ungeklärte Bindungsprobleme offenbaren sich unabhängig vom Geschlecht auf vielfache Weise. Sie zeigen sich in unseren Phantasien und Erwartungen, unseren Träumen und Alpträumen; in den Beziehungen, die wir anfangen, wie in denen, die wir vermeiden; in den Menschen, die wir auswählen, wie in denen, die uns auswählen. Innerhalb von Beziehungen zeigen sich Bindungsprobleme darin, wie wir alle möglichen Dinge handhaben, von der Zeit über das Geld bis hin zum Urlaub.

Wie Tom und Susan müssen sich viele von uns große Mühe geben, um uns selbst und alle, die uns wichtig sind, zu überzeugen, daß wir nicht die geringsten Probleme mit festen Bindungen haben. Immer haben wir eine Erklärung dafür parat, warum es mit unseren Beziehungen nicht klappt, und dabei ist fast nie von Angst die Rede. Verantwortlich machen wir die »Chemie«, die schlimmen Erfahrungen der Vergangenheit, die Umstände und vor allem die Probleme unserer Partner. All diese Erklärungen müssen dafür herhalten, *unsere eigenen* ungelösten Probleme zu verschleiern.

Bindungsprobleme beim Namen nennen –
und warum das so schwer ist

Bei der Lektüre dieses Buches kommen Ihnen womöglich viele der geschilderten Situationen und Verhaltensmuster verblüffend bekannt vor, und dennoch möchten Sie sich vielleicht nicht als Menschen ansehen, der »Bindungsprobleme« hat. Wir glauben, daß dieser Widerstand zum großen Teil direkt mit dem Monster zusammenhängt, das wir selbst geschaffen haben.

In unserem Buch »Warum der Mann nicht lieben kann« führten wir den Begriff *Bindungsphobie* in die Diskussion ein.

Damit wollten wir die klaustrophobischen Reaktionen beschreiben, welche die Vorstellung einer Partnerschaft »bis daß der Tod euch scheidet« bei manchen Menschen auslöst. Wir halten den Begriff für anschaulich und zutreffend, können aber auch diejenigen verstehen, denen er widerstrebt.
Beziehungserfahrungen sind für jeden Menschen etwas Einzigartiges. Sie sind so komplex und vielfältig, daß man sich kaum vorstellen kann, wie sie in gemeinsame Rubriken eingeordnet werden sollen. Wer das versucht, erscheint unfair, besserwisserisch oder sogar beleidigend. Niemand sieht sich gern in irgendwelche Schubladen einsortiert, und schon gar nicht in eine mit der Aufschrift »bindungsphobisch«. Dennoch läßt sich menschliches Verhalten, wenn man sich Äußerlichkeiten wegdenkt, auf wenige grundlegende Faktoren reduzieren. Wir sind überzeugt, daß ungelöste Bindungsprobleme dazu gehören.
Die Erfahrungen, die Sie in der Vergangenheit gemacht haben, sind weder geheimnisvoll noch zufällig. Ihnen mag alles wie Zufall vorkommen, und vielleicht sieht es auch wirklich danach aus. Aber hinter den Entscheidungen, die Sie getroffen haben, steckte immer ein Grund – wenn auch nicht immer ein besonders guter.
Was bedeutet das? Ihr Unbehagen beim Entstehen von Nähe ist nicht bloß darauf zurückzuführen, daß Sie eine größere Wohnung brauchen. Wenn Sie sich zu oft in den falschen Partner verlieben, liegt es nicht nur daran, daß Sie so ein weiches Herz haben. Wenn Sie es in keiner Beziehung länger als ein Jahr aushalten konnten, ist der Grund nicht in abweichenden Biorhythmen zu suchen oder in den Planeten, die durch Ihr Sternbild ziehen. Wenn alle Ihre Partner selbst ernsthafte Bindungsprobleme hatten, ist das nicht bloß ein unglücklicher Zufall. Wenn Sie sich immer jemanden suchen, der Ihre Gefühle nicht erwidert, dann ist nicht falsche Sozialisation daran schuld, die uns etwa verbietet, Gefühle zu zeigen. Wenn Ihre große Liebe schon verheiratet ist, haben Sie nicht einfach nur Pech. Wenn jeder, den Sie kennenlernen, aus geographischen

Gründen nicht in Frage kommt, dann ist das keine zwingende Folge des Jetzeitalters. Wenn viele von denen, mit denen Sie sich einlassen, Drogenprobleme haben, dann liegt das nicht allein daran, daß die Familienstrukturen in unserer Gesellschaft nicht bestehen können. Wenn Sie niemanden finden, der in Ihren Augen »ehetauglich« ist, dann liegt das sicher nicht am Mangel an prinzipiell geeigneten Kandidaten. Wenn jeder Mensch, der Ihnen etwas bedeutete, einen schweren Makel hatte, dann sicher nicht, weil das auf alle zutrifft.

Die Gründe für das Scheitern Ihrer Beziehungen liegen nicht »irgendwo da draußen«, sondern *in Ihnen selbst*. Und wahrscheinlich spielen ungelöste Bindungsprobleme dabei eine wichtige Rolle.

Die Vergangenheit auswerten

Ihre persönlichen Erfahrungen liefern das Material, das Ihnen Auskunft darüber gibt, ob Sie oder Ihr Partner Bindungsprobleme haben. Oft neigen wir beim Betrachten unserer Vergangenheit dazu, Dichtung und Wahrheit zu vermischen. Die einen bringen in der Erinnerung alles auf Hochglanz, andere üben sich in Schwarzmalerei. Wir vergessen das Schlechte, das Gute oder beides. Echte Erkenntnisse sind aber nur zu gewinnen, wenn wir uns mit dem auseinandersetzen, was wirklich passiert ist.

Wenn wir uns erinnern, wie es in unseren Beziehungen war, neigen wir dazu, vor allem die Fehler des *anderen* zu sehen. Doch indem Sie die Schwächen des Partners in den Vordergrund rücken, weichen Sie einer viel wichtigeren Frage aus: Warum waren *Sie* mit ihm zusammen? Daß Ihr Partner so viele Probleme hatte, heißt noch lange nicht, daß Sie keine haben. Wir wollen hier niemanden in Schutz nehmen, der einen anderen mit seinem Verhalten verletzt. Aber Sie sollten sich auch einmal fragen, was *Sie* eigentlich davon abhält, Beziehungen einzugehen, in denen Sie mehr Erfüllung finden. Und dazu müssen Sie sich näher mit sich selbst beschäftigen. Oder anders ausgedrückt: Wenn schwierige Beziehungen zu Ihrem Leben dazugehören, wird es Zeit herauszufinden, worin Ihr eigener Beitrag besteht.

Haben Sie ungelöste Bindungsprobleme?

Soviel steht fest: Die Mehrzahl von uns ist mehr oder weniger bestrebt, die eigene Freiheit zu bewahren, und wird nervös, wenn es darum geht, sich langfristig festzulegen. Die Frage, die Sie sich stellen sollten, betrifft deshalb den Grad Ihrer Bindungsprobleme. Beeinflussen sie Ihre Beziehungen lediglich oder zerstören sie diese? Tangieren sie Ihr Leben nur oder beherrschen sie es? Lassen Sie bei der Entscheidung über eine feste Beziehung gesunde Vorsicht walten oder geraten Sie regelrecht in Panik? Der erste Schritt auf dem Weg zu funktionierenden zwischenmenschlichen Beziehungen heißt zu verstehen, wie sich Bindungsprobleme äußern. Ihre früheren Beziehungen sind dabei die ergiebigste Informationsquelle.

1. Es wollte meist ein Partner mehr als der andere
Jeder Mensch mit Bindungsproblemen gerät mit ziemlicher Sicherheit in Beziehungen, in denen das Thema »mehr oder weniger« eine wichtige Rolle spielt. »Mehr« kann heißen, daß ein Partner mehr Zeit beansprucht, mehr emotionale Nähe oder eine förmlichere Bindung. Nehmen Sie sich einen Moment Zeit und denken Sie an Ihre eigenen Beziehungen. Sind Sie in der Regel derjenige, der weniger will?
- Haben Ihre Partner oft darüber geklagt, daß Sie sich zurückziehen, Hürden errichten oder Grenzen ziehen, um Nähe oder Bindung zu verhindern?
- Ist Ihnen klar, daß Sie weniger wollen, und sorgen Sie systematisch dafür, keine großen Erwartungen zu wecken?

- Sind Ihnen realistische Erwartungen Ihrer Partner – wie Nähe, gemeinsame Freizeit, Treue – ein Dorn im Auge?
- Sind Sie sehr geschickt im Vermeiden fester Beziehungen und haben ein komplexes Repertoire an Verhaltensweisen, die Ihnen helfen, Distanz zu wahren – zum Beispiel Untreue?
- Wissen Sie, daß Sie Ihre Partner enttäuscht und verletzt haben?

Sind Sie in Ihren Beziehungen in der Regel derjenige, der mehr will?

- Sind Sie oft beunruhigt, weil Sie finden, daß Ihr Partner Ihnen emotionale Geborgenheit verweigert?
- Versuchen Sie immer, Ihren Partner zu konkreten Worten oder Taten zu bewegen, um die Beziehung zu festigen?
- Sind Ihre Erwartungen von Ihren Partnern häufig nicht erfüllt worden?
- Verwenden Sie übermäßig viel Zeit und Energie auf den Versuch, Ihren Partner zu einer festeren Bindung zu bewegen?
- Haben Sie Ihre Partner oft verletzt und enttäuscht?

Das Thema »mehr oder weniger« bringt uns zu einem wichtigen Punkt: Wenn sich Menschen mit Bindungsproblemen zusammenfinden, dann gehen sie nur selten im gleichen Tempo voran. Es fehlt meist der Gleichschritt. Kommt der eine näher, weicht der andere zurück und umgekehrt. Nicht immer ist es der gleiche Partner, der versucht, die Beziehung voranzubringen. Bei dem Hin und Her können beliebig oft die Plätze gewechselt werden. Daß dieser Prozeß viel Zeit und Nerven kostet, versteht sich von selbst.

2. Eine oder mehrere Ihrer wichtigen Beziehungen sind bereits gescheitert, weil Sie oder Ihr Partner Angst bekamen
Hat Sie schon einmal die Panik gepackt und wären Sie am liebsten vor der Person, mit der Sie gerade zusammen waren, davongelaufen? Waren Sie schon einmal in einen Menschen verliebt, der sich so verhielt? Panik ist ein typisches Merkmal

von Beziehungen, in denen die Bindungsprobleme eines oder beider Partner außer Kontrolle geraten sind.

Ein so hohes Maß an Bindungsangst entsteht normalerweise dann, wenn die Situation überwältigend »real« wird. Dann ist der Moment gekommen, in dem der panische Partner in der plötzlichen Erkenntnis, für immer »festzusitzen«, wenn er sich nicht sofort »aus dem Staub macht«, von seinen Ängsten übermannt wird, den anderen Partner zurückstößt und flüchtet.

Da die Umstände so verschiedenartig sind, ist Bindungsangst nicht immer gleich als einigendes Band auszumachen. Man darf nicht vergessen: *Jeder hat eine andere Vorstellung davon, was eine dauerhafte Bindung ist.* Die Angst vor der Zweisamkeit »bis daß der Tod euch scheidet« kann zum Beispiel aufkommen:

- nach einem besonders schönen ersten Rendezvous
- als Überreaktion auf die erste gemeinsam verbrachte Nacht
- nachdem man etwa ein Jahr zusammen »gegangen« ist und die Beziehung reif ist für das nächste Stadium
- unmittelbar vor der Hochzeit, wenn ein Partner plötzlich erkennt, daß es wirklich ernst wird
- nach der Hochzeit, wenn einem Partner plötzlich die Tragweite der getroffenen Entscheidung bewußt wird
- als Reaktion auf die Geburt eines Kindes
- als Reaktion darauf, daß die Familie komplett ist (Geburt des letzten Kindes)
- als Reaktion auf eine größere gemeinsame Anschaffung, etwa einer Immobilie
- nach vielen Ehejahren als Reaktion auf das Altern

3. In einer oder mehreren Ihrer Beziehungen wurden der Intimität von vornherein Schranken gesetzt
Das Verlangen nach Intimität gilt als Hauptmotiv für den Aufbau von Beziehungen. Männer und Frauen mit Bindungsproblemen haben es jedoch oft nicht leicht, die Entstehung von

Intimität zuzulassen. Indem sie übertriebene Hürden errichten und Grenzen ziehen, sorgen sie dafür, daß sich die Beziehung nicht weiterentwickeln kann.

Grenzen sind wichtig und gut. Viele müssen erst in jahrelanger Therapie lernen, die eigenen Grenzen zu definieren und nach außen zu schützen. Doch bei Menschen mit Bindungsproblemen steht oft nicht in erster Linie Selbstschutz auf dem Programm, sondern der rigorose Ausschluß anderer. Ihr Leben ist so fein säuberlich abgegrenzt, daß niemand je erfährt, was mit ihnen wirklich los ist.

Das Ziehen von Grenzen ist ein sehr wirksames Mittel, um die volle Kontrolle darüber zu behalten, wann, ob und wie sich eine Beziehung entwickelt und wie weit man einen anderen Menschen an sich heranläßt. Grenzen dienen auch dazu, anderen zu verstehen zu geben, daß sie lieber nichts von einem erwarten sollten. Hier sind einige der Methoden, mit denen man Distanz wahren und eine Beziehung im Schwebezustand halten kann:

- strikte Begrenzung der gemeinsam verbrachten Zeit
- Verwehrung des Zugangs zu Bereichen des eigenen Lebens (den Partner nicht zu Familien- oder Betriebsfeiern mitnehmen, ihn nicht Freunden vorstellen)
- Verweigerung der Teilnahme am Leben des Partners (Ablehnung von Einladungen zu Feiern, sich von Familie und Freunden des Partners fernhalten)
- keine gemeinsamen Urlaube, Geburtstage und sonstigen Feiern
- keine gemeinsamen Hobbys
- Beschränkung von gegenseitigen Geschenken, um keine Erwartungen entstehen zu lassen
- übertriebene Restriktionen im sexuellen Bereich
- deutliche Vermittlung des Wunsches »Ich will allein sein« durch den gesamten Lebensstil
- ausdrücken, daß alle Erwartungen wie zum Beispiel Nähe und/oder Treue als Zumutung empfunden werden

4. Sie lassen sich immer wieder mit Partnern ein, die nicht zu Ihnen passen
Es ist heute nicht mehr üblich, irgend jemanden aufgrund bestimmter Merkmale als Partner auszugrenzen. Dennoch kommt es vor, daß zwei Menschen so eindeutig nicht füreinander bestimmt sind, daß eine Beziehung praktisch keine Chance hat. Da kann es zum Beispiel unüberwindliche religiöse, kulturelle oder politische Differenzen geben, Unterschiede im Alter oder im Lebensstil. Sie sind schon beim ersten Rendezvous da und vergehen auch später nicht. Oft übersehen wir solche vorprogrammierten Konflikte am Anfang. Mit der Zeit erkennen wir dann, daß es Dinge gibt, die uns sehr am Herzen liegen und die wir in dieser Beziehung nie bekommen werden.
Wenn Sie eine wirklich befriedigende Beziehung mit dem richtigen Partner aufbauen wollen, müssen Sie zuerst ergründen, wieso Sie sich in der Vergangenheit immer den falschen ausgesucht haben. Manchmal liegt die Antwort auf der Hand, oft aber auch nicht. Der Mensch, mit dem Sie ein Verhältnis haben, mag ja alles mögliche sein: wundervoll, nett, großzügig, gutaussehend, geistreich, tiefsinnig und was nicht sonst noch. Es gibt aber so viele unüberwindliche Probleme, daß sich die Beziehung nie weiterentwickeln kann. Auf einer gewissen Ebene wissen Sie das auch, ob bewußt oder unbewußt, und irgendwie zieht es Sie an.
Natürlich muß nicht aus jeder Beziehung etwas Festes werden. So können sich zwei Erwachsene vornehmen, nur eine begrenzte Zeit zusammen zu sein, weil die Unterschiede zwischen ihnen zu groß sind. Vielleicht ist er politisch konservativ eingestellt und sie progressiv, und trotzdem beschließen die beiden, daß sie eine schöne, aber eben begrenzte Beziehung haben wollen – begrenzt, weil es sehr unangenehm wäre, wenn sie je über Politik sprächen. Gegen eine solche Entscheidung zweier Menschen ist absolut nichts einzuwenden.
Was aber, wenn Sie eine Beziehung mit jemandem anfangen, von dem Sie wissen, daß Sie ihn am Ende doch nicht mehr

wollen, weil er oder sie zu alt, zu jung, zu arm, zu reich, zu hellhäutig, zu dunkelhäutig, zu katholisch, zu protestantisch oder was auch immer ist? Oft hat es etwas sehr Befreiendes, auf jemanden zuzugehen, der anders ist als man selbst; aber wenn man tief im Inneren weiß, daß man nicht den Mut hat, zu der Beziehung zu stehen, dann sollte auch der Partner *genau* wissen, woran er mit einem ist.
Könnte es nicht sein, daß Sie selbst Bindungsängste haben und deshalb unbewußt auf Menschen zugehen, bei denen Sie dann irgendwann »entdecken«, daß sie nicht zu Ihnen passen?

5. In allen Beziehungen, die Ihnen wichtig waren, haben entweder Sie oder Ihr Partner etwas getan, um Distanz zu schaffen oder zu wahren
Männer und Frauen mit ungelösten Bindungsproblemen haben ein starkes Verlangen nach Distanz. Natürlich wollen sie Beziehungen, auch Nähe ist erwünscht. Aber bitte nicht zu lange und nicht zu eng, denn das riecht nach Gefahr. Zwei Möglichkeiten kommen in Frage: Entweder man sucht sich eine Beziehung mit einprogrammierter Distanz – zum Beispiel mit einem unpassenden Partner – oder man sorgt dafür, daß in einer bestehenden Beziehung Distanz geschaffen wird.
Wer Distanz schaffen will, hat viele Möglichkeiten. Untreue ist nur ein Beispiel. Andere beliebte Methoden bestehen darin, sich in Arbeit zu vergraben, den größten Teil der Freizeit mit Sport zu verbringen oder nur selten hinter der Zeitung vorzuschauen. Alles was einen anderen Menschen daran hindert, einem zu nahe zu kommen, dient zur Wahrung von Distanz und zur Vermeidung einer echten Bindung.

6. Am meisten waren Sie immer dann in Ihre Partner verliebt, wenn es so aussah, als wollten diese nichts von einer festen Bindung wissen
Wenn es mit einer Beziehung reibungslos vorangeht, entwickeln sich die Gefühle der Beteiligten mehr oder weniger im Gleichklang. Bei Menschen mit Bindungsproblemen ist es da-

gegen nie so, im Gegenteil. Für diese ist es ein befreiendes Gefühl, in jemanden verliebt zu sein, der sich mehr oder weniger deutlich vor ihnen zurückzieht. Das schafft die Möglichkeit, die zärtlichste oder wildeste Leidenschaft auszukosten. Liebe macht keine Angst, solange sie nicht erwidert wird – erst dann droht ein Käfig daraus zu werden.

7. Sie haben sich in der Vergangenheit immer wieder mit Menschen, die emotional, geographisch oder aufgrund anderer Umstände nicht für Sie »zu haben« waren, eingelassen oder sich nach ihnen verzehrt
Wenn Sie sich Partner aussuchen, die Sie nicht bekommen können, dann entscheiden Sie sich für Beziehungen, in die Distanz von vornherein einprogrammiert ist. Verlieben Sie sich immer wieder in solche »hoffnungslosen Fälle«, dann ist fraglich, ob Sie selbst überhaupt bereit sind, eine feste Beziehung einzugehen – auch wenn Sie noch so überzeugt davon sind.
Bei einem Partner, der nicht zu haben ist, können Sie sicher sein, daß er Sie mit Ihren Bindungsversprechen nie beim Wort nehmen wird. Er wird Sie nie für Ihre Gefühle und Wünsche zur Rechenschaft ziehen. Er wird auch nie die Beziehung einfordern, die Sie angeblich so sehnlich wollen.
Die Fälle, in denen Partner nicht zu haben sind, lassen sich in drei Kategorien einteilen:
Geographisch. Das klassische Szenario: Sie wohnt in New York, er in Los Angeles. Die beiden verbringen sechs tolle Wochenenden im Jahr miteinander. Die Telefonrechnung ist astronomisch hoch. Kann man von einer Beziehung sprechen? Das Ganze mag ja sehr romantisch sein, aber es ist zuviel Phantasie und zuwenig Realität im Spiel. Man braucht auch nicht Tausende von Kilometern voneinander entfernt zu leben, um eine Beziehung dieser Art zu unterhalten. Den gleichen Zweck erfüllt ein Verhältnis mit jemandem, der immer auf Reisen ist und nie lange genug zu Hause bleibt, um das Gefühl aufkommen zu lassen, daß es hier um etwas Reales, um geregelte Verhältnisse geht.

Emotional. Menschen, die emotional nicht zu haben sind, geizen selten mit Warnungen. Manchmal sagen sie sogar ganz offen, daß sie Probleme mit festen Beziehungen haben. Vielleicht erzählen sie Ihnen auch, daß schon andere Schwierigkeiten mit ihnen hatten. Oder sie können einfach nicht soviel geben, was sich schnell zeigt. Womöglich sind sie etwas zu schwer zu erreichen, zu schwer zu finden, zu schwer zu halten. Oder anders gesagt: zu distanziert, zu kontrolliert, zu unerreichbar. Wer sich so verhält, teilt Ihnen mit, daß er oder sie Angst vor Nähe hat. Warum sollten Sie sich weiter bemühen, wenn Sie nicht selbst Angst vor Nähe haben?
Umstände. Er ist verheiratet und sie mit einem anderen liiert. Warum stellen Männer und Frauen in dieser Lage einen solchen Reiz dar? Was macht sie so schrecklich anziehend – so perfekt? Selbst wenn jemand an fünf Tagen in der Woche bei Ihnen vorbeischaut und Sie fünfmal täglich anruft, kommt er doch, solange er mit einem anderen Partner liiert ist, für eine feste Bindung nicht in Frage.
Man kann seine eigene Bindungsangst kaum besser verbergen als durch die Wahl eines Partners, der dafür nicht in Frage kommt!

8. Sie neigen in Beziehungen zu unrealistischen, extremen Haltungen – überromantisch, überkritisch, überverliebt, überdistanziert
Echte Bindungen erfordern echte Kompromisse, echte Wünsche, echte Hoffnungen, echtes Verlangen und echte Menschen. Eine der erfolgreichsten Methoden, um feste Bindungen zu vermeiden, besteht in der Verkennung der Realität. Vielleicht sehen Sie von Zeit zu Zeit in einem realen Partner all die Eigenschaften, die Sie sich von Ihrem Phantasiepartner erträumen, aber dieser selige Zustand hält nur selten lange an. Denn das bedeutet, daß Sie Ihren Partner in keiner Phase der Beziehung so wahrnehmen, wie er wirklich ist. Entweder sind Sie unglaublich romantisch oder Sie fallen ins andere Extrem und werden ohne ersichtlichen Grund überkritisch, bis Sie

aber auch an allem etwas auszusetzen haben. Eine unrealistische Einstellung zu Ihren Beziehungen und Partnern ist ein Symptom für ungelöste Bindungsprobleme.

9. Sie haben sich immer wieder mit Partnern eingelassen, die mehr Probleme mit festen Beziehungen haben als Sie selbst
Für Sie steht fest, daß Sie doch nur das eine wollen: eine feste Beziehung. Es ist Ihr Partner, der sich nicht binden kann. Dieses Szenario ist die wirksamste Methode, um eigene Bindungsprobleme zu verschleiern.
Eine Beziehung mit einem Menschen einzugehen, der unter starker Bindungsangst leidet, bedeutet, sich auf Schmerz und Enttäuschung einzulassen und einen großen Teil seines Lebens dem Versuch zu widmen, einen sich sträubenden Partner zu Nähe zu zwingen. Es bedeutet, daß immer Sie es sind, der oder die mehr von der Beziehung will, daß Sie mit jemandem zusammen sind, der schneller Hürden errichtet, als Sie sie forträumen können. Und es bedeutet, daß Ihr ganzes Erleben in Beziehungen davon bestimmt wird, daß Sie versuchen, einen anderen Menschen zu verstehen und zu ändern.
Wenn Sie jemanden lieben, der ernste Bindungsprobleme hat, dann wissen Sie schon, wie anstrengend und quälend das sein kann. Wahrscheinlich ist es für Sie schwer vorstellbar, daß Ihre eigenen Probleme etwas damit zu tun haben könnten, daß Sie sich gerade diesen Menschen als Partner ausgesucht haben. Wer würde sich denn schon freiwillig auf eine solche Tortur einlassen? Sie haben recht: Sie haben die Strapazen wahrscheinlich nicht bewußt gewählt. Andererseits tun Menschen, die sich auf nichts und niemanden festlegen können, das meist in tausendfacher Weise kund. Manchmal sagen sie es sogar frei heraus, manchmal vermitteln sie Ihnen einfach nur ein Gefühl von Distanz, das Ihnen unter Umständen sogar reizvoll erscheint. Oft sind sie sehr verführerisch und bauen am Anfang der Beziehung mit Worten oder Taten ein hochgradig unrealistisches Liebesszenario auf, das womöglich Ihren schönsten Phantasien entspricht.

Das alles schafft eine Atmosphäre, in der Sie sich selten mit Ihren eigenen Ängsten auseinandersetzen müssen. Wenn Sie Ihre ganze Zeit damit verbringen, die Probleme des anderen zu analysieren, bleibt kaum Zeit, um über die eigenen nachzudenken. Wenn Sie aber ganz ehrlich mit sich sind, müssen Sie dann nicht zugeben, daß Sie die Probleme von Anfang an erkannt haben?

10. Sie finden, daß Ihre Freunde, die in festen Beziehungen leben, Kompromisse eingegangen sind, die für Sie nicht in Frage kämen
Menschen mit ungelösten Bindungsproblemen finden solide, realistische Beziehungen häufig total langweilig. Sie neiden Freunden und Bekannten, die in einer festen Zweierbeziehung seßhaft geworden sind, zwar *im Prinzip* die Zweisamkeit, aber nicht das Leben, das sie führen, denn sie mußten sich auf zu viele Kompromisse einlassen. Vielleicht ist der Gemahl oder die Gemahlin nicht hübsch, interessant, reich oder intelligent genug. Und worüber reden die beiden eigentlich? Über die lieben Kinder, die Schule, den Speiseplan, Haushaltsprobleme. Wer findet denn so etwas interessant?
Menschen mit Bindungsängsten neigen zu der Annahme, daß sie, wenn sie je mit einem anderen Menschen seßhaft werden sollten, neben dem Komfort und der Behaglichkeit auch noch ein größeres Gefühl der Freiheit und ein viel, viel spannenderes Alltagsleben genießen werden als die »Normalen«.

11. Sie glauben, daß Ihre Schwierigkeiten mit festen Beziehungen gelöst sind, wenn Sie nur erst den »richtigen« Partner gefunden haben
Das Märchen von dem richtigen Mann oder der richtigen Frau, die nur in Erscheinung treten müßten, ist das Rückgrat Ihrer Verleugnungsstrategie. Unfähig, sich mit normalen Sterblichen zu begnügen, halten Sie weiter Ausschau nach jenem ganz besonderen Wesen. Finden Sie es nicht, bleibt Ihnen die richtige Beziehung versagt. Dazu ein Beispiel:

Dennis, ein 34jähriger Angestellter in leitender Position, ist fest davon überzeugt, daß es zu einer festen Bindung nur der richtigen Partnerin bedarf. Er lernt in seinem Beruf viele gutaussehende, intelligente, reizende Frauen kennen, die ihn auch attraktiv finden. Doch keine erscheint ihm genau richtig. Jede ist entweder zu anhänglich, zu herrisch, zu passiv, zu aggressiv, zu karrierebewußt, zu nachwuchsorientiert, zu sonstwas. Etwa alle zwei Jahre lernt Dennis eine Frau kennen, von der er glaubt, die könnte es sein. Aber jedesmal hapert es daran, daß sie nicht imstande ist, sich fest mit ihm einzulassen. Einmal ist sie gerade dabei, weit wegzuziehen. Ein anderes Mal ist sie schon liiert. Dann wieder läßt sie ihn nicht an sich heran und braucht zuviel Freiraum. Schließlich ist sie einfach nicht an einer Beziehung interessiert, oder jedenfalls nicht mit ihm. Was auch immer der Grund sein mag, eine feste Beziehung zwischen ihm und seiner Traumfrau kommt nie zustande.

Die Haltung von Dennis steht für eine andere typische Verhaltensweise von Menschen, die ihr Leben der Suche nach dem märchenhaften Idealpartner widmen. Solche Männer und Frauen verlieben sich nämlich durchaus auch in Menschen, die ihrem Traumprinzen beziehungsweise ihrer Traumprinzessin nicht das Wasser reichen können – vorausgesetzt allerdings, daß diese Individuen nicht zu ihnen passen oder nicht zu haben sind.

12. Der Abstand zwischen zwei wichtigen Beziehungen ist bei Ihnen oft extrem kurz oder lang

Die meisten von Ihnen haben sicher schon Arbeiten gelesen, in denen erklärt wird, wie Menschen mit dem Scheitern von Beziehungen umgehen, auch wenn sie das Ende selbst herbeigeführt, also zum Beispiel Schluß gemacht haben. Wir brauchen Zeit zum Trauern, zur Besinnung und zum Begreifen. Sind wir damit fertig, können wir uns erneut verlieben.

Männer und Frauen mit Bindungsproblemen durchlaufen diesen Prozeß nur selten auf so »normale« Weise. Sie neigen vielmehr zu Extremen. Manche stürzen sich gleich in eine

neue »wichtige« Beziehung und lassen sich kaum Zeit zum Nachdenken über ihre Gefühle. Andere fallen in eine Depression, die tiefer ist und länger dauert, als es die Umstände zu rechtfertigen scheinen. Traditionell wurde solches Verhalten vor allem Frauen zugeschrieben.
Wenn wir einen Menschen betrachten, der im Eiltempo von einer Beziehung zur nächsten springt, so kann er unmöglich so schnell genügend emotionalen Abstand gewonnen und sich wieder verliebt haben. Sehen wir jemanden, der sich nach einem verflossenen Partner verzehrt, ist doch klar, daß er oder sie sich bloß an eine Illusion klammert. Beide Charaktere verkörpern jene unrealistische Einstellung zu Liebe und Partnerschaft, die oft symptomatisch für ungelöste Bindungsprobleme ist.

13. Es fällt Ihnen schwer, Entscheidungen zu treffen, die Ihre künftigen Optionen einengen
Die Wahl eines Menüs, die Entscheidung über eine größere Anschaffung, das Treffen von Verabredungen – all das verlangt, daß wir uns festlegen. In unzähligen Momenten stellt uns das Leben vor größere oder kleinere Entscheidungen.
Menschen mit Bindungsproblemen fällt es schwer, Entscheidungen mit langfristigen Folgen zu treffen. Sei es die Wohnung oder der Arbeitsplatz – nach Möglichkeit wollen sie nichts tun, was sich nicht später wieder rückgängig machen ließe, und sie wollen nicht in etwas hineingeraten, aus dem es nachher kein Entrinnen gibt. Ständig sind sie auf der Hut vor der falschen Entscheidung und achten darauf, bloß nicht in eine Falle zu gehen; ständig bangen sie um ihre Freiheit. Deshalb können sie nur unter Qualen auf irgendwelche Optionen verzichten. Und sobald eine Entscheidung getroffen ist – sei es über ein neues Sofa oder einen potentiellen Lebensgefährten –, nagt schon wieder der Zweifel.
Dies betrifft häufig auch die Fähigkeit, Pläne zu schmieden. Einmal führten wir ein Interview mit einem Mann, der keine Termine mit Kugelschreiber in seinen Kalender eintragen

mochte. Er nahm immer einen Bleistift, um sich gegebenenfalls mit dem Radiergummi einen Ausweg zu verschaffen. Zwar verhalten sich nur wenige Menschen derart extrem, aber ein Widerwillen gegen langfristige Planungen ist bei vielen Männern und Frauen mit Bindungsproblemen zu beobachten.

Bindungsangst kann jederzeit auftauchen, wenn eine Entscheidung ansteht. Das liegt daran, daß es so etwas wie die perfekte Wahl nicht gibt. Haben wir erst eine Entscheidung getroffen, müssen wir nicht nur lernen, uns mit dem abzufinden, wofür wir uns entschieden haben, sondern auch mit dem Wissen um die versäumten Alternativen.

Zuweilen sind Probleme beim Sich-Festlegen leichter zu erkennen, wenn es nicht um Liebe und Partnerschaft geht. Haben Sie solche Probleme, dürfte sich das in Ihrem Leben auf mannigfaltige Weise zeigen. Damit ist klar, daß etwas in Ihrer Psyche vorgeht, was nicht mit der »Chemie« zwischen zwei Menschen, mit kulturellen Determinanten und Tanzschulerlebnissen zu erklären ist.

14. Sie spüren heftiges Unbehagen, wenn jemand Ihnen zu nahe rückt oder in Ihr »Revier« eindringt

Denken Sie einmal über den Satz »Ich brauche mehr Raum für mich« nach und vergegenwärtigen Sie sich, wie er in Beziehungen gebraucht wird. Vergessen Sie einmal kurz die Liebe. Uns geht es hier nur darum, wie Sie sich fühlen, wenn jemand zu Besuch zu Ihnen kommt und in Ihren Raum »eindringt«. Wie leicht fällt es Ihnen, sich darauf einzustellen? Möchten Sie am liebsten »an die Decke gehen«, wenn andere sich in Ihrem Territorium breitmachen? Wie fühlen Sie sich, wenn jemand im Büro zu dicht neben Ihnen steht oder etwas auf Ihrem Schreibtisch anfaßt? Wieviel Unruhe weckt das in Ihnen? Und wieviel Wut?

Bedenken Sie, daß Männer und Frauen mit Bindungsproblemen Distanz brauchen. Sie verabscheuen das Gefühl, daß ihnen jemand zu nah »auf die Pelle rückt« und sie in irgendeiner Weise einengt. Deshalb ist die Wahrung ihres Territoriums immer so wichtig für sie.

15. In Gedanken halten Sie sich immer einen Ausweg aus jeder Situation frei
Wenn Sie ungelöste Bindungsprobleme haben, dann gibt es höchstwahrscheinlich ein geheimes Plätzchen in Ihrer Phantasie, an dem Sie frei und ungestört sind. Und das funktioniert so:
Sie sind verheiratet, aber in der Phantasie haben Sie einen Fluchtplan, den Sie kurzfristig aktivieren können. Sie leben in einer Beziehung, doch in der Phantasie wissen Sie genau, wie Sie jederzeit herauskommen, wenn Sie nur wollen. Sie arbeiten seit acht Jahren bei derselben Firma, aber in der Phantasie könnten Sie schon morgen kündigen, und vorsorglich lesen Sie jeden Samstag die Stellenanzeigen. Sie besitzen ein Haus, aber die Innendekoration wird nie ganz fertig, weil Sie denken, daß Sie es vielleicht schon bald wieder verkaufen werden. Menschen mit ungelösten Bindungsproblemen sind in jeder Situation psychologisch einen halben Schritt aus der Tür, selbst wenn sie nie wirklich gehen. Sie sind da, aber irgendwie auch nicht. Sie legen sich fest, aber nicht richtig. Sie laufen nicht davon, aber sie wissen, daß sie es könnten. Es ist das Wissen um diese *Möglichkeit*, das sie von der Flucht abhält. Ihm verdanken sie ihr Gefühl der Freiheit.
Versucht jemand, ihnen dieses Gefühl zu nehmen, reagieren sie womöglich ganz ähnlich wie ein Klaustrophobiker, der sich räumlich eingeengt fühlt: mit heftiger Angst und dem dringenden Wunsch auszubrechen, zu fliehen, sich zu verstecken.

16. Sie bevorzugen Berufe oder Arbeitsbedingungen, die es Ihnen ermöglichen, Arbeitszeit und -ort weitgehend selbst zu bestimmen
Da der Arbeitsplatz von den äußeren Bedingungen her viele Gemeinsamkeiten mit einer Beziehung aufweist, ist bei Men-

schen mit Bindungsproblemen häufig auch in diesem Lebensbereich ein charakteristisches Verhalten zu beobachten. Wem es schwerfällt, sich auf etwas festzulegen, das die eigene Freiheit einschränkt, wird nach Möglichkeit Arbeitsverhältnisse meiden, bei denen strikte Regeln in puncto Zeit und Ort gelten. Sind solche Menschen gezwungen, jeden Tag von neun bis fünf Uhr am Arbeitsplatz präsent zu sein, werden sie vielleicht öfter die Stelle wechseln, ihr Unbehagen mit Tabletten oder Alkohol betäuben oder Wege finden, um innerlich auf Distanz zu ihrer Tätigkeit zu gehen.
So macht es Paul, ein Lehrer. Sein Beruf schreibt ihm einen festen Tagesablauf vor. Das läßt sich aber nach seinen Worten aushalten, weil er jeden Tag schon am frühen Nachmittag zu Hause ist und viel Ferien hat. Außerdem bleibt er nie länger als zwei Jahre an einer Schule.
Sarah ist Chef-Layouterin in einer großen Werbeagentur. Ihre Arbeitsbedingungen sind so, daß sie trotz der vielen Überstunden nicht zu einer festen Zeit anfangen muß, sich ihre Termine selbst zusammenstellen kann und das Büro für längere Kundenbesuche verlassen darf. Trotzdem ärgert sie sich, wenn ihre Teilnahme an regelmäßigen Konferenzen in der Agentur erwartet wird.
Selbständige oder freiberufliche Tätigkeiten sind für Menschen wie Paul und Sarah am anziehendsten – oder Arbeitsplätze, die ein hohes Maß an Flexibilität bieten.

Wem es schwerfällt, sich – in welcher Art auch immer – zu binden, steht nicht alleine da. Genaugenommen hat die überwiegende Mehrzahl von uns mehr oder weniger Angst, sich festzulegen. *Jeder hat damit Probleme.* Dennoch sind einige Menschen imstande, ihre Ängste in den Griff zu bekommen und dauerhafte, sinnvolle, liebevolle Beziehungen aufzubauen. Viele von uns verfallen jedoch immer wieder in die gleichen selbstzerstörerischen und unbefriedigenden Verhaltensweisen in Beziehungen – und wissen nicht warum.

2
Bindungsängste und Bindungswünsche

Bindungsphobie

»Allein der Gedanke an das Versprechen, mit einem anderen Menschen den Rest meines Lebens zu verbringen, macht mir Herzklopfen. Manchmal, wenn ich mit meiner Freundin zusammen bin, ist mir so, als ob mir jemand die Luft abdrücken will und als ob ich schnell abhauen muß, um noch lebend davonzukommen.«
Scott

Natürlich wird Scott von seiner Freundin, mit der er schon lange zusammen ist, nicht wirklich körperlich bedroht. Trotzdem hat er Ängste, die er sich rational nicht erklären kann. Er ist unfähig, seine Beziehungen realistisch zu sehen; er kann die Dinge nicht einfach auf sich zukommen lassen; und er ist außerstande, in seiner Privatsphäre vernünftige und wohlüberlegte Entscheidungen zu treffen. Zwar gefällt es ihm ganz und gar nicht, allein zu leben, aber jedesmal, wenn eine Beziehung in ein Stadium rückt, in dem es »ernst« zu werden droht, schwirren ihm nur noch Worte wie »immer und ewig« durch den Kopf und lösen körperliche und/oder seelische Reaktionen aus, gegen die er offenbar machtlos ist. Wir nennen das Bindungsphobie.

Unter Bindungsphobie verstehen wir eine klaustrophobische Reaktion auf zwischenmenschliche Nähe. *Klaustrophobie* ist die Angst vor dem Aufenthalt in geschlossenen Räumen. Für einen Menschen mit Bindungsphobie symbolisiert eine Beziehung nichts anderes – einen geschlossenen Raum, aus dem es

vielleicht kein Entrinnen gibt. Eine Bindungsphobie kann alle klassischen phobischen Symptome auslösen:
- Kopfschmerzen
- Magen-Darm-Beschwerden
- Übelkeit
- Nervosität
- Schweißausbrüche
- Schüttelfrost
- Angstzustände
- Herzklopfen
- Hyperventilation
- schweres Atmen
- Erstickungsgefühle
- allgemeines Gefühl der Furcht

Wie Sie vielleicht wissen, handelt es sich bei den aufgezählten Symptomen um Reaktionen, mit denen der Körper bei Gefahr mobil macht und sich auf Kampf oder Flucht vorbereitet. Menschen mit schweren aktiven Bindungsproblemen reagieren so, wenn sie das Gefühl überkommt, daß es mit einem Partner ernst und dauerhaft werden könnte. Das Gehirn sendet dann eine Botschaft an den Körper, die etwa lautet: »Ich bin in Panik.« Der Körper antwortet: »Gefahr! Sieh zu, daß du wegkommst! Jetzt gleich!«
Es muß keine wirkliche physische Gefahr vorliegen, damit der Körper seine Abwehrmechanismen mobilisiert. Sobald etwas als Bedrohung wahrgenommen wird, reagiert er wie in einer realen Gefahrensituation. »Freiheit oder Tod!« könnte sein Schlachtruf lauten. Und ehe Sie sich versehen, befindet Ihr Körper sich im Krieg.
Warum Krieg? Was ist so schlimm, daß solch drastisches Handeln geboten wäre? Und wer ist der Feind? Für einen Menschen mit echter Bindungsphobie ist der Feind die Beziehung selbst, der Verlust der Freiheit das Erschreckende. Wird eine feste Bindung tief im Inneren der Seele mit dem Verlust der Freiheit gleichgesetzt, dann kann eine Beziehung im entsprechenden Stadium tatsächlich Angst oder Entsetzen auslösen.

Der Körper bereitet sich darauf vor zu flüchten – wie bei einem Klaustrophobiker, der im Fahrstuhl, im Flugzeug, in einer Menschenmenge oder im Kleiderschrank eingesperrt ist.

Grade der Angst

Natürlich wird Bindungsangst nicht von jedem Menschen genau gleich erlebt. Die Angst kann in vielen Schattierungen auftreten:

- Mit *überwältigender Panik* lassen sich am besten Reaktionen beschreiben, die prompt und heftig einsetzen. In dem Augenblick, in dem es in einer Beziehung »eng« wird, kommt die Angst. Die Betroffenen können gar nicht umhin, ihre Gefühle wahrzunehmen.

Adam, ein 42jähriger Photograph, schildert uns, was er empfindet: »Bei jeder Frau, mit der ich bisher zusammen war, kam irgendwann dieser schreckliche Moment, wo ich nicht mehr bloß der Verehrer bin, der sich alle Mühe gibt, gut anzukommen. Auf einmal ist alles anders – statt daß ich hinter ihr her bin, ist sie hinter mir her. Ich gefalle ihr, und sie spricht vom Heiraten. Prompt komme ich mir vor wie ein Gejagter und muß nach Luft ringen. Ich finde dann immer einen Ausweg. Normalerweise muß ich irgendeine Ausrede erzählen, zum Beispiel, daß ich für sechs Monate nach Alaska gehe. Ich versuche, mich aus der Affäre zu ziehen, ohne jemandem weh zu tun. Das klappt natürlich nicht. Irgend jemand ist immer verletzt, aber es geht nicht anders. Ich muß es tun.«

Meg, ebenfalls 42, berichtet von einer ähnlichen Reaktion: »Mich haben schon mehrere Männer gefragt, ob ich sie heiraten will, und jedesmal, wenn ich ja gesagt habe, ist mir danach die Luft weggeblieben. Das letzte Mal passierte es vor zwei Jahren. Ich war gerade 40 geworden und weiß noch, wie ich mir sagte: *Mach doch, heirate ihn! Mach deine Eltern glück-*

lich! Es wird schon nicht so schlimm werden. Du kannst ein Kind kriegen, und wenn es 14 ist, kannst du dich scheiden lassen. Dann bist du erst 55 und hast immer noch etwas vom Leben vor dir. Aber ich konnte es einfach nicht tun. Nachdem ich ja gesagt hatte, reagierte ich auf alle möglichen Situationen phobisch – in Zügen, Bussen, Autos. An einem Abend mußte mein Freund mit mir durch halb New York zu Fuß gehen, weil ich weder in ein Auto noch einen Bus steigen konnte. Meine Nerven lagen blank.«

- Viele Männer und Frauen mit Bindungsproblemen beschreiben mäßige bis schwere *Unruhezustände*. Diese Gruppe gerät selten richtig in Panik, und die Symptome der Angst oder Phobie können so schwach ausgeprägt und scheinbar ohne Verbindung zur Beziehung sein, daß die Betroffenen zuerst nur dunkel ahnen, was mit ihnen los ist. Hält das Gefühl der Unruhe jedoch lange genug an, werden sie auf ihren Zustand aufmerksam. Manchmal verwandelt sich diese Art von Unruhe in körperliche Symptome wie Kopf-, Bauch- oder Rückenschmerzen. Oft melden sich die Symptome erst, nachdem eine Bindung eingegangen wurde.

Die 36jährige Janice, die kürzlich zum zweiten Mal geheiratet hat, erzählte uns folgendes: »In meiner ersten Ehe fühlte ich mich nicht wohl und war ständig nervös. Es kam mir vor, als ob ich gar nicht in meiner eigenen Haut sein durfte. Die Schuld dafür habe ich auf meinen ersten Mann geschoben. Ein paar Wochen nach meiner zweiten Hochzeit habe ich jetzt aber schon wieder das gleiche Gefühl, und dafür kann ich meinen jetzigen Partner nicht verantwortlich machen. Er tut ja gar nichts. Es kommt mir vor, als ob die Wohnung immer kleiner wird und die Wände immer näher rücken.«

Anthony, von Beruf Buchhalter, erklärt, daß er zwar nie richtige Panik gespürt habe, kennt aber das Gefühl innerer Unruhe gut. »Ich weiß, daß ich unsicher werde, wenn es um feste Beziehungen geht. Jedesmal, wenn es zu eng wird, kriege ich so ein Unruhegefühl im Magen. Das erstemal hatte ich das, als ich mit einer Frau aus meiner Firma abends weg war und plötzlich dachte, ich kriege eine Grippe. Fast vier Wochen ging es mir schlecht. Immer wenn ich ins Büro ging, war ich krank, und wenn ich wieder zu Hause war, ging es besser. Am Ende kam ich drauf, was es war. Ich glaube nicht, daß es an der Frau lag. Aber jedesmal, wenn ich mit ihr zusammen war, bekam ich so ein Unruhegefühl. Wir haben uns dann getrennt, und zwei Jahre später, als es mit einer anderen Frau ernst wurde, passierte das gleiche wieder. Für mich ist das wirklich ein großes Problem.«

• Von *kontrollierter Angst* berichten Männer und Frauen, die sich ihrer Konflikte bewußt sind und die versuchen, ihr Leben so zu führen, daß Kollisionen mit ihren Gefühlen vermieden werden. Obwohl Debra, die sich selbst als Expertin für psychologische Selbsthilfe bezeichnet, erst 24 Jahre alt ist, hat sie ihr Leben nach eigenen Worten so eingerichtet, daß emotionale Krisen gar keine Chance haben. Sie sagt:
»Zur Zeit habe ich die absolute Bindungsphobie. Ich habe Angst und weiß es auch. An ernsten Beziehungen liegt mir nichts, und ich will auch niemandem etwas versprechen. Wenn ich mir Beziehungen von Bekannten und verheiratete Paare ansehe, dann weiß ich, daß ich nicht in so einer kleinen Kiste eingepfercht sein will. Da würde ich ersticken. Ich hatte es als Kind schwer und mußte viele Dinge erst langsam aufarbeiten. Ich habe fast alle psychologischen Ratgeber gelesen, die auf dem Markt sind, und nehme an einem Therapieprogramm für Kinder aus kaputten Familien teil. Ich muß aufpassen, daß ich mich nicht von Männern mit vielen Problemen anziehen lasse. Ich kenne mich ja und weiß, daß ich schnell Gefühle entwickle, wenn ich jemanden öfter treffe. Deshalb gehe ich höchstens drei- oder viermal mit dem gleichen aus. Ich mag Männer, aber ich bin auch sehr realistisch in dem, was ich will, und eine feste Beziehung will ich jedenfalls noch lange nicht. Damit, vorerst Single zu bleiben, kann ich gut leben, weil ich zum erstenmal nicht das Gefühl habe, daß ich

mit jemandem zusammensein muß. Ich dachte immer, das wird von mir erwartet, und habe mir alle Mühe gegeben, obwohl ich mich dabei nie wohl fühlte. Gegen Männer habe ich nichts, aber ich will keine festen Versprechen und keine allzu große Nähe. Und keiner soll versuchen, mir das auszureden.«

Kevin, 36, erläutert, wie auch er sich mit seiner Bindungsphobie arrangiert hat:

»Ich weiß, daß ich nie in der Lage sein werde, für immer mit ein und demselben Menschen zusammenzubleiben. Mein Kompromiß besteht darin, daß ich nur etwas mit Frauen anfange, die das ähnlich sehen. Ich passe auch gut auf, daß nicht zuviel Nähe entsteht. Vielleicht bin ich irgendwann einmal soweit, daß ich eine etwas festere Beziehung eingehen kann. Aber im Augenblick, nach einem halben Dutzend böser Erfahrungen, bei denen jeder verletzt worden ist, bleibe ich lieber auf Distanz. Ich kann gut damit leben.«

• Mit *versteckter Angst* lassen sich am ehesten die Reaktionen jener Männer und Frauen beschreiben, an deren bisherigen Erfahrungen deutlich abzulesen ist, daß sie ganz unbewußt feste Beziehungen meiden. Diese Menschen haben so starke Bindungsängste, daß sie sich selten oder gar nicht mit jemandem einlassen, bei dem sie die Gelegenheit hätten, ihre Ängste zu spüren. Da sie sich stark zu Partnern hingezogen fühlen, die nicht frei sind oder vor ihnen zurückweichen, erfahren sie nie, wie tief die Angst in ihnen sitzt, sofern sie nicht durch Zufall in eine feste Beziehung geraten. So ging es Karen, einer 42jährigen Musikerin:

»Mein Leben lang wollte ich heiraten und Kinder kriegen, aber mit allen Männern, mit denen ich ausgegangen bin, war es das gleiche. Immer stimmte etwas nicht – entweder waren sie schon verheiratet oder sie hatten die Hosen voll, wenn es ernster wurde. Ich hatte ein paar Beziehungen, bei denen ich lange gebraucht habe, um das Ende zu verschmerzen. Na ja, einer von diesen Männern – die Sache war vor ungefähr zehn

Jahren – ist auf einmal wieder bei mir aufgetaucht. Jetzt will er heiraten, aber ich bin mir überhaupt nicht sicher. Ich habe mich daran gewöhnt, allein zu leben, und es kommt mir vor, als ob ich mir ganz schön viel Ärger aufhalse, wenn ich ständig mit jemandem zusammen bin. Ich fühle mich jetzt, wo er ständig da ist, unter Druck gesetzt. Ich mag ihn gerne, aber nicht ständig in meiner Nähe haben. Das macht mich wütend, und ich möchte ihn am liebsten anschreien, er soll mich in Ruhe lassen. Das ist erstaunlich, weil ich zwei Jahre lang jede Nacht an ihn gedacht habe, und wenn er nicht hier wäre, würde ich vielleicht wieder von ihm träumen. Aber wenn ich mit ihm zusammen bin, kriege ich manchmal sogar Schmerzen in der Brust. Vielleicht ist es meine letzte Chance auf eine Familie, und ich finde, ich müßte sie – und ihn – eigentlich beim Schopf packen, solange es noch geht. Aber ein Gefühl wie im Augenblick, das halte ich nicht aus.«

James, 44, behauptet fest, daß ihm keine Angst bewußt ist und er es nur zu schön fände, wenn ihm endlich die Richtige über den Weg liefe. Seine Vergangenheit sagt indes etwas anderes. Er hatte Phasen, die manchmal Jahre dauerten, in denen er überhaupt nicht ausging, weil seine Gefühle an Frauen hingen, die aus diesem oder jenem Grund nichts von ihm wollten. Es gab allerdings zwei Frauen, die weder vergeben noch uninteressiert waren und mit denen er das Zusammenleben ausprobierte. In beiden Fällen endete die Beziehung, weil es ihm dabei »so dreckig ging«.

»Ich glaube, es lag beide Male an den Frauen. Die haben Sachen gemacht, die mir absolut gegen den Strich gingen. Eine hatte einen Hund, der immer zu uns ins Bett wollte. Sie hatte ihn schon, bevor ich bei ihr einzog, aber da wußte ich noch nicht, daß mich das störte. Die andere stellte morgens furchtbare Musik an. Beide Male war etwas an den Frauen, das mir eine Gänsehaut machte. Ich konnte es einfach nicht ertragen. Mir war, als ob ich abhauen müßte oder sonst explodieren würde.«

Die Angst kommt nur, wenn es nach ewig aussieht

»Es ist das Ding mit lebenslänglich, das mir Angst einjagt. Dieses ›für immer und ewig‹. Wessen Einfall war das überhaupt?«
John, 42

Man darf nicht annehmen, daß Menschen mit Angst vor festen Bindungen auch *per definitionem* Angst vor Beziehungen hätten. Männer und Frauen mit Bindungsproblemen können durchaus liebevoll, zärtlich und romantisch sein. Allerdings nur so lange, bis sie den Eindruck gewinnen, die Beziehung könnte in »lebenslänglich« münden. Erst der Gedanke an Dauerhaftigkeit läßt Furcht aufkommen. Bedenken Sie, daß nicht jeder unter »dauerhaft« das gleiche versteht. Einige Hypersensible unter uns sehen sich schon beim ersten oder zweiten Rendezvous in Gefahr und glauben, am Ende würde »mehr« von ihnen verlangt; andere beschleicht erst nach Jahren das Gefühl festzusitzen.

Wir haben mit etlichen Männern und Frauen gesprochen, die davon berichteten, wie sie ihre Bindungsängste umgehen konnten, indem sie bei der Hochzeitsplanung von vornherein auch an die Scheidung dachten. Wenn es dann aber komplizierter wurde, weil Kinder oder ein gemeinsames Haus mit ins Spiel kamen, bekamen sie plötzlich das Gefühl von Ausweglosigkeit. Hier bricht die klaustrophobische Angst vor dem »Festsitzen« am häufigsten durch.

Kein Ausweg! Angststationen auf der »Reise ohne Wiederkehr«

Station 1: Ein Rendezvous, nicht mehr

Manche Männer und Frauen geraten nach einem gelungenen ersten Rendezvous aus der Bahn, vor allem, wenn sie glauben, daß »mehr« von ihnen erwartet wird. Statt in aller Ruhe abzuwarten, was aus der Beziehung wird, haben sie ab sofort nur noch das Bild einer Zukunft zu zweit vor Augen. Und schon ist die Panik da.

Station 2: Nach dem Sex
Für viele von uns bedeutet Sex Nähe, Nähe ist gleich Bindung, und Bindung heißt für immer. Sie lassen es daher nicht zu, daß aus einer Beziehung mehr wird als ein kurzes sexuelles »Zusammenspiel«, da der jeweilige Partner regelmäßigen Sex als Ausdruck fester Zusammengehörigkeit interpretieren könnte. Und sie selbst sehen das oft auch so.

Station 3: Wenn Erwartungen und Realität übereinstimmen
Wenn ein Paar eine Zeitlang zusammen ist, bauen sich Erwartungen auf. Freunde und Bekannte, die Familie, der Partner – alle erwarten, daß geheiratet wird. Das ist am häufigsten die Phase, in der Angst durchbricht.

Station 4: Der Morgen danach
Nicht wenige begreifen erst nach der Hochzeit, nach dem Umzug in die gemeinsame Wohnung oder nach dem Ende der Flitterwochen, daß sie nun fest gebunden sind. Prompt werden sie unruhig, ängstlich und/oder deprimiert.

Station 5: Der Morgen nach dem Morgen danach
Die fünfte Station der »Reise ohne Wiederkehr« kann Jahre nach dem Anfang der Beziehung oder Ehe liegen. Für gewöhnlich fällt sie mit einem Ereignis zusammen, das die Assoziation »kein Ausweg« weckt: die Geburt eines Kindes, der Hauskauf, der vierzigste Geburtstag, das erste Enkelkind, der Beginn der Wechseljahre. Jede dieser Wegmarken kann Panik auslösen: »Wenn ich jetzt nicht gehe, sitze ich für immer fest.«

Unabhängig davon, ob die Angst in der ersten Stunde oder im 20. Jahr auftritt, das Bedürfnis, Distanz zu gewinnen und die unangenehmen Gefühle abzuschütteln, ist häufig stark genug, um die Liebe für den Partner vergessen zu lassen. Sich aus der Affäre zu ziehen, wird zum obersten Gebot. Dabei zählt nicht, ob die Angst real oder eingebildet ist, begründet oder nicht, sondern nur das, was wahrgenommen wird.

Was ist an einer festen Bindung so bedrohlich?

Manche Leute behaupten, die Angst vor festen Bindungen sei in unserem Erbgut festgeschrieben, und schon das Sich-Einstellen auf einen Full-time-Partner werde im Dschungel der menschlichen Existenz als bedrohlich empfunden, bremst es doch unser Handeln, schwächt unsere Abwehr und beeinträchtigt unsere Wachsamkeit gegenüber Gefahr von außen. Tatsache ist, daß feste Bindungen aus einer Vielzahl von Gründen Furcht wecken:
An erster Stelle stehen unsere Gefühle, wenn eine feste Bindung unser ausgeprägtes Grundbedürfnis nach Freiheit bedroht. Einige gehen noch einen Schritt weiter und fragen, ob dauerhafte Bindungen eigentlich normal sind. Da wird bezweifelt, daß der Mensch dazu bestimmt ist, dauerhafte Beziehungen mit seinesgleichen einzugehen. Über solche Dinge nachzudenken, mag provokativ sein, aber es gibt wahrscheinlich auch keine befriedigende Antwort auf die Frage, ob Menschen – wie Schwäne – für einen lebenslangen Bund geeignet sind.
»Lebenslänglich« macht Angst. Feste Beziehungen – ob in Form der Ehe oder einer sonstigen Lebensgemeinschaft – bringen eine enorme Verantwortung mit sich. Haben wir den Schritt dahin erst getan, schulden wir einem anderen Menschen etwas. Jemand rechnet mit uns, ist von uns abhängig, verläßt sich auf uns. Der Gedanke an diese zusätzliche Bürde hat etwas Erschreckendes an sich. Es besteht jedoch ein Unterschied zwischen der Angst vor der Verantwortung und einer regelrechten Bindungsphobie.

Wie wurde Ihre Vorstellung von der Ehe geprägt?

»In vier Jahren Therapie habe ich gelernt, daß die Ehe in ihrer traditionellen Form für mich wegen der Erfahrungen meiner Mutter eine Falle ist.«
Sara, 36

»Wovor ich Angst habe, ist für mich kein Geheimnis. Ich habe einen Bruder, der sieben Jahre älter ist als ich. Als ich zwölf Jahre alt war, hat er geheiratet. Seine Frau wurde gleich schwanger. Als ich 16 war, kriegten sie noch die Zwillinge dazu; er hatte mit 23 schon vier Kinder. Wenn ich zum Babysitten hinkam, tat er mir immer so leid. Es war die reinste Irrenanstalt, und er saß darin gefangen. Ich habe mir fest vorgenommen, daß mir das nicht passieren wird.«
Jeffrey, 45

»Meine Mutter hat meinem Vater jeden Handschlag abgenommen. Keine Minute hatte sie für sich. Immer mußte sie sich entweder um mich und meinen Bruder kümmern oder durch die Gegend sausen, um etwas für meinen Vater zu erledigen. Ich liebe meinen Vater, aber eine Ehe wie die meiner Eltern – nein danke. Wenn ich einmal heirate, dann einen Mann, der nicht von mir erwartet, daß ich sein Dienstmädchen bin.«
Lisa, 32

Überall wird über Ehen berichtet – im Fernsehen, in den Nachrichten, in der Boulevardpresse. Wir sind umgeben von Paaren – Eltern, Verwandte, Freunde. Diese leben uns nicht nur innige Verbundenheit vor, sondern auch Spannungen, Ärger und Kummer. Das beeinflußt unser Bild der Ehe.
Wie sieht es in Ihrem Umfeld aus? Gibt es da Ehen, die zum Nachahmen anregen? Beneiden Sie die Beteiligten um ihr Leben? Hätten Sie gerne deren Probleme und Ängste? Möchten Sie eine Einheit bilden, wie die es tun? Wenn Sie miterleben,

wie da Entscheidungen getroffen werden, sind Sie dann neidisch darauf, auf das füreinander sorgen, oder entsetzt, wie viele Zugeständnisse jeder machen muß? Vermitteln Ihre Freunde und Bekannten einen positiven oder negativen Eindruck ihrer Bindung?
Wie war Ihre eigene Familie? Was haben Sie als Kind vermittelt bekommen? Waren Ihre Eltern glücklich verheiratet? Glücklich, aber unzufrieden über die wirtschaftlichen Verhältnisse in der Ehe, die Opfer, die notwendigen Kompromisse? Glaubte Ihr Vater sich für die Familie aufreiben zu müssen? Fühlte sich Ihre Mutter in einer zu kleinen Welt eingesperrt? Gingen Ihre Eltern Kompromisse ein? Wie stand es mit der ehelichen Treue? Liefen Ihre Eltern voreinander weg oder langweilten sie sich miteinander? Unternahmen sie als Paar irgend etwas zusammen? Welche Beispiele haben Ihre Großeltern, Onkel und Tanten und die Eltern Ihrer Freunde gegeben?
Jeder hat schon von den steigenden Scheidungszahlen gehört. Sie zeigen, daß es bei vielen Ehepaaren nicht klappt, sie sich über Geld, Sex, Religion und Kindererziehung streiten, wegen der Schwiegereltern, des Haushaltsgelds und des Urlaubsziels. Es wird gestritten, wer den Abwasch macht oder den Müll rausbringt. Es gibt die Berichte über die Geldsorgen junger Familien. Wir haben selbst erlebt, wie junge Mütter in den wenigen Stunden, die ihnen am Tag noch bleiben, zur Arbeit rasen. Oder wie Ehemänner abends einem zweiten Job nachgehen. Wir haben gesehen, wie Familien mit kleinen Kindern auf winzigem Raum zusammengepfercht sind, weil sie sich von einem Gehalt keine größere Wohnung leisten können.
Solche Eindrücke und Bilder bleiben nicht ohne Wirkung. Vielleicht wissen Sie ja noch, wann sich bei Ihnen bestimmte Einstellungen geformt haben. Wollten Sie die traditionelle Rolle einer Ehefrau übernehmen, oder wollten Sie lieber Karriere im Beruf machen? Haben Sie den Entschluß gefaßt, Ihre Unabhängigkeit niemals aufzugeben? Wollten Sie ein Leben wie das Ihrer Mutter, oder sollte es unbedingt ganz anders

sein? Haben Sie schon früh beschlossen, sich niemals die finanzielle Bürde eines Ehemanns und Familienvaters aufzuhalsen, oder haben Sie von einer ganzen Horde Kinder geträumt? Wie sieht es heute aus? Sind Sie eine Frau, die sich realistisch fragt, was es heißt, weiter berufstätig zu sein *und* sich den größten Teil der Hausarbeit und Kindererziehung aufzuladen? Sind Sie ein Mann, der Angst hat, nie genug zu verdienen, um dem Kind eine gute Ausbildung samt Studium finanzieren zu können? Wie beeinflußt das alles Ihre Gedanken an Ehe und Familie? Werden Sie nervös, ängstlich, vorsichtig oder leugnen Sie Ihre Bindungsprobleme? Oder hoffen Sie weiter, daß diese Probleme auf magische Weise verschwinden, wenn die Zeit reif ist?

Verleugnung von Bindungsängsten

»*Ich verstehe die Frauen nicht, die sagen, daß sie
Angst haben, sich fest zu binden. Ich will nichts mehr als
das. Keine Minute würde ich zögern zu heiraten.*«
Lori, 34

Lori bezeichnet die Ehe ihrer Eltern als »tödlich«. Nach ihrer Schilderung sagt ihr Vater selten etwas Bedeutsameres zu ihrer Mutter als »Gib mal die Kartoffeln«; er verkriecht sich hinter dem Fernseher und schenkt seiner Frau nicht auch nur eine Sekunde Beachtung. Mit 22 heiratete Lori einen Mann, den sie rückblickend als »äußerst untreu« beschreibt. Die Ehe hielt nur wenige Jahre. Seitdem gab es in ihrem Leben nur eine weitere ernsthafte Beziehung, aber der Mann war schon verheiratet. Lori tut sehr wenig, um neue Kontakte aufzubauen; die meiste Zeit verbringt sie allein. Die Männer, die sie attraktiv findet, sind fast immer schon in festen Händen. Trotzdem beharrt Lori darauf, unbedingt eine dauerhafte Beziehung zu wollen. Uns fällt es schwer, das zu glauben. Wir denken, daß

sie aufgrund ihrer Erfahrungen einen Haufen Probleme haben muß, die sie aber ignoriert.
Rund 50 Prozent aller Ehen werden geschieden. Bedenken Sie einmal, was das bedeutet. Würden Sie beim Überqueren einer Straße mit fünfzigprozentiger Wahrscheinlichkeit von einem Auto überfahren, wären doch wohl bei jedem Ihrer Ausflüge als Fußgänger Unsicherheit und Angst ständige Begleiter. Das mindeste, was Sie tun würden, wäre, bessere Sicherheitsvorkehrungen zu treffen. Trotzdem äußert ein hoher Prozentsatz lediger Männer und Frauen, daß sie ungeachtet der Scheidungszahlen und der seelischen Belastung, die das Scheitern einer Ehe mit sich bringt, ganz erpicht darauf sind, einen Partner für eine feste Beziehung zu finden, und keine Spur von Angst dabei empfinden. Wenn man berücksichtigt, was jeder weiß, dann erscheint es doch wohl angemessen, daß jeder von uns wenigstens ein bißchen Angst vor einer festen Bindung haben sollte, oder etwa nicht?
In letzter Zeit wird viel über Realitätsverleugnung geschrieben und darüber, wie sie unser Leben beeinflußt. Psychologen definieren Verleugnung als unbewußten Abwehrmechanismus, der dazu dient, Ängste durch Negierung wichtiger Konflikte oder unerwünschter Impulse zu mindern. Betroffene weigern sich, bestimmte Konflikte und Probleme in ihrem Leben zur Kenntnis zu nehmen. Dadurch schützen sie sich vor seelischem Schmerz – vor allem dann, wenn dieser ihr tägliches Leben beeinträchtigen würde. Andererseits ist Verleugnung eine sichere Methode, um alles beim alten zu lassen. Wer sich von den Realitäten seines Lebens abwendet und seine Probleme und Ängste nicht ehrlich analysiert, leugnet die eigenen Erfahrungen und besitzt damit keine Grundlage für konstruktive Änderungen.

Rationalisierung von Bindungsproblemen

Ebenso wie Verleugnung ist Rationalisierung ein Abwehrmechanismus, der unvernünftiges oder irrationales Verhalten vernünftig erscheinen lassen soll. Oder anders ausgedrückt: Menschen, die ihre Bindungsprobleme nicht wahrhaben wollen, können ungewollt sehr seltsam reagieren. Rationalisierung dient dazu, ihr Verhalten, das keinen rechten Sinn ergibt, zu erklären.

Vor sechs Monaten lernte Marc, 38 Jahre alt und geschieden, Sally kennen, eine 29jährige geschiedene Mutter einer vierjährigen Tochter. Schon bei der ersten Begegnung war Marc kolossal von ihrer Erscheinung angetan. Er berichtet, daß er sich fast sofort in sie und ihr Kind verliebte.

Marc erzählte seinen Freunden und Eltern, daß er endlich die Richtige gefunden hatte. Für Sally, die es als alleinerziehende Mutter nicht leicht habe, war Marc ein »Geschenk des Himmels«. Er brauchte nicht viel Überzeugungskraft, um sie zu überreden, bei ihm einzuziehen und ihre Stellung aufzugeben, um in seiner kleinen Videothek zu arbeiten. Ein paar Tage vor Sallys Einzug stellten sich bei Marc Gefühle von Unruhe und »Bedrängnis« ein. Er fragte sich, ob er die richtige Entscheidung getroffen hatte oder drauf und dran war, einen Riesenfehler zu begehen. Da fiel ihm plötzlich eine Frau ein, in die er einmal verliebt gewesen war.

»Ich hatte gehört, daß meine alte Freundin von ihrem Mann getrennt lebte, und rief sie an. Zufällig war das am gleichen Tag, als Sally bei mir einzog. Zwei Stunden, bevor der Umzugswagen kommen sollte, traf ich meine Verflossene und stellte fest, daß ich sie immer noch sehr attraktiv fand. Mir wurde klar, daß es ein Fehler war, mich so schnell für Sally zu entscheiden. Ich war erst vier Jahre geschieden und hatte noch gar nicht alle Möglichkeiten ausgelotet. Ich fühlte mich sehr elend und durcheinander. Trotzdem half ich Sally. Sie war begeistert von der neuen Wohnung, ich eine wandelnde Leiche. Ich wußte nicht, was ich tun sollte.«

Wie man sich vorstellen kann, dauerte es nicht lange, bis sich Marcs Stimmung – »introvertiert, geistig abwesend, schlecht gelaunt« – auch auf Sally übertrug. Jedesmal, wenn sie ihn fragte, was denn los sei, erwiderte er: »Nichts. Mach dir keine Sorgen.«

»Es lag eigentlich nicht an Sally, aber irgendwie doch. Ich hatte angefangen, täglich mit der anderen Frau zu reden, und die sexuelle Spannung zwischen uns war unglaublich. Als Sally und ihre Tochter ungefähr zwei Wochen bei mir gewohnt hatten, wurde es mir zuviel.

Ich sagte ihr die Wahrheit, daß ich sie immer noch liebte, aber daß ich auch andere Leute sehen mußte. Auch daß ich noch an meiner alten Freundin hing und mir bald Klarheit verschaffen wollte. Sally war sehr enttäuscht, um es vorsichtig auszudrükken. Zum Glück konnte sie ihre Wohnung wieder zurückbekommen, nicht aber ihren Arbeitsplatz. Deshalb arbeitete sie noch mehrere Monate in meinem Laden. Wir waren auch noch ein paarmal zusammen im Bett, aber obwohl ich sie immer noch gern hatte, wußte ich, daß ich sie nie heiraten würde.

Das war wirklich keine schöne Zeit. Ich war bestimmt nicht fair zu Sally, weil ich immer noch Gefühle für sie hatte – vielleicht mußte man es sogar Liebe nennen. Ich hatte Angst, es könnte der größte Fehler meines Lebens sein, sie jetzt zu verlassen, und hatte auch schreckliche Schuldgefühle wegen ihrer Tochter. Sie können sich ja vorstellen, daß das keine leichte Situation war. Sally war in vieler Hinsicht sehr gut zu mir. Ich brauchte das und nutzte ihren Bemutterungstrieb aus. Es fiel mir schwer, auf all das zu verzichten.

Zum Schluß war das Ganze ziemlich abartig. Sally und ich arbeiteten den Tag über zusammen im Geschäft, fuhren dann zusammen nach Hause, und sie kochte etwas für uns drei. Nach dem Essen ging ich weg und traf mich mit der anderen. Dann kam ich nach Hause und schlief in einem Bett mit Sally. Oft weinte sie. Manchmal mußte ich auch weinen, weil mir wirklich danach war. Ich bin nämlich ein sehr emotionaler

Mensch. Natürlich fingen wir auch an, uns zu streiten. Als Sally klar wurde, daß wir nie eine Familie sein würden, wie sie es sich vorgestellt hatte, war sie sehr eifersüchtig und wütend.«

An dieser Stelle wird Marc zum geschickten Rationalisierer, der Sally die Schuld zuschiebt, weil sie nicht perfekt ist: »Ich glaube, daß folgendes passiert ist: Kurz bevor sie einzog, lernte ich eine Seite von Sally kennen, die mir nicht so gut gefiel. Sie wurde wegen des Umzugs ganz hektisch und unsicher. Ich glaube, es war ihr ständiges Gefrage, das mich überhaupt erst darauf brachte, daß ich Probleme damit haben könnte. Dann brauchte sie Hilfe beim Packen. Ihre Mutter und eine von ihren älteren Schwestern kamen, sahen und fingen an, zu kommandieren, wenn Sie wissen, was ich meine. Ich lernte eine Seite von ihr kennen, die ich vorher nicht gesehen hatte. In einigen von ihren Schränken sah es wirklich schlampig aus. Und sie war immer so schnell müde. Mit ihrer Mutter war sie nicht gerade ein Herz und eine Seele, aber auch sie neigte manchmal zum Herumkommandieren. Ganz zu schweigen davon, daß sie die gleiche Figur hatte, und ihre Mutter war ein ganz schöner Ballon geworden. Ich kriegte es mit der Angst, und das war ja wohl auch gut so. Natürlich habe ich ihr weh getan, aber es war sicher besser jetzt als später, wenn alles noch schlimmer gewesen wäre.«

Kurz nachdem Sally ausgezogen war, endete auch das Verhältnis von Marc mit seiner alten Freundin. Er glaubt, daß er sie wahrscheinlich nur »benutzt« hatte, um aus der Beziehung mit Sally »rauszukommen«. Seine Erklärung: »Das mit Sally habe ich ganz schön vermasselt, aber ich sehe es so: Wenn wir füreinander bestimmt gewesen wären, dann wäre es sicher anders gelaufen.«

Jeder, der Marcs Schilderung verfolgt, wird den Schluß ziehen, daß sein Verhalten bestenfalls chaotisch, konfus und verantwortungslos war. Einen Tag liebt er die eine Frau, am nächsten sabotiert er die Beziehung, um einer alten Flamme den Hof zu machen. In einer Minute ist er dankbar, daß ihm jemand Essen kocht, in der nächsten verläßt er sie, um sich mit seiner Verflossenen zu treffen. Nachdem er mit der einen Frau geschlafen hat, eilt er nach Hause, um mit der anderen zu weinen. Noch weniger Sinn ergibt die Art und Weise, wie Marc mit den Ereignissen in seinem Leben umgeht. Er schafft es, seine Probleme zu verleugnen und sein Verhalten zu rationalisieren, indem er sich sagt, Sally sei nicht die richtige Frau für ihn, sonst hätte er sich schon anders verhalten. Es fällt schwer, Marc mit Argumenten zu widersprechen. Er hat sich wie ein Schuft benommen, aber vielleicht waren er und Sally ja wirklich nicht füreinander bestimmt.

Deckmantel Phantasie

Wenn wir jemandem wie Marc beim Schildern seiner Probleme zuhören, denken wir vielleicht, daß er unrealistisch ist, zögern aber in der Regel, es ihm offen zu sagen. Am Ende könnte er ja recht haben, vielleicht gibt es wirklich die Traumfrau, die irgendwo auf ihn wartet. Warum sollten wir ihm seinen schönen Traum nehmen? Hat man nicht genau diese Erwartung in uns geweckt?
Es gibt eine Reihe guter Gründe dafür, daß so viele Menschen ihre Bindungsprobleme mit Realitätsverleugnung oder Rationalisierung verdecken. Wenn Beziehungen in die Brüche gehen, richten wir unseren Blick nicht auf eigene Schwierigkeiten, sondern auf romantische Wunschvorstellungen, die von der Umwelt auch weitgehend akzeptiert und bekräftigt werden. Darin werden Menschen, die füreinander bestimmt sind, vom Schicksal zusammengeführt. Eine Begegnung ihrer Blicke reicht aus, und schon wird sich alles so fügen, daß sie für alle Zeit glücklich sind.
Viele Menschen hegen nach eigenen Worten keine unrealistischen Phantasien und sind bereit, normale Sterbliche als Part-

ner zu akzeptieren. Sie vergessen aber leicht, daß sich unsere Phantasie nicht nur mit dem Aussehen und Verhalten unseres Wunschpartners beschäftigt, sondern auch mit unseren Gefühlen in der trauten Zweisamkeit. Da geht es um grenzenlose Seligkeit, ewiges Vertrauen und Lust ohne Ende. Selbst wenn wir meinen, auch die Fehler und Schwächen des Partners hinnehmen zu können, sind wir doch nicht bereit, unsere eigene Gereiztheit und Ermüdung im Alltag zu akzeptieren. Wir erwarten, daß wir uns unserem Partner immer ganz nahe fühlen, ein Herz und eine Seele mit ihm sind – und zwar *für immer*. Jedenfalls wollen wir keine Langeweile, Besorgnis oder Verärgerung. Kommen solche Gefühle hoch, ist die schöne Phantasie kaputt.

Viele partnerlose Menschen mit Bindungsproblemen denken niemals an eheliche Streitereien, Langeweile oder gar Scheidung. Solche realistischen Möglichkeiten kommen ihnen gar nicht in den Sinn, beruht doch das meiste, was sie über das Thema Beziehungen denken, auf Wunschvorstellungen. In ihrem Wolkenkuckucksheim gibt es keine überquellenden Mülleimer, rasselnden Wecker oder schmutzigen Socken. Die Partner ihrer Träume sind wie sorgfältig retuschierte Photographien: Sie werden nie krank, alt, fett und vor allem nie real.

Menschen mit Bindungsproblemen sind nicht selten Experten im Ausspinnen romantischer Träume. Sie leben und lieben in einer Phantasiewelt, weil das der einzige Ort ist, wo sie ihre Probleme lösen können. In ihren Träumen, und nur dort, können sie sich gebunden und frei zugleich fühlen. Meist träumen sie, auch wenn sie es leugnen, von der ganz großen Liebe und nicht von einer normalen Partnerschaft mit vielen Höhen und Tiefen, wie sie die Realität zu bieten hat.

Märchen als Maßstab

Unsere Märchen und Legenden sind keine Fundgrube für den, der nach Vorbildern für reale Beziehungen sucht. Dort geht es nie um den Alltag des Zusammenlebens. Aschenputtel, Die Schöne und das Biest, Schneewittchen – überall heißt das Thema große Liebe. Wir erfahren nicht, was passiert, nachdem die Liebenden endlich vereint sind. Stritten Aschenputtel und ihr Prinz nach der Heirat über den neuen Anstrich des Ballsaals? Versöhnte sich Aschenputtel nach der Geburt der Kinder um ihretwillen mit ihrer Familie? Kamen die bösen Stiefschwestern jedes Wochenende zu Besuch, sie zu ärgern? Ließ die Manneskraft des Prinzen nach, als er älter wurde? Hatte Aschenputtel jemals Hormonprobleme? Litt sie in den Wechseljahren an Schlafstörungen?

Die Antworten werden wir nie erfahren, weil die Märchen immer spätestens mit der Hochzeit enden. Was folgt, bleibt im dunkeln. Die meisten von uns stehen der Realität etwas beklommen gegenüber, wenn die erste Verliebtheit vorüber und alles nicht mehr so perfekt ist wie im Märchen. Das kann ein Gefühl auslösen, als ob etwas in uns stirbt. Vielleicht ist es die Furcht vor dem Unbekannten oder die Angst, das Leben unserer Eltern zu wiederholen – jedenfalls heißt es immer Abschied nehmen von Traumvorstellungen und romantischen Illusionen. Das geht nicht bei jedem ohne Schwierigkeiten, aber besonders schwer haben es Menschen mit Bindungsproblemen. Ohne die schönen Träume bleibt vielleicht gar nicht viel übrig, was im Leben für Spannung sorgt.

Romanze statt Partnerschaft

»Innerlich hatte ich mein Herz fest an Männer vergeben, die im Grunde überhaupt nicht in Frage kamen. Es waren wirklich die letzten Kandidaten dabei – Rodeoreiter mit

Drogenproblemen, verheiratete Männer, die in Japan lebten, launenhafte bisexuelle Künstler, eigentlich alles, was man sich vorstellen kann. Im nachhinein frage ich mich, was ich mir eigentlich dabei gedacht habe. Am meisten wundert mich, daß ich jedesmal die Vorstellung hatte, einer dieser unmöglichen Typen würde mein ›Retter‹ sein.«
Anna, 39

»*Ich bin besessen von Frauen, die ich nie kennengelernt habe – Frauen, die aus irgendeinem Grund für mich nicht erreichbar sind. Ich denke immer, ausgerechnet die könnte genau die Richtige gewesen sein. Einmal habe ich mich bis über die Ohren in eine Frau verliebt, die ich nur kurz aus dem Auto gesehen hatte. Ich habe sie nie wiedergesehen, aber ihr Anblick wollte mir Jahre nicht aus dem Sinn. Für mich stand fest, daß wir füreinander bestimmt waren. Meine Mutter, die nicht gut damit umgehen kann, daß ich immer noch Single bin, hat mich neulich gefragt, ob ich überhaupt schon mal einer Frau begegnet bin, die für mich ernsthaft, also zum Heiraten, in Frage kommt. Ich habe sie gefragt, was sie unter ›begegnet‹ genau versteht. Dann habe ich gesagt, wenn es egal ist, ob ich mit ihr gesprochen habe oder nicht, dann war es diese Frau im Auto. Die hätte ich heiraten können.*«
Ken, 35

Viele Menschen mit Bindungsproblemen sind unverbesserliche Romantiker mit ausgesprochen konservativen Ansichten über Liebe und Ehe, sie glauben fest an eine Ehe »bis daß der Tod uns scheidet«. Weil Beziehungen für sie eine enorme Verpflichtung darstellen, betonen sie meist, wie ernst sie das Ehegelöbnis nehmen, auch wenn ihr Handeln dem widerspricht. Waren sie noch nie verheiratet, machen sie deutlich, daß die Ehe etwas ist, das es nur einmal in ihrem Leben geben wird. Waren sie schon verheiratet, soll die nächste Ehe auf jeden Fall die letzte sein. Sie erwarten, daß ihre Liebe ewig hält

und sie ständig in dem Gefühl des Verliebtseins schwelgen werden. Man kann ihnen so viele Statistiken vorhalten, wie man will. Bis die Realität auf leisen Sohlen herbeigeschlichen kommt, stellen sie sich die Liebe als etwas Schicksalhaftes vor, etwas durch die Vorsehung Geweihtes.
Diese Experten im Ausspinnen von Liebesträumen ziehen es vor, in Phantasiebeziehungen zu lieben und zu leben, denn aus realen Beziehungen könnten mit der Zeit echte Partnerschaften werden, und die sind viel zu bedrohlich. Der Haken an der Sache ist nur, daß einem Glück und Erfüllung versagt bleibt, wenn man immer nur Träumen nachhängt.

Liebestraum oder echte Partnerschaft?

Theresa, eine 28jährige Studentin, die nebenbei als Kellnerin arbeitet, ist ein Beispiel für eine Frau, die sich wegen ihres blühenden Phantasielebens nie lange binden kann. Sie erzählt: »Ich hatte viele Beziehungen. Mit vier Männern habe ich zusammengelebt, und alle mußten leiden, weil ich meine Meinung wieder geändert habe. Am Anfang finde ich den Typ jedesmal ganz toll. Und dann fallen mir störende Sachen an ihm auf. Meine Freundinnen sagen, ich bin hoffnungslos, aber ich glaube, das stimmt nicht – eines Tages lerne ich bestimmt jemanden kennen, der wirklich perfekt ist. Bei allen wichtigen Beziehungen, die ich hatte, dachte ich am Anfang, jetzt hat das Schicksal zugeschlagen. Ich träume immer vom Heiraten und Kinderkriegen, und das sage ich den Männern auch. In dem Augenblick denke ich das ja auch wirklich. Aber dann fängt der Typ meistens an, irgendwelche Sachen zu machen, die mir überhaupt nicht gefallen, so daß ich mich lieber zurückziehe.«
Bei den »Sachen«, die Theresa anspricht, handelt es sich in der Regel um einen gewissen »Druck«, den ihr jeweiliger Freund ausübt, um die Beziehung auf eine festere Basis zu stellen. Mit

der Arbeit ergeht es Theresa genauso wie mit der Liebe. Sie kam nach Südkalifornien, um auf die Schauspielschule zu gehen, aber das war ihr zu langweilig. Sie blieb dem Unterricht fern und nahm einen Job auf einem Kreuzfahrtdampfer an. Zurück an Land, schrieb sie sich in Betriebswirtschaft ein, aber das fand sie noch langweiliger. Als nächstes interessierte sie sich für Photographie und belegte mehrere Kurse. Alle waren der Meinung, daß sie Talent hatte, aber sie hatte sich schon der Bildhauerei zugewandt. Zur Zeit besucht sie Kurse darin und erwägt, nach Europa zu gehen, um dort richtig Kunst zu studieren.

Wenn man Theresa begegnet, vergißt man rasch, wie sprunghaft sie sich in der Vergangenheit Männern gegenüber verhalten hat. Sie macht einen eher schüchternen Eindruck und erzählt, wie sehr sie darunter leidet, daß sie die Männer in ihrem Leben verletzt hat.

»David, meinen letzten Freund, habe ich ziemlich im Stich gelassen. Er kommt nur schwer darüber weg. Vor zwei Jahren, als wir uns kennenlernten, war er noch verheiratet. Ich dachte wirklich, daß er der Richtige für mich ist und ich den Rest meines Lebens mit ihm verbringen würde. Das habe ich ihm auch gesagt. Aber mit ihm zusammenzuleben, das ging überhaupt nicht. Er wollte immer von mir wissen, wo ich hingehe, und da wurde mir klar, daß er doch anders war, als ich gedacht hatte. Am Anfang der Beziehung hatten wir uns wegen seiner Frau immer unter sehr romantischen Umständen getroffen. Aber als wir dann zusammenwohnten, war alles anders. Er schaute sich Fußballspiele an und bekam ein Bäuchlein. Wenn es im Fernsehen Nachrichten gab, wollte er, daß ich neben ihm sitze und mitgucke. Es war, als ob ich mit meinem Vater zusammenlebe. Ich will kein normales Leben. Ich will mich nicht umdrehen und auf dem Sofa einen Mann sehen, der sich gerade irgendwo kratzt und Kartoffelchips ißt. David versteht nicht, warum ich Schluß gemacht habe. Natürlich habe ich noch Gefühle für ihn, aber nicht so, wie er es gerne hätte.«

Der 36jährige Nachhilfelehrer Craig weiß, daß er Probleme mit festen Bindungen hat und zur Flucht in die Phantasie neigt. Die Geschichte, die er uns erzählt, ist ein Paradebeispiel dafür, wie man Nähe ausweichen kann, indem man Zuflucht in Träumen sucht.

»Vor drei Jahren habe ich mich in eine Frau verliebt, die überhaupt nicht zu mir paßte. Alle meine Freunde haben mich gewarnt, aber ich wollte es nicht hören. Ich bin ein ziemlich relaxter Typ, sie ist Juristin mit großen Plänen. Ich komme aus einer Kleinstadt, sie aus der Großstadt. Ich bin katholisch, sie ist Jüdin. Ich verdiene nicht viel Geld, sie haufenweise – und Geld war ihr sehr wichtig. Trotzdem fand ich, daß sie die Richtige für mich war, und verbrachte fast ein Jahr mit dem Versuch, sie davon zu überzeugen.

Obwohl wir uns körperlich sehr anziehend fanden, gab es von ihrer Seite tausend Einwände gegen eine feste Beziehung mit mir. Ihr Therapeut, ihre Eltern, ihre Freunde – alle waren dagegen. Ich dachte mir, wenn ich sie doch nur einmal ganz für mich allein haben und mich von meiner besten Seite zeigen könnte, das würde für die Beziehung Wunder wirken.

Ich hatte früher einige Jahre im Westen gelebt und gearbeitet. Die Gegend gefiel mir unheimlich gut, und ich träumte immer davon, mit der Frau, die es einmal sein sollte, zum Glacier-Nationalpark zu fahren, dort mit ihr zu zelten und zu wandern – alles ganz romantisch. Das Leben in Montana konnte einen fast süchtig machen. Ich hing sehr an den Erinnerungen an diesen Abschnitt meines Lebens.

Ich hatte die Hoffnung, daß Theresa von der schönen Natur und mir als erfahrenem ›Mann der Wildnis‹ beeindruckt sein würde. Wenn sie erst da wäre und den Streß des Alltags vergessen hatte, so meine Überlegung, würde sie mich bald mit anderen Augen sehen. Die Beziehung würde einen Quantensprung machen, und unsere ganzen Probleme wären Schnee von gestern. Also überredete ich sie, zehn Tage mit mir zusammen Urlaub zu machen.

Um es kurz zu machen: Mein Plan ging auf. Sie war von der

Landschaft hingerissen und verließ sich in der fremden Umgebung ganz auf meinen Schutz. Jedesmal, wenn es irgendwo im Gebüsch raschelte, konnte ich für sie den Helden spielen nach dem Motto: ›Da ist doch wirklich nichts, Liebling, vielleicht ein Grizzly, laß mich nur machen.‹ Theresa gab zu, daß sie es schön fand, sich an eine starke Schulter lehnen zu können. Sie war wie verwandelt.
Am zweiten Tag hatten wir Bilderbuchwetter – blauer Himmel, keine Wolke am Horizont. Wir machten eine längere Wanderung, auf der sie besonders von den Bergziegen und den wilden Blumen angetan war. Auf dem Rückweg überquerten wir einen kleinen Fluß, an dem gerade Elche im Wasser standen und tranken. Am Abend aßen wir im Restaurant einer Lodge mit herrlichem Blick auf einen See. Nach dem Essen wanderten wir im Mondschein zurück zu unserem Lagerplatz – was wegen der Grizzlys wohl nicht besonders klug war. Ich machte ein kleines Feuer, und wir rösteten Marshmallows und tranken Kognak dazu. Es war wie im Traum. Sie war ein ganz anderer Mensch – zärtlich, liebevoll und ohne Worte der Kritik. Die Beziehung war wie neu. Als ich schlafen ging, hatte ich ein Gefühl unglaublicher Erleichterung. Ich war so glücklich. Schöner hätte es gar nicht sein können.
In dieser Nacht passierte etwas Komisches. Ich träumte von einem Mädchen, in das ich während der Schulzeit hoffnungslos verliebt war, aber bei dem ich nie etwas erreicht hatte. Als ich aufwachte, war mein erster Gedanke, daß ich sofort alles tun mußte, um diesen alten Schwarm wiederzufinden. *Sie* war es, die an meine Seite gehörte. Ich sah hinüber zu Theresa, die noch schlief, und dachte: *Was tue ich hier bloß mit einer Frau, die völlig von ihrem Seelenklempner und ihren Eltern abhängig ist?* Die paßte doch überhaupt nicht zu mir. Es ging mir wirklich schlecht. Das Gesicht meiner Flamme aus der Schulzeit setzte sich in meinem Kopf fest und wollte nicht mehr verschwinden. Sie kam mir realer vor als die Frau, die da neben mir lag. In meiner Phantasie war sie jemand wie ich, mit gleicher Wellenlänge und gleichen Interessen. Ich wollte sie

und keine andere. Die Frau neben mir kam mir dagegen völlig fremd vor.

Theresa schlief noch, als ich aufstand, mich anzog und zu einem der Gletscher hinaufwanderte. Es war eine lange Wanderung, insgesamt vielleicht vier Stunden oder noch mehr. Als ich zurückkam, war Theresa außer sich vor Wut. Angeblich hatte ich ihr Vertrauen mißbraucht. Sie weigerte sich sogar, weiter mit mir zu reden. Das brachte mich wieder ein Stück auf den Boden der Realität zurück, aber es war nicht mehr wie vorher. Es waren so viele schlechte Gefühle da, daß wir den Urlaub abbrachen und nach Hause fuhren.

Eine Zeitlang rauften wir uns dann wieder zusammen, aber nach dem Traum hatte ich nie wieder die gleichen Empfindungen für sie. Wenn wir zusammen waren, fühlte ich mich immer irgendwie deprimiert. Es dauerte noch sechs Monate, bis die Beziehung endgültig in die Brüche ging, aber der Wendepunkt war der Traum gewesen.«

Craig und Theresa haben beide eine konservative Einstellung zu Ehe und Partnerschaft. Beide sagen, daß sie den richtigen Partner suchen, um dann zu heiraten und eine Familie zu gründen. Wie viele Menschen mit Bindungsproblemen beginnen sie aber in dem Moment, in dem sie merken, daß eine andere Person wirklich für sie da ist, die Beziehung und den Partner in Frage zu stellen. Hinzu kommt ein plötzliches Gefühl des Eingeengt- und Gefangenseins. Dadurch erwächst Angst und das Bedürfnis, wieder frei zu sein. So kommt es, daß – oft von einer Minute auf die andere – ein neuer Traum ins Blickfeld rückt.

3
Vom Davonlaufen und Hinterherlaufen – aktive Bindungsprobleme

Mitch, von Beruf selbständiger Architekt, brach eine wichtige Beziehung ab, weil er nicht imstande war, sich fest zu binden. Durch diese Erfahrung wurde er mit seinen Ängsten konfrontiert. Mit 45 Jahren glaubt Mitch nun, die Liebesbeziehungen seiner Vergangenheit viel klarer sehen zu können als früher. Im Rückblick erkennt er ein immer wieder ähnliches Verhaltensmuster. Er sieht die beiden Frauen, mit denen er zusammenlebte, denen er Anträge machte und die er dann doch nicht heiratete. Er ist sich bewußt, wieviel Schmerz und Enttäuschung in diesen Beziehungen steckte. Er sieht auch die anderen Frauen vor sich, mit denen er kürzere Zeit ausging, bevor er es sich wieder anders überlegte, und erkennt, daß seine Gefühle – und sein Verhalten – widersprüchlich und schwer verständlich waren. Aus inzwischen allzu gründlicher Erfahrung weiß Mitch, daß er unruhig und sehr kritisch wird, wenn ihm jemand zu nahe kommt oder zuviel von ihm erwartet. Er weiß auch, daß er eine Frau, mit der er längere Zeit ausgeht, schnell verdächtigt, ihn in die Ehe locken zu wollen. Am wichtigsten ist aber, daß er sich heute nicht mehr vormachen kann, alles werde sich schon ändern, wenn nur »die ideale Frau« in sein Leben tritt. Zu viele Freundinnen hat er schon gehabt, von denen er am Anfang begeistert schwärmte, um ihnen am Ende doch wieder den Laufpaß zu geben.

Diane, im Vertrieb von EDV-Systemen tätig, ist zwar erst 29 Jahre alt, weiß über ihre Bindungsprobleme aber genausogut Bescheid wie Mitch. Die Vorstellung vom Heiraten war ihr immer fremd und hatte etwas Bedrohliches. Schon als kleines

Kind, als beim Spielen mit anderen über die Zukunft gerätselt und davon gesprochen wurde, eines Tages zu heiraten, schob sie diesen Gedanken weit von sich. Das ist bis heute so geblieben. Sie weiß, daß sie ihren Beziehungen immer wieder eine Grenze setzt, und obwohl es ihr nicht schwerfällt, Männer kennenzulernen, sorgt sie stets dafür, daß keine wirkliche Nähe entsteht.

Dianes typisches Verhalten besteht darin, von Anfang an klarzumachen, daß sie viel Zeit und Raum für sich beansprucht. Sie hat die Erfahrung gemacht, daß Männer meist andere Vorstellungen haben, und ist folglich viel allein. Das gefällt ihr zwar nicht, aber eine Beziehung, die zuviel von ihr verlangt, kann sie nicht verkraften. Sie weiß keine Lösung für ihre Probleme und hofft darauf, eines Tages den idealen Partner zu finden, der genau die gleichen Vorstellungen davon hat, wieviel Zeit man zusammen und wieviel getrennt voneinander verbringt. Bis dahin muß sie eben weiter mit ihren Ängsten leben.

Der 32jährige Börsenmakler Patrick ist sich seiner Probleme viel weniger bewußt und sieht auch keine Gesetzmäßigkeit in seinem Verhalten. Die Frauen, mit denen er ein Verhältnis hatte, waren dem Anschein nach sehr unterschiedliche Typen. Bonnie zum Beispiel hätte er wirklich gerne geheiratet, aber sie kam einfach nicht von ihrem Exfreund los. Die Beziehung mit Suzanne wollte er unbedingt fortsetzen, aber sie wollte ja unbedingt nach Frankreich zurückgehen, wo sie herkam, und sein Beruf läßt sich nun mal im Ausland schlecht ausüben. Gwen, die zweite große Liebe seines Lebens, trennte sich nach zwei Jahren von ihm, weil er mehr von ihr wollte als sie von ihm. Patricks Meinung nach liegt sein Problem darin, daß die Frauen, die er kennenlernt, einen netten Typ einfach nicht zu schätzen wissen.

Ellen ist ganz sicher, daß die Männer, mit denen sie zusammenkommt, Probleme mit dauerhaften Beziehungen haben, und nicht sie selbst. Die 39jährige denkt bei fester Bindung nur an Ehe und nennt als Grund dafür, warum sie noch ledig ist, das Zusammentreffen ungünstiger Umstände. Manche Männer wollten sie heiraten, aber immer gerade solche, an denen sie nicht interessiert genug war. Nach eigenen Angaben stellt sie hohe Erwartungen an ihren künftigen Ehemann, was für manche ein Problem sei. Zur Zeit schwärmt sie heimlich für einen verheirateten Kollegen. Er heizt Ellens Gefühl noch an, indem er viel mit ihr flirtet. Glaubt man den Gerüchten, die im Büro kursieren, so ist dieser Mann ein unglaublich unverfrorener Schürzenjäger. Ellen erkennt, daß sie trotz ihrer hohen Erwartungen immer wieder auf Männer »hereinfällt«, die sie nicht haben kann, die nicht zu ihr passen oder die sich nicht festlegen können. Sie glaubt aber nicht, daß dies auch nur das geringste mit ihr zu tun hat.

Wir sehen, daß es diverse Möglichkeiten gibt, vor einer festen Bindung davonzulaufen, und daß diese munter praktiziert werden.
Mitch, Diane, Patrick und Ellen sind vom Typ sehr verschieden. Alle haben ihren ganz persönlichen Verhaltensstil in Beziehungen. Wir wollen uns mit diesen Stilen auseinandersetzen, dabei Geschlechtsunterschiede berücksichtigen und sehen, ob wir das jeweils typische Verhaltensmuster identifizieren können. In der Regel fallen die beobachteten Verhaltensmuster in eine der beiden Kategorien:
– Aktive Vermeidung
– Passive Vermeidung

Was unter aktivem Vermeiden von festen Beziehungen zu verstehen ist, liegt auf der Hand. Es gibt aber auch passive, weniger deutlich wahrnehmbare Arten der Vermeidung, bei denen man gar nicht denkt, man selbst hätte ein Problem. Aktive und passive Bindungsprobleme manifestieren sich in Beziehungen so unterschiedlich, daß es manchmal schwer ist zu erkennen, daß beide zum gleichen Syndrom gehören. Jeder von uns neigt zwar der einen oder anderen Verhaltensweise zu, doch gibt es genug Männer oder Frauen, die sich einmal so und einmal so verhalten. Auch das Alter, die Umstände und jeweilige Partner können hier Einfluß ausüben.

Aktive Bindungsprobleme

»Ich verliebe mich. Und dann ist es wieder vorbei. Dann verliebe ich mich wieder. Manchmal verliebe ich mich schon in die nächste, wenn ich noch mit einer zusammen bin. Dann ist die Frau, die es trifft, wütend. Es gibt viele wütende Frauen in meinem Leben. Zwei kriegen jeden Monat Geld von mir, eine verlangt welches, und eine oder zwei hassen mich ganz einfach. Wenn das Eingehen und Abbrechen von Beziehungen ein Problem ist, dann habe ich es mit Sicherheit.«
Neil, 48

Bei aktiver Vermeidung geht es immer wieder ums Davonlaufen, und die Betroffenen finden es fast unmöglich, länger an einem Punkt zu verweilen. Ob sie gerade einem neuen Partner den Hof machen oder aus einer Beziehung aussteigen – immer ergreifen sie die Initiative. Es sind Männer und Frauen, deren Probleme schon bei flüchtigem Hinsehen auffallen. Er oder sie läßt es nie zu, daß sich eine Beziehung über einen gewissen Punkt hinaus entwickelt. Eine Person mit aktivem Vermeidungsverhalten gerät immer irgendwann in Konflikt mit sich selbst, und sie ist es, die in der Beziehung für die meiste Aufregung sorgt.

Die Verführungskraft der Ungebundenen

»Aktive Davonläufer« sind innerlich ungebunden und irgendwie schwer faßbar. Obwohl sie unfähig oder nicht willens sind, eine Beziehung wachsen zu lassen, besitzen sie dennoch eine starke Anziehungskraft. Oft sind es gerade ihre Partner, also die von ihnen Verletzten, die ihr Verhalten am überzeugendsten verteidigen und erklären. Weil sie immer zu verstehen geben, daß sie jederzeit in der Lage sind, sich aus einer Beziehung zu lösen, empfinden ihre Partner oft Unsicherheit. Das bedeutet, daß Menschen mit aktiven Bindungsproblemen in Beziehungen die größte Macht haben. Da sie die Dynamik ihrer Beziehungen weitgehend steuern, werden sie auch am ehesten für Fehlschläge verantwortlich gemacht. Ihre Launen entscheiden darüber, wie oft sich ein Paar sieht, wie oft zusammen geschlafen wird, sie stecken weitgehend die Grenzen ab. Beim Gedanken an Heirat packt sie meist nackte Angst.

Mehrdeutige Botschaften – das Markenzeichen des aktiven Vermeiders

Doch wer aktiv vermeidet, muß nicht immer davonlaufen, ganz im Gegenteil. Häufig sind die Menschen, von denen hier die Rede ist, ebensosehr damit beschäftigt, neuen Partnern nachzujagen, wie einer tieferen Beziehung mit vorhandenen Partnern aus dem Weg zu gehen. Sie sind in ihren Gefühlen völlig ambivalent und verhalten sich entsprechend. Ständige Aktivität – Suche nach / Flucht vor Beziehungspartnern – ist ihr Markenzeichen. Wie sehr diese Männer und Frauen auch von sich behaupten, nach einer ganz normalen, unkomplizierten Liebesbeziehung zu suchen, sorgen sie an einem gewissen Punkt immer für Probleme. Gewöhnlich übermitteln sie ihren Partnern ein breites Spektrum mehrdeutiger Botschaften wie:

- sehr verführerisch / sehr zurückweisend
- sehr intim / sehr zurückgezogen
- sehr verständnisvoll / sehr kritisch
- sehr liebevoll / sehr feindselig
- sehr gefühlsbetont / sehr kühl
- sehr aufreizend / sexuell abweisend

Aktive Vermeider verhalten sich in Beziehungen typischerweise so, daß sie am Ende einen Schritt vorwärts gehen und zwei zurück, und stiften damit Verwirrung. Ihre Bindungsprobleme existieren nicht nur im Kopf. Sie beeinflussen jeden Augenblick, jeden Gedanken, jede Handlung, jeden gesprochenen Satz. Die Berührung sagt ja, die Worte sagen nein; die Tränen bitten um Verzeihung, aber das Verhalten bleibt verletzend; das Lächeln sagt, man ist glücklich, aber die Haltung verrät, daß man Angst hat. Es gibt immer zwei Botschaften und den Widerspruch dazwischen.

Aktive Bindungsprobleme – der Unterschied zwischen Männern und Frauen

Bis vor kurzem sahen wir aktive Bindungsängste nahezu ausschließlich als Teil eines männlichen Verhaltensmusters. Doch im Zuge des gesellschaftlichen Wandels und der zunehmenden Gleichberechtigung der Frauen gibt es nun auch für sie zahlreiche Situationen, in denen sie ihre Ängste ausleben können. Einst galten Frauen, die nicht möglichst schnell in den Stand der Ehe treten wollten, als sonderbar. Heute erkennen viele, daß sie auch ohne Ehemann für den eigenen Unterhalt sorgen, Kinder großziehen und sich erfolgreich im Leben durchschlagen können. Die Angst vor dem Alleinsein ist nicht mehr so groß wie früher. Zum erstenmal in der Geschichte beginnen Frauen, Bindungsprobleme in einer Weise auszuleben, die wir früher nur von Männern kannten.
In der Art und Weise, wie Partnersuche und Anbahnungen von

Beziehungen bei uns traditionell ablaufen, zeigen Männer immer noch eher das klassische aktive Verhaltensmuster, das heißt, sie machen einer Frau den Hof und geraten später in Panik. Oft geschieht das über einen recht langen Zeitraum. Interviews, die wir mit über 70jährigen Männern geführt haben, zeigten, daß manche – immer noch auf der Suche nach der Idealpartnerin – eine Frau nach der anderen »ausprobierten«.

Bei Frauen mit ähnlichem Problem läuft das Ganze normalerweise anders ab. Ihr Verhalten könnte man treffender als einen Wechsel von Bereitwilligkeit zu Ablehnung beschreiben. Sehen wir uns den Unterschied einmal genauer an: Ein Mann mit aktiven Bindungsproblemen kann am Anfang einer Beziehung ganz Feuer und Flamme sein, bevor seine Ängste durchbrechen, er seine Bemühungen um den Partner einstellt und den Rückzug antritt. Eine Frau mit aktiven Bindungsproblemen reagiert statt dessen zunächst mit Bereitwilligkeit. Wenn ihre Ängste dann Gestalt annehmen, ändert sich auch ihr Verhalten. Das drückt sich darin aus, daß sie seltener Zeit hat, weniger auf die Wünsche des Mannes eingeht und abweisender wird. Oft zeigt sich ihre Angst in der Art und Anzahl der Hindernisse, die sie der Entwicklung der Beziehung in den Weg stellt. Zuweilen wird ihr klar, daß ihre Abneigung gegen eine feste Bindung mit im Spiel ist. Oft glaubt sie aber auch fest daran, daß es ihr nur um Frauenrechte ginge und sie lediglich versuchen würde, ein bißchen Freiraum und Unabhängigkeit für sich zu bewahren.

Typischer Ablauf

Wenn Sie mit jemandem zusammen sind, der aktive Bindungsprobleme hat, wissen Sie, wieviel Verwirrung dadurch entstehen kann. Sind Sie selbst betroffen, kennen Sie sicher das Gefühl, daß ein Teil von Ihnen ständig in die andere Richtung zerrt. Die widersprüchlichen Wünsche – Einswerden mit dem Partner und Drang nach Freiheit – schaffen in Beziehungen oft eine typische Situation, die durch einen schrittweisen Wechsel von Verehrung zu Panik gekennzeichnet ist. Sie läßt sich in vier Phasen unterteilen:

Der Anfang: Furchtlos auf Partnerschau

Es beginnt gewöhnlich damit, daß ein Mensch mit aktiven Bindungsproblemen voller Tatendrang nach einem Partner sucht. Ist einer gefunden, der attraktiv erscheint, tut er alles Nötige, um ein festes Verhältnis entstehen zu lassen, wobei oft die Grundlage für eine leidenschaftliche, komplizierte Beziehung geschaffen wird. Es geht hierbei nicht um Schwindel. Er oder sie meint es in aller Regel ernst mit den gezeigten Gefühlen – jedenfalls zu dem Zeitpunkt.

Der Mittelteil: Die Angst kommt

Die zweite Phase beginnt dann, wenn der aktive Davonläufer sich der Liebe des anderen so sicher ist, daß er oder sie beginnt, eine dauerhafte Beziehung *realistisch* in Erwägung zu ziehen. Oft fällt diese Phase mit einem Ereignis zusammen, das eine Vertiefung der Beziehung bedeutet. Die Entscheidung über die Teilnahme an diesem »Ereignis«, sei es ein gemeinsamer Urlaub oder gar der Kauf einer Immobilie, ruft die ersten Vorboten von Panik auf den Plan. Während die romantische Phase mehr und mehr der Realität des Alltags weicht, beginnt der bindungsscheue Partner, Grenzen zu ziehen, Zweifel zu bekommen und/oder Ressentiments auszudrücken.

Das Ende: Panik bricht durch

In dieser Phase erleben aktive Davonläufer Symptome von Klaustrophobie und werden von dem Bedürfnis beherrscht, Distanz zum Partner herzustellen. Selbst wenn noch viel Gefühl, Leidenschaft und Zuneigung vorhanden ist, errichten sie meist unüberwindliche Hürden. Da immer noch starke Gefühle im Spiel sind, ist ihr Verhalten für niemanden verständlich, die Partner haben sehr darunter zu leiden.

Das bittere Ende: Flucht

Der Bindungsphobiker muß einen Weg hinaus aus der Beziehung finden. Überwältigt von der Angst und dem Drang nach Freiheit, nimmt sein Verhalten oft bizarre Formen an. Es kommt vor, daß er einfach verschwindet. Nicht selten sucht er sich über Nacht einen neuen Partner. Manchmal verändert er sich auch so sehr, daß er verlassen wird. Auf alle Fälle ist die errichtete Mauer so hoch, daß Nähe keine Chance hat.

Alle Optionen offenhalten – nicht ja und nicht nein sagen

Für Menschen mit aktiven Bindungsproblemen hat das Offenhalten von Optionen stets Priorität. Carl, 28 Jahre alt und Ingenieur, schildert, wie sich das in seinem Leben äußert:
»Ich denke immer daran, daß sich bald noch etwas Besseres ergeben könnte. Deshalb bemühe ich mich, meine Entscheidungen so zu treffen, daß ich mir diese Möglichkeit nicht verbaue. Wenn ich mit einer Frau zusammen bin, versuche ich dafür zu sorgen, daß es für sie kein Schock ist, wenn ich die Beziehung plötzlich nicht mehr will. Ich setze also alles daran, nicht unnötig Türen zuzuschlagen, und treffe immer die Entscheidung, die mir die meisten Optionen offenläßt.«
Carl fällt es nicht leicht, das zuzugeben, da er sich lieber als Mann mit Entscheidungskraft sehen würde. Er räumt aber ein, daß Optionen für ihn sehr wichtig sind und darin wohl einer der Gründe liegt, warum er sich bei keiner Frau richtig aufgehoben fühlt.

»Einerseits will ich Entschlußkraft haben und wissen, wo es langgeht, aber dann will ich auch wiederum keine Türen zuschlagen. Wenn es darum geht, ob ich mit einer Frau fest zusammensein will, fällt mir die Entscheidung sehr schwer. Ich frage mich immer, wie es mir hinterher wohl gehen wird, wenn mir eine tolle Frau über den Weg läuft und mich einladend anschaut. Wenn ich aus einer Beziehung raus will, ist das fast unmöglich, weil ich immer denke, ob ich wohl zu ihr zurück kann, wenn ich es mir anders überlege.«
Diese Haltung wirkt sich auf Carls ganzes Leben aus. »Das ist auch der Grund, warum ich keine feste Stellung habe, sondern als Freiberufler arbeite. Ich hatte erstklassige Angebote, mochte aber keines annehmen, weil ich nicht auf irgendeinem Job sitzenbleiben wollte, der sich womöglich in ein paar Jahren als Sackgasse erweist.
Sogar im Restaurant geht es mir so. Erst fällt mir die Entscheidung schwer, in welches Restaurant ich gehen soll, und dann weiß ich nicht, was ich bestellen soll. Natürlich lasse ich mir das nicht allzu sehr anmerken. Entscheidungen sind für mich wie Fesseln. Verabredungen? Wenn jemand einen Termin mit mir abmachen will und beispielsweise fragt, ob zehn Uhr paßt, denke ich sofort, ob sich nicht vielleicht noch etwas Besseres ergeben wird, worauf ich dann verzichten müßte. Es paßt mir ganz und gar nicht, wenn jemand fragt: ›Welche Zeit paßt Ihnen am besten?‹ Das ist sehr schwierig.«
Auf Nachfragen bestätigt Carl, daß er klaustrophobische Gefühle bekommt, wenn er vor Entscheidungen steht. Bei jedem Ja oder Nein fühlt er sich eingesperrt, besonders in Beziehungen.
»Ich frage mich, ob ich mit einer Frau Schluß machen will, weil das wirklich besser ist oder weil ich Platzangst bekomme. Früher, ungefähr bis ich 23 war, konnte ich leicht mit Frauen ausgehen und wußte auch, ob ich von ihnen mehr wollte oder nicht. Es gingen ohnehin alle davon aus, daß es nur Spielerei war und nichts Dauerhaftes. Die Situation ist inzwischen völlig anders geworden, und das kann einen richtig lähmen.

Im College war alles nur ein Spiel, aber heute suche ich jemanden, mit dem ich wirklich zusammenbleiben möchte. Also frage ich mich, was sie wohl denken wird, wenn ich mit ihr ausgehe und wir anfangen, uns zu küssen? Meint sie dann, es sei schon alles klar? Und was mache ich, wenn ich nächste Woche eine andere kennenlerne? Jedesmal, wenn ich diese Frau sehe, habe ich die Frage im Hinterkopf, ob nicht alles zu schnell geht. Da ist so ein Gefühl, als ob ich die Tür eigenhändig ins Schloß werfe. Fasse ich den Entschluß, mit einer auszugehen, mache ich die Tür ein bißchen zu. Wenn wir uns am Ende küssen, geht sie noch weiter zu. Wenn ich noch mal mit ihr ausgehe, geht sie noch ein Stück weiter zu. Gehe ich mit ihr ins Bett, schließe ich die Tür fast ganz. Und wenn ich mich in sie verliebe? Da knallt sie zu.«

Wenn man Carl zuhört, kann man sich kaum vorstellen, daß er überhaupt Frauen an sich heranläßt. Dabei hatte er schon mehrere intensive Beziehungen mit Frauen, die dann enttäuscht waren, als alles unerwartet schnell vorbei war. Noch einmal Carl:

»Letzte Woche war ich einen Abend mit einem Freund essen und konnte mich im Restaurant nicht zwischen gegrilltem Fisch mit gemischtem Gemüse und Bratfisch mit Pommes und Salat entscheiden. Die Beilagen konnten nicht getauscht werden. Mein Freund meinte zu mir: ›Ist doch egal. Wenn du heute das Falsche nimmst, kannst du doch das nächste Mal was anderes bestellen.‹ Aber die Antwort genügte mir nicht. So geht es mir auch immer wieder mit Frauen. Ich will mich für die richtige entscheiden, und zwar auf Anhieb. Im Restaurant hatte ich schon im Moment des Bestellens das Gefühl, daß ich die verkehrte Wahl getroffen hatte. Mit Frauen habe ich mich bisher auch immer geirrt.«

Was Carl berichtet, ist uns aus vielen Gesprächen vertraut:

»Wenn es ums Geschäft geht, weiß ich schnell, was ich will. Entscheidungen mit persönlichen Konsequenzen fallen mir dagegen sehr schwer, angefangen bei Entscheidungen über meine berufliche Zukunft bis hin zu der Frage, welchen Film ich mir im Kino ansehen will. Rein sachliche Entscheidungen kann ich im Handumdrehen fällen.«

Die Fehler des anderen und wozu sie nützen

Obgleich Menschen mit aktivem Vermeidungsverhalten bestrebt sind, sich alle Optionen offenzuhalten, gehen die meisten von ihnen immer wieder Beziehungen ein. Um ihre Freiheit zu bewahren, müssen sie deshalb ein besonderes Geschick darin entwickeln, die zarten Bande wieder zu kappen. Wie rechtfertigen sie die Ablehnung von Partnern, denen sie sich womöglich gerade erst schamlos an den Hals geworfen haben? Wie schaffen sie es immer wieder, sich aus der Affäre zu ziehen?

Da sie wirklich nicht imstande sind, sich mit ihren angstbesetzten Reaktionen auf feste Bindungen bewußt auseinanderzusetzen, geben solche Menschen persönlich ihrem Partner wenigstens eine Mitschuld am Bruch der Beziehung. Wenn man nicht weiß, was einen selbst davon abhält, eine langfristige Bindung einzugehen, geht man eben beim Partner auf Fehlersuche. Da niemand perfekt ist, dauert das meist nicht lange. Jeder hat Fehler und jede Beziehung ebenso. Doch für denjenigen, der unter Beziehungsangst leidet, werden die tatsächlichen oder vermeintlichen Fehler des anderen wie durch eine Lupe vergrößert und dazu benutzt, das problematische eigene Verhalten zu rechtfertigen.

Ist die Angst nur groß genug, scheint fast nichts mehr heilig. Da gibt es etwas auszusetzen an den Ansichten, der Konfession, dem Intellekt, der Größe, der Frisur, den Freunden, den Kindern, den Haustieren, dem Arbeitsplatz, den Manieren, den Gewohnheiten, der Wohnung, der Vergangenheit, der Zukunft, der Psyche, der Mutter, der Kleidung, den Schulden, den Ausgaben, dem schmalen Bankkonto, dem fetten Bankkonto, dem Beruf oder den Verdienstaussichten des anderen. Interessant dabei ist, daß es sich bei aufgespürten »Fehlern« oft um Dinge handelt, die schon zu Beginn der Beziehung bekannt waren. So waren unter den von uns interviewten Personen viele, die unter Hinweis auf die »falsche« Konfession des Partners aus ihrer Beziehung ausstiegen, obwohl sie diese von Anfang an kannten.

Die Suche nach Fehlern beim anderen hat ein klares Ziel: die Schaffung von Distanz in der Beziehung. Wer etwas findet, das mit dem Partner nicht stimmt, hat eine bequeme Entschuldigung für den Abbruch der Beziehung, wenn es soweit ist. Und wer sucht, wird auch schnell fündig.

Die Sprache der Angst

»Meine Ehe nahm mir die Luft zum Atmen. Ich schaute aus dem Fenster hinaus auf den Rasen und hatte das Gefühl, die Welt da draußen durch Gitterstäbe zu betrachten. Ich war völlig am Ende.«
Sharon, 32

Häufig erkennt man Männer und Frauen mit aktiven Bindungsproblemen schon daran, wie sie ihre Lage schildern. Sie artikulieren oft Angst. Da ist dann die Rede vom Bedürfnis nach »Freiheit« oder von »Freiräumen«. Bei der Schilderung vergangener Beziehungen hört man, daß sie sich darin »gefangen«, »eingesperrt«, »angekettet«, »bedrängt«, »gefesselt« oder gar »gewürgt« vorkamen. Häufig wird über Beziehungen geklagt, in denen die »Luft zum Atmen« fehlte. Nach dem Ende einer Beziehung heißt es dann: »Es ist, als ob ein riesiges Gewicht von mir genommen ist.«

Solche Schilderungen stellen keine bloßen Übertreibungen dar, sondern vermitteln ein anschauliches Bild des heftigen Unbehagens, das aufkommt, wenn zuviel Nähe entsteht.

Ist von ernsten Bindungsproblemen die Rede, geht es in der Regel um jemanden wie Brad. Mit seinen 39 Jahren hat er eine Ehe hinter sich, eine geplatzte Verlobung und zwei weitere Beziehungen mit Frauen, mit denen er zusammenlebte und die auf eine Ehe hofften. Daneben gab es noch etliche Affären, die Brad als »ernst« beschreibt. Zwischen diesen Romanzen hatte Brad nicht wenige Erlebnisse mit Frauen, zu denen er ein intensives emotionales Verhältnis aufbaute, das aber nie von langer Dauer war. Hatte er von einer Frau genug, rief er sie häufig einfach nicht mehr an und / oder beantwortete ihre Anrufe nicht mehr. Es kam sogar vor, daß er das Telefonkabel aus der Dose zog, um einer Frau auszuweichen, von der er *wußte*, daß sie ihn zu erreichen versuchte.

Brads Erzählungen machen schnell deutlich, daß sein Liebesleben ein ziemliches Chaos ist. Lernt er aber eine Frau kennen und spricht davon, wie sehr er Nähe und Verständnis braucht, dann fällt es ihr, auch wenn sie seine Vorgeschichte mit anderen Frauen kennt, schwer, nicht zu glauben, daß mit ihr alles anders sein wird. Er sagt:

»Ich wäre ja ein Volltrottel, wenn ich abstreiten würde, daß ich ein Problem habe. Das ist ja nicht zu übersehen. Aber jetzt ist mir klargeworden, was ich da mache, und ich will mich ändern, wirklich. Das heißt allerdings nicht, daß ich schon bald heiraten will. Vielleicht sehe ich das irgendwann anders, aber fürs erste habe ich jetzt erkannt, daß ich nicht richtig mit Erwartungen umgehe. Ich will keiner etwas vormachen und sage Frauen, von denen ich etwas will, lieber, daß sie bei mir aufpassen müssen. Das tue ich meist gleich am Anfang, wenn ich den Eindruck habe, daß von ihnen aus etwas läuft. Aber um die Wahrheit zu sagen, sie reagieren auf mich wie Motten aufs Licht. Ich will niemanden verletzen. Ich will bloß nicht unter Druck gesetzt und zu irgendwas gezwungen werden.«

Brad, ein dunkelhaariger Kriminalpolizist mit athletischer Figur, ist sicher ein attraktiver Mann. Wortgewandt und humorvoll versteht er es, Frauen im Handumdrehen für sich ein-

zunehmen, wenn er sich ganz auf sie konzentriert. Seine Partnerinnen schildern sein Verhalten bei Verabredungen als intensiv, romantisch und hinreißend. Ihnen ist schwer verständlich, warum er sagt, er fühle sich »unter Druck gesetzt«, wo er doch derjenige ist, der gleich große Ansprüche stellt und ernsthaft an einer engen Beziehung interessiert zu sein scheint. Dennoch erklärt Brad, daß er bei fast jeder Frau, die er je kennengelernt hat, am Ende das Gefühl bekam, jemand wolle ihn »mit Gewalt bändigen«.
»Ich glaube, diese Sache hat eine Menge mit der biologischen Uhr zu tun. Auch die emanzipierteste Frau der Welt fängt irgendwann damit an, über Strampelanzüge nachzudenken. Und das ist genau der Punkt. Ich muß das einfach nicht haben. Ich weiß, wie ich bin. Wenn ich ein Kind hätte, würde ich auch ein guter Vater sein wollen. Und dann könnte ich am Ende die ganze Zeit absitzen, bis das Kind alt genug ist und mich nicht mehr braucht.«
Brads letzte Beziehung war ziemlich typisch. Die Frau war 27 und hieß Phoebe. Er erzählt:
»Ich lernte Phoebe kennen, als ich noch mit Linda verheiratet war. Ich glaube, ich war deshalb anfälliger. Meine Ehe mit Linda war ein Fehler und hielt nicht lange – weniger als drei Jahre. Sie ist eine wunderbare Frau, aber ich habe sie nie wirklich geliebt. Sie war und ist für mich ein guter Freund. Würde ich Kinder wollen, dann am liebsten mit Linda. Auf sie war immer Verlaß. Bei meinem Beruf ist das sehr wichtig. Aber richtige Leidenschaft gab es nie. Sie ist sehr nett, von Beruf Lehrerin. Um ehrlich zu sein, hat sie mich nie richtig angemacht. Dafür kann sie nichts. Sie ist jetzt sehr gekränkt und enttäuscht. Sie muß jemanden finden, der ihr geben kann, was sie verdient. Ich habe ihr das gesagt, aber ich glaube, sie kann es noch nicht verstehen.
Mit Phoebe war es dagegen totale Leidenschaft, und ich muß wohl ein paar Dinge gesagt haben, die Phoebe so auslegen konnte, als wollte ich für immer bei ihr bleiben. Als ich wieder auf dem Teppich war, wurde mir klar, daß es für Phoebe und

mich eigentlich keine Zukunft gibt. Verstehen Sie das nicht falsch, sie ist eine tolle Frau. Ich kann mir bloß nicht vorstellen, mich gleich wieder fest zu binden. Ich habe ihr das gesagt und bemühe mich jetzt, die Beziehung auf eine neue Grundlage zu stellen – wir sehen uns nur ca. einmal die Woche, ohne festen Plan. Auf diese Weise ist es vielleicht nicht so schlimm, wenn ich mich irgendwann von ihr trenne.«
Brads unregelmäßige Arbeitszeiten geben ihm viel Spielraum bei seinen Verabredungen. Er kann tagelang an einem Fall arbeiten und in dieser Zeit praktisch unerreichbar sein. Manchmal kommt er nur zum Schlafen nach Hause, und zuweilen nicht einmal das. Wie er selbst zugibt, nutzt er diese Situation als Ausrede, wenn er mit einer Frau keinen Kontakt mehr will.
»Wenn ich beschließe, mich für eine Weile von einer Frau zurückzuziehen, um mehr Raum für mich zu haben, kann ich das sehr leicht tun. Ich habe dafür ein Dutzend legitime Entschuldigungen. Ich arbeite lange. Ich vertiefe mich in meine Fälle. Ich bin unerreichbar. Das entspricht alles der Wahrheit. Frauen fühlen sich von dem Polizeikram irgendwie angezogen, aber dann nehmen sie es auch wieder übel. Wenn ich für eine richtig Feuer und Flamme bin, melde ich mich normalerweise regelmäßig telefonisch. Kühlt die Sache ab, rufe ich seltener an. Manchmal lasse ich wochenlang nichts von mir hören. Wenn wir dann wieder zusammen sind, ist sie froh, mich zu sehen. Sie hat sich Sorgen gemacht und wird deshalb nicht gleich ausflippen, weil ich mich nicht gemeldet habe, und außerdem habe ich wohl deutlich genug gemacht, daß ich nicht immer Rechenschaft ablegen muß.«
Obwohl Brad zugibt, daß er seine Beziehungen nach Lust und Laune manipuliert, ist er stolz auf sein Feingefühl für »Frauenkram«. Er meint, einer der Gründe für seinen Erfolg bei Frauen liege darin, daß er keine Angst davor hat, seine Gefühle zu zeigen. Deshalb gerät er richtig aus der Fassung, wenn eine Frau, mit der er zusammen ist, wütend auf ihn wird. Er weiß nicht, was er ihr sagen soll, weil er selbst ge-

nauso bestürzt über sein Verhalten in Beziehungen ist wie alle anderen. Er empfindet so viele Dinge gleichzeitig. Er ist nicht gern allein und genießt das Gefühl, daß es eine Frau gibt, mit der er verbunden ist, jemand, der ihn gern hat, ob er sich nun meldet oder nicht. Trotzdem will er nicht, daß diese Frau irgendwelche Erwartungen hegt oder seine Zuneigung als selbstverständlich betrachtet. Er genießt die intensive Romanze, aber wenn sie sich dann anmerken läßt, daß sie eine Fortsetzung der Beziehung auf festerer Basis erwartet, fühlt er sich unter Druck gesetzt.

Eine Frau zu verletzen, bereitet Brad enorme Schuldgefühle, doch sein Verhalten ist *per definitionem* verletzend. Brad sagt, er möchte, daß seine Beziehungen auf Gleichheit gebaut sind. Doch weil nur er bestimmt, wie weit sich eine Beziehung entwickeln darf und wann Schluß ist, können weder er noch seine Partnerin je richtig warm miteinander werden.

Brad ist im Grunde ein Mensch, der von einer Beziehung zur nächsten flüchtet und in jeder Frau eine potentielle Gefahr für die eigene Freiheit wittert. Sein Verhalten kann nur Chaos im Leben seiner weiblichen Bekanntschaften stiften – und dadurch wird auch das Durcheinander in seinem eigenen Leben nur noch größer.

Eine Frau hat es schwer

Frauen in Brads Alter hatten selten Gelegenheit, ihre Konflikte so offen auszuleben. Es sollte alles zugleich möglich sein: Karriere im Beruf, Ehe und Familie. Wenn es dann ganz anders kommt, glauben sie oft, versagt zu haben. Gehen sie auf die 40 zu, ergeben sich vielleicht weniger Gelegenheiten für Verabredungen mit Männern, was natürlich Rückwirkungen auf die Wahrnehmung des eigenen Verhaltens hat.

Regina, 38 Jahre, gibt offen zu, daß sie schon öfter vor einer Beziehung weggelaufen ist. Erst in den letzten ein bis zwei

Jahren hat sie angefangen zu begreifen, daß sie generell Probleme mit festen Bindungen hat. Ihr Beruf als Werbetexterin verschafft ihr ein gutes Einkommen, sie kann sich eine schöne kleine Wohnung und ein flottes Auto leisten. Sie trägt schicke Sachen, macht tolle Urlaube und spart seit kurzem, um sich irgendwann den Wunsch nach einem Eigenheim zu erfüllen. Als sie von der Schule abging, hätte man eine Frau wie sie noch für unmöglich gehalten.

»Ich komme aus einer Familie, wo Daddy immer alles am besten weiß; niemand konnte sich etwas anderes vorstellen, als daß ich eines Tages heiraten und Kinder kriegen würde. Ich wußte nur noch nicht wann. Das erstemal bin ich vor einer festen Beziehung davongelaufen, als ich noch auf dem College war. Ich ging mit einem Typ, der mich anbetete, und alle dachten, wir würden heiraten, aber ich wurde irgendwie immer unzufriedener. Er war ein sehr zuverlässiger, wirklich netter Bursche, aber ich fand ihn doch wieder nicht so aufregend und muß zugeben, daß ich ihm das Leben ziemlich schwergemacht habe. Zum Beispiel bin ich zu Verabredungen einfach nicht gekommen oder habe kurzfristig abgesagt. Ich habe auch Ausreden erfunden, damit ich mich nicht dauernd mit ihm treffen mußte.

Meine Eltern waren richtig böse auf mich. Sie hielten mir vor, ich sei viel zu feministisch und wollte doch im Grunde gar nicht heiraten. Ich war jemand, der sehr gerne flirtet, und es riefen dauernd Jungs bei uns an. Meine Mutter wurde wütend – sie meinte, ich würde mir alle Chancen verderben, wenn ich mit zu vielen ausginge. Rückblickend muß ich sagen, daß mein Verlobter damals wahrscheinlich der beste Mann war, den ich je gekannt habe, aber ich hatte das Gefühl, daß er mich einengt und ich etwas verpassen würde, wenn ich bei ihm bliebe. Ich wollte ihn nicht verlieren, aber zu etwas Festerem war ich noch nicht bereit. Ich wollte heiraten, aber irgendwann später. Jetzt ist er glücklich verheiratet, hat mehrere Kinder und verdient haufenweise Geld. Ja, und ich bin irgendwie neidisch.«

Regina, eine attraktive Frau, hat sicher mehr Affären mit Männern hinter sich als die meisten Frauen. Nach der Lösung ihrer Verlobung zog sie in eine große Stadt, wo sie mit eigenen Worten eine »tolle Zeit« verbrachte und sehr viele Männer kennenlernte. Sie sagt, daß aus keinem dieser Verhältnisse etwas Ernstes wurde und auch keines länger als ein paar Monate dauerte, was ihr völlig recht war. Als sie auf die 30 zuging, hatte sie noch einmal eine wichtige Beziehung mit einem Mann.

»Zuerst dachte ich, das ist er. Er war sehr romantisch und kam mir am Anfang absolut perfekt vor, wie ein Märchenprinz eben. Dann fand ich völlig überraschend heraus, daß er mir nicht die Wahrheit sagte – er war nämlich noch verheiratet. Er lebte zwar nicht mehr mit seiner Frau zusammen, hatte sich aber nie von ihr scheiden lassen und dachte auch nicht daran. Ich war am Boden zerstört. Obwohl ich gleich wieder anfing, mit anderen Männern auszugehen, war mir sehr elend zumute.

Ein Jahr lang haben wir uns nicht gesehen, dann lief er mir eines Tages zufällig über den Weg. Alles war anders. Wir sind zusammengezogen, er ließ sich endlich scheiden, und dann bat er mich, ihn zu heiraten. Diesmal war ich es, die nicht ganz aufrichtig war. Die Leidenschaft war verschwunden. Das Zusammenleben mit ihm gefiel mir ganz und gar nicht. Ich fühlte mich eingesperrt. Ich war deprimiert, nervös und hysterisch. Mein ganzes Leben erschien mir sinnlos. Bei der Vorstellung, den Rest meines Lebens mit ihm zu verbringen, kamen mir gleich andere Männer in den Sinn. Ich sagte mir schließlich, daß er nicht intelligent genug für mich sei und nicht in meinen Freundeskreis paßte. Das war dann wohl die zweite Verlobung, die wegen mir in die Brüche ging.

Dann gab es mehrere Jahre keinen erwähnenswerten Mann in meinem Leben, was mich auch nicht weiter störte. Ich haderte nur, weil der Richtige einfach nicht auftauchen wollte. Es war die alte Geschichte – die Männer, die mir gefielen, fanden an mir nicht genug, um mich zu heiraten, und diejenigen, die es

ernst mit mir meinten, waren für mich nicht interessant genug für etwas Längeres. Ich bin mit sehr vielen Männern ausgegangen, aber nie länger als ein paar Monate. Aus dem einen oder anderen Grund gab ich fast allen den Laufpaß.
Dann lernte ich vor drei Jahren Philip kennen, der ganz so war, wie sich meine Mutter einen Mann für mich immer gewünscht hatte – erfolgreich, intelligent, die richtige Konfession, charakterfest. Er war geschieden – seine Frau hatte ihn verlassen – und wollte wieder heiraten. Ich verliebte mich Hals über Kopf, aber am Ende war alles nur eine Wiederholung meiner Erfahrungen. Nach ungefähr einem Jahr ließ mein Interesse nach. Ich wußte plötzlich, daß ich einen großen Fehler machen würde, wenn ich ihn heiratete. Es gibt sicher eine Million Frauen, die ihn mit Kußhand nehmen würden, nur ich war keine davon. Ich habe dann nicht gleich Schluß gemacht, sondern mich nach und nach aus der Beziehung gelöst. Es hat am Anfang ganz schön weh getan. Wir sehen uns noch immer gelegentlich, aber nur als Freunde.«
Regina sagt, sie sei in allen Beziehungen, die sie bisher hatte, anfangs immer sehr offen gewesen. Doch mit der Zeit fing sie jedesmal an, Grenzen zu ziehen und Barrieren zu errichten.
»Ich kann es nicht vertragen, unter Druck gesetzt zu werden. Ich habe Philip immer wieder gesagt, daß ich ihn liebe, aber in Wirklichkeit wollte ich, daß er mich in Ruhe läßt. Am wohlsten fühle ich mich in einer festen Beziehung mit jemandem, auf den ich mich verlassen kann, aber der nicht von mir erwartet, daß ich immer und jederzeit für ihn da bin. Ich habe keine Lust, *jedes* Wochenende mit demselben Mann zu verbringen, wie sehr ich ihn auch vielleicht mag. Ich bin gern allein. Ich genieße es, tun und lassen zu können, was ich will. Ich mag die Sicherheit einer festen Beziehung, aber das heißt nicht, daß ich meine ganze Freizeit mit jemandem verbringen will. Das versuche ich jedem Mann klarzumachen, mit dem ich gehe.«
Im letzten Jahr hat Regina viel über ihre früheren Beziehungen nachgedacht.

»Jetzt wird mir langsam vieles klar. In den Jahren, als ich nach einem ehetauglichen Gemahl hätte Ausschau halten sollen, war es mir wichtiger, mich gut zu amüsieren. Das war für mich der Weg, eine feste Bindung zu vermeiden. Als ich mir dann endlich sagte, nun bin ich soweit, fühlte ich mich immer noch zu den falschen Typen hingezogen. Und bei Philip, mit dem ich die Ehe und alles, was dazugehört, wohl hätte haben können, wollte ich es nicht. Ich muß mir immer wieder sagen lassen, ich soll mir einen ganz normalen Mann suchen und Ernst machen, aber ich weiß gar nicht, wie ich das anstellen soll. Die ganz normalen Typen finde ich nicht sehr attraktiv.
Schlimmer als alles andere ist es für mich, wenn meine Mutter wegen mir Kummer hat. Sie sagt mir immer wieder, daß sie Angst hat, ich müßte allein alt werden, aber ich weiß im Augenblick auch nicht, was ich tun soll. Ich gebe zu, daß ich Probleme habe. Auf der einen Seite erschreckt mich die Vorstellung, nie einen Ehemann zu haben, aber das heißt nicht, daß ich eine langweilige Ehe schließen will, nur um unter der Haube zu sein. Die Vorstellung ist noch schrecklicher. Natürlich fühlt man sich einsam, wenn man alles alleine machen muß, und mit der Zeit wird es nicht gerade leichter, Leute zu finden, mit denen man etwas unternehmen kann. Aber wenn ich ehrlich sein soll, habe ich noch nie jemanden so gemocht, daß ich derartig viel Zeit mit ihm *oder ihr* hätte verbringen wollen. Ob Mann oder Frau, ich mag es nicht, wenn mir jemand ständig nahe ist. Ich brauche meinen Freiraum, meine Privatsphäre, mein eigenes Leben.
Letzte Woche hat mich eine alte Freundin vom College übers Wochenende besucht. Ich mag die Frau wirklich gerne, und sie hat mir auch gar keine Umstände gemacht. Aber ich bin fast wahnsinnig geworden, daß immer jemand in meiner Nähe war. Das war zuviel für mich. Als sie wieder wegfuhr, war ich so froh, daß es mich richtig erschreckt hat. Nur zwei Tage mit einem anderen Menschen, der Platz im Kleiderschrank belegt, das Telefon benutzt, fernsieht und Kaffee kocht, waren genug,

daß ich mich unwohl fühlte. Ich dachte: ›Was würde ich bloß tun, wenn ich ständig einen Mann auf der Pelle hätte?‹ Was für eine schreckliche Vorstellung! Würde ich auf ein Kind besser reagieren? Ich bin mir da nicht sicher. Feste Pflichten gegenüber jemandem zu haben, hat mich schon immer gestört. Ich bin wohl jemand, der seine Freiheit braucht.«

Angst vor der Ehe

Eric, 34 Jahre alt und Marktforscher von Beruf, wird von Panik gepackt, wenn er nur daran denkt, mit seiner Verlobten den Bund der Ehe zu schließen. Als er jünger war, dachte er, seine Ängste vor einer festen Bindung würden schon verschwinden, wenn er nur die Richtige träfe, aber bisher ist das noch nicht geschehen. Zur Zeit ringt er mit der Entscheidung, ob er Doreen heiraten soll, eine 32jährige Frau, mit der er seit fünf Jahren zusammen ist.

»Ein Jahr, nachdem ich Doreen kennenlernte, verlor ich meinen Job. Sie hat ganz toll darauf reagiert. Fast jeden Abend hat sie mich bekocht, damit ich nicht mein ganzes Geld ausgab. Sie hat meinen Lebenslauf getippt. Sie hat sich meine Probleme angehört. Sie hatte Verständnis, als ich ihr sagte, ich könnte nicht ans Heiraten denken, solange ich keine Arbeit hatte. Meine Abhängigkeit von ihr hat wohl gewisse Erwartungen entstehen lassen. Denn jetzt, wo ich endlich wieder Geld verdiene, hält sie die Zeit für gekommen, daß ich mich wie ein Erwachsener benehme und sie endlich heirate. Wahrscheinlich hat sie recht, aber ich bin immer noch nicht soweit.

Ich weiß, ich kann nicht von ihr erwarten, daß sie noch viel länger mit mir zusammenbleibt, ohne daß wir heiraten, aber dieser Druck macht es für mich nur noch schwerer, mich dazu durchzuringen. Alle sind sauer auf mich. Meine Mutter ist wütend, weil sie Doreen mag und findet, daß ich schlecht zu

ihr bin. Doreens Familie meint, sie sollte mit mir Schluß machen. Ihre und meine Freunde kommen immer und immer wieder mit dem Thema Ehe an. Der einzige, der mich versteht, ist mein Vater. Er meint, ich soll mir ruhig Zeit lassen und warten, bis ich wirklich weiß, was ich will.«
Seit kurzem gehen Eric und Doreen zur Eheberatung und hoffen, dort einige der Probleme zu bewältigen, die Eric nach eigenen Worten vom Heiraten abhalten. Der Gang zur Eheberatung war Doreens Idee, und Eric ist sich nicht sicher, daß sie sich dadurch wirklich näherkommen. Da der Eheberater sehr fürs Heiraten plädiert, fühlt sich Eric nach jeder Sitzung sehr schlecht. Außerdem hat er den Eindruck, daß in den Gesprächen viele Unterschiede zwischen ihm und Doreen zum Vorschein kommen.
»Ich will im Leben nur einmal heiraten, und ehrlich gesagt bin ich nicht sicher, daß ich schon bei der richtigen Frau gelandet bin. Ich würde ihr das nie sagen. Sie ist sehr nett, sehr liebevoll und würde ganz sicher eine phantastische Ehefrau abgeben. Aber in mancher Hinsicht fehlt ihr auch etwas. Sie hat zum Beispiel kein wirkliches Verständnis dafür, unter welchem Druck ich bei der Arbeit stehe. Außerdem will sie ein Baby, und da gibt es schon wieder andere Auffassungen. Ich bin erst 34 Jahre und habe es damit nicht eilig. Wenn ich die nächsten fünf Jahre weiter kinderlos bin, ist es mir nur recht. Aber Doreen sieht das anders.«
In der Eheberatung nimmt Doreen sich vor, keinen Druck mehr auf Eric auszuüben, sondern sich auf die Verbesserung der Beziehung zu konzentrieren. Aber die Probleme zwischen den beiden dauern an, weil Eric nicht bereit ist, überhaupt *irgendwelche* langfristigen Pläne zu schmieden. Die beiden hatten einen großen Streit über einen Urlaub, den Doreen für das folgende Jahr planen möchte. Für sie ist Erics Weigerung, sich auf diesen gemeinsamen Urlaub festzulegen, typisch für sein Ausweichen vor jeder Art von Bindung. Eric sagt dazu:
»Ich gebe es wirklich ungern zu, aber sie hat vielleicht recht.

Wenn ich keine zwei Wochen mit ihr verbringen kann, wie kann ich daran denken, den Rest des Lebens mit ihr zusammenzusein? Ich will keinen Urlaub planen, weil ich glaube, daß sie dann immer mehr von mir erwarten wird, und schon sind wir wieder da, wo wir angefangen haben. Ich brauche wirklich viel Raum, viel Zeit. Manchmal denke ich, daß ich, wenn ich nur ein Jahr oder so Zeit hätte, mich mit ganz vielen anderen Frauen abzugeben, schon darüber hinwegkommen und Doreen heiraten würde. Ich war noch ziemlich jung, als wir uns kennenlernten. Vielleicht würden solche Wünsche dann einfach weggehen. Ich weiß es nicht.«
Der Eheberater glaubt, daß sich hinter Erics Problem mehr verbirgt. Eric spürt, wie sich alles zuspitzt, und hat Angst um die Beziehung, mehr aber noch um den Verlust seiner Freiheit.

Die Angst nach dem Jawort

Im Laufe der Jahre haben wir ziemlich viel über die Bindungsphobie vor der Ehe gehört, und der von Panik ergriffene Bräutigam ist ja eine beliebte Witzfigur. Seltener hört man dagegen von Männern oder Frauen, deren klaustrophobische Reaktion erst *nach* der Eheschließung einsetzt. In unseren Interviews haben eine ganze Reihe von Frauen über solche Erfahrungen berichtet. Eine davon ist Alicia.
Alicia ist 41, von Beruf Designerin und seit drei Jahren verheiratet. Das Zusammenleben in der Ehe bereitet ihr großes Unbehagen, und sie weiß nicht, was sie dagegen tun soll. Obwohl sie immer heiraten wollte, fühlte sie sich schon wenige Wochen nach der Hochzeit deprimiert.
»Ich weiß nur, daß ich nach der Hochzeit sehr unruhig und nervös wurde. Ich hatte noch nie mit jemandem in einer Wohnung zusammengelebt. Vor der Ehe waren wir zwar auch immer zusammen, entweder in seiner oder in meiner Woh-

nung, aber manchmal ist eben auch einer nach Hause gegangen. Ich hatte genug Zeit, um mir die Haare zu waschen, die Fingernägel zu machen, Zeitschriften zu lesen, fernzusehen. In der Zeit hatte ich meine Wohnung für mich. Jetzt ist er immer da, und das paßt mir überhaupt nicht. An meinem Mann liegt es nicht. Ich liebe ihn, jedenfalls glaube ich das. Aber ich bin schrecklich unglücklich. Was ich nicht ausstehen kann, ist das Gefühl, daß mir jemand immer näher kommt und die Luft wegnimmt. Es ist, als ob ich ihm völlig ausgeliefert bin. Manchmal denke ich, jetzt will er auch noch in meinen Kopf eindringen. Ich kann nicht mal in Ruhe nachdenken, ohne daß er mich mit irgend etwas unterbricht. Ich hasse das. Warum in aller Welt wollte ich heiraten? Das ist doch furchtbar!«
Obwohl Alicia nach Möglichkeiten zur Verbesserung ihrer Lage sucht, ist sie doch deprimiert bei der Vorstellung, den Rest ihres Lebens verheiratet sein zu müssen.
»Wenn ich daran denke, bin ich sehr niedergeschlagen. Ich weiß nicht, was ich erwartet hatte, aber das jedenfalls nicht. Es gibt in der Ehe zu wenige Höhepunkte. Ich mag das tolle Gefühl, das man zum Beispiel hat, wenn man sich für eine Verabredung fertigmacht. Ich liebe das Hochgefühl bei einer neuen Bekanntschaft. Natürlich weiß ich nicht, ob die Freuden des Single-Daseins die negativen Seiten des Alleinseins aufwiegen, aber wenn man allein ist, hat man jedenfalls etwas, worauf man sich freuen kann. Man hofft, daß man einen ganz aufregenden Typ kennenlernt oder etwas ganz Tolles macht. In der Ehe weiß man, daß man tagein, tagaus immer mit dem gleichen Menschen auskommen muß. Ich hätte nie geglaubt, daß ich einmal so darüber denken würde. Natürlich hoffe ich immer noch, daß sich das wieder gibt, aber danach sieht es nicht aus. Ich würde meinen Mann verlassen, habe aber große Angst davor, Depressionen zu kriegen, wenn ich allein bin.«

Freiwillig Single

In den letzten Jahren haben wir etliche Briefe von Männern bekommen, die davon berichteten, wie sie in Beziehungen mit jüngeren Frauen darunter gelitten haben, daß diesen der in ihren Augen »normale« Wunsch fehlt, eine Ehe zu schließen und Kinder in die Welt zu setzen. Viele Männer haben sich so sehr an die Vorstellung von der Frau gewöhnt, die nur auf ihrer Aussteuertruhe sitzt und auf den Prinzen wartet, daß sie gar nicht wissen, wie sie auf Frauen reagieren sollen, die diesem Bild nicht entsprechen.

Wir führen seit rund acht Jahren Interviews mit Männern und Frauen über Beziehungsprobleme. Am Anfang waren nur selten Frauen darunter, die festen Beziehungen *aktiv* und ganz bewußt aus dem Weg gingen. In jüngster Zeit bekennen sich jedoch immer mehr junge Frauen, speziell im Alter zwischen 20 und 30, dazu. Sie sind in einer Welt großgeworden, die einer solchen Lebensweise viel aufgeschlossener gegenübersteht. Die gefürchtete Legende von der »alten Jungfer« ist weitgehend ersetzt worden durch das Bild der alleinstehenden jungen Frau mit beneidenswertem Lebensstil und allen offenen Möglichkeiten.

Die 26jährige Dawn, die zur Zeit in Florida lebt, ist eine dieser Frauen. Sie erzählt:

»Meine Freundinnen hänseln mich damit, daß ich angeblich Bindungsangst habe. Die meisten von ihnen sind gerade in der Phase, daß sie heiraten oder sich verloben wollen. Mir liegt nichts ferner als das. Ich will reisen. Ich will mal hier und mal da leben, etwas von der Welt sehen, und zwar alleine. Ich brauche niemanden, der sich um mich kümmert, und ich will mich auch um niemanden kümmern oder ständig auf ihn warten.«

Dawns Wunsch, keinen festen Partner zu haben, bedeutet nicht, daß sie nichts mit Männern zu tun haben will. Sie beschreibt sich sogar als jemanden, der schrecklich gerne flirtet, und äußert die Vermutung, daß ihre Art auf sehr viele Männer anziehend wirkt.

»Ich gehe viel aus und versuche, Männer zu finden, die für eine feste Beziehung nicht in Frage kommen. Ich will nicht mit jemandem ausgehen, der alles hat, was mir wichtig ist, weil ich mich dann womöglich mit dem Thema Heiraten auseinandersetzen müßte.
Mein Problem liegt darin, daß meine Haltung offenbar von vielen Männern attraktiv gefunden wird. Jeder, mit dem ich ausgehe, will gleich was Festes daraus machen. Dabei bin ich wirklich ehrlich. Gleich am ersten Abend erzähle ich, daß ich vorhabe zu reisen und nicht auf der Suche nach einer festen Beziehung bin. Ich sage sogar, daß ich bindungsscheu bin. Entweder sind sie dumm, oder sie nehmen mich nicht ernst.«
Dawn kann es nicht leiden, wenn die Männer, mit denen sie sich trifft, ihr »auf die Pelle rücken«, indem sie täglich anrufen oder sie zu oft zum Rendezvous bitten.
»Ich gehe nicht davon aus, daß es immer so sein wird, aber im Augenblick kriege ich in Beziehungen Platzangst.«
Trotz dieser Haltung ist Dawn überzeugt, daß sie eines Tages heiraten wird. Sie hatte zwei längere Beziehungen, die sie als überwiegend positive Erfahrungen schildert. In beiden Fällen war sie es, die Schluß machte. Das Thema Heiraten wurde mit beiden Männern »vage« erörtert, aber Dawn meint, daß es nicht richtig ernst war.
»Die Ehe ist für mich eine fabelhafte Einrichtung. Meine Eltern führen eine glückliche Ehe. Ich habe meine Familie sehr lieb und finde, das ist eine ganz tolle Sache. Nur nicht für mich, nicht jetzt. Mit Kindern bin ich mir nicht so sicher. Ich mag Kinder, und vielleicht ist es irgendwann ganz wichtig für mich, Kinder zu haben, ich will die Möglichkeit nicht ausschließen. Wenn ich eine Familie hätte, würde ich es aber anders machen als meine Mutter und nicht zu Hause bleiben und nur auf die Kinder aufpassen. Das käme nicht in Frage. Es wäre prima, einen Mann zu haben, der das macht.«
Dawn sagt zwar, daß ihre berufliche Karriere sehr wichtig für sie ist, gibt aber zu, daß sie momentan nichts dafür tut.

»Ich war ein paar Jahre auf Reisen, und als ich zurückkam, hatte ich Schulden, also mußte ich mir einen Job suchen. Ich will wieder reisen, wahrscheinlich noch in diesem Jahr. Vielleicht gehe ich auch mit dem Peace Corps ins Ausland. Es stört mich etwas, daß ich beruflich keine klare Perspektive habe, aber ich denke, ich habe wohl noch fünf Jahre Zeit, bis ich mich auf etwas festlegen muß.
Meine verheirateten Freundinnen führen jetzt ein Leben, um das ich sie nicht beneide. Wenn ich mit einer von ihnen telefoniere, rede ich über Tausende von Dingen, die bei mir im letzten Monat passiert sind. Mein Leben besteht aus lauter tollen Erfahrungen, Spaß am laufenden Band. Meine Freundinnen erzählen Sachen wie: ›Oh, wir sind spazierengegangen, und dann haben wir noch gegrillt.‹
Sie haben nie Geld, weil sie alle auf ein Häuschen sparen. Richtig schön einkaufen gehen können sie auch nie. Sie machen überhaupt nichts. Und dann die Männer, die sie geheiratet haben! Ich weiß, es ist Liebe, und manche sind ja auch ganz nett. Aber es ist nicht einer dabei, mit dem ich schon mal ein wirklich intensives Gespräch hatte. Intensität ist mir wichtig. Mich zieht es zu Männern, die schwierig sind. Pflegeleichte verderben mir den Spaß.«
Dawn versucht, nichts im voraus zu planen, weil sie dazu neigt, Pläne über den Haufen zu werfen. Sie besitzt wenig Möbel und Haushaltsgeräte und bevorzugt auf Reisen leichtes Gepäck.
»Es ist zu komisch. Ich sage den Leuten, daß ich nichts haben will, was nicht in einen Koffer paßt. Und dann schenken sie mir immer wieder Sachen wie Entsafter und Toaster. Eine Freundin hat mir eine Mikrowelle geschenkt und dazu gesagt, ich brauche etwas, das mich weniger mobil macht.«
Viele der Frauen, die wir für dieses Buch interviewt haben, wiesen auf ihr Bedürfnis nach Raum hin. Frei nach Virginia Woolf betonten sie immer wieder, daß sie stets unbedingt ein eigenes Zimmer bräuchten. Auch Dawn:
»Ja, ich brauche Platz. Viel Platz. Auch wenn ich verheiratet

bin und mit jemandem zusammenlebe, will ich ein eigenes Zimmer haben. Einen Ort, an dem ich die Sachen haben kann, die nur mir gehören. Einen Ort, wo ich hingehen und meine Musik hören kann und wo mich alle in Ruhe lassen. Das wird immer wichtig für mich sein.«
Dawn ist ein perfektes Beispiel für eine junge Frau mit Bindungsproblemen, aber sie tritt in die Fußstapfen von Männern einer anderen Altersgruppe.

»Ich habe sie/ihn gefunden!«

»Ich wußte immer, daß ich eines Tages ›die Richtige‹ finden würde. Jetzt ist es wohl so weit, aber ich weiß nicht recht, ist sie mein Leben oder mein Tod?«
Jack

Wenn zwei Menschen mit starken, aktiven Bindungsproblemen aufeinandertreffen, hat ihre Beziehung alle Zutaten für einen Kampf – nach der Art »Liebesschlacht der Titanen«.
Der 56jährige Jack, dessen Verhalten bisher stets von Bindungsangst geprägt war, hat sich in Stephanie verliebt, eine 34jährige ohne das geringste Interesse an einer Heirat oder festen Bindung. Jack ist immer von allen in dem Glauben bestärkt worden, es würde sich alles ändern, wenn er nur »die Richtige« träfe.
In seinen Augen ist Stephanie die richtige Frau für ihn, aber Stephanie, die sehr viel Wert auf ihre Freiheit legt, ist nicht bereit, ihre ganze Zeit mit ihm zu verbringen. Für Jack ist das ein ziemlicher Schock, war doch bisher immer er es, der die Grenzen zog. Jetzt weiß er weder ein noch aus.
»Mein Leben lang wurde ich immer als derjenige angesehen, der sich nicht binden kann. Als ich Anfang 20 war, wollten die meisten Frauen, mit denen ich mich traf, Kinder haben und

versorgt werden. Als meine Freunde heirateten, dachte ich, die Falle ist zugeschnappt und sie haben sich zum blöden Brotverdiener machen lassen. Ich fand, daß meine Ablehnung von Ehe und Familie eine völlig kluge Reaktion auf eine unfaire Situation war. Wer meldet sich schon freiwillig für ein Häuschen in der Vorstadt und die Aussicht auf einen Herzinfarkt?
Mit 27 lernte ich eine Frau kennen, die mehr Geld verdiente als ich. Sie war Ärztin. Ich sagte mir: ›Klasse, du brauchst dir keine Sorgen zu machen, daß du sie unterhalten mußt. Die wird ihren Beruf mit Sicherheit nicht aufgeben.‹ Sie war eine gutaussehende, intelligente Frau, und trotzdem lernte ich sie mit der Zeit hassen. Ich wußte nicht warum. Ich wußte nur, daß ich nicht mehr mit ihr zusammensein mochte. Es war wie mit der Frau in dem Film ›Der Rosenkrieg‹. Ich haßte, wie sie aß. Ich haßte, wie sie sich anzog, und ich haßte es, wenn sie zwei Pfund zunahm. Aus heutiger Sicht war mein Verhalten wirklich schlimm, und ich fühle mich schuldig, wenn ich nur daran denke. Damals rechtfertigte ich mich, indem ich sie für tyrannisch erklärte. Aber das war sie eigentlich nicht. Sie war nur eine starke, ehrliche Frau, die kein Blatt vor den Mund nahm – also genau das, was ich immer wollte.«
Die Ehe zerbrach schließlich, weil Jacks Frau darauf bestand, ein Kind zu bekommen. Er weigerte sich.
»Meine Frau hatte sich mit meiner Übellaunigkeit und Schmollerei abgefunden, auch damit, daß ich ein diskretes Verhältnis mit einer verheirateten Frau hatte und deshalb nicht besonders scharf auf Sex war. Als ich mich aber weigerte, Kinder zu haben, hatte sie die Nase voll. Sie hat mich einfach vor die Tür gesetzt.«
Jack berichtet, daß er unmittelbar nach dem Ende seiner Ehe ganz unterschiedlich empfand. Einerseits fehlte ihm seine Frau, die sein »bester Freund« gewesen war. Andererseits fühlte er sich wie ein Kind im Bonbonladen.
»Als ich Anfang der siebziger Jahre geschieden wurde, war die sexuelle Revolution in vollem Gang. Alles hatte sich geändert.

Die Frauen waren bereit, sofort mit einem ins Bett zu gehen. Ich war wie ein Wilderer. Alles und jede wollte ich ausprobieren. Ich mietete mir ein tolles Appartement und genoß begeistert meine Freiheit.«
Trotzdem konnte Jack der Versuchung nicht widerstehen, sich erneut auf etwas Festeres einzulassen.
»Nur ein paar Monate nach der Scheidung fing ich etwas mit einer Frau an, die 30 und noch nie verheiratet war. Wir sind fünf Jahre zusammengeblieben. In der Zeit haben wir uns bestimmt hundertmal schlimm verkracht und wieder vertragen. Sie wollte mehr von mir als ich von ihr. Ich sollte sie heiraten. Um mich eifersüchtig zu machen, hat sie mir angedroht, mit anderen Männern auszugehen, was mir nicht gefiel. Aber fest an sie binden wollte ich mich trotzdem nicht.
Ich habe ihr ziemlich weh getan. Ich konnte nicht aufhören, mich auch mit anderen Frauen zu treffen. Es gab zu viele davon, und sie liefen auch noch in diesen kurzen Röcken herum. Alle haben sich damals köstlich amüsiert. Ich wollte nichts verpassen, was mir auch gelungen ist. Ich sagte mir, daß mein Verhalten doch verständlich sei. Ich war so lange verheiratet gewesen, daß ich diese Phase totaler Freiheit verdient hatte. Meine Freundin wollte ich aber trotzdem nicht aufgeben.
Sie stellte mir ein Ultimatum, und wir haben Schluß gemacht. Dann machte ich etwas sehr Dummes. Ich lernte eine Frau kennen, und zehn Tage später habe ich sie gefragt, ob sie mich heiraten will. Drei Monate später waren wir eine Ehepaar. Ich glaube, ich mußte mir beweisen, daß ich eine feste Bindung eingehen *konnte*. Wir paßten überhaupt nicht zusammen, und die Ehe war eine Katastrophe.
Meine zweite Frau wußte gar nicht, wie ihr geschah. An einem Tag sagte ich ihr, daß ich verrückt nach ihr war und wir unbedingt heiraten mußten, und am nächsten dann, daß wir uns wieder scheiden lassen sollten.«
Jack machte alles noch schlimmer, indem er das Verhältnis mit seiner Exfreundin wieder aufnahm. Am Ende stand er wieder allein auf der Straße.

Dadurch, sagt Jack, hat er seine Lektion gelernt. Er weiß, daß er Frauen, die er gerade erst kennengelernt hatte, oft Dinge sagte, die er nicht ernst meinte, und daß er Versprechen abgab, die er nicht halten konnte. Ehe er sich versah, steckte er schon wieder in einer neuen Beziehung – mit neuen Erwartungen.

»Von heute an, das schwor ich mir, würde ich nie wieder eine Frau mit schönen Worten zu etwas überreden. Ich würde allen gleich am Anfang sagen, daß ich nie wieder eine feste Beziehung will. Danach habe ich mich gerichtet, und es hat prima geklappt. Ich hatte in dieser Zeit einige Bekanntschaften, aber es hat sich niemand dabei die Finger verbrannt.

Dann lernte ich in diesem Jahr Stephanie kennen – wieder etwas völlig Neues. Sie war mit Anfang 20 schon mal verheiratet, und das hat ihr gereicht. Sie will nie wieder jemanden so nah an sich heranlassen. Mir ist klar, daß sie problematische Erfahrungen gemacht hat, aber ich bin überhaupt nicht mit ihrem Exmann zu vergleichen. Zwischen uns würde es nicht die gleichen Probleme geben. Aber ihr ist egal, was ich sage. Sie genießt ihr Leben so, wie es ist, und will, daß alles so bleibt.

Als wir uns kennenlernten, war ich der Ansicht, wir könnten beide auch andere Bekanntschaften haben, aber inzwischen finde ich, daß damit Schluß sein sollte. Ich war mit genügend Frauen zusammen, um zu wissen, daß Sex nie so völlig anders ist. Ich habe Körper genug gesehen. Es wird Zeit, zur Ruhe zu kommen.«

Jack hat Angst, Stephanie könnte wegen ihrer Jugend ebenso nach Abwechslung suchen, wie er es einst tat. Damit verbunden ist die Sorge, sie würde sich früher oder später für einen Mann entscheiden, der ihr altersmäßig näher steht.

»Ich glaube, daß ich für sie der beste Mann wäre. Ich kann ihr Leben in jeder Hinsicht positiv verändern. Ich merke, wie ich ihr Sachen sage, die man früher zu mir gesagt hat, über Liebe und Nähe und all das. Ich versuche zu verstehen, was sie will, um es ihr geben zu können. Ich verdiene ganz gut, und wir

könnten ein nettes Leben haben. Ihr Kind ist schon ein Teenager, so daß wir reisen und etwas unternehmen könnten. Aber Stephanie will das nicht. Sie sagt, ich würde immer den Spaß verderben und warum ich nicht alles so lassen könne, wie es ist.
Ich fühle mich oft sehr ausgeschlossen. Manchmal komme ich mir vor wie ein Kind, daß sich die Nase am Fenster platt drückt. Wenn Stephanie etwas beschlossen hat, ist daran nicht zu rütteln. Zum Beispiel will sie nicht, daß ich bei ihr einfach vorbeikomme. Ich kann auch nie sicher sein, ob wir das Wochenende zusammen verbringen werden. Jedesmal muß ich neu fragen. Ich muß immer darum kämpfen, daß sie mir gnädig erlaubt, sie zu sehen.
Für mich ist es das erstemal, daß ich mit einer Frau ganz ohne Vorbehalt zusammensein will. Ich versuche, Stephanie zu überzeugen, ihre Zurückhaltung genauso aufzugeben und keine Angst zu haben. Es ist so schön, ganz locker zu sein und etwas zu geben. Eigentlich paradox: Da habe ich mich geändert und bin jetzt bereit, aufrichtig zu lieben, und gerate an jemanden, der sich bedeckt hält.«
Wahrscheinlich hat sich Jack weniger verändert, als er glaubt. Aber die Zeiten und die Frauen sind anders geworden. Stephanie, die noch viel jünger ist als Jack, hat eine andere Vorstellung vom Leben als die Frauen, mit denen er früher zusammen war. Zum erstenmal ist er in einer Beziehung gelandet, in der nicht hauptsächlich er das Sagen hat. Stephanies Ängste vor einer festen Bindung sind so stark, daß seine eigenen dadurch quasi aufgehoben werden. Kein Wunder, daß es Jack so vorkommt, als könne er zum erstenmal richtig lieben. Das Wissen, daß da niemand ist, der ihn einengen will, ermöglicht es ihm, sein Herz zu öffnen und seiner Verliebtheit und Leidenschaft freien Lauf zu lassen. Stepanie wird ihn niemals darauf festnageln, denn sie hat ja noch größere Bindungsprobleme als er.
Was sich zwischen Jack und Stephanie abspielt, verdeutlicht etwas, das wir schon sehr häufig erlebt haben. Nicht selten

lernt ein Mann oder eine Frau mit aktiven Bindungsproblemen jemanden kennen, der nicht den geringsten Wunsch hat, eine langfristige Beziehung einzugehen. Statt derjenige zu sein, der davonläuft, nimmt er beziehungsweise sie nun die Rolle des passiven Vermeiders an.

4
Von Opfern und netten Typen – passive Bindungsprobleme

»*Etwas an mir scheint verheiratete Männer anzuziehen. Wäre das doch nur anders.*«
Claudia, 34

»*Alle Frauen, die ich kennenlerne, hängen noch immer an ihrem Exfreund. Was soll ich denn dagegen tun?*«
Joel, 29

»*Seit Jahren habe ich meine ganze Kraft den Männern, mit denen ich zusammen war, und deren Problemen gewidmet. Dann bin ich eines Tages aufgewacht und habe mir gesagt: ›Weißt du was? Du hast ja selbst ein Problem.‹ Mir war plötzlich klar, daß eine Frau, die sich immer nur mit Männern abgibt, die vor einer festen Beziehung kneifen, selbst auch irgendwie kneift.*«
Coretta, 39

Manche Menschen machen den Eindruck, als könnten sie sich durchaus binden, seien sogar geradezu besessen von dem Wunsch nach einer festen Partnerschaft, vor der sie, wie sie selbst immer wieder betonen, nicht die geringste Angst haben. Aber trotz der Fähigkeit, sich Hals über Kopf zu verlieben und ewige Treue zu schwören, suchen sie sich dazu immer wieder Partner aus, die letztendlich nicht willens oder in der Lage sind, ihre Liebe voll zu erwidern.

Wenn Sie Ihre Bindungsprobleme passiv ausleben, werden Sie nicht selbst vor einer dauerhaften Beziehung davonlaufen. Aller Wahrscheinlichkeit nach suchen Sie sich aber einen Part-

ner, der das tut. Daher leben Menschen mit passivem Vermeidungsverhalten nur selten in Beziehungen, in denen ihre Liebe auf uneingeschränkte Gegenliebe stößt.
Woran erkennt man, ob man einer festen Beziehung passiv aus dem Weg geht? Schauen Sie sich an, wen Sie attraktiv finden. Sind diese Personen an einer festen Beziehung interessiert? Teilen sie Ihre eigenen Gefühle? Wären sie als Partner geeignet? Sind sie »zu haben«? Oder tanzen sie leicht davon? Machen wir uns nichts vor: Man hat leicht reden, daß man etwas Festes will, wenn jeder, mit dem man sich einläßt, dafür ohnehin nicht in Frage kommt! Und weil sie oft völlig damit ausgelastet sind, Beziehungen zu pflegen, die sowieso keine Chance haben, werden sich Männer und Frauen mit passiven Bindungsproblemen ihrer eigenen Ängste selten bewußt. Meist bleiben sie in ihnen verborgen.
Die 36jährige Texterin Allison fällt in diese Kategorie. Momentan verbringt sie viel Zeit mit ihrem Therapeuten und einem Gesprächskreis, den sie kürzlich in Los Angeles gegründet hat. Die Mutter eines 14jährigen Jungen ist gerade dabei, sich von einer Depression zu erholen, in die sie durch den Bruch der Beziehung mit dem 34jährigen Josh, einem Schriftsteller, geraten war. Sie schildert ihre Erlebnisse so:
»Josh war ein Mann mit klassischer ›Bindungsphobie‹. Bevor wir uns kennenlernten, hatte er mit einigen Frauen zusammengelebt, konnte sich aber nie richtig binden. An unserem ersten Abend erzählte er mir alles über sich – daß er nie treu sein konnte und es nie sehr lange an einem Ort aushielt. Ich hätte also im Grunde von Anfang an Bescheid wissen müssen, aber so richtig ernst habe ich das alles nicht genommen.
Da war Joshs Problem mit Alkohol, das er erfolgreich hinter sich gebracht hatte. Ich dachte, da würde er wohl auch anderes schaffen. Und dann der Sex. Im Bett war es mit ihm so schön – er wollte immer mit mir schlafen und machte einen unheimlich verliebten Eindruck. Er sagte mir, ich sei schön und daß wir zusammen alt werden würden. Er meinte, wir würden die Leute im Seniorenheim mit unserem Sex schockieren.

Josh sieht sehr gut aus, ist groß und schlank und immer gut gekleidet. Ich war verrückt nach ihm und bin es heute noch. Ich kann ihn nicht vergessen, obwohl ich weiß, daß er Gift für mich ist. Ich träume immer noch, daß er bei mir im Wohnzimmer sitzt und wir noch zusammen sind.«
Allison und Josh lernten sich Anfang Mai kennen. Ende Mai fing er an, vom Heiraten zu sprechen. Als der Juli kam, fuhr Allisons Sohn in ein Ferienlager, und sie zog, obwohl es berufliche Probleme machte, in das Appartement von Josh ein. Allison sah darin eine perfekte Gelegenheit, die Beziehung weiter auszubauen. Sie berichtet:
»Er wurde sehr abhängig von mir. Er saß an einem neuen Manuskript, und wir richteten unseren ganzen Tagesablauf nach seiner Arbeit. Ich habe versucht, die perfekte Schriftstellerfrau zu sein – habe alle Einkäufe erledigt, geputzt und gekocht –, damit er sich ganz auf seine Arbeit konzentrieren und damit fertig werden konnte. Das war ein Fehler von mir, und ich glaube nicht, daß er es gut fand. Ich glaube sogar, daß er es mir übelnahm, aber damals habe ich das nicht begriffen. Es gab auch so viele komische Regeln, welche von seinen Sachen ich anfassen durfte und welche nicht. Obwohl es so aussah, als ob er von mir abhängig war, hatte ich nicht immer den Eindruck, daß er froh war, mich da zu haben. Ich hätte ihn wohl darauf ansprechen sollen, aber davor hatte ich Angst.«
Als der Sommer zu Ende war und Allison in ihre eigenen vier Wände zurückkehren mußte, war die Idylle vorüber. Traf sie sich mit Josh, war er zwar so romantisch und leidenschaftlich wie immer, aber etwas hatte sich verändert. Allison hielt praktische Gründe für die Ursache.
»Weil mein Sohn wieder da war, konnte Josh nur an den Wochenenden bei uns wohnen. Es kam mir deshalb ganz normal vor, daß wir seltener zusammen schliefen. Er war auch etwas in sich gekehrter als sonst. Aber er meinte, das wäre immer so bei ihm, wenn er ein Manuskript beenden mußte, und ich sollte mir nichts dabei denken. Das war natürlich leichter ge-

sagt als getan. Dann fing er an, nicht mehr so oft anzurufen und kam regelmäßig zu spät. Einmal hatten wir uns verabredet, aber er kam überhaupt nicht. Ich wurde hysterisch und weigerte mich ein paar Wochen, ihn zu sehen. Als ich ihm wieder gut war, schenkte er mir einen Gedichtband und gab sich sehr reuig – also haben wir uns wieder vertragen.
Die Beziehung beherrschte mittlerweile mein ganzes Leben. Entweder wartete ich darauf, daß er anrief oder daß er endlich kam. Wenn wir zusammen waren, war er genauso wie sonst. Stundenlang erzählte er mir, woran er gerade arbeitete, von seinen Problemen, seinem Leben, seinen Eltern, seinen Gefühlen. So konnte es endlos weitergehen.«
Allison bemühte sich sehr, Josh von ihrem positiven Einfluß auf ihn zu überzeugen. Darüber vernachlässigte sie ihre eigene Arbeit, weil sie oft zu nervös war, um sich zu konzentrieren.
Da seine Arbeit ihm momentan so schwerfiel, hatte Josh sein Telefon abstellen lassen. Allison konnte ihn nicht mehr anrufen. Auch im Bett war es anders geworden. Er übernachtete zwar immer noch an den Wochenenden bei Allison, aber sie schliefen nicht mehr zusammen. Sie begann sich zu fragen, ob vielleicht der Altersunterschied von zwei Jahren etwas damit zu tun hatte und sie für ihn noch begehrenswert war.
»Ich drehte wirklich durch bei dem Gedanken an Falten oder einen Hängebusen und fing an, täglich Gymnastik zu machen. Als Josh das Manuskript endlich fertig hatte, bot ich ihm an, es noch einmal am Stück für ihn durchzuarbeiten. Es war in der Woche vor Weihnachten. Ich nahm das Manuskript, machte mich an die Arbeit, und als ich fertig war, rief ich ihn an. Niemand zu Hause. Drei Tage ging er nicht ans Telefon.
Dann stellte sich heraus, daß er die ganze Zeit mit einer anderen Frau zusammen war. Sie wohnte nebenan. Ich hatte die beiden im Sommer sogar schon zusammen gesehen, aber der Groschen war nicht gefallen. Er kam Heiligabend nicht, und als er am ersten Weihnachtstag mit einem Geschenk auf-

tauchte, wurde ich hysterisch. Das war der Moment, an dem er mir von der anderen erzählte. Zum Glück war mein Sohn bei seinem Vater – ich war nämlich ein reines Nervenbündel und habe nur noch geheult. Josh ebenfalls. Er entschuldigte sich und versprach, daß sich alles ändern würde, daß er mit seinen Problemen fertig werden und daß wir zusammenbleiben würden.
Er war in einer Gruppe und hatte dort schon über alles, was zwischen uns passiert war, gesprochen und mußte sich ziemlich viel Kritik anhören. Er bekam vorgehalten, wie unfair er zu mir gewesen war. Es gab nichts, was ich ihm noch sagen konnte, das er nicht schon wußte.
Um es kurz zu machen: Er versprach mir, sich nicht mehr mit der anderen Frau zu treffen, aber das Versprechen hat er nie gehalten. Ich konnte nicht glauben, daß er mich so anlügen würde, aber er tat es. Es folgten noch ein paar Monate, in denen wir uns abwechselnd trennten und wieder versöhnten. Irgendwann fanden wir beide, daß es genug war. Das ist jetzt einige Zeit her, und ich finde nicht, daß ich meine Gefühle schon wieder im Griff habe. Er will, daß wir Freunde sind, aber das kann ich nicht. Er ist mit der anderen zusammengezogen, allein der Gedanke macht mich rasend. Ich kann einfach nicht begreifen, was passiert ist. Neulich sind wir uns zufällig begegnet und bekamen beide Schweißausbrüche. Ich weiß, daß er immer noch etwas für mich empfindet. Ich kann nicht glauben, daß wir auseinander sind. Um ehrlich zu sein, so sehr ich ihn hasse, würde ich ihn trotzdem sofort zurücknehmen. Er fehlt mir so.«
Als wir die Geschichte zum erstenmal hörten, waren wir sofort auf Allisons Seite. Sie war mit so guten Absichten in die Beziehung gegangen und hatte alles versucht, um Josh glücklich zu machen – also will man ihr automatisch den Rücken stärken. Josh hat sich schlecht benommen, da gibt es nichts. Aber das heißt noch nicht, daß Allison keine Probleme hat. Was hat sie nicht alles von Anfang an von ihm gewußt – seine Einstellung zur Treue, seine Einstellung zu jeder Art von Fest-

legung, seine Einstellung zu dauerhaften Partnerschaften. Trotzdem ließ sich Allison ohne Vorbehalte und ohne Selbstschutz auf ihn ein. Warum tat sie das? Als alleinerziehende Mutter kann sie doch zusätzliche Probleme und Instabilität am allerwenigsten gebrauchen. Warum mußte sie so schnell zu ihm ziehen? Warum ließ sie sich auf das damit verbundene Risiko ein? Warum haben bei ihr nicht die Alarmglocken geläutet, als er anfing, sich zurückzuziehen und ihr Hindernisse in den Weg zu legen? Warum würde sie ihn auch jetzt noch »zurücknehmen«? Warum hat sie so selten richtig und so oft falsch reagiert?

Die falsche Reaktion

Passive Vermeidung äußert sich in einer Folge unpassender Reaktionen. Während diejenigen, die eine feste Bindung aktiv vermeiden, emsig damit beschäftigt sind, davonzulaufen und Grenzen zu ziehen, scheinen Personen mit passivem Vermeidungsverhalten alles nur Erdenkliche zu tun, um sich so fest wie möglich an das Objekt ihrer Liebe zu binden. Aber wenn man genau hinschaut, mit wem sie sich einlassen, ist es kein Wunder, daß ihnen das Gefühl erspart bleibt, in einer dauerhaften Beziehung »in der Falle« zu sitzen.
Es gibt fünf sichere Möglichkeiten, feste Bindungen passiv zu vermeiden:
- Sie fühlen sich zu Partnern hingezogen, die nicht zu Ihnen passen oder die nicht frei sind.

Das ist die beste Methode zur Vermeidung einer festen Bindung. Verliebt sich jemand mit passiven Bindungsproblemen, dann fast immer in jemanden, der emotional, physisch oder aufgrund anderer Umstände nicht zu haben ist. Ist dieser, der meist noch größere Bindungsprobleme hat, erst gefunden, kann sich der passive Vermeider verausgaben und alles tun, um das Luftschloß zu gewinnen.

- Sie gehen unangemessene Bindungen ein und lassen sich zu schnell erobern.

Es ist völlig normal, daß man sich geschmeichelt fühlt, wenn jemand einem Interesse entgegenbringt. Bei Männern und Frauen mit passiven Bindungsproblemen passiert aber mehr als das. Sie können bis in die Zehenspitzen verliebt auf jemanden reagieren, den sie noch kaum kennen, eine Reaktion, die nicht rein sexueller Natur ist, sondern auch mit starken Emotionen einhergeht. Bei der Schilderung ihrer Gefühle in solchen Situationen verwenden passive Vermeider mit Vorliebe Ausdrücke wie »Seelenverwandtschaft«, »Vorsehung« oder »Schicksal«. Auf diese Weise läßt es sich besonders lange in romantischen Träumen schwelgen.

- Sie reagieren so heftig, daß Sie offenbar jede Fähigkeit verlieren, vernünftige Grenzen zu ziehen – und das ganz besonders, wenn Ihnen das Objekt Ihrer Liebe eifrig Hindernisse in den Weg legt.

Statt die Möglichkeit zuzulassen, allmählich eine stabile Beziehung aufzubauen, bekunden Sie sofort den Willen zur vollständigen Verschmelzung. Das bedeutet, Sie sind physisch, sexuell und emotional zur Erfüllung aller Wünsche bereit, die Ihr Liebesobjekt an Sie richten mag. Der andere wird, ohne seinen Wert auf irgendeine Art beweisen zu müssen, ein so fester Bestandteil Ihrer Phantasievorstellungen, daß er Sie fest in der Gewalt hat. Das Ausmaß, in dem Sie Ihre Schranken fallenlassen, steht oft in direktem Verhältnis zur Zahl und Art der Hürden, die Ihnen in den Weg gestellt werden.

Benötigt das Objekt Ihrer Begierde selbst Distanz und fühlt sich unbehaglich – oder gerät sogar in Panik –, dann bewirken Sie mit Ihrem Verhalten nur, daß seine Ängste noch stärker werden. Statt sich nun zurückzuziehen, sind Sie geradezu stolz darauf, eine so starke Reaktion zu provozieren.

- Sie reagieren in unangemessener Weise auf negative Informationen.

Er ist verheiratet. ... »Na und? Das kann sich doch morgen schon ändern.«

Sie geht nach Japan. ... »Was macht's? Wir schreiben uns eben.«
Er hat zwölf Kinder. ... »Wir sind schon mit ganz anderen Problemen fertig geworden.«
Sie hat schwere Gesundheitsprobleme und hohe Schulden. ... »Wo liegt das Problem? Ich besorge mir einen zweiten Job.«
Er ist dreimal geschieden und hat Probleme mit Drogen. ... »Der Arme. Seine ersten drei Frauen müssen ihm übel mitgespielt haben.«
Sie hat einen chronischen Hang zu Seitensprüngen. ... »Das ist jetzt kein Thema mehr, wo sie mit mir zusammen ist.«
Er ist absolut untreu, ein notorischer Lügner und hat einen miserablen Ruf. ... »Nobody is perfect. Er braucht bloß etwas Wärme und Geborgenheit.«
Er redet nie. ... »Keine Sorge. Ich kann auf Ansprache verzichten.«

Diese Reihe von Beispielen ist endlos. Menschen mit passiven Bindungsproblemen lassen sich kaum bremsen, wenn sie erst für einen Partner Feuer und Flamme sind. Bis über die Ohren verliebt und völlig abgehoben von der Realität, tun sie alles, um ihren Traum zu verteidigen.
- Sie reagieren bei Zurückweisung durch Ihren Wunschpartner mit unangemessener Trauer.

Niemand hat es gern, wenn man ihn zurückweist, und nur wenige von uns können gut damit umgehen. Bindungsphobiker neigen aber offenbar zu besonders unglücklichen Reaktionen. Statt nach einer Liebe Ausschau zu halten, die vielleicht auch erwidert wird, verfallen passive Vermeider oft in einen Dauerzustand sehnsuchtsvollen Wartens und Hoffens. Das liefert ihnen auch gleich die Entschuldigung dafür, daß sie echten Beziehungen aus dem Weg gehen und lieber ihren Träumen und Phantasien nachhängen. Obwohl sie sich in diesem Zustand unglücklich fühlen, sind sie dennoch so gefangen in ihren »Nichtbeziehungen«, daß sie kaum in der Lage sind, über den eigenen Tellerrand zu schauen. Immer wieder geraten sie in die Rolle des Opfers und haben nicht die geringste Ahnung, wie sie das ändern könnten.

Was soll ich tun? – Auf der Suche nach Rat

Nachdem unser erstes Buch unter dem Titel »Warum der Mann nicht lieben kann« erschienen war, wurden wir mit Briefen und Anrufen von Frauen bombardiert, die wissen wollten, was sie tun könnten, um ihre Beziehungen mit Männern mit Bindungsphobie zu retten. Den einzigen Rat, den wir ihnen geben konnten, wollten sie aber meist nicht hören. Denn wenn die Beziehungen, wie meist der Fall, selbstzerstörerisch waren, rieten wir den Frauen, Schluß zu machen, sich mehr um sich selbst zu kümmern, ein besseres Gefühl für den Wert der eigenen Person zu entwickeln und sich in Zukunft besser zu schützen. Wir erklärten ihnen, daß es fast nie ein Happy-End gibt, wenn ein Partner vor der Beziehung davonläuft, und daß Männer mit Bindungsangst aufrichtig das Gefühl haben, in die Falle gelockt zu werden, so daß es selten hilft, sie mit noch mehr Liebe und Verständnis zu überschütten.

Fast alle Frauen, mit denen wir gesprochen hatten, konnten sich am Ende von den Gefühlen befreien, die sie an eine hoffnungslose Situation gefesselt hatten. Doch später nahm eine ganze Reihe wieder Kontakt mit uns auf, um von neuen, ebenfalls aussichtslosen Situationen mit anderen Partnern zu berichten, die sich ebenso widerspenstig verhielten. Es waren diese Frauen, meist liebevolle, intelligente, einsichtige und sensible Menschen, die uns vor Augen führten, was es heißt, Bindungsprobleme passiv auszuleben.

Anders als vielen ihrer aktiv bindungsscheuen Partner war diesen Frauen nicht der Vorwurf zu machen, sie würden Kummer und Leid über andere bringen. Sie waren es ja nie, die jeman-

den zurückwiesen oder sich verschlossen. Sie errichteten keine überdimensionalen Schranken zwischen sich und denen, die sie liebten. Das einzige, was sie taten, war, sich immer wieder in Männer zu verlieben, die hoffnungslose Fälle waren, wenn es um eine feste Bindung ging. Und sie waren nicht imstande, das wiederkehrende Muster im eigenen Verhalten zu erkennen. Zu ihrer Rechtfertigung führten sie oft ein Argument an, das, wie nicht zu leugnen ist, etwas mit unserem Buch zu tun hat, nämlich, daß Männer eben auf der Hut vor festen Beziehungen seien und Frauen ganz unwissentlich zu ihren Opfern würden.
Etwa zur gleichen Zeit erhielten wir erstmals auch Briefe von Männern, die das Buch gelesen hatten. Sie schilderten, wie sie von Frauen verletzt worden waren, die sich in der von uns beschriebenen Weise (»verführen/zurückweisen«) verhalten hatten. Die meisten leugneten das Problem, indem sie sich sagten, Frauen wüßten »einen netten Typ einfach nicht zu schätzen«. Das klang nicht anders als bei den Frauen. Die Vertreter beider Geschlechter hatten sich in der Vergangenheit unendlich viel stärker zu Partnern hingezogen gefühlt, die davonliefen, als zu solchen, die sie vielleicht hätten haben können.

Liebeskummer ohne Ende

Man kann sich leicht vorstellen, daß einen viel Unglück erwartet, wenn man regelmäßig auf den falschen Partner zusteuert. Da sie oft deprimiert und einsam sind, können sich Menschen mit passivem Vermeidungsverhalten nur schwer vorstellen, daß ihr eigenes Handeln für ihr Elend mitverantwortlich ist. Die weitaus meisten dieser Männer und Frauen sind tüchtig und haben die besten Absichten. Oft sind sie sehr erfolgreich im Beruf, nichts liegt ihnen ferner, als sich als selbstzerstörerisch oder gar masochistisch zu bezeichnen. Dennoch, bei Betrachtung der ausgesuchten Partner ist kaum vorstellbar, daß sie nicht gleich gewußt hatten, was auf sie zukam.

Die Geschichte von Andrea, einer 36jährigen Stoffdesignerin, zeigt, wie verheerend sich ein dauerhaft praktiziertes passives Vermeidungsverhalten auswirken kann.

Andrea sieht gut aus, ist groß und hat rote Haare. Sie erzählt jedem, den sie kennenlernt, daß sie gern heiraten würde, und verbringt viel Zeit damit, dieses Thema mit ihren Freundinnen oder ihrer Mutter zu erörtern. Das einzige, was in ihrem Leben fehlt, ist, wie sie sagt, eine feste Beziehung mit einem Mann. Wer Andrea begegnet, begreift nicht, warum dieser Wunsch noch nicht in Erfüllung gegangen ist. Sie ist charmant, gescheit, feminin, künstlerisch begabt und hat ein gutes Einfühlungsvermögen. Man kann sich nur schwer vorstellen, daß sie noch nicht gefunden hat, was sie angeblich sucht.

Ein Blick in ihre Vergangenheit bringt einige Klarheit. Gleich nach dem College, als ihre Freundinnen sich verlobten und damit beschäftigt waren, das Tafelsilber auszusuchen, verliebte sich Andrea, der das alles provinziell und langweilig vorkam, in einen jungen Franzosen, der zu Besuch in Amerika war. Nach mehreren sehr spannenden Rendezvous mußte er wieder nach Frankreich zurück, versprach aber, zu schreiben und eines Tages wiederzukommen. Das Flugzeug war kaum in der Luft, da begann Andrea schon, ihm den ersten von Hunderten langer, leidenschaftlicher Briefe zu schreiben.

»Schreiben war das einzige, um in Verbindung zu bleiben. Ich wollte, daß er mich kennenlernte und wußte, was ich fühlte und woran ich glaubte. Sechs Monate habe ich ihm regelmäßig geschrieben. Er schrieb zurück, aber nicht so oft wie ich, vielleicht einen Brief oder eine Postkarte alle paar Wochen.«

Die nicht gerade enthusiastische Reaktion des Franzosen entschuldigte Andrea damit, daß Englisch nicht seine Muttersprache war und er sich nicht so gut darin ausdrücken könnte. Ein größeres Problem war da schon das Haupthindernis, das einer festen Beziehung der beiden im Wege stand – die Haltung seiner Familie.

»Ich war sehr in ihn verliebt und er, glaube ich, auch in mich, aber es war alles etwas kompliziert. Er war nämlich katholisch, und seine Familie war gegen die Beziehung. In unseren Briefen unterhielten wir uns darüber, ob wir nicht zusammenleben sollten, und schließlich fuhr ich nach Frankreich. Seine Familie hat mich nicht sehr nett aufgenommen, und auch er hatte sich verändert. Er kam mir überhaupt nicht mehr so offen vor.«

Trotz des kühlen Empfangs, der ihr bereitet wurde, setzte Andrea noch fast zwei Jahre lang alle Hoffnung in diese Beziehung. Die ganze Zeit über – sie war Mitte Zwanzig – ging sie mit keinem anderen Mann aus und unternahm keinen Versuch, jemanden kennenzulernen. Mit anderen Worten, sie verhielt sich ganz wie eine Ehefrau, nur eben ohne Ehemann. Sie war viel zu Hause und las; sie besuchte einen Kochkurs für europäische Küche, damit sie ihren Geliebten bekochen könnte, wenn sie denn schließlich vereint wären. Sie ging auch zu mehreren Kursen über französische Literatur und nahm Klavierunterricht. Beruflich lief alles gut, was ihr sehr wichtig war, und ansonsten hatte sie ja ihre blühende Phantasie. In dieser Zeit traf Andrea mindestens einmal einen Mann, der sich ernsthaft für sie interessierte. Sie spielte sogar mit dem Gedanken, mit ihm auszugehen, da sie ihn auch attraktiv fand, wollte aber nicht untreu sein, weder im Geiste noch mit Taten.

Nachdem sie endlich wieder zu Verstand gekommen war, gelobte Andrea, sich nie wieder in jemanden auf einem anderen Kontinent zu verlieben. Statt dessen verschenkte sie ihr Herz an jemanden, der sogar in der gleichen Branche arbeitete. Gary, ihr neuer Schwarm, paßte in jeder Hinsicht zu ihr – mit einer Ausnahme. Er war nach eigener Aussage bisexuell. Gary ging zwar mit Frauen aus, fühlte sich sexuell aber in erster Linie zu Männern hingezogen. Trotzdem fand ihn Andrea sehr attraktiv und glaubte zu wissen, daß es umgekehrt genauso war.

»Gary und ich waren schnell Freunde. Wir unternahmen alles gemeinsam, alles, außer zusammen ins Bett zu gehen. Er er-

zählte mir, daß er sich sexuell nie wirklich für eine Frau interessiert hatte, aber das konnte ich nicht glauben. Wenn wir zusammen waren, knisterte es nur so zwischen uns. Er redete ziemlich offen über seine sexuellen Probleme und Präferenzen. Aber ich habe ihm wohl nicht so richtig geglaubt. Für mich war er sehr attraktiv, und wir waren gute Freunde. Wegen dieser Beziehung habe ich mich in der Zeit nicht für andere Männer interessiert.«
Gary bekam einen Job in Kalifornien angeboten, und er zog allein hin, ohne Andrea zu bitten, mit ihm zu kommen, was sie sehr enttäuschte. Damit waren ihre Träume zerstört, und sie fiel in eine tiefe Depression, die ein ganzes Jahr dauerte. Danach begann sie eine Therapie und übertrug ihre ganzen Gefühle auf den jungen Therapeuten. Sie blieb ein Jahr bei ihm in Behandlung und tat in dieser Zeit nichts, um geeignete Partner kennenzulernen, entwickelte statt dessen ein immer stärkeres Interesse an ihrem Therapeuten als Mann. Als der sich verlobte, ein Reihenhaus kaufte und seine Praxis dorthin verlegte, konnte Andrea nicht mehr die Augen davor verschließen, daß er ein Privatleben hatte und sie davon ausgeschlossen war. Sie wurde sehr wütend auf sich selbst und auf den Therapeuten. In dem Gefühl, viel Zeit und Geld für nichts geopfert zu haben, brach sie die Therapie ab.
Während der nächsten anderthalb Jahre gab es in Andreas Leben keine Männer und auch wenig Phantasien über das andere Geschlecht, und sie war einigermaßen glücklich.
»Das war für mich auf jeden Fall eine der besten Phasen überhaupt, und mein Leben war ziemlich ausgefüllt. Ich hatte immer gute Freundinnen, und mit denen habe ich viel Zeit verbracht. Keinen Freund zu haben, wegen niemandem Kummer zu haben und über niemanden nachzudenken, kann sehr angenehm sein. Ich war offen für die Freuden des Lebens und habe sie zum erstenmal richtig genossen. Dann traf ich Martin.«
Andrea lernte den 42jährigen Arzt, der sehr gerne flirtete, auf einer Weihnachtsfeier kennen. Martin ließ sich gerade von

seiner zweiten Frau scheiden und war sofort tief beeindruckt von Andrea. Bei ihrem zweiten Rendezvous verriet er ihr, daß er nicht nur seine beiden Ehefrauen, sondern überhaupt so ziemlich jede Frau, mit der er zusammen war, betrogen hatte, und daß er nicht vorhatte, wieder zu heiraten, es sei denn, die sexuelle Anziehung wäre so stark, daß er nie wieder auch nur an einen Seitensprung denken könnte. Er ließ anklingen, daß er sich sehr stark zu Andrea hingezogen fühlte, daß sie vielleicht genau die Frau wäre, bei der das zuträfe. Andrea nahm die Herausforderung an und versuchte, obwohl es im Bett ohnehin schon »phantastisch« war, sexuell noch provozierender und interessanter zu wirken. Dazu investierte sie ein kleines Vermögen in Reizwäsche, kaufte sich Haremskostüme, machte einen Bauchtanzkurs. Doch das alles war nicht genug.
Die Beziehung war noch keine vier Monate alt, als Andrea herausfand, daß Martin wieder mit seiner zweiten Frau schlief, die nach der Scheidung wieder »interessanter« für ihn war. Seitdem ist Andrea völlig verzweifelt und am Boden zerstört. Sie weiß nur, daß Martin ihre große Liebe ist, der »Prinz«, von dem sie immer geträumt hat.
Aus Andreas Bericht wird gleich deutlich, daß sie sich zu schnell mit den falschen Männern einläßt. Sie mißachtet regelmäßig alle Signale, die sie vor chancenlosen Beziehungen warnen, und klammert sich zu lange an ihre Träume. Selbst wenn sie die Probleme erkannt hat, hofft sie noch auf ein Wunder.

Passive Bindungsprobleme bei Männern und Frauen

Passive Verhaltensmuster werden traditionell den Frauen zugeschrieben, und so ist es auch bei den Bindungsproblemen. So schlimm es auch sein mag, in Beziehungen immer das Opfer zu sein, eine Frau muß sich wenigstens nur selten Schuldvorwürfe anhören. Aus dem passiven Part heraus kann sie immer mit dem Finger auf die vielen »schwierigen« oder »bindungsscheuen« Männer zeigen, die unerbittlich hinter ihr her waren, nur um dann wieder kehrtzumachen und davonzulaufen. Jedenfalls deuten die Umstände ihrer gescheiterten Beziehungen nicht auf ihre Schuld hin. Man kann sie schließlich nicht dafür verantwortlich machen, daß die Männer, die sie kennenlernte, so viele Probleme hatten. Frauen, die sich ständig in dieser Rolle wiederfinden, wird viel Verständnis entgegengebracht.

Für einen Mann mit passiven Bindungsproblemen sieht die Sache ganz anders aus. Von Männern erwartet die Gesellschaft, daß sie die Aktiven, die Verehrer, die Jäger sind. Dadurch haben sie viel mehr Einfluß darauf, Beziehungen zu beginnen. Wie sollte Mann es anstellen, einer Frau den Hof zu machen, wenn er passiv bleibt? Wie wollte er all die falschen Entscheidungen, die er selbst getroffen hat, rechtfertigen? Er kann schlecht sagen: »Mich fragen immer die falschen Frauen, ob ich mit ihnen ausgehe.« Die »falschen« Frauen mögen ja ihre Bereitschaft signalisieren, aber schließlich ist es immer noch er, der die Entscheidung trifft. Er wartet nicht darauf, daß ihn jemand um ein Rendezvous bittet, gibt nicht zaghaft einer Frau nach, die ihm leidenschaftlich den Hof macht. Er ist selbst der feurige Verführer, der Frauen nachjagt, die unangemessene Hürden errichten, Frauen, die nicht an einer festen Beziehung interessiert sind, Frauen, die emotional, physisch oder aus Gründen des Wohnorts nicht zu haben sind.

Dennoch geben Männer mit passiven Bindungsproblemen oft den Frauen die Schuld an ihrem Unglück und behaupten, die meisten wüßten einen netten Typ einfach nicht zu schätzen. Sie erfahren selten viel Verständnis dafür. Wer sich in mehr als eine schwierige Beziehung begibt, braucht nicht lange zu warten, bis er Bemerkungen wie »Du hast wohl Spaß am Leiden«, »Du stehst doch auf schwierige Frauen« oder »Du brauchst es wohl auf die komplizierte Tour« zu hören bekommt. Viel-

leicht versteht niemand, was es ist, das Sie immer wieder zu bestimmten Frauen hinzieht, aber es wird keineswegs übersehen, daß Sie immer wieder hinter »der Falschen« her sind.
Timothy ist ein gutes Beispiel für einen Mann mit passivem Vermeidungsverhalten, der eine Vorliebe für hochproblematische Partnerinnen hat. Er sieht sich selbst eher als Opfer und glaubt, nur zufällig in diese Rolle zu geraten.
»Frauen reden immer davon, wie schwierig die Männer sind, wie unsensibel und daß wir nie etwas Festes wollen. Aber das sehe ich anders. Ich finde, es sind die Frauen, die nicht wollen. Wie Nicole, meine letzte Freundin. Die war verrückt. Als wir uns kennenlernten, war sie mit jemandem zusammen, der sie brutal behandelte, zu dem sie aber immer wieder zurückging. Sie hat sich ständig über ihn beklagt, dann aber mich verlassen.«
Timothy kann sich nicht erinnern, wann er zuletzt einer Frau begegnet ist, die zu einer festen Beziehung bereit war. Allerdings interessiert sich Timothy überwiegend für Mannequins und Schauspielerinnen, denen die Karriere vorgeht, und für sehr junge Frauen, manchmal sogar Teenager.
»Stimmt. Ich liebe schöne Frauen, und die suchen sich nun mal oft Arbeit als Models. Aber das heißt doch nicht, daß sie verrückt sein müssen. Vor ungefähr einem Jahr hatte ich eine wirklich wichtige Beziehung. Ich hätte es besser wissen sollen – sie war noch sehr jung, erst 18. Aber sehr reif für ihr Alter, hatte schon viel Erfahrung, wußte aber nicht genau, was sie wollte. Täglich gab es Probleme mit uns. Ich konnte mich nie auf irgendwas verlassen, nicht mal, daß wir uns am Wochenende sahen. Mit ihr auszugehen, war ein Alptraum. Ich weiß noch, wie wir einmal für ein paar Tage ans Meer wollten und sie dann mit zwei ihrer Freundinnen ankam. Wir sind mit meinem Wagen alle zu dem Häuschen gefahren, das ich gemietet hatte, und dann verbrachten die drei das ganze Wochenende damit, am Strand mit anderen Männern zu flirten.«
Lloyd, ein 38jähriger Anwalt, ist ein weiteres Paradebeispiel

für passive Vermeidung. Die Frauen, die er sich aussucht, scheinen sogar oft recht gut zu ihm zu passen. Aber fast alle äußern schon am Anfang der Beziehung Ängste vor Nähe. Zur Zeit arbeitet Lloyd nach eigenen Worten an den Problemen in der Beziehung mit Elizabeth, einer Filmcutterin.
»Sie hat die fixe Idee, daß sie Zeit und Raum für sich braucht. Das heißt, daß sie nicht zusammen mit mir in einer Wohnung leben will. Es gibt jede Menge Einschränkungen ihrerseits, wann wir uns treffen können. Wir verbringen viel Zeit zusammen, aber nicht in einem Stück. Wenn wir zum Beispiel Samstagnachmittag etwas unternehmen und auch abends etwas zusammen vorhaben, dann ist es nicht möglich, daß wir in der Zwischenzeit auch noch zusammen sind. Sie muß dann unbedingt diese drei Stunden für sich haben. Ich kann sie irgendwo verstehen, ich brauche nämlich auch Zeit für mich. Aber sie ist damit so furchtbar unflexibel. Das verdirbt die Atmosphäre und gibt mir das Gefühl, daß ich gleich weggeschickt werde oder so was, und das mag ich nicht.«
Lloyd berichtet, daß Elizabeth auch fast nie etwas planen möchte und sich lieber spontan entscheidet. Dadurch ist er immer in der Rolle des Wartenden, bis sie ihre Entscheidung fällt. Das macht die Wochenenden »kaputt«, wie er sagt, und auch jeden seiner Pläne.
»Dienstag frage ich sie, ob sie Lust hat, am Wochenende wegzufahren. ›Wie kann ich das jetzt schon wissen?‹, antwortet sie. Ich frage also jeden Tag, aber es ist immer noch zu früh. Am Freitagabend oder Samstagmorgen beschließt sie endlich, daß sie weg will, aber dann ist es zu spät. Wir kriegen keinen Wagen mehr oder kein Zimmer – oder wenn es doch klappt, ist ein halber Tag verloren. Das ist doch ärgerlich und destruktiv. Elizabeth hält es für Spontaneität, aber mir geht sie damit nur auf die Nerven.«
Lloyd stellt inzwischen die ganze Beziehung in Frage, weil Elizabeth alles so kompliziert macht. Nach seinen Worten baut sie enorme Hürden auf, um nur keine Nähe aufkommen zu lassen.

»Sie will eine Beziehung haben, aber nichts dafür tun. Ich soll die ganze Arbeit machen, und dann ärgert sie sich auch noch, weil sie sich von mir immer zu irgend etwas gedrängt fühlt. Ich weiß nicht, was ich tun soll. Sie ist wirklich reizend, und ich habe sie sehr gern, aber allmählich kriege ich das Gefühl, ich komme dauernd zu kurz. Sie gibt einfach nicht genug. Ich habe einen anstrengenden Job und kann etwas moralische Unterstützung gebrauchen. Aber von ihr kommt nichts. Das mindeste, was ich wissen muß, ist, daß sie gerne mit mir zusammen ist. Sie benimmt sich aber immer so, als ob ich ihr auf die Nerven gehe. Auf die Dauer ist das zu anstrengend.«
Lloyd behauptet zwar, von Elizabeths Verhalten *allmählich* genug zu haben, gibt aber zu, daß er schon ungefähr seit zwei Jahren so redet – seit sie sich kennenlernten. Freunde und Verwandte fragen ihn immer wieder, warum er sich keine Freundin sucht, bei der das Interesse gegenseitig ist. Warum unternimmt er also nichts?

Dem richtigen Partner aus dem Weg gehen

Immer die falschen Partner zu finden, bedeutet auch, mit großem Geschick dem richtigen nicht zu begegnen. Die 41jährige Musiklehrerin Erika hat sich immer wieder in Männer verliebt, die sich überhaupt nicht an sie binden wollten, die nicht frei waren, die sie mit ihren Freundinnen betrogen oder sexuell nichts von ihr wissen wollten. Erika ist intelligent, kultiviert, gutherzig und sieht gut aus. Wie ist es möglich, daß sie nie jemanden kennenlernt, der genauso gerne heiraten möchte wie sie selbst angeblich?
Auch Russell, ein 37jähriger Photograph, hat in der Vergangenheit viele Partnerinnen gehabt, die keine feste Bindung mit ihm eingehen wollten oder konnten. Er hatte Beziehungen, in denen unüberwindliche religiöse, politische, Alters- und kulturelle Unterschiede bestanden. Es gab eine Zeit, in der jede

Frau, die er um ein Rendezvous bat, gerade dabei war, sich mit jemandem zu verloben. Eine Kette unglücklicher Erfahrungen hat ihn endlich dazu gebracht, von Frauen abzulassen, die mit einem anderen Mann zusammenleben oder demnächst heiraten wollen. Russell sieht gut aus, ist interessant, gebildet und versteht sich auszudrücken. Nett ist er außerdem. Warum findet er keine Frau, die ihn so mag, wie er ist?

Wie kommt es, daß Menschen wie Russell und Erika so oft für den Falschen Feuer fangen? Wir glauben, daß sie tatsächlich nicht merken, was sie eigentlich tun. Denn ganz sicher werden sie sich, sobald ein potentieller Partner auftaucht, der zu ihnen passen würde und vielleicht auch noch frei ist, schleunigst abwenden. Im Grunde sind sie mehr darauf aus, »interessante« Partner zu finden als solche, mit denen sie eine Beziehung aufbauen können.

Flucht vor »geordneten Verhältnissen«

Wenn Sie passive Bindungsprobleme haben, müßte sich Ihr Vermeidungsverhalten in den Beziehungen, die Sie bisher eingegangen beziehungsweise nicht eingegangen sind, deutlich erkennen lassen. Waren Sie in jungen Jahren, als sich Gleichaltrige anschickten, »geordnete Verhältnisse« zu schaffen, gerade dabei, aus einer Beziehung auszusteigen oder Märchenschlösser zu bauen? Waren Sie ernsthaft auf der Suche nach fester Partnerschaft und Ehe, oder galt Ihr Interesse eher heißen Romanzen? Ging es Ihnen um stabile Verhältnisse oder um prickelnde Abenteuer?

Denken Sie einmal an die möglichen Partner, denen Sie vielleicht gar keine Chance gaben. Gibt es im Rückblick jemanden, auf den diese Beschreibung zutrifft? Jemanden, über den Sie heute denken: Mensch, wäre ich damals schon so schlau gewesen wie heute, hätte ich sicher anders gehandelt?

Damals haben Sie sich wahrscheinlich mit vielen Männern

oder Frauen nicht getroffen, weil sie Ihnen schon zu etabliert und erwachsen vorkamen und Sie selbst für derart geregelte Verhältnisse einfach noch nicht bereit waren. Das bedeutet aber, daß Sie noch nicht für eine richtige Beziehung bereit waren.
Vielleicht haben Sie sich auch vorgestellt, Sie passen besser zu jemandem, der selbst Probleme hat, der nicht nur Ihre Probleme verstehen kann, sondern zugleich eine größere Herausforderung für Sie darstellt. Sie werden das damals nicht als Angst vor einer festen Bindung empfunden haben – aber denken Sie jetzt einmal darüber nach.
Der 37jährige Paul ist ein klassisches Beispiel für einen Mann, der sich oft von Frauen abwendet, die an ihm interessiert sind:
»Ich bin alleinerziehender Vater mit zwei kleinen Töchtern. Meine Frau hat mich vor ein paar Jahren verlassen und einen anderen geheiratet. In letzter Zeit hat jede Frau, die Probleme mit einer festen Bindung hatte, mit mir Schluß gemacht, und ich habe mit jeder Frau Schluß gemacht, die damit offenbar keine Probleme hatte. Es gab da eine Frau, die mich wirklich mochte. Sie suchte sehr nach Möglichkeiten, um zu mir zu kommen und mir bei irgendwas zu helfen. Aber obwohl ich sie sehr attraktiv fand, wollte ich sie nicht so oft bei mir haben. Einmal rief sie an und sagte, sie wolle an meinem Geburtstag abends vorbeikommen und für mich kochen. Ich sagte zu und gab ihr die Hausschlüssel.
Und dann kam ich nach Hause, und mir stieg der Duft von einem brutzelnden Braten in die Nase. Sie war in der Küche. Meine Mädchen saßen gebadet und im Schlafanzug am Küchentisch und spielten. Der Hund schlief auf dem Teppich vor dem Kamin, in dem ein Feuer brannte. Und ich hatte nur den einen Wunsch: kehrtzumachen und zu verschwinden. Ich kam mir vor wie verheiratet... als ob ich von der Arbeit nach Hause kam in meine heile kleine Welt. Meine Reaktion war entsprechend. Das war sehr schade, weil sie sich solche Mühe gegeben und es nur gut gemeint hatte. Ich war einfach noch

nicht reif für diese Szene. Es kam mir vor, als ob sie mir demonstrieren wollte, welch prima Ehefrau sie abgeben würde. Das hat mir ziemliche Angst eingejagt. Kurz danach habe ich mich von ihr getrennt, um es mal wieder mit einer Bindungsphobikerin zu versuchen.«

Wenn Männer und Frauen mit passiven Bindungsproblemen geeignete Partner nicht wahrnehmen oder sie abweisen, ist die Begründung oft, daß sie nicht bei jemandem »hängenbleiben« möchten, der vielleicht nicht so »interessant« ist, wie sie es sich vorstellen. Sie haben keine Lust auf ein langweiliges Leben. Egal, wie einsam und unvollkommen ihr gegenwärtiges Leben auch sein mag, suchen sie lieber weiter nach jemandem, der ihren Ansprüchen genügt. Sie wollen sich alle Optionen offenhalten und deshalb keinen Partner auswählen, der ihren Horizont einengt. Kurzum, sie sind nie ganz bereit, sich in eine feste Routine mit festem Partner einzufügen. Ob sie es aber so sehen wollen oder nicht: Eine solche feste Routine steht für eine feste Bindung.

Gebunden an Träume und Phantasievorstellungen

Jeder Mensch mit Bindungsproblemen ist dafür anfällig, in Wunschvorstellungen zu schwelgen. Vor allem passives Vermeidungsverhalten geht oft mit wundervollen Träumen von einer langfristigen Partnerschaft einher. Man hält sich für grenzenlos bereit, jede noch so feste Bindung einzugehen. Wegen der Hindernisse in den realen Beziehungen geraten diese Menschen allerdings selten in die Lage, daß ihr langfristiges Standvermögen tatsächlich auf den Prüfstand muß. Die Phantasievorstellungen lassen sich normalerweise einer von drei Kategorien zuordnen:

Phantasievorstellungen über das, was wirklich geschieht

Während jemand, der festen Bindungen aktiv aus dem Weg geht, durchaus imstande ist, an einer an sich intakten Beziehung kein gutes Haar zu lassen und an allem, was der Partner tut, etwas auszusetzen, machen Menschen mit passivem Vermeidungsverhalten genau das Gegenteil. Sie sind nicht in der Lage, Fehler und Schwächen ihrer Partner oder ihrer Beziehung realistisch wahrzunehmen.

Ein großer Teil der Energie, die ein passiver Vermeider in seine Beziehung investiert, rührt von dem festen Willen, den Partner zu verändern. Das Schicksal des Menschen, den man liebt, zum Besseren zu wenden, indem man ihn steuert, ist eine der beliebtesten Phantasievorstellungen.

Als Hindernis, das einer festen Beziehung im Wege steht, wird dabei das »selbstzerstörerische« Verhalten des Partners angesehen. Zu seinen Problemen zählt häufig auch eine offen eingestandene Bindungsangst. In diesen Fällen gilt ein Großteil der enormen Energie des passiven Vermeiders der Beeinflussung des Partners dahingehend, daß dieser »seine Gefühle besser in den Griff bekommt«, »seinen Wunsch nach immer neuen Partnern überwindet«, »therapeutische Hilfe sucht« oder »nüchtern wird«.

Das bedeutet nichts anderes, als daß der passive Vermeider außerstande ist, einen Partner oder eine Beziehung so zu akzeptieren, wie er beziehungsweise sie wirklich ist. Er mag in dem Gefühl leben, die Beziehung wirklich zu wollen, aber sein Engagement gilt gewöhnlich mehr dem Versuch, unüberwindliche Hindernisse zu überwinden, als dem Partner, der von all den Bemühungen vielleicht gar nichts wissen will. Solange die Hindernisse nicht überwunden sind, gibt es nichts zu fürchten. Und da ein Gelingen nicht wahrscheinlich ist, gibt es auch keinen Grund zur Sorge.

Phantasievorstellungen über das, was sein wird

»Er hat noch viele Vorbehalte gegen die Ehe, aber wenn er erst ja gesagt hat, wird er sicher ein erstklassiger Ehemann und Vater.«

»Unsere ganzen Probleme hängen damit zusammen, daß sie noch mit ihrem Exfreund schläft. Wenn das erst vorbei ist, kommt bei uns alles ins Lot.«

»Daraus, wie sie sich sexuell verhält, würde ich schließen, daß sie früher einmal mißbraucht worden ist. Wenn wir diese Hürden überwinden, und ich bin sicher, daß wir das schaffen können, hat sie sicher nichts mehr gegen die Ehe einzuwenden.«

»Wenn es mir gelingt, ihn dem Einfluß seiner Familie zu entziehen, und er anfängt, sich so viel um mich zu kümmern wie um die, dann können wir darüber reden, zusammenzuziehen.«

»Wenn ich ihn nur dazu kriegen könnte, zwei oder drei Wochen mit mir in Urlaub zu fahren, dann würde er sicher einsehen, daß wir heiraten sollten.«

Für Menschen mit passivem Vermeidungsverhalten spielen Träume eine besonders wichtige Rolle. Sie mögen zwar selbst glauben, daß sie hundertprozentig an einer Person oder einer Beziehung interessiert sind, aber in Wirklichkeit geht es ihnen mehr um eine Vision davon, wie diese Person oder die Beziehung in Zukunft sein wird, wenn erst irgendein großes Hindernis aus der Welt geschafft ist.

Bei dieser Phantasievorstellung ist oft auch ein Partner im Spiel, der auf die eine oder andere Weise gerettet werden muß. Meistens sträubt er sich dagegen, und sein Widerstand wird dann zum Haupthindernis auf dem Weg in eine rosige Zukunft. Die Rolle des passiven Vermeiders ist die einer Johanna von Orléans oder gar eines Erlösers. Doch wer versucht, den großen Retter zu spielen, hat wenig Spielraum für eine echte Bindung. Wer mit einem Menschen zusammen ist, dessen Leben ein einziges Chaos ist, denkt kaum ans Heiraten und schmiedet auch nur selten langfristige Pläne, sondern macht sich eher Gedanken, wie er wohl bis nächsten Dienstag über die Runden kommt. So spannend und romantisch ein Verhältnis mit einem Menschen sein mag, dessen Leben nur aus Dramenfolgen besteht – mit fester Bindung muß das nicht das geringste zu tun haben.

Phantasievorstellungen über das, was hätte sein können

Hier gibt es im wesentlichen zwei Arten, auf die Menschen mit passivem Vermeidungsverhalten ihre Probleme ausleben. Die erste hängt mit jenen magischen, kurzen Episoden mit Partnern zusammen, die in der Regel nicht frei waren. Aus solchen Erlebnissen wird eine Traumschablone gebaut, an der dann alle anderen Beziehungen gemessen werden.

Mit den richtigen Wahrnehmungsfiltern werden die Situationen, in denen man dem Traumpartner auf der Spur war und die sich am besten als kurze Begegnungen mit »Schiffen, die im Nebel vorüberglitten« beschreiben lassen, zu unvergleichlichen Erlebnissen. Die Gefühle, die man hatte, die Schwingungen, die man spürte – das alles wird unerreichbar.

Der 46jährige Glen war einer langfristigen festen Partnerschaft noch nie nahe, doch die Beziehungen, in denen er am ehesten bereit gewesen wäre, Ernst zu machen, waren die, in denen das Objekt seiner Wünsche und Träume eine Frau war, die er nicht haben konnte. Eine dieser Beziehungen schildert er so:

»Ich habe mich in Tanya verliebt, weil sie von hinten so toll aussah. So hat es angefangen. Ich fahre die Madison Avenue entlang und sehe diese Frau, die mit ihren Einkaufstüten um die Ecke biegt. Ich habe nicht mal ihr Gesicht gesehen, aber was ich gesehen habe, beeindruckt mich so, daß ich gleich hin und weg bin. In dem Moment – es war wohl Schicksal – wird ein Parkplatz frei. Ich stelle den Wagen ab und laufe wie verrückt von einem Geschäft zum nächsten. Dann sehe ich sie

plötzlich durch das Schaufenster eines Juwelierladens. Ich gehe sofort rein, ohne zu wissen, was ich drinnen soll.
Ich sehe jedenfalls die Frau, und sie sieht von vorne noch besser aus als von hinten. Ich bin total überwältigt. Die Verkäuferin fragt mich, was ich möchte. Ich sage: Ohrringe. In dem Moment steht Tanya auf und geht, während ich vor diesem Tablett mit Ohrringen hocke. Ich laufe hinter ihr her. Sie steigt in ein Taxi, und ich brülle ihr nach, frage, welche Telefonnummer sie hat. Das Taxi fährt los, ich denke, jetzt ist alles aus, aber dann hält es wieder. Sie kurbelt das Fenster runter und ruft mir eine Nummer zu. Dann fährt das Taxi weg. Ich suche wie ein Wahnsinniger nach einem Stück Papier und bete, daß mein Gedächtnis funktioniert.
Ich habe sie dann angerufen, und sie hat mir ihre Geschichte erzählt. Sie lebte mit ihrem Ehemann in Trennung, war aber noch nicht geschieden. Wir gingen mehrere Wochen zusammen aus, und ich war völlig verrückt nach ihr. Mit ihr zusammenzusein, brachte mich fast um vor Aufregung. Eine Zeitlang bin ich regelmäßig zehn Kilometer gelaufen, bevor ich zu ihr ging, nur um meine Nerven zu beruhigen. Nach zwei Wochen erklärte sie mir, daß sie mich liebt. Es war der Himmel – da guckt mich diese sagenhaft toll aussehende Frau an und sagt: ›Ich liebe dich‹. Sie wollte sich wegen mir von ihrem Mann scheiden lassen.
Nachdem wir vier Wochen zusammen waren, mußte ich für drei Tage verreisen. Wieder zurück, rief ich sie an, aber ihre Stimme klang anders als sonst. Wir trafen uns auf einen Drink und hatten uns noch gar nicht richtig gesetzt, als sie sagte: ›Es geht so nicht weiter mit uns‹. Sie war sich wegen der Scheidung nicht mehr sicher. Wir sollten uns nicht mehr treffen, weil unsere Beziehung zu intensiv und für ihre Ehe zu gefährlich war. Sie hatte beschlossen, sich, bis sie genau wußte, daß sie sich scheiden lassen wollte, wieder mit einem alten Freund zusammenzutun, mit dem es nicht so leidenschaftlich war wie mit mir. Sie sagte, das wäre sicherer. Und das war es dann. Der Dolch kam aus dem Gewand, und ich lag da in meinem Blut.

Es war ja nicht so, daß ich mir die ganze Geschichte selbst zusammengesponnen hatte. *Sie* war es die ganze Zeit gewesen, die über unsere gemeinsame Zukunft geredet hatte. Es war das einzige Mal, daß ich überhaupt mit jemandem ernsthaft die Zukunft planen wollte.
Die ganze Geschichte war wie ein Monat auf Droge. Ich flog in 20 000 Metern Höhe, der Boden ging auf, und ich war im freien Fall. Ich konnte nicht fassen, daß sie mich nicht mehr sehen wollte. Es dauerte Monate, bis ich wieder mit anderen Frauen schlafen wollte, Monate.«
Heute, sechs Jahre später, fällt es Glen immer noch schwer zu glauben, daß Phantasievorstellungen das Hauptelement seiner kurzen Beziehung mit Tanya waren. Es gibt einen Unterschied zwischen einem magischen Augenblick – oder einem magischen Monat oder sogar Jahr – und einer soliden, stetigen Beziehung ohne eingebauten Sicherheitsmechanismus. Glen wußte, daß seine Beziehung mit Tanya keinen Bestand haben konnte. Er war sich nicht einmal sicher, ob er das wollte. Das genügte, um das Gefühl entstehen zu lassen, daß es sich um die perfekte Liebe handelte.
Wenn Schiffe im Nebel vorbeiziehen, trägt die Tatsache, daß sie nur einen flüchtigen Anblick bieten, viel zu ihrer imposanten Erscheinung bei. Wenn wir uns sehr genau betrachten, mit all unseren menschlichen Schwächen, den Enttäuschungen, den Gegensätzlichkeiten, den Launen, den Müttern, die nicht loslassen können, den eifersüchtigen Schwestern, dem Schnarchen, dem Rülpsen, den Temperamentsausbrüchen, dann sind wir vielleicht gar nicht so überwältigt von dem Wunderbaren, das uns entgangen ist.
Die zweite und weiter verbreitete Methode, wie passive Vermeider mit ihren Phantasien über das, »was hätte sein können«, umgehen, ist ihr starres Festhalten an einem Traum, das sie daran hindert, über eine zerbrochene Liebe hinwegzukommen.

»*Ich weiß nicht, wie er mich so behandeln konnte. Wir hatten so ein enges Verhältnis. Es ist mehr als nur die Beziehung. Ich fühle mich, als wäre ich von meinem besten Freund verraten worden.*«
Joanne, 31

»*Ich habe mit ihren ganzen Freunden gesprochen. Niemand versteht das. Bis zu dem Tag, an dem sie mit mir Schluß gemacht hat, hat sie immer so getan, als ob wir das perfekte Paar wären. Ich muß mir immer wieder anhören, sie ist nun mal so, aber ich kann es einfach nicht glauben.*«
Charles, 33

Wie Joanne und Charles finden es viele Männer und Frauen mit passiven Bindungsproblemen meist außerordentlich schwer, über das Ende einer Beziehung hinwegzukommen. Wir wollen hier nicht die Gefühle eines Menschen in Frage stellen, der sich verraten oder verschmäht vorkommt, aber wenn man passive Bindungsprobleme hat, ist es besonders wichtig, Abstand zwischen sich und die Vergangenheit zu bringen.
Jeder muß Zeit haben zu trauern, wenn eine wichtige Beziehung in die Brüche geht. Aber wenn wir diese Beziehungen und unsere verflossenen Partner wie Heiligtümer auf Podeste heben und uns selbst davon abhalten, nach jemandem zu suchen, der uns vielleicht mehr verdient, ist Mißtrauen angebracht. Manchmal scheint es gerade so, als gäbe es keinen perfekteren Partner als den, der das Interesse verloren oder sich aus dem Staub gemacht hat.
Passive Vermeider malen sich die vergangenen Beziehungen in der Phantasie viel schöner aus, als sie in der Realität je waren. Dabei vergöttern sie die Expartner und bewahren die Beziehungen vor genauerem Hinsehen. Es ist faszinierend, was ans Licht kommt, wenn verschmähte Partner über ihre »perfekten« Exbeziehungen reden. Diese waren manchmal sehr kurz, häufig eine Qual, fast nie einfach nur schön. In der Regel hatte

der Partner, dessen Verhalten schließlich zur Trennung führte, aktive Bindungsprobleme. Es gab fast immer einen Störfaktor in der Beziehung, etwas, das die beiden Partner auf Distanz hielt, selbst als sie noch zusammen waren. Die »perfekten« Partner waren gewöhnlich von vornherein nicht zu haben. Und die Vorstellung von einer traumhaften Liebe war nie mehr als nur ein Traum.

Immer wieder Männer mit Bindungsangst

Wir haben in jüngster Zeit mit vielen Frauen über ihre Neigung gesprochen, sich ein ums andere Mal mit Männern mit ernsten Bindungsproblemen einzulassen. Wenn sie älter und erfahrener werden, erkennen viele, daß sie sich mit diesem Verhalten auch selbst vor einer festen Bindung schützen. In der Regel ist diesen Frauen bewußt, daß sie vor allem Langeweile scheuen. Melissa, 36 Jahre, berichtet:
»Ich habe schon viele Männer mit Bindungsangst angezogen. Keine unsympathischen Typen. Das waren wirklich nette, interessante Männer, mit denen man sich amüsieren konnte. Bloß Ausdauer fehlte ihnen. Vielleicht bin ich genauso. Ich langweile mich schnell. Inzwischen ist mir klar, daß es meist nicht nur an ihm liegt, wenn eine Beziehung in die Brüche geht. Vielleicht fehlt mir ja der Tiefgang oder was auch immer, und ich kann mich deshalb nicht fest an jemanden binden.
Früher war ich mit Männern zusammen, bei denen ich das Sagen hatte. Das fand ich langweilig. Also habe ich mit Männern angefangen, bei denen das nicht so war, aber von denen war keiner bereit, sich auf etwas Festes einzulassen. Viele von denen, mit denen ich heute ausgehe, verstehen das Problem, und man kann darüber reden. Da ist zum Beispiel einer, dessen Wohnzimmer so aussieht wie das Psycho-Regal einer Buchhandlung. Er hat ein echtes Problem mit festen Beziehun-

gen und weiß das auch. Das hat er mir von Anfang an gesagt. Es war also meine eigene Entscheidung, mit ihm zusammenzubleiben. Tief im Innersten habe ich wahrscheinlich Angst davor, ein Kind zu haben, das um vier Uhr morgens zu schreien anfängt, und davor hat er noch mehr Angst. Als wir uns kennenlernten, war ich mir über meine Ängste noch nicht richtig im klaren. Ich hatte noch nicht begriffen, daß ich mich im Grunde dadurch aus der Affäre ziehe, daß ich mich in eine bestimmte Sorte Mann verliebe.

Aber dieser Typ langweilt mich nicht. Das ist ein toller Mann, einfach wunderbar, warm und liebevoll, und ich könnte dahinschmelzen, wenn er hereinspaziert kommt, so süß ist er. Es geht also weiter, zwischendurch machen wir immer mal wieder Schluß, weil ich finde, daß ich irgendwie weiterkommen und endlich ein Kind in die Welt setzen muß. Ich würde ihn sofort heiraten, aber das kommt für ihn nicht in Frage. So läuft es eben bei mir.«

Wie viele Frauen mit passiven Bindungsproblemen zieht Melissa Männer an, die wie Traumprinzen daherkommen, aber dann plötzlich wieder kehrtmachen. Eine dieser Begegnungen schildert sie so:

»Da ist mir was Unglaubliches passiert. Ich ging zu einem Vortrag eines Psychologen. Er war sehr geistreich und intelligent, und ich war völlig angetan. Am nächsten Tag klingelte im Büro das Telefon. Es war der Psychologe. Er sagte: ›Sehen Sie, was ich hier tue, ist am Rande des Erlaubten, und eigentlich sollte ich nicht anrufen, aber weil das gestern nur ein Vortrag war und wir keinen direkten persönlichen Kontakt miteinander hatten, will ich das Risiko eingehen.‹ Er ließ es so klingen, als ob es ihm ungeheuer wichtig war. Dann fragte er mich: ›Würden Sie einmal mit mir ausgehen? Zum Essen? Ich fand Sie absolut reizend.‹

Das warf mich um, und natürlich habe ich zugesagt. Den ganzen Monat über sind wir ständig fein ausgegangen. Er hat mich seinen Eltern und auch seinem Chef vorgestellt. Am Ende hatte ich schon keine Cocktailkleider mehr. Er behan-

delte mich sehr respektvoll, und ich sagte mir: ›Der ist der Richtige.‹
Dann aber, als der Monat um war, sagte er: ›Weißt du, diese Frau, mit der ich zusammen war, kommt wieder in die Stadt, und ich würde gerne mit ihr essen gehen.‹ Ein paar Tage später rief er an und eröffnete mir: ›Weißt du, wir haben beschlossen, es noch mal miteinander zu versuchen. Es war toll mit dir, danke für die schöne Zeit und Lebewohl.‹ Das war die Höhe.«
Was Melissa auf ihre Bindungsprobleme aufmerksam gemacht hat, ist ihre Unentschlossenheit beim Treffen von Entscheidungen.
»Ich kann nicht damit umgehen, wenn die Auswahl zu groß ist. Im Restaurant erwische ich mich dabei, daß ich beim Aussuchen völlig abschalte. Zur Zeit habe ich vor, irgendwas Ehrenamtliches zu machen, weil ich anderen so sehr helfen möchte. Also ziehe ich in Erwägung, bei einer Hilfsorganisation mitzumachen. Aber bei welcher? Wo soll ich hin? Gehe ich ins Krankenhaus, arbeite ich mit Babys, mit alten Menschen, mit Blinden? Soll ich sonntags Suppe ausschenken? Ich komme überhaupt nicht weiter. Sogar in der Videothek geht mir das so. Und im Kaufhaus kaufe ich ein Elektrogerät nach dem Motto: Augen zu und auf eines mit dem Finger zeigen.«
Melissa kann hoffen, weil sie dabei ist, sich selbst auf die Schliche zu kommen. Für viele Frauen ist es bis dahin aber noch ein weiter Weg.

»Ich soll ein Problem mit festen Beziehungen haben?«

Wir haben starkes Mitgefühl mit passiven Vermeidern, weil wir wissen, wie qualvoll und undankbar ihre Rolle sein kann. Uns ist aber auch klar, daß solche Menschen nicht selten Experten im Leugnen sind. Weil sie ja nichts »Falsches« tun,

nichts, das irgend jemandem weh tut, fällt es ihnen leicht, alle eigenen Probleme auf den Partner abzuwälzen. Solange passive Vermeider nicht bereit sind, wenigstens einen Teil der Verantwortung für die Entscheidungen, die sie treffen, zu übernehmen und zu begreifen, wie und warum sie sich so und nicht anders entscheiden, sind sie dazu verurteilt, immer wieder die gleichen bösen Erfahrungen zu machen.
Ob Sie nun eine passive Frau sind, deren Verhalten viel Anteilnahme auslöst, oder ein passiver Mann, der von allen Seiten unter Beschuß steht – es läßt sich nicht länger so tun, als wären nur schlechte Partnerwahl oder Pech in der Liebe die Gründe für die wiederkehrenden Komplikationen in Ihren Beziehungen. Sie können sich schlecht als wohlmeinende Opfer oder mißbrauchte nette Typen darstellen, wo doch Ihre ganzen Erfahrungen darauf hindeuten, daß es Ihre eigenen Bindungsprobleme sind, die Sie immer wieder in Beziehungen locken, die am Ende scheitern.

5
»Ich liebe dich, aber ...«

Was ist eine bindungsphobische Beziehung?

Es gibt sicher viele gute Gründe, daß zwei Menschen zu einem »Paar« werden möchten. Ebenso sprechen gute Gründe dafür, das ungestörte Leben eines Single zu bevorzugen. Irgendwann steht fast jeder vor der Wahl, und manch einer quält sich ganz besonders.

Es ist jedoch ein großer Unterschied, ob man nur sich mit der Entscheidung quält oder andere verletzt, weil man nicht mit dem umgehen kann, worauf man sich eingelassen hat. Wer seine Probleme in einer Beziehung nach Lust und Laune auslebt, macht das auf Kosten anderer. Deshalb ist es ja so wichtig, die Probleme zu verstehen und in den Griff zu bekommen, um weder sich selbst noch anderen weh zu tun.

Immer wenn eine Beziehung von Bindungsproblemen beherrscht wird, sprechen wir von einer »bindungsphobischen Beziehung«. Manchen Lesern wird diese Bezeichnung, nach der man in Wörterbüchern vergebens sucht, vielleicht nicht gefallen, aber sie ist anschaulich, treffend und nützlich. Wenn einer oder beide Partner ebensosehr darum bemüht sind, Freiheit, Distanz und Raum für sich zu bewahren, wie darum, gemeinsame Interessen zu teilen, Zeit miteinander zu verbringen und Nähe zu erleben, dann haben wir es nach unserer Definition mit einer bindungsphobischen Beziehung zu tun.

Nach jahrelangem Studium von Beziehungen können wir feststellen: Menschen mit Bindungsproblemen suchen und finden sich.

- Der passive Partner in einer Beziehung hat nicht weniger Angst, sich zu binden, als der aktive.
- Im Laufe einer typischen Beziehung dieser Art tauschen die Partner mindestens einmal die Rollen.
- Wer in der einen Beziehung die Rolle des passiven Vermeiders übernimmt, spielt in der nächsten oft den aktiven Part und umgekehrt.

Von Verführung zu Ablehnung

Die bindungsphobische Beziehung ist eine Beziehung der Extreme. Die gleiche Person, die an einem Tag von ihrem Partner nicht genug bekommt, kann am nächsten Tag nicht weit genug von ihm entfernt sein.
Wenn Sie passiver Vermeider sind und einen Menschen lieben, der Sie einem Wechselbad von innigster Zuneigung und totalem Rückzug aussetzt, sind Sie sicher oft deprimiert und verwirrt. Wie kann es sein, daß jemand, der so nach Ihnen lechzt, plötzlich nichts mehr von Ihnen wissen will? Da es Ihrer Meinung nach nicht an der Beziehung liegen kann, daß sich Ihr Partner so seltsam verhält, muß es einen anderen Grund haben. Sie fangen an, nach einer Erklärung zu suchen. Vielleicht gibt es Probleme in der Firma oder mit der Familie, Ärger mit dem Gesetz, vielleicht liegt es an einem sexuellen Mißbrauch in der Vergangenheit oder einem anderen finsteren Geheimnis, einem versteckten psychischen Zwang, einer herrischen Mutter, einem dominierenden Vater, einer extremen emotionalen Reaktion auf Nähe, bei deren Überwindung Sie vielleicht helfen können – alles ist möglich.
Unterdessen ist der aktive Vermeider in der Regel nicht willens oder in der Lage, die Gründe für sein Verhalten zu artikulieren. Vielmehr werden Sie mit einer Fülle mehrdeutiger Botschaften bombardiert. Sie hören davon, was Sie hören wollen, und glauben, was Sie glauben wollen. Der aktive Vermeider

mag einmal ein paar Andeutungen über »Angst vor Bindung« fallenlassen, aber die meiste Zeit nährt sein Schweigen Ihren Glauben, daß es ein tieferes Geheimnis geben muß. Sie werden nie die volle Wahrheit über das ganze Ausmaß seiner Bedenken, Ängste und Phantasien von ihm erfahren. Solches Verhalten ist fester Bestandteil einer bindungsphobischen Beziehung.

Unserer Erfahrung nach durchlaufen bindungsphobische Beziehungen mehrere charakteristische Phasen. Immer scheint der aktive Partner die Beziehung zu dominieren. Er bestimmt die meisten Regeln und setzt die Grenzen fest.

Phase 1 – der Anfang
In der Phase des ersten Kennenlernens ist die Liebe noch so neu und die Erregung so groß, daß alle Ängste überdeckt werden. Das frischgebackene Paar schwebt auf rosa Wolken, und einer von beiden – in der Regel der aktive Partner – tut alles, um den anderen zu bewegen, den Widerstand aufzugeben und sich voll auf die Beziehung einzulassen.

Phase 2 – der Mittelteil
Erste Anzeichen von Bindungspanik stellen sich ein. Diese Phase beginnt, wenn eine deutliche Machtverlagerung in der Beziehung eintritt. Der aktive Vermeider erkennt, daß er den Partner »erobert« hat und dieser nun eine Bindung erwartet. Darauf reagiert er seinerseits mit Abschottung. In dieser Phase gehen dem aktiven Vermeider viele Zweifel durch den Kopf, und er denkt oft darüber nach, was ihn an der Beziehung alles stört. Folglich sendet er eine Vielzahl widersprüchlicher Botschaften aus und ist einmal Motor, dann wieder Bremse der Beziehung. Während der aktive Vermeider mit seinem Rückzug beginnt, wird der passive Partner immer unsicherer und zugleich immer entschlossener, die Beziehung zu erhalten und zu vertiefen. Diese Phase ist manchmal kurz, sie kann sich aber auch über Jahre hinziehen.

Phase 3 – das Ende

Angesichts all dieser Ängste, Erwartungen und Forderungen ergreift den aktiven Vermeider das Gefühl, es würde jemand mit Gewalt in sein Revier eindringen, räumlich wie auch emotional. Das Gefühl, in der Falle zu sitzen, ist so stark, daß es eine Vielzahl phobischer Reaktionen – Herzklopfen, Magenschmerzen, innere Unruhe – auslösen kann. Sich aus der Affäre zu ziehen und Distanz zu schaffen, wird zum obersten Gebot, was sich oft in feindseligem, egoistischem Verhalten ausdrückt. In vielen Fällen benimmt sich der aktive Partner so provozierend, daß es zwangsläufig zur Konfrontation kommt.

Phase 4 – das bittere Ende

Der aktive Vermeider hat so viele negative Empfindungen, daß sein Verhalten nicht nur als ablehnend empfunden wird, sondern auch als exzentrisch und unbeherrscht. Die Angst ist so stark, daß er oder sie außerstande ist, die Gefühle anderer zu beachten. Aktive Vermeider können zornig oder feindselig wirken; manchmal weigern sie sich, ans Telefon zu gehen oder sich in irgendeiner Weise »festnageln« zu lassen; nicht selten fangen sie in schwer nachvollziehbarer Weise ein neues Verhältnis mit dem oder der Nächstbesten an. Der passive Partner ist durch ein derart grausames, rücksichtsloses Verhalten am Boden zerstört. Statt Schluß zu machen und nach vorn zu schauen, steigert er sich nicht selten in Wunschträume hinein und klammert sich in Gedanken so fest an die Beziehung, daß es für ihn sehr schwer wird, sich von dem Schlag zu erholen.

Phase 5 – Zugabe

Ist der aktive Vermeider aus der Beziehung ausgestiegen, weicht seine Angst ruckartig, zurück bleibt oft eine starke Sehnsucht nach dem verlassenen Partner. In diesem Fall wird häufig erneut Kontakt aufgenommen, und es kommt zu einer oder mehreren (kürzeren) Neuauflagen der Beziehung.

Panik nach dem Erfolg – das klassische Strickmuster

Als Brian und Jessica sich kennenlernten, war er 40 und sie 29. Er war nie verheiratet gewesen, hatte aber mit zwei Frauen zusammengelebt. Sie war während des Studiums kurz verheiratet gewesen. Seitdem hatte sie keine längere Beziehung zu einem Mann gehabt.

Brian wurde in einem kleinen Buchladen, den beide oft besuchten, auf Jessica aufmerksam. Er bat den Inhaber, Jessica diskret zu sagen, daß er »ungefährlich« und »hier aus der Gegend« sei. Jessica fand Brian, von Beruf Börsenmakler, sehr attraktiv, wunderte sich aber über sein Interesse an ihr, da es dafür keine realistische Grundlage zu geben schien. Obwohl sie dachte, daß sie nicht zusammenpaßten, gab sie ihm ihre Telefonnummer. Kurz darauf begann er, sie mit charmanten Anrufen regelrecht zu überhäufen. Zwei Wochen leistete er Schwerarbeit am Telefon, um ihr zu beweisen, daß es sich wirklich lohnte, ihn kennenzulernen. Auch Blumen und Bücher, die er in dem kleinen Laden für sie gekauft hatte, schickte er ihr.

Als sie sich zum ersten Rendezvous trafen, war Jessicas Neugier geweckt und ihr Widerstand schwächer geworden. Wer war Brian, und was fand er nur an ihr? Brian nahm sie mit auf eine Party bei einem Freund. Jessica gefiel der Abend rundum. Sie mochte seine Freunde, seine Aufmerksamkeit, und sie genoß das Gefühl, einen Partner zu haben.

»Ich fand ihn sehr interessant, sehr intelligent. Aber ich fand auch, daß er verwöhnt war und etwas zuviel trank. Er erzählte mir, daß er sich gerade kürzlich von einer Frau getrennt hatte, die noch immer etwas von ihm wollte. Sie hatte angeblich überhaupt nicht zu ihm gepaßt, und die Trennung wäre lange abzusehen gewesen, aber trotzdem sehr belastend.

Es dauerte noch zwei Wochen, bevor ich bereit war, mit ihm ins Bett zu gehen. In dieser Zeit führte er mich immer weiter in seine Kreise ein. Ich lernte seine Schwester und seine Freunde kennen. Er erzählte mir alles über sein Leben und seine Kind-

heit. Brian ist ein sensibler Mensch, und ich hatte das Gefühl, daß er mir mehr vertraute als den meisten anderen.«
Nachdem sie das erstemal zusammen geschlafen hatten, vertraute Brian Jessica an, daß er bisher jeder Frau, mit der er zusammen gewesen war, weh getan hatte, und daß er ihr das nicht antun wollte. Sie mußte ihm versprechen, das nicht zuzulassen. Obwohl Jessica das Ansinnen komisch fand, versicherte sie ihm, daß sie es nicht so weit kommen lassen würde.
»Ich wollte ihn erst bitten, mir mehr über die Sache mit den anderen Frauen zu erzählen, aber als ich so im Bett neben ihm lag, kam mir das nicht angebracht vor. Zwischen uns war viel Chemie, und wir verbrachten viel Zeit im Bett. Nach einem Monat etwa schlug er vor, daß ich mehr Zeit in seiner Wohnung verbringen sollte. Er wollte immer, daß ich über Nacht dablieb, auch an den Wochenenden. Ich habe aber eine Katze und mußte deshalb immer wieder nach Hause. Dann sagte er schließlich: ›Das ist doch blöde so. Bring die Katze mit, und zieh bei mir ein.‹ Er drängte mich richtig dazu. Also suchte ich mir für meine Wohnung einen Untermieter und zog zu ihm. Das war nicht gut.«
Jessica sagt, ihr größter Fehler sei es gewesen, nicht alles genau zu durchdenken. Es habe fast von Anfang an Dinge gegeben, die verrieten, daß Brian es nicht wirklich ernst mit der Beziehung meinte, aber sie hatte dem nicht genügend Bedeutung beigemessen.
»Wenn ich ganz ehrlich bin, muß ich zugeben, daß ich immer irgendwie das Gefühl hatte, Brian rutscht mir durch die Finger. Es war nichts Konkretes. Vielleicht war das auch der Grund, warum ich so schnell bei ihm eingezogen bin. Ich war mir meiner Sache nicht sicher genug, um ihn länger aus den Augen zu lassen. Mit dem Umzug dachte ich, könnte ich die Beziehung absichern.
Von dem Moment an, als ich bei ihm einzog, veränderte er sich. Es waren kleine Dinge. Er hatte es nicht mehr so eilig, von der Arbeit nach Hause zu kommen. Er nahm mich nicht

mehr automatisch überall mit hin. Manchmal zog er abends mit seinen Freunden los und kam erst sehr spät nach Hause. Er trank mehr Alkohol. Manchmal wirkte er zerstreut und abwesend. Aber er rief mich weiter jeden Tag zweimal im Büro an, um mir zu sagen, daß er mich liebt. Also interpretierte ich die Änderungen in seinem Verhalten als ganz natürliche Reaktionen auf neue Umstände.
Wir hatten uns überlegt, daß wir erst einmal sechs Monate zusammenleben und danach, wenn alles gut geklappt hatte, Pläne fürs Heiraten machen wollten. Als die sechs Monate zu Ende gingen, fing Brian an herumzudrucksen. Er sagte, er würde mich sehr lieben, aber der Aktienmarkt sei gerade in einer so unsicheren Phase, da könne er nicht auch noch übers Heiraten nachdenken. Er sei noch nicht soweit. Mich machte das zwar nervös, aber ich wollte ihn auch nicht unter Druck setzen. Also gab ich mir Mühe zurückzustecken, auch wenn es schwerfiel. Einmal hatte ich in dieser Zeit ein paar Tage frei und fuhr für ein verlängertes Wochenende zu einer Freundin. Die Wirkung war scheinbar gut. Als ich wieder zurück war, sagte mir Brian, daß ich ihm gefehlt hatte. Später fand ich heraus, daß er in den fünf Tagen meiner Abwesenheit eine schnelle Affäre mit einer anderen gehabt hatte.
So ging es noch zehn Monate weiter. Ich versuchte, ihn nicht mehr zu drängen, hatte aber ab und zu das Gefühl, herausfinden zu müssen, ob sich was geändert hatte. Also sprach ich das Thema Heiraten wieder an. Seine Standardantwort war immer: ›Ich bin noch nicht soweit‹. Einmal sagte er, daß er mich noch immer lieben würde, aber nicht genau wußte, ob er noch in mich *verliebt* war. Mir erschien das ganz einleuchtend, nachdem man eine Zeitlang mit jemandem zusammengelebt hat.
Alles lief so weiter wie bisher. Zwei- bis dreimal die Woche schliefen wir zusammen; zwei- bis dreimal kochte ich uns abends etwas; an den Wochenenden gingen wir zum Essen aus. An unserem Zuammenleben war insofern, was mich angeht, nicht viel auszusetzen. Ich hatte sogar aufgehört, ans

Heiraten zu denken, so fest fühlte ich mich auch ohne Trauschein mit Brian liiert, und ich hatte das Wort »Heirat« schon Monate nicht mehr in den Mund genommen. Das Ganze machte wirklich einen soliden Eindruck.
Dann fuhren wir an einem Wochenende mit einem verheirateten Paar an den Strand. Es waren Freunde von Brian, aber ich verstand mich ziemlich gut mit der Frau. Für mich waren es ein paar schöne Tage, aber Brian wirkte am Sonntagnachmittag etwas abweisend und machte einen längeren Spaziergang alleine. Als wir abends zurück in der Stadt waren und in die Wohnung kamen, sagte er, wir müßten miteinander reden. Dann eröffnete er mir, daß die Beziehung »erst einmal beendet« sei – das waren seine Worte. Er müsse seine Freiheit wiederhaben. Es täte ihm leid und er wüßte, welchen Streß das für mich bedeutete. Ich sollte versuchen, meine alte Wohnung zurückzukriegen.
Nachts schliefen wir im gleichen Bett, aber ohne uns zu berühren. Ich muß die ganze Nacht geheult haben. Am nächsten Tag sagte Brian, er könnte das nicht aushalten, und zog vorübergehend zu einem Freund, bis ich mich ein bißchen abgeregt hätte. Nachdem es mit mir ein paar Tage so weitergegangen war, zog ich zu meiner Schwester und ihrem Mann, bis ich wieder in meine eigene Wohnung konnte. Dort rief Brian mich an und sagte mir, daß er mich noch immer lieb hätte und daß er hoffe, wir würden irgendwann wieder zusammenkommen, aber daß er momentan allein sein wollte. Auch ihm würde die Trennung nicht leichtfallen.
Er hat mich nie wieder angerufen, aber von Bekannten habe ich erfahren, daß er schon wieder ernste Pläne mit einer Frau hat. Die gleichen Bekannten haben mir auch erzählt, daß er gesagt hat, er würde mich lieben, aber daß es mit uns nicht klappen konnte, weil wir uns in zu vielen Dingen unterscheiden. Ich weiß nicht, was er damit meint. Wir konnten uns stundenlang unterhalten und hatten meist den gleichen Geschmack. Ich weiß noch, wie gut wir uns zusammen amüsiert haben – und wie schön es im Bett war. Das tut jetzt noch weh.

Wahrscheinlich warte ich immer noch darauf, daß er wieder anklopft.«

Der Bruch der Beziehung hat Jessica offensichtlich tief verletzt. Am einen Tag noch zusammen mit einem Mann, den sie liebte, war sie am nächsten allein mit ihrer Katze und auf der Suche nach einer Bleibe. Jessica gibt allerdings zu, daß sie Brians Widerstände von Anfang an gespürt hat und vielleicht nicht so schnell bei ihm eingezogen wäre, wenn sie sich ihrer Sache sicherer gewesen wäre. Und Brian? Wir haben die gleiche Geschichte im Laufe der Jahre in vielen Variationen gehört. Jedesmal fragen wir uns wieder, was in dem Mann bloß vorgegangen sein mag. Wie konnte er eine doch offenbar wichtige Beziehung einfach abbrechen? Wie konnte er eine Frau dazu überreden, ihr Leben vollkommen zu verändern, ohne über die Folgen nachzudenken? Wie konnte er bei der Trennung nur so abweisend und hartherzig sein?

Ein Blick von der anderen Seite

Michael, ein 34jähriger Anwalt mit eigener Praxis in Chicago, erzählte uns von seiner Beziehung mit der 28jährigen Cheryl. Sein Bericht wirft ein Licht auf die Gefühle, die ein Mann mit Bindungsproblemen empfindet. Die verschiedenen Phasen sind deutlich zu erkennen.

Der Anfang
Michael lebte in Chicago, Cheryl im rund 800 Kilometer entfernten Buffalo. Als die beiden sich kennenlernten, fühlten sie sich nach Michaels Worten gleich »enorm« zueinander hingezogen. Schon bald flog oder fuhr er immer öfter zu Cheryl nach Buffalo. Nach einem Monat verbrachten sie jedes zweite Wochenende zusammen. Außerdem telefonierten sie sehr viel miteinander. Hier ist Michaels Bericht:

»Ganz am Anfang, als wir noch sehr verliebt waren und nur

rosige Gefühle hatten, erklärte sie sich bereit, nach Chicago zu ziehen, wenn sie dort eine Stelle finden würde. Ich weiß noch, wie ich sagte: ›Das ist aber ein sehr großer Schritt. Wenn es nicht klappt, wirst du vielleicht sehr enttäuscht sein. Bist du auch sicher, daß du damit umgehen könntest?‹ Sie sagte, *ich* sollte mir mal nicht den Kopf darüber zerbrechen, ob *sie* zurechtkäme oder nicht. Das habe ich so interpretiert, daß sie reif genug ist und sich gut unter Kontrolle hat. Ich dachte, sie weiß, was sie tut.

Nachdem es mit uns eine Zeitlang so weitergegangen war, wollte ich herausfinden, wie gut wir zueinander paßten, da ja die Umstände unserer Beziehung nicht sehr geeignet waren, sich gegenseitig richtig kennenzulernen. Als sie bei mir einzog, war ich wirklich verliebt in sie, keine Frage. Es wäre besser gewesen, wenn sie eine eigene Wohnung in Chicago gehabt hätte. Mir war aber klar, daß sie nur hierher kommen würde, um mit mir zusammenzuziehen. Um die Wahrheit zu sagen: Ich war mir nicht sicher, ob ich schon bereit dazu war, aber in meinem Kopf lief alles auf eine Entscheidung zwischen ihrem Einzug in meine Wohnung oder einem Bruch der Beziehung hinaus. Sie hat das zwar nicht so deutlich gesagt, aber es war doch irgendwie zu spüren.

Als sie bei mir einzog, war ich zwar glücklich, aber auch etwas beklommen. Es machte mir Unbehagen, mich auf etwas Festeres einzulassen, als ich eigentlich wollte. Leider habe ich diese Bedenken vor ihr verheimlicht, weil sie nicht glauben sollte, daß ich sie nicht liebe. Ich hoffte, sie würde damit rechnen, daß es vielleicht auch nicht klappen würde. Ich weiß nicht mehr, ob wir darüber so direkt geredet haben, oder ob ich nur Andeutungen gemacht habe.

Sie gab in Buffalo einen sehr guten Job auf, aber keiner von uns beiden machte sich ernste Gedanken darüber, wie schwer es für sie sein würde, in Chicago etwas Ähnliches zu finden.«

Der Mittelteil
»Am Anfang war ich sehr froh, sie bei mir zu haben, aber schon bald fing das Gefühl an, daß wir nicht zueinander paßten. Wir hatten über manche Dinge ganz unterschiedliche Vorstellungen. Vielleicht lag es mit daran, daß meine Wohnung ziemlich klein ist. Dazu kamen Cheryls Probleme bei der Jobsuche. Wenn ich darüber nachdenke, fällt mir gar nichts Wichtiges ein, worüber wir uneinig waren, aber irgendwie kam es mir immer so vor.«
Michael berichtet, daß er mit Cheryl zwar viel Spaß hatte, aber daß es auch Momente gab, in denen er fand, daß es zwischen ihnen nicht so »funkte«, wie es sollte. Inzwischen hat er nach eigenen Worten erkannt, daß es das Gefühl war, eingepfercht zu sein, das ihn belastete.
»Je mehr ich über alles rede, desto mehr frage ich mich, ob einiges von dem, was mich gestört hat, weniger mit den konkreten Anlässen zu tun hatte als mit meinen klaustrophobischen Anwandlungen. Ich kam mir langsam vor wie im Käfig.
Es war alles so unproblematisch gewesen, als wir uns nur jedes zweite Wochenende gesehen hatten. Das war dann wie Urlaub, einfach nur schön. Aber als wir jeden Tag zusammen waren, gab es auch mal Krach. Nach sechs oder sieben Monaten wurde mein Vater krank, und ich mußte für eine Weile nach Florida fliegen. Das gab mir Gelegenheit, über vieles nachzudenken. Ich kam zu dem Ergebnis, daß bei meinen Problemen mit Cheryl die Religion eine Rolle spielte. Sie war keine Jüdin, und wenn ich Kinder hätte, würde ich auf jeden Fall wollen, daß sie im jüdischen Glauben erzogen werden.«

Das Ende
»Als ich nach Hause kam, freute ich mich auf Cheryl. Wir redeten viel über das, was ich gerade durchmachen mußte, und dabei kam das Gespräch auch auf das Thema Kinder. Ich glaube, ich habe meine Bedenken geäußert. Sie erklärte sich aber bereit, unsere Kinder im jüdischen Glauben zu erziehen,

wenn ich das wollte. In der Nacht lag ich lange wach und dachte: *Was geht hier eigentlich vor? Das kann doch nicht funktionieren!*

Mir wurde klar, daß sie auf einen Heiratsantrag von mir wartete, und ich konnte ihr nicht einmal versprechen, daß ich vielleicht irgendwann in den nächsten 20 Jahren soweit sein würde. Von da an ging es mit der Beziehung bergab. Ich hatte das Gefühl, in der Falle zu sitzen. Es war schön zu wissen, daß sie mich so liebte, daß sie Kinder von mir haben und sie nach meinem Willen großziehen wollte, aber das änderte nichts an dem, was ich empfand. Das Gespräch an dem Abend meiner Rückkehr aus Florida bestätigte mir sogar, daß keiner von uns beiden richtig verstanden hatte, was der andere wirklich wollte, als sie nach Chicago kam. Sie war bereit zu heiraten und ich nicht – weder jetzt noch in Zukunft. Mir wurde immer stärker bewußt, daß uns Welten trennten. Und das war einfach zuviel für mich.

In den nächsten Wochen dachte ich viel über alles nach. Es war eine ziemliche Qual, weil ich wußte, daß ich eigentlich mit Cheryl Schluß machen mußte, aber das wollte ich auch wieder nicht, da ich an ihr hing. Ich führte mir vor Augen, was uns alles trennte, um mir die Entscheidung leichter zu machen. Ich liebte sie immer noch, aber ich hatte diese Anfälle von innerer Unruhe, die mich zwangen, die Situation zu bereinigen. Eines Abends nahm ich mir ein Herz und beschloß, die Sache hinter mich zu bringen.«

Das bittere Ende
»Ich platzte damit heraus, als wir schon im Bett lagen. Ganz aus heiterem Himmel. Sie war völlig aus der Fassung. Sie konnte auch überhaupt nicht richtig nachvollziehen, wie es mir die ganze Zeit gegangen war. Daß ich Probleme hatte, wußte sie, aber der Gedanke an Trennung kam wie ein Schlag. Außerdem mußte sie wieder umziehen, was auch viel Streß bedeutete. Sie war böse auf mich, war traurig und weinte viel. Ich war erleichtert, fühlte mich aber auch schrecklich.

Schrecklich, weil es ihr wegen mir so schlecht ging, und erleichtert, weil eine so schwere Last von mir genommen war. Ich fand es wirklich nicht schön, ihr weh zu tun, aber als sie bei mir auszog, fiel mir ein Stein vom Herzen.«

Rollenwechsel
Michael ist einer von denen, die zwischen aktivem und passivem Verhaltensmuster hin- und herwechseln. Mit anderen Worten, er läuft entweder vor einer Frau davon, die für ihn zu haben ist, oder bemüht sich um eine, die nicht in Frage kommt. Kurz nach der Trennung von Cheryl lernte er Mary Lou kennen, nach der er, wie er sagt, »ganz verrückt« war. In dieser Beziehung war sie diejenige, die sich sträubte, und er war es, der mehr wollte. Es ist schon etwas paradox, daß Michael soviel Wert darauf gelegt hatte, *seinem* Glauben treu zu bleiben, denn die protestantische Mary Lou stellte von vornherein klar, daß sie *ihre* Konfession beibehalten wolle. Michael erzählt:
»Als ich Mary Lou kennenlernte, schwebten wir wie auf einer Wolke. Ich bin wirklich ausgeflippt. Sie war ganz nach meinem Geschmack. Stark, dynamisch und intelligent. Es war so schwer, sie zu halten, daß ich andere Frauen gar nicht mehr wahrnahm. Ich war nach ihren Worten ganz anders als die anderen Männer, mit denen sie vorher zusammengewesen war. Damit meinte sie wohl, daß ich immer bemüht war, sie mit Respekt zu behandeln. Ich habe versucht, verständnisvoll zu sein und sie zu unterstützen. Das brauchte sie meiner Meinung nach, aber sie machte nicht den Eindruck, als ob sie großen Wert darauf legte.«
Die Beziehung hielt nicht lange. Sie endete, weil Mary Lou plötzlich viel an Michael auszusetzen hatte.
»Sie wurde sehr streitlustig und hat auf mir herumgehackt. Ständig war sie darauf aus, Fehler an mir zu finden und mich mit irgendwas zu ärgern. Ich hatte immer das Gefühl, sie suchte Streit. Schließlich erklärte sie, wir paßten überhaupt nicht zusammen, und ließ mich wie eine heiße Kartoffel fallen.

Am Wochenende davor hatte sie mir noch gesagt, sie hätte sich immer nach jemandem wie mir gesehnt. Und dann veränderte sie sich auf einmal so, daß ich dachte, ich hätte es mit einem Monster zu tun. Alles kam so abrupt und so endgültig – mir blieb wirklich die Luft weg.«

Inzwischen hat Michael erkannt, daß die Gefühle von Mary Lou seinen eigenen in der Beziehung mit Cheryl sehr ähnlich gewesen sein müssen.

»Es war nicht viel anders als das, was ich mit Cheryl gemacht hatte, also konnte ich es auch verstehen. Aber schlimm war es trotzdem. Es hat mir nicht das Herz gebrochen, aber doch angeknackst. Wenn ich jetzt ab und zu an Mary Lou denke, spüre ich einen Knoten im Bauch.«

»Ich liebe dich, aber...«

Ein besonders gutes Beispiel für die Probleme von bindungsscheuen Menschen ist der Gebrauch des Satzes »Ich liebe dich«. Einige Männer und Frauen bringen ihn nie über die Lippen, ringen sich vielleicht gerade noch zu Äußerungen durch wie »Ich hab dich wirklich gern«, »Du bist mir sehr wichtig« oder »Ich mag dich«. Andere dagegen haben nicht das geringste Problem, diesen Satz auszusprechen. Sie tun das sogar sehr gerne, jedenfalls eine Zeitlang. In der Anfangsphase einer Beziehung überhäufen sie ihre Partner oft regelrecht damit. Wird es jedoch ernst und wird von ihnen eine Entscheidung erwartet, wird aus »Ich liebe dich« ein »Ich liebe dich, aber...«. Hier einige Beispiele:

»..., aber ich brauche mehr Zeit.«
»..., aber ich kann nicht mit dir zusammenleben.«
»..., aber wir sind zu verschieden.«
»..., aber Andrea/Andrew liebe ich noch mehr.«
»..., aber es würde nie gutgehen mit uns.«
»..., aber ich muß eine/n andere/n heiraten.«

»..., aber ich muß erst noch einiges für mich klären.«
»..., aber ich bleibe besser alleine.«
»..., aber ich bin beruflich noch nicht soweit.«
Vergessen wir auch nicht den Ausspruch: »Ich liebe dich, aber ich bin nicht in dich *verliebt*.«
Häufig sprechen Männer und Frauen mit aktiven Bindungsproblemen keines dieser *Aber* aus. Sie sagen ihren Partnern »Ich liebe dich« und heben sich das *Aber* für stille Zwiegespräche mit sich selbst auf. Kommen die Vorbehalte zur Sprache, überhört sie der Partner oft oder versteht sie falsch. Er oder sie hört nur das »Ich liebe dich« und schenkt den Einschränkungen selten die Beachtung, die sie verdienen.

Eine kurze Affäre

Natürlich halten viele bindungsphobische Beziehungen gar nicht lange genug, um das Thema Dauerhaftigkeit überhaupt auf den Tisch kommen zu lassen. Joy, eine 35jährige Fotografin, schildert ihr kurzes Verhältnis mit dem 43jährigen College-Dozenten Aaron. Es ist ein hervorragendes Beispiel für eine Kurzbeziehung nach dem Strickmuster »erst Erfolg, dann Panik«. Aarons Verhalten erfährt eine erstaunliche Veränderung. Viele Frauen haben solche kurzen, verwirrenden Begegnungen schon einmal erlebt. Joy berichtet:
»Aaron muß mich an die zweihundertmal gefragt haben, ob ich mit ihm ausgehe, bevor ich ja gesagt habe. Zuerst war er noch verheiratet. Deshalb habe ich nein gesagt, obwohl er mich wohl ein Jahr lang jede Woche angerufen hat. Dann war Funkstille. Ich erfuhr aber von gemeinsamen Bekannten, was mit ihm los war. Anscheinend hatte er eine ganz heiße Affäre. Das war auch der Grund, warum seine Frau die Scheidung einreichte. Nachdem sie sich getrennt hatten, bekam Aaron einen furchtbaren Ruf als Frauenheld, weil er mit zwei Frauen vom College und noch ein paar anderen, die er von akademi-

schen Tagungen her kannte, gleichzeitig Affären hatte. Eine seiner College-Geliebten soll außer sich gewesen sein und ihm in seinem Büro Szenen gemacht haben.

Ich wußte, daß er sich nicht anständig gegenüber diesen Frauen benommen hatte, aber ich habe zwei davon kennengelernt. Die eine kam mir nicht besonders intelligent vor, so daß ich mir sagte, er habe ihr wohl deshalb den Laufpaß gegeben. Die andere hatte sehr ungepflegtes Haar, woraus ich folgerte, daß sie eine Schlampe war, was sein Verhalten für mich entschuldigte. War ich ahnungslos!

Schließlich liefen wir uns auf einer Party wieder über den Weg, und diesmal gab es keinen Grund für mich, nein zu sagen. Ich war mit einem Mann gekommen, mit dem ich nur befreundet war. Er war mit einer Frau da, von der sich später herausstellte, daß sie ein Verhältnis hatten. Er forderte mich zum Tanzen auf und sagte: ›Es kommt mir vor, als ob ich mein ganzes Leben darauf gewartet habe, mit dir zu tanzen.‹

Am nächsten Tag rief er mich an, und wir gingen zusammen aus. Er machte den Eindruck, als ob er vor Freude und Aufregung ganz aus dem Häuschen war. Ich fragte ihn nach all den Geschichten, die ich über ihn gehört hatte, und er sagte, daß er wahrscheinlich ein bißchen durchgedreht war nach den langen Jahren in einer schlechten Ehe. Er schaffte es, mich davon zu überzeugen, daß er es mit mir ernst meinte. Andauernd machte er mir Komplimente. Nach ein paar Wochen gingen wir auch zusammen ins Bett, und danach konnte er nur noch davon reden, wie toll er den Sex mit mir fand.

Nachdem wir angefangen hatten, zusammen zu schlafen, dauerte es nur noch ein paar Wochen, bis er mich nicht mehr regelmäßig anrief. Ich sprach mit unseren gemeinsamen Bekannten und erfuhr von seinem Verhältnis mit einer anderen Frau. Seinen Arbeitskollegen erzählte er, daß er vorhatte, zwei Beziehungen gleichzeitig zu haben. Als er mich wieder anrief und sehen wollte, sagte ich nein, erklärte ihm den Grund und bat, er möge mich nicht mehr anrufen. Er hielt sich daran, und ich war sprachlos.

Wenn ich jetzt darüber rede, hört es sich so an, als ob es mir nichts ausmacht, aber damals war ich sehr, sehr wütend. Ein paar Jahre später begegnete ich Aaron auf einer Tagung, und wir tranken einen Kaffee zusammen. Er sagte mir, daß ihm inzwischen klar war, daß er es mit seiner Ehe nie ganz ernst gemeint hatte und sich auch künftig an niemanden fest binden wolle. Er hätte inzwischen gelernt, sich Frauen gegenüber nicht mehr so schäbig zu benehmen, aber mit mir sei alles zu schnell gegangen. Er meinte, es sei doch klar gewesen, daß ich mehr von ihm gewollt hatte als er von mir. Einer der Gründe, warum er sich zu mir hingezogen fühlte, war sein Eindruck, daß ich sehr freiheitsliebend war und mich von niemandem abhängig machen würde. Das gefiel ihm so an mir – mein Sinn für Freiheit –, und er war angeblich wirklich überrascht, als er merkte, daß ich mich ›emotional engagiert‹ hatte. Das war es nicht, was er suchte. Nein, er wollte nie wieder eine Beziehung mit so großer Nähe.«

Manchmal sind alle Phasen einer bindungsphobischen Beziehung auf ein oder zwei Rendezvous konzentriert. So berichteten uns einige Männer über *Blind Dates* – also Rendezvous mit Frauen, die sie vorher nicht kannten –, bei denen sie sich angeblich schon nach wenigen Minuten »total verknallt« hatten. Die Beziehung, die dabei entstand, war intensiv genug, um ihnen am Ende des Abends das Gefühl zu geben, daß der nächste logische Schritt vor den Traualtar führen würde. Angesichts dieser Aussicht zogen sie es vor, die Beziehung zu beenden, bevor sie richtig begonnen hatte.

Viele von uns, vor allem Frauen, kennen solches Verhalten aus eigener Erfahrung. Wir treffen uns mit jemandem, der so hingerissen von uns zu sein scheint, daß unser Widerstand bröckelt und hohe Erwartungen entstehen, die nicht übertrieben erscheinen, aber dann ist Sendepause, und das Telefon klingelt nicht mehr. Wo bleiben nur all diese Houdinis, diese Talente im Herauswinden? Sitzen sie vielleicht alle irgendwo zusammen und tauschen Anekdoten aus?

Falls Sie sich schon einmal gefragt haben, was eigentlich

schiefgelaufen ist, wo doch alles so vielversprechend anfing, sollten Sie versuchen zu begreifen, warum manche Menschen davonlaufen, wenn alles *zu* gut läuft.

Die Frau als aktiver Partner

Nicht immer ist der Mann in Beziehungen der aktive Vermeider. Oft übernimmt die Frau diese Rolle, spielt sie allerdings anders.
In unserer Gesellschaft ist den Männern die Rolle des »Jägers« anerzogen worden. Obwohl viele damit gar nicht einverstanden sind, paßt es ihnen oft noch weniger, wenn eine Frau versucht, die Rollen zu vertauschen. Vom weiblichen Geschlecht wird immer noch erwartet, daß es sich damit begnügt, die »Beute« der kühnen Jäger zu sein. Frauen sollen darauf warten, daß der Mann den ersten Schritt tut. Zwar können sie signalisieren, daß sie Interesse haben und noch frei sind, aber nur wenige fühlen sich wohl in ihrer Haut, wenn sie einem Mann so den Hof machen, wie es umgekehrt ganz normal wäre.
Wie verhält sich da eine Frau mit aktiven Bindungsproblemen? Wie richtet sie es ein, daß beim Anknüpfen einer neuen Beziehung die Initiative von ihr ausgeht und sie die Grenzen zieht? Ganz einfach:
Sie steuert durch ihr Verhalten das des Mannes. Am Anfang einer neuen Beziehung wirkt sie »aufgeschlossen« oder gar verführerisch, am Ende stehen Rückzug und Ablehnung. Dazwischen gibt sie den Ton an, indem sie Regeln aufstellt und unüberwindliche Hürden errichtet. Viele Männer glauben, daß alle Frauen von Natur aus möglichst schnell unter die Haube wollen. Wenn dann eine Frau daherkommt, die nicht in dieses Schema paßt, verstehen sie die Welt nicht mehr.
Andy erzählt, daß schon mehr als einmal Frauen mit Bindungsproblemen auf ihn »geflogen« sind. Er berichtet von

einer Beziehung, die verschiedene Phasen durchlief. Crystal wird von ihm als intelligent, schön und unabhängig beschrieben. Im Gegensatz zu den meisten Frauen fühlt sie sich anscheinend wohl in der Rolle derjenigen, die aktiv auf Männer zugeht, die ihr gefallen.

»Ich lernte Crystal beruflich kennen. Sie arbeitete in einer Firma, bei der ich mehrere Monate regelmäßig zu tun hatte. Auf dem Flur kam sie einmal auf mich zu und sagte: ›Ich habe schon von Ihnen gehört – wer sind Sie eigentlich?‹ Ich stellte mich vor, und wir unterhielten uns ein bißchen. Das taten wir von da an jedesmal, wenn ich in der Firma war.«

Da Andy eine Freundin hatte und kurz davor war, Heiratspläne zu schmieden, versuchte er nicht, sich mit Crystal zu verabreden. Sie hatte allerdings andere Pläne.

»Eines Tages kam sie zu mir, als ich die Firma gerade verlassen wollte, und sagte: ›Weißt du, mit dir kann man sich wirklich gut unterhalten. Warum gehen wir nicht mal mittags zusammen essen?‹ Das taten wir, mit dem Ergebnis, daß wir zweieinhalb Stunden zusammensaßen. Auf dem Weg zurück ins Büro sagte sie: ›Ein paar Freunde von mir gehen Freitag abend zusammen aus. Willst du nicht mitkommen?‹ Ich war geschmeichelt und sagte zu.

Wir gingen in ein Tanzlokal. Crystal und ich verbrachten fast den ganzen Abend auf der Tanzfläche. Am nächsten Tag, also Samstag, rief sie mich an und sagte: ›Ich wollte nur hören, ob es dir gestern gefallen hat.‹ Wir hingen ein paar Stunden am Hörer. Kurz vor dem Auflegen sagte sie: ›Übrigens, meine Firma mietet jedes Jahr für einen Tag einen Country Club‹ – der Termin war in der nächsten Woche –, ›willst du mich begleiten?‹ Ich sagte ja. Wir gingen zusammen hin und amüsierten uns prima. Der Abend endete mit Tanz. Irgendwann erwähnte sie, daß sie zwei Karten für ein Konzert einer meiner Lieblingsgruppen besorgt hatte. Ob ich mit ihr hin wollte. Es war an einem Tag, an dem es mir sehr schlecht paßte, aber ich sagte trotzdem zu. Schließlich fragte sie, warum ich sie nie auffordern würde, mit mir auszugehen. Ich antwortete, daß sie mir ja nie die geringste Chance ließ, sondern immer schon etwas vorschlug, bevor ich überhaupt den Mund aufmachen konnte.«

Andy wollte keine zwei Freundinnen gleichzeitig haben.

»Ich war sehr offen zu Crystal. ›Schau mal‹, sagte ich zu ihr, ›ich habe schon eine Beziehung mit einer Frau, und wir schlafen auch zusammen.‹ Sie erwiderte: ›Macht doch nichts‹, und bemühte sich weiter um mich. Ich bekam Päckchen von ihr. War ich ein verlängertes Wochenende weg, schickte sie mir ein halbes Dutzend Kärtchen, auf denen stand, ich sollte mich benehmen, sie würde auf mich warten. Oder sie rief an und hinterließ auf meinem Anrufbeantworter, daß sie nur angerufen hatte, um meine Stimme zu hören. Mit allem, was sie tat und sagte, ließ sie keinen Zweifel daran, daß ich für sie genau der Mann war, den sie gesucht hatte. Das schmeichelte mir natürlich sehr, sie war nämlich eine ausgesprochen begehrenswerte Frau.

Eines Abends – beim Essen im Restaurant – sagte sie: ›Ich finde, wir sind uns emotional gerade sehr nahe, aber als Mann kommst du überhaupt nicht auf mich zu.‹ Ich erinnerte sie daran, daß ich mit einer anderen schlief, und sagte ihr außerdem, daß ich immer erst eine emotionale Grundlage für eine Beziehung haben muß, bevor ich an Sex denke.«

In dem Moment, so berichtet Andy, wurde ihm bewußt, daß er Crystal enorm attraktiv fand, was sie ja auch zu erwidern schien. Deshalb beschloß er, (a) mit seiner bisherigen Freundin Schluß zu machen und (b) die Beziehung mit Crystal auf eine neue Ebene zu heben, die auch Sex einschloß. Was er damals nicht wußte, war, daß sie schon einen Partner fürs Bett hatte – einen ehemaligen Freund, über den sie später sagte, daß sie keine Gefühle mehr für ihn hätte.

»Nachdem ich mit meiner anderen Freundin Schluß gemacht hatte, versuchte ich die Beziehung mit Crystal zu vertiefen und um Sex zu ergänzen. Aber irgendwie veränderte sich Crystal. Es dauerte einen Monat, bis wir endlich im Bett waren, weil sie bei jedem unserer Treffen einen anderen Grund hatte, ge-

rade nicht zu wollen. Als dann der große Tag kam, war es ganz anders, als ich es mir vorgestellt hatte – mechanisch, technisch und eigentlich ziemlich gefühllos.
Zwei Wochen nach unserem ersten Sexualerlebnis gaben meine Eltern eine Feier zu ihrem Hochzeitstag. Ich bat Crystal, als meine Freundin mitzukommen. Wir gingen zusammen hin, und sie machte den Eindruck, als ob sie sich gut amüsierte. Eine Woche später erzählte sie mir aber, daß sie anfing, Beklemmungen zu kriegen und sich unwohl zu fühlen, wenn sie in meiner Nähe war. Sie wollte aus der Beziehung raus, brachte es jetzt aber angeblich nicht so leicht fertig, mir zu sagen, daß sie es sich anders überlegt hatte, weil sie mir am Anfang so nachgelaufen war. Ich war gekränkt, sagte ihr aber, sie sollte tun, was sie für richtig hielt. Als nächstes rief sie mich an und sagte wieder etwas anderes, nämlich, sie könne nicht damit umgehen, daß ihr an jemandem so viel liegt, und ich sollte bitte noch etwas Geduld mit ihr haben.
Ein paar Wochen ging es noch so weiter mit uns. Dann hatten wir an einem Freitagabend eine Verabredung. Sie sollte nach der Arbeit bei mir vorbeikommen. Sie erschien aber nicht und rief auch nicht an. Ich versuchte, sie zu erreichen. Ich rief bei ihren Freundinnen an. Keine wußte, wo sie war. Ich hinterließ Nachrichten auf ihrem Anrufbeantworter, aber sie ließ nichts von sich hören. Am Sonntag meldete sie sich endlich. Ich war ganz schön besorgt. Sie erklärte mir, sie hätte beschlossen, daß wir als Freunde besser zusammenpaßten denn im Bett – es würde die ›Chemie‹ fehlen. Sie wollte sich weiter mit mir treffen, aber auch mit anderen Männern. Diese Freiheit brauchte sie angeblich.«
Andy beschreibt Crystal als Expertin in Widersprüchlichkeit. Zum Beispiel vertraute sie ihm an, daß sie ihn für den idealen Mann hielt, der genau ihren Träumen entsprach und alle Eigenschaften besaß, die sie sich bei Männern wünschte. Das einzige Problem bestünde darin, daß er »zu emotional« sei – aber das sei nicht so schlimm, weil sie fand, sie müsse selbst emotionaler werden.

»In einem Augenblick sagte sie mir, ich hätte alles, was sie je gewollt hatte, und im nächsten kam sie dann mit der fehlenden Chemie. Damit war das Verhältnis für mich im Grunde erledigt.«

Der Bruch der sexuellen Bande

Sex ist eines der mächtigsten Instrumente, die zwei Menschen aneinander binden können. Wenn die Anziehung groß ist und sexuelle Leidenschaft ins Spiel kommt, erscheint es ganz natürlich, daß die Partner den Wunsch haben, die Beziehung fortzusetzen – vor allem, wenn dem auch sonst keine Probleme im Weg stehen. Männer und Frauen mit bindungsphobischem Verhalten bringen es jedoch oft fertig, diese Bande in einer Weise zu kappen, daß es für den anderen wie ein Schock wirkt.
Barbara ist 42 und hat kürzlich eine Beziehung abgebrochen, die ihr zu intensiv wurde. Bevor sie vor zwei Jahren mit Stan zusammenzog, hatte sie immer alleine gewohnt. Sie hatte davon geträumt, einen Partner zu finden, um sich eine gemeinsame Zukunft aufzubauen. Deshalb war sie so erstaunt über die Unruhe, die sie nun empfand, wo sie endlich mit einem Mann zusammenlebte. Hier ist ihr Bericht:
»Als ich Stan kennenlernte, war ich kurz davor, die Hoffnung auf einen vernünftigen Mann aufzugeben. Ich hatte schon so viele Enttäuschungen hinter mir. Die meisten Männer, mit denen ich zusammen war, hatten ganz klar Probleme mit festen Beziehungen, und ich war die Leidtragende. Stan schien anders zu sein. Wir hatten viel gemeinsam. Zu Anfang war es auch im Bett sehr schön. Die sexuelle Anziehung zwischen uns war wirklich groß. Das aufzugeben war am schwersten. Ich wußte, daß Stan mich liebte, aber ich konnte nicht bei ihm bleiben.
Ich mußte dankbar sein, daß Stan sich so rührend um mich

kümmerte, und im Grunde war ich das auch. Ich wollte nicht allein sein, aber ständig jemanden um mich zu haben, und ich meine wirklich *ständig*, ist auch nicht leicht. Vielleicht lag es an Stan, vielleicht an mir. Ich weiß nur, daß ich irgendwann soweit war, daß er nur ins Zimmer zu kommen brauchte, und ich mich so bedrängt fühlte, daß ich raus mußte. Ich hatte oft Kopfschmerzen, und sogar das Atmen fing an, mir weh zu tun. Ich weiß, es war Stan gegenüber nicht fair, denn er tat ja eigentlich nichts Böses, aber allein seine Anwesenheit machte mich so wütend, daß ich ihn nur noch kritisierte.

Ich wollte nicht mehr mit ihm schlafen, weil ich dachte, daß er dann jedesmal auch mehr emotionale Nähe von mir erwarten könnte. Sex machte mir Schuldgefühle, und ich wollte danach immer nur allein sein. Ich schlief nicht mehr in einem Bett mit ihm. Das ergab sich nach und nach, und irgendwann war es dann ein Dauerzustand. Stan schlug immer wieder vor, daß wir zu einer Paarberatung gehen sollten, aber ich war dagegen, weil ich befürchtete, dann nie mehr heil aus der Sache rauszukommen. Wenn man in einer Beziehung steckt, sogar mit jemandem, den man liebt, und man denkt immer nur daran, daß man sich erst wieder als Mensch fühlen wird, wenn man ihn los ist, dann ist das wirklich nicht schön.

Schließlich redeten wir darüber, und er war einverstanden, aus der Wohnung auszuziehen. Das Komische war, daß ich am Tag, als er auszog, fast ohnmächtig geworden bin, weil mir das Ende der Beziehung so naheging. Ich war so schlecht drauf, daß ich nicht mehr klar denken konnte. Natürlich fehlt er mir jetzt körperlich, aber wenn ich daran denke, wie es mir die ganze Zeit gegangen ist, als er hier gewohnt hat, weiß ich auch, daß ich keine andere Wahl hatte.«

Da Barbara viele Jahre in Beziehungen mit Männern verbracht hat, von denen sie schlecht behandelt wurde, fragt man sich natürlich, warum sie sich so gesträubt hat, psychologische Hilfe in Anspruch zu nehmen. Warum war sie gegen den Versuch, die Beziehung zu »kitten«?

»Sie hat nie gesagt: ›Wie bringen wir das in Ordnung?‹«

Jeremy, 29 Jahre, erzählte uns, daß ihn an seiner Exfreundin am meisten ihre mangelnde Bereitschaft frustriert hat, an der Beziehung zu arbeiten.
»Es gab gar nicht so viel, was zwischen uns nicht stimmte. Nur kleine Streitereien darüber, wo es am Wochenende hingehen sollte und ob wir ihr oder mein Auto nehmen sollten. Nichts Wichtiges also. Ansonsten hatten wir ziemlich ähnliche Vorstellungen. Jeder mußte sich nur ein bißchen auf den anderen einstellen, mehr war nicht verlangt. Aber das war mit ihr nicht zu machen. Und darüber reden ging schon gar nicht. Sie war nie bereit, an der Beziehung zu arbeiten.
Unser größtes Problem war, daß nie etwas geplant werden durfte. In der Praxis hieß das, es konnten durchaus Pläne gemacht werden, wenn es um etwas ging, das sie wollte. Wenn es aber um etwas ging, das ich wollte, hieß es meist: ›Laß uns nicht zuviel im voraus planen.‹ Wollte ich einen Ausflug machen oder ins Theater gehen, dann war das mit ihren Worten Selbstmord. Ich versuchte meist, einen Kompromiß zu finden, aber sie wollte nie etwas davon wissen. Wenn wir uns stritten, mußte am Ende immer ich nachgeben. Sie erzählte mir zwar immer wieder, daß sie mich lieben würde, aber es war klar, daß eine Beziehung mit ihr bedeutete, nach ihrer Pfeife zu tanzen.
Ich fand, daß wir mit jemandem über *unser* Problem reden sollten, aber dazu war sie absolut nicht bereit. Zum Schluß gab sie zu, daß sie schon immer Probleme damit gehabt hatte, sich fest zu binden, und erklärte, daß ich ihr schlechte Gefühle machte. Eigentlich würde sie mich ja lieben, aber sie wollte lieber ihre Freiheit, als unsere Beziehung zu verbessern.«
Männer und Frauen, die viel daran setzen, in einer Beziehung Distanz zu wahren und ihre Freiräume zu behaupten, wollen das meist auch weiterhin tun. Sofern es nicht zu einem drastischen Wandel ihrer Einstellung kommt, möchten sie die Pro-

bleme in der Beziehung normalerweise gar nicht lösen. An einer Beziehung zu arbeiten, sie zu »kitten«, bedeutet, sich festzulegen oder zu binden. Betrachten Sie die Sache einmal vom Standpunkt eines Menschen mit aktiven Bindungsproblemen: Wenn Sie das Gefühl haben, im Gefängnis zu sitzen, und der Wärter bittet Sie um Hilfe, die Zelle noch ausbruchssicherer zu machen, wie würden Sie da reagieren?

Feiertage und Feste

»Bis zur Hochzeit meiner Schwester war alles in bester Ordnung. Dann weigerte mein Freund sich, mit mir hinzugehen. Es war mir so wichtig, wie eine ganz normale junge Frau mit jemandem zu kommen, der zu mir gehört. Ich konnte es nicht fassen, daß er mich bei so einem Anlaß im Stich lassen wollte. Aber er hat's getan.«
Ashley, 26

»Wir haben Weihnachten zusammen verbracht, aber ich merkte schon, daß sie nicht ganz da war. Ein paar Tage später sagte sie mir, daß sie Silvester allein verbringen wollte – mit Freunden. Sie können sich denken, wie mir zumute war.«
Rodney, 30

»Harvey und ich waren fünf Jahre zusammen. Jedes Jahr glänzte er regelmäßig an meinem Geburtstag, am Geburtstag meines Sohnes, am Heiligabend, am Erntedanktag und am Valentinstag durch Abwesenheit. Angeblich bedeuteten ihm diese Tage nichts. Mir aber schon.«
Sylvia, 36

Bei vielen Berichten in diesem Buch werden Sie bemerken, daß Männer und Frauen mit aktiven Bindungsproblemen besonderes Geschick darin beweisen, Krisen ausgerechnet an sol-

chen Tagen zu provozieren, die für die meisten von uns eine Bedeutung haben. Falls Sie mit so jemandem zusammen sind, wird der Konflikt an Feiertagen und bei festlichen Anlässen fast mit Sicherheit ausbrechen. Der Grund: Die meisten dieser Tage haben mit Familie und Zusammengehörigkeit zu tun. Folglich sind sie in der Wahrnehmung eines Menschen mit aktiven Bindungsproblemen mit enormen Erwartungen und Verpflichtungen beladen, denen zu entsprechen er oder sie oft nicht bereit ist. Einer der Männer, mit denen wir uns unterhalten haben, beschreibt seine Gefühle so:
»Ich weiß, daß es nicht nett war, was ich Weihnachten und Silvester mit ihr gemacht habe – sogar mehrere Jahre hintereinander. Aber ich konnte nicht anders. Ich dachte, wenn ihre Familie uns an diesen Feiertagen zusammen sieht, dann müßte ich sie auch heiraten. Das wollte ich aber nicht. Die anderen sollten mich nicht für ihren liebenden Gemahl halten, der lebenslänglich an sie gefesselt ist. Ich selbst sah mich nicht so.«

Warum es endet, wenn es gerade erst richtig begonnen hat

Bindungsphobische Beziehungen brechen viel häufiger auseinander, wenn sie anfangen, *gut* zu laufen, als wenn es bergab geht. Menschen mit aktiven Bindungsproblemen mögen zwar unglücklich sein, wenn ihre Beziehung nicht funktioniert, aber in Panik geraten sie erst dann, wenn sie zu gut funktioniert. Zuvil Distanz behagt ihnen nicht, aber richtig schlimm wird es für sie erst, wenn zuwenig Distanz da ist. Nicht selten geht es ihnen um so *schlechter*, je *besser* die Beziehung läuft.

Leider berücksichtigen die meisten nicht genügend, wie sehr sie ihren Partner damit verletzen können. Der Abbruch einer Beziehung auf ihrem Höhepunkt hat verheerende psychologische Folgen. Mancher, den es trifft, kommt über so ein Erlebnis nie hinweg.

Bindungsphobische Beziehungen enden gewöhnlich auf eine der drei verschiedenen Weisen:
- Der aktive Vermeider beschwört eine große Konfrontation herauf und treibt den passiven Partner soweit, daß er Schluß macht.

Besteht die Beziehung schon länger und hat sie schon Höhen und Tiefen hinter sich, beendet der aktive Vermeider sie zum Beispiel, indem er den Partner in die Enge treibt, womöglich durch provozierendes Verhalten wie Fremdgehen oder die Errichtung immer unerträglicherer Schranken.

Obwohl es oft nicht danach aussieht, weiß der aktive Vermeider in der Regel genau, was er tut, zieht es aber vor, selbst nicht die Verantwortung zu übernehmen.
- Der aktive Vermeider zieht sich langsam zurück und errichtet immer mehr Hürden, bis von der Beziehung nicht mehr viel übrig ist.

Langsam, aber sicher – für manche bindungsphobische Beziehung scheint kein anderes Ende möglich zu sein. Eine Frau berichtet: »Er ließ sich immer seltener blicken. Leidenschaft war immer noch genug vorhanden, aber es gab immer weniger Beziehung und immer mehr Freiraum. Am Ende gab es nur noch Freiraum, und von der Beziehung war bloß noch der wöchentliche Anruf übrig, immer am Mittwochabend. Warum mittwochs? Ich sagte mir, weil wir uns an einem Mittwoch kennengelernt hatten, aber genau weiß ich es nicht.«
- Der aktive Vermeider macht abrupt Schluß und verschwindet, manchmal ohne jede Begründung.

Wer das Ende einer Beziehung ohne Vorwarnung verkündet und dann jeden weiteren Kontakt unterbindet, muß schon arg von Panik ergriffen sein. So etwas kann in der Anfangsphase einer Beziehung geschehen oder erst nach Jahren, aber wenn es passiert, ist es für den oft völlig überraschten passiven Partner eine äußerst schwierige Situation. Im Laufe der Jahre sind uns zahlreiche derartige Geschichten zu Ohren gekommen. Da wurde von aktiven Vermeidern berichtet, die verschwanden, während der Partner gerade unter der Dusche stand oder telefonierte. Oder von Männern, die nach besonders leidenschaftlichem Sex eine schon länger bestehende Beziehung abbrachen, indem sie mit der Bemerkung, sie wollten nur ein wenig Luft schnappen, auf Nimmerwiedersehen verschwanden. Oder von Männern und Frauen, die plötzlich erklärten, es sei Schluß, und sich fortan sogar weigerten, mit dem oder der »Ex« zu telefonieren.

Flucht zu neuen Partnern

Im Einklang damit, daß es bei aktiven Bindungsproblemen stets um Flucht geht, beenden aktive Vermeider Beziehungen nicht selten dadurch, daß sie in Windeseile in die Arme eines neuen Partners flüchten. Anders der passive Partner. Er zieht sich in der Regel in sein Schneckenhaus zurück und braucht sehr lange, um sich von dem Erlebten zu erholen.

Vorbei ist nicht vorbei

Das Frustrierendste am Ende einer bindungsphobischen Beziehung ist die fortbestehende Unklarheit. Bei einem der Partner – normalerweise dem passiven – oder auch beiden bleibt das Gefühl zurück, daß es eigentlich noch nicht aus und vorbei ist. Zuviel blieb unversucht und unausgesprochen. Man fragt sich, warum eigentlich Schluß ist, wo es doch im Bett so gut lief. Oder wo man doch die meisten Dinge ähnlich sah. Oder so wunderbar miteinander reden konnte. Die Liste der offenen Fragen ist lang, und die guten Seiten der Beziehung wurden nie richtig ausgelotet. Das frustriert und stimmt traurig.

6
Distanz gewinnen

Menschen mit Bindungsproblemen suchen sich in der Regel entweder eine Beziehung mit »eingebauter« Distanz, oder sie geben sich alle Mühe, in ihrer bestehenden Beziehung Distanz zu schaffen.
Manchen gelingt das, indem sie sich mit jemandem zusammentun, von dem sie tatsächlich geographisch getrennt sind, beispielsweise einem Partner, der in einer anderen Stadt lebt. Oder es wird eine »Nahbeziehung« durch Umzug oder häufiges Reisen in eine »Fernbeziehung« verwandelt. Für andere reicht schon der Gedanke ans Fortziehen, um das Gefühl der Bedrohung zu mildern. Fluchtphantasien, wie etwa der Wunsch, als Entwicklungshelfer ins Ausland zu gehen, sind durchaus verbreitet.
Manche Menschen schaffen Distanz, indem sie sich im Büro unter Bergen von Akten vergraben oder sich »Workaholics« als Partner suchen. Andere verbringen den größten Teil der Freizeit im Fitneß-Studio, auf dem Golfplatz oder über der Briefmarkensammlung. Manche richten es so ein, daß einer allzu engen Beziehung diverse Hindernisse im Weg stehen. Dazu zählt beispielsweise eine feste Planung, die für die Beziehung nur wenig Zeit läßt. Auch Grundbedürfnisse wie Schlafen, Essen und so weiter schmälern die Zeit für Zweisamkeit. Vielleicht hat man auch mehr als nur eine Affäre laufen, oder der Partner ist noch anderweitig »engagiert«. Oder man sperrt den Partner aus wichtigen Lebensbereichen aus.
Auch psychologische Barrieren sind geeignet, Menschen mit Bindungsangst die benötigte Distanz zu verschaffen. Man kann solche Barrieren selbst errichten oder sich einen Partner

suchen, der das bereits getan hat. Vielleicht bedient man sich einer Wortwahl, die bewußt Distanz schafft. Oder man hält sich sexuell bedeckt. Ein ebenfalls geeignetes Mittel ist die Suche nach Fehlern beim Partner. Oder man flirtet oder geht in der Phantasie fremd. Vielleicht sucht man sich auch Partner, auf deren Treue kein Verlaß ist. Welche dieser Methoden auch angewandt wird, das Ziel ist immer eins: Distanz herzustellen.

»Raum für mich«

»Ich liebe meinen Mann. Ganz im Ernst. Aber ich kann es auf den Tod nicht ab, wenn er in meiner Küche ist. Da könnte ich rasend werden. Die Küche gehört mir.«
Jane, 37

»Meine Frau hat eine ganz blöde Angewohnheit. Jedesmal, wenn ich vorm Fernseher sitze und Nachrichten gucke, muß sie reinkommen und sich neben mich setzen. Das paßt mir nicht. Ich weiß nicht warum, aber wenn ich fernsehe, will ich meine Ruhe haben, und sie muß mindestens drei Meter von mir weg sein. Sonst fühle ich mich nicht wohl.«
Alan, 39

Jeder Mensch hat physische und psychische Grenzen, deren Überschreitung durch andere als unangenehm empfunden wird. Kompliziert wird die Sache dadurch, daß diese Grenzen immer anders verlaufen. Die gleiche Person, die sich in einem Moment nach Nähe sehnt, ist kurz darauf nirgends zu finden. Der Mann oder die Frau, die gerade ein leidenschaftliches Wochenende im Bett mit einer Geliebten oder einem Liebhaber verbrachte, spürt danach womöglich ein starkes Bedürfnis, die nächsten zwei Wochen allein zu sein. Jeder von uns zieht seine Grenzen ständig neu. Dafür sorgt schon der Instinkt des Menschen als Lebewesen mit Revierverhalten. Manche treiben dieses Verhalten allerdings auf die Spitze.

Männer und Frauen mit Bindungsproblemen sind oft sehr empfindlich, wenn es um ihr Bedürfnis nach Raum und Zeit für sich geht, und stellen in dieser Hinsicht viel höhere Ansprüche. Ständige körperliche Nähe bedeutet für sie Streß, ständige emotionale Nähe gibt ihnen das Gefühl, ausgenutzt oder mißbraucht zu werden.

Manche können nicht die geringste Störung ihres physischen oder emotionalen Reviers vertragen. Vielen gelingt es, das deutlich zu machen. Anderen mag es nicht anders gehen, aber sie artikulieren es nicht. Wieder andere reagieren hochempfindlich darauf, wenn jemand »in ihr Revier eindringt«, sind sich aber nicht recht bewußt, was sie eigentlich empfinden. Sie erleben ihr Unbehagen als milde Form von innerer Unruhe oder als leichte Verärgerung, für die es keinen Grund zu geben scheint, und nehmen ihr Unbehagen oft einer Beziehung zuliebe in Kauf, wobei aber die negativen Gefühle nicht selten als Wut oder Groll wieder hochkommen.

Die 38jährige Vicki zeigt so ziemlich alle Symptome, an die man beim Thema Bindungsangst denkt, aber am empfindlichsten ist sie, wenn es um ihr Bedürfnis nach Raum für sich geht. Die freiberufliche PR-Beraterin hat schon zwei Ehen hinter sich. Nach ihrer Ansicht ist der Mann der neunziger Jahre »zu anlehnungsbedürftig«, was es für sie schwermache, eine längere Beziehung zu unterhalten.

Das Gespräch mit Vicki führten wir in einem großen Zweifamilienhaus in Nordkalifornien, das sie sich mit ihrer Schwester teilt. Sie bewohnt das untere der beiden Appartements, ihre Schwester das obere. Von ihrer Schwester spricht sie als »Zimmergenossin« – wegen der räumlichen Nähe.

»Ich weiß, daß ich mit zuviel Nähe nicht umgehen kann. Mit meiner Schwester in der Wohnung über mir ist das okay, wir kommen einander nie in die Quere, und jeder hat sein eigenes Reich. Ich finde es schön, daß sie da ist, falls ich mal wirklich jemanden zum Reden brauche.

Ich will nie wieder einen Mann als Mitbewohner in meinem Haus haben. Er soll im Prinzip bleiben, wo er ist. Wenn er ein Boot hat, dann kann er meinetwegen da wohnen. Wenn jemand immer um mich ist, dann macht mich das über kurz oder lang verrückt. So bin ich nun mal.«
Nachdem sie jahrelang versucht hatte, so mit Männern zusammenzuleben, wie es dem traditionellen Verständnis entspricht, ist Vicki heute davon überzeugt, daß es für sie mit einer Beziehung nur gutgehen kann, wenn sie ihre eigenen vier Wände hat.
»Wenn ich nicht in mir selbst ruhe, kann ich auch in eine Beziehung nichts einbringen, und in mir ruhen kann ich nur, wenn ich einen Großteil meiner Zeit für mich habe. Der Mann, mit dem ich jetzt zusammen bin, will ständig bei mir sein, und ich sage ihm immer wieder, daß mich das verrückt macht. Ich muß *meine* Bücher lesen, *meine* Musik hören, *meine* Ruhe haben können. Das brauche ich einfach. Vielleicht gibt es ja Leute, die ständig mit jemand anderem zusammensein können und trotzdem in sich ruhen. Manchen macht es ja auch nichts aus, angebunden zu sein. Mit mir geht das jedenfalls nicht.«
Im Beruf empfindet Vicki feste Verpflichtungen ebenfalls als Last. Sie hält sich für einen Workaholic, bringt es aber nicht fertig, nach einem festen Zeitplan zu arbeiten.
»Das ist einer der Gründe, warum ich lieber selbständig bin. Für mich war das der einzige Weg zum Erfolg. Als Angestellte kam ich mir vor wie hinter Gittern, wie ein Löwe im Käfig. Ich kann es nicht ausstehen, in einem Büro eingesperrt zu sein und immer das gleiche zu tun. Deshalb habe ich mich auch selbständig gemacht.«
Trotz ihrer Probleme in Beziehungen war Vicki eigentlich nie allein. Bei ihrer ersten Heirat war sie 22.
»Am Tag nach der Hochzeit geriet ich in Panik. Ich wachte morgens auf und wußte nicht, wo mir der Kopf stand. Ich sagte meinem Angetrauten, ich müßte nach Hause zu meinen Eltern, und setzte mich ins nächste Flugzeug. Es dauerte einen

Monat, bis sie mich überreden konnten, zu meinem Mann zurückzukehren.
Verstehen Sie mich nicht falsch. Ich mochte meinen Mann, wir haben uns sehr gut verstanden. Ich hatte nur gerade entdeckt, daß es mir nicht bekam, wenn ich mir mit jemandem den Platz teilen mußte.«
Zunächst gelang es Vicki, ihre Gefühle in den Griff zu bekommen, weil sie und ihr Mann das Glück hatten, ein ungewöhnlich großes Haus zu finden.
»Es hatte ungefähr 20 Zimmer, von denen jedes irgendwie genutzt wurde. Mein Mann brauchte auch viel Platz, da er verschiedene Hobbys und Interessen hatte. Jeder von uns benutzte mehrere Zimmer. Ich hatte ein Lesezimmer, er hatte ein Lesezimmer. Ich hatte ein Fernsehzimmer, er hatte ein Fernsehzimmer. Wir mußten nie im gleichen Raum sein. Aber natürlich führt das ständige Getrenntsein dazu, daß man sich entfremdet, und das war auch bei uns der Fall. Außerdem wurde der Mietvertrag für das Haus nicht verlängert. Es dauerte dann nicht mehr lange, bis wir uns scheiden ließen.«
Nach wenigen Jahren heiratete Vicki ein zweites Mal.
»Bei beiden Ehen war mir klar, daß es nicht für immer sein würde. Zu meinem zweiten Mann habe ich gesagt: ›Laß uns heiraten und die Beziehung hinter uns bringen.‹ Manche Beziehungen muß man voll durchlaufen, und diese war mit Sicherheit eine davon. Wir liebten uns wirklich sehr, aber ich wußte, daß es nicht halten würde. Die Ehe dauerte zwei Jahre.«
Vor der Heirat hatte Vicki sich von der Beziehung nicht eingeengt gefühlt, weil sie immer wieder miteinander Schluß gemacht hatten. Mal fing er an, mit einer anderen auszugehen, mal hatte sie etwas mit einem anderen Mann. Mit diesem Wechsel konnte sie sehr gut leben.
Als Vicki mit ihrem zweiten Ehemann zusammenzog, wurde es noch schwieriger. Um einen Ausgleich für die räumliche Enge zu schaffen, ersann sie verschiedene kleine Tricks, die ihr das Gefühl gaben, allein in der Wohnung zu sein.

»Ich hatte das Gefühl, erdrückt zu werden. Ich erzählte meinem Mann, wie sehr ich das haßte und wie schwer es mir fiel, nach Hause zu kommen. Deshalb blieb ich so oft und so lange weg wie möglich. Wenn ich nach Hause kam, zwang ich den Armen dazu, beim Fernsehen Kopfhörer aufzusetzen. Das verschaffte mir das angenehme Gefühl, daß er gar nicht da war. Nur so konnte ich die Nerven behalten. Meine Freunde erklärten mich für verrückt, als sie von der Sache mit den Kopfhörern erfuhren. Nach einiger Zeit machte es meinem Mann gar nichts mehr aus. Das wirklich Schlimme war aber, daß auch er sich allmählich mit dem Gefühl anfreundete, allein zu sein. Er wollte überhaupt nicht mehr mit mir reden oder Zeit mit mir zusammen verbringen. Sogar wenn wir in ein Restaurant gingen, nahm er seine Kopfhörer mit, um Radio zu hören. Das Ganze nahm wirklich verrückte Formen an.«

Nachdem die Ehe zu Ende war, erinnerte sich Vicki daran, wie es vor der Hochzeit gewesen war, als sie nur zusammen gingen und in regelmäßigen Abständen miteinander Schluß machten.

»Das hatte mir gefallen, und ich hielt deshalb Ausschau nach einem Mann, mit dem ich wieder so eine Beziehung haben konnte. Dann kam ich darauf, daß räumliche Distanz die Lösung für meine Probleme wäre. Ich lernte einen Mann aus Denver kennen. Durch die Entfernung blieben mir die emotionalen Traumata erspart, die ich sonst erlebe. Eine Zeitlang war es ganz toll. Wir trafen uns in Neu-Mexiko, Europa oder Kanada und waren jedesmal frisch verliebt. Leider war es irgendwann vorbei.«

Vor kurzem bestand der Mann, mit dem Vicki zur Zeit zusammen ist, auf einem gemeinsamen Urlaub. Nach längerem Hin und Her stimmte sie einem Kurzurlaub zu, obwohl sie Angst hatte, sich wieder eingeengt zu fühlen. Am Ziel angekommen, stellte sich heraus, daß ihr Freund ein Anwesen mit zwei Häusern gemietet hatte:

»Ich war hingerissen. Wir bewohnten beide Häuser. Eins hatte

ich ganz für mich. Ich konnte darin allein sein und mich ausruhen. Vielleicht wäre das ja eine Lösung für meine Probleme, und ich könnte auf diese Weise mit einem Mann zusammenleben. In zwei Häusern auf dem gleichen Grundstück. Wenn beide groß und schön sind, warum nicht? Ein Versuch würde sich jedenfalls lohnen.«
Ausgeprägte räumliche Bedürfnisse machen einem das Leben nicht leichter. Benutzt jemand Ihr Handtuch, sind Sie pikiert. Leiht sich jemand etwas von Ihnen, ohne zu fragen, sind Sie wütend. Räumt jemand Ihren Kühlschrank um, werden Sie fast zum Mörder.
Nah, aber nicht zu nah. Fern, aber nicht zu fern. Wer dies als Motto unterschreiben kann, sucht die Nähe des Menschen, den er liebt, aber zugleich auch die Einsamkeit. Er will eine Beziehung, aber nicht ständig und nicht in gemeinsamen vier Wänden.

Wunsch nach Distanz, Nähe, Macht

Das Bedürfnis nach Distanz muß aber auch noch unter einem etwas anderen Gesichtspunkt betrachtet werden, nämlich der Erlangung und dem Verlust von Macht. Menschen mit Bindungsproblemen besitzen oft auch ein starkes Bedürfnis, ihren Partner zu beherrschen. Um Distanz und Nähe auf einem für sie selbst akzeptablen Niveau zu halten, sind sie bestrebt, möglichst viel von dem Geschehen in einer Beziehung zu kontrollieren. Dazu zählen auch die eigenen Gefühle und die des Partners. Es steht einfach zuviel auf dem Spiel.
Am Anfang einer Beziehung ist man sich noch fremd, und die neu geknüpften Bande sind zart und zerbrechlich. Ohne sich des Partners sicher sein zu können, sitzt man ständig wie auf heißen Kohlen. Die Frischverliebten wissen nicht recht, woran sie sind. Das kann durchaus ein prickelndes Vergnügen sein, aber es macht auch Angst. Deshalb tun Menschen mit aktiven

Bindungsproblemen normalerweise alles, um eine gewisse Macht über den Partner zu bekommen. Das kann in Form von Liebesbriefen, Geschenken, Telefonanrufen, Sex oder süßen Komplimenten geschehen – was auch immer geeignet ist, sich die Gewißheit zu verschaffen, daß der oder die andere einem ganz gehört, wenn man es nur will.

Macht zu besitzen, bedeutet für den aktiven Partner, daß er es sich erlauben kann, die Beziehung kritisch zu bewerten. Er kann sich sagen: *Das mag ich nicht, da bin ich mir aber nicht so sicher, da bin ich nicht wild drauf. Wie wird es wohl in einem Jahr ... fünf Jahren ... zehn Jahren ... fünfzig Jahren mit ihm / ihr sein?* Hat man den Partner erst fest in der Hand, lassen sich leicht unzählige Gründe finden, warum doch nichts daraus werden kann.

Sind Sie der aktive Partner, besteht natürlich immer die Gefahr, daß Sie zuviel Distanz schaffen. Und wenn der andere darauf mit Rückzug reagiert, entdecken Sie womöglich, daß die Distanz Ihre Liebe wie durch ein Wunder neu entflammen läßt. Ist die Gefahr beseitigt, erscheint die Beziehung plötzlich viel verlockender, Ihr Partner in einem ganz anderen Licht, und Sie sind dankbar, daß er so ist, wie er ist, statt nur an das zu denken, was Sie vermissen. Sie stellen fest, wieviel Ihnen an diesem Menschen liegt und wie gut Ihnen die Beziehung tut. Solche Gefühle schaffen ganz von selbst mehr Nähe.

Doch leider folgt in den meisten Fällen ein langes Hin und Her. Immer ist Ihnen entweder zuviel Nähe oder zuviel Distanz in der Beziehung, so daß Sie ständig den Drang verspüren, in der einen oder anderen Richtung etwas zu ändern, um für sich eine Balance zwischen Angst und Sehnsucht herzustellen. Die meisten fallen abwechselnd von einem Extrem ins andere. Sie suchen Nähe, bis sie ihnen zuviel wird, und ergreifen dann die Flucht (oder zwingen den Partner zum Davonlaufen), bis sie wiederum die Distanz als unerträglich empfinden. Sind sie mit diesem Spiel am Ende, ist die Beziehung ein Scherbenhaufen, und alle Beteiligten haben gelitten.

Grenzen vom ersten Tag an

Menschen mit Bindungsproblemen ziehen Grenzen, um ihre Partner auf Distanz zu halten:
»Er hat mich nie seiner Mutter vorgestellt.«
»Sie ist nie mit mir auf Partys gegangen. Zuerst dachte ich, daß sie schüchtern ist, aber dann habe ich gemerkt, sie wollte nur nicht, daß die anderen erfahren, daß wir zusammen sind.«
»Sie wollte nie über Nacht in meiner Wohnung bleiben.«
»Er ist jeden Samstag und jeden Mittwoch mit mir ausgegangen – nie an einem anderen Tag.«
»Er wollte nie mit mir in Urlaub fahren.«
»Nachdem wir schon ein Jahr zusammen waren, durfte ich immer noch nicht im Restaurant für sie bezahlen, weil sie dachte, sie würde sich damit zu etwas verpflichten.«
»Er sorgt dafür, daß ich nie seine Freunde kennenlerne.«
»Ich mußte mich jedesmal auf den Kopf stellen, um sie ins Bett zu kriegen.«
Grenzen dieser Art bestehen häufig von Anfang an. In anderen Fällen werden sie nach und nach gezogen. Die gleiche Person, mit der Sie zwei Jahre lang jedes Wochenende ausgegangen sind, weigert sich, einen gemeinsamen Urlaub oder auch nur einen Wochenendtrip zu unternehmen. Die Frau, die Ihnen seit einem halben Jahr eine leidenschaftliche Geliebte ist, will Sie partout nicht ihren Eltern vorstellen. Der Mann, der Ihnen die tiefsten Geheimnisse anvertraut, schreibt Ihnen streng vor, wieviel Zeit Sie mit ihm verbringen dürfen.
Solche Grenzen widersprechen meist dem emotionalen Verhältnis zwischen den Partnern. In einer Beziehung mit restriktiven Grenzen wissen die Beteiligten immer genau über die empfindlichen Bereiche Bescheid. Das Problem liegt darin, daß derlei Grenzen als Instrument zur Erhaltung von Distanz im Grunde *zu* wirksam sind. Sie wirken wie kleine Tretminen und rufen Ressentiments hervor, die nicht selten das Ende der Beziehung besiegeln.

Kontrolle durch Sex

»Die ersten paar Monate waren phantastisch, aber dann hatte er oft keine Lust mehr auf Sex.«
»Wir können herrlichen Sex miteinander haben, aber danach will sie nie, daß ich über Nacht bei ihr bleibe.«
»Er stellt jede Menge alberne Regeln auf. Zum Beispiel dürfen wir nicht an zwei Tagen hintereinander zusammen schlafen, weil das seiner Meinung nach das typische Verhalten von Ehepaaren ist.«

Bei Bindungsphobien geht es nicht um sexuelle Eroberung als solche. Die erotische Verführung spielt vielmehr eine wichtige Rolle bei den Versuchen aktiver Vermeider, in einer Beziehung das Heft in die Hand zu bekommen. Sex kann zur Herstellung, aber auch zur Vermeidung von Nähe dienen, kann ein Paar näher zusammenbringen, aber auch weiter voneinander entfernen. Sex ist wahrscheinlich die wirksamste Methode zur Beeinflussung von Nähe und Distanz in einer Beziehung.
Am Anfang einer bindungsphobischen Beziehung neigen Männer und Frauen mit aktiven Bindungsproblemen zu besonders verführerischem Verhalten, das oft den Startschuß für eine sehr heftige sexuelle Affäre gibt. Sie muß sich nicht auf den reinen Liebesakt beschränken. Die Rede ist von einer sexuellen Romanze, die von schönen Träumen beflügelt ist und in der sich die Beteiligten oft als »besessen« erleben.
Das sexuelle Interesse bleibt gewöhnlich so lange auf hohem Niveau, bis der Partner mit aktiven Bindungsproblemen sich eingesperrt fühlt. Dann greift er zum Gegenmittel: der Verweigerung.
Sexuelle Verweigerung kann viel kompliziertere Formen annehmen als die oft zitierten Kopfschmerzen:

- Man benimmt sich äußerst verführerisch und ist dennoch nicht bereit oder imstande, sexuell aktiv zu werden.
- Man verliert auf einmal das Interesse beziehungsweise die Lust am Sex.

- Man reglementiert die Dauer oder Häufigkeit des sexuellen Beisammenseins oder gibt sich plötzlich gehemmter.
- Man geht fremd, um Distanz zum Partner zu schaffen beziehungsweise den Grad an Nähe in der »Hauptbeziehung« zu verringern.
- Man läßt Äußerungen über ein angeblich unbefriedigendes Sexualleben fallen.

Da so gewöhnlich ein grundlegender Einstellungswandel signalisiert wird, reagiert der Partner sehr besorgt und verunsichert.

Der 33jährige John schildert eine Beziehung, in der ein plötzlicher Einstellungswandel in Sachen Sex zur unüberwindlichen Hürde wurde. Achten Sie auf die vielen mehrdeutigen sexuellen Botschaften in seinem Bericht.

»Als ich Helen kennenlernte, war Sex absolut das Wichtigste in unserer Beziehung. Die ersten drei Monate verbrachten wir fast nur im Bett, wenn wir uns trafen. Ich war beruflich viel unterwegs, aber jedesmal, wenn ich von einer Tour zurückkam, konnten wir nicht genug voneinander kriegen. Ob bei Tag oder bei Nacht, in meinem oder ihrem Auto, in meiner oder ihrer Wohnung, im Swimmingpool, in der Badewanne, auf dem Fußboden oder auf dem Küchentisch – wir trieben es immer und überall. Sie wollte es mehr als ich, was aber nicht heißt, daß ich nicht auch sehr interessiert war. Deshalb kam mir die ganze Geschichte ja auch so verrückt vor.

Helen hatte das Bild von einem anderen Mann auf ihrem Nachttisch stehen. Immer wieder erzählte sie mir, daß es im Bett noch nie mit jemandem so schön gewesen war wie mit mir. Aber als ich sie fragte, warum sie dann das Photo von dem anderen noch stehen hatte, antwortete sie, daß sie mich lieben würde, aber daß das Bild an seinem Platz bleiben müßte. Es kam mir fast so vor, als ob sie das absichtlich tat, damit ich mir meiner Sache nicht zu sicher wurde. Wenn wir in ihrem Bett zusammen schliefen, mußte ich sie jedesmal bitten, das Bild wenigstens umzudrehen.

Als sich bei mir beruflich etwas änderte und ich nicht mehr

reisen mußte, verschlechterte sich unser Liebesleben fast schlagartig. Sie hatte keine Lust mehr. Zuerst waren es Depressionen. Dann sagte sie, ihre Bedürfnisse hätten sich geändert und Sex hätte nicht mehr den Stellenwert für sie. Statt uns in jeder freien Minute zu lieben, gingen wir nur noch einmal pro Woche ins Bett, höchstens zweimal.
Zuerst war ich verständnisvoll, aber allmählich drehte ich durch. Ich hatte solches Verlangen nach ihr, daß es mir im nachhinein sogar peinlich ist. Das ging so weit, daß ich bettelte, schrie und ihr Geschenke mitbrachte. Es half nichts. Schließlich mußte ich sogar Termine mit ihr vereinbaren, da sie sonst am liebsten ganz darauf verzichtet hätte. Es war die reinste Tortur. Ich konnte den ganzen Tag nur noch an Sex denken und fast nicht mehr arbeiten.
Das Traurige ist, daß ich Sex eigentlich gar nicht so furchtbar dringend brauchte. Nur ihre Verhaltensänderung, damit konnte ich nicht umgehen. Ich verstand sie nicht und wurde ein nervöses Wrack. Geändert hatte sich lediglich, daß ich mehr Zeit hatte. Nachdem ich nicht mehr herumreisen mußte, war ich praktisch immer für sie da. Im nachhinein ist mir klar, daß sie genau das störte. Sie konnte mich aus der Entfernung besser leiden.«

Distanz durch Untreue

»Wir haben drei Jahre lang täglich zusammen geschlafen, und es war wirklich große Klasse. Dann kam er eines Tages und erklärte mir, es sei Schluß, weil er eine andere lieben würde. Seitdem haben wir uns nicht mehr gesehen.«
»Als sie mir eröffnete, daß sie mit einem anderen schlief, war ich völlig entgeistert. Die Chemie zwischen uns stimmte so sehr, es konnte gar nicht besser sein. Was brachte sie nur dazu, so zu handeln? Ich kann es immer noch nicht verstehen.«
»Ich hatte immer gedacht, daß Leute fremdgehen, weil sie im

Bett unzufrieden sind. Ich kann aber schwören, daß das bei meinem Freund nicht so war. Der konnte überhaupt nicht genug von mir kriegen. Warum er angefangen hat, mit einer anderen zu schlafen, ist mir ein Rätsel.«

Untreue ist ein häufiger Bestandteil von Beziehungen, bei denen sich die Partner nicht richtig füreinander entschieden haben. Bindungsphobische Beziehungen sind jedoch in der Regel durch besondere Leidenschaft und Intensität gekennzeichnet. Die Gefühle füreinander können so stark sein, daß der treue Partner wie betäubt ist, wenn er von dem Seitensprung erfährt und sich verraten fühlt. Wie ist das bei all den Gemeinsamkeiten nur möglich, fragt man sich. Was soll man davon halten? Und wie erholt man sich von so einem Schlag?
Das Wissen, daß der Partner die Kontrolle über sein Handeln verloren hat, hilft nicht viel weiter. Selbst wenn man sich wieder zusammenrauft, bleibt das Gefühl zerstörten Vertrauens. Was geschehen ist, steht wie eine Mauer zwischen beiden Seiten. Und was ist, wenn die Beziehung zerbricht? Angenommen, Ihr Partner verläßt Sie wegen seiner neuen Bekanntschaft. Wie geht es dann weiter? Nicht selten hat man das Gefühl, man kann nicht einmal in Ruhe einkaufen gehen, ohne den beiden zu begegnen. Anrufen kann man seine(n) Verflossene(n) auch nicht ohne Angst, eine neue Stimme am anderen Ende der Leitung zu hören. Plötzlich ist man außen vor, und die schönen Augenblicke, die einem vorher gehörten, teilen nun andere. Das neue Wesen im Leben des Expartners ist zum unüberwindlichen Hindernis zwischen einem selbst und dem Menschen, den man liebt, geworden. Und darum ging es ja: Distanz durch Untreue.

Zorn als Distanzierungstechnik

»Er ist es doch, der mich nicht mehr will. Er ist es, der mich unglücklich macht. Er ist doch der mit dem ganz neuen Leben, in dem es mich nicht mehr gibt. Warum ist er dann auch noch so wütend auf mich?«

»Ich habe ihm gesagt, daß es doch nicht so schlimm ist, wenn wir nicht gleich heiraten. Ich liebe ihn trotzdem, und wir werden es schon schaffen. Aber er ist immer so feindselig zu mir. Er kriegt doch, was er will. Warum ist er dann trotzdem immer so verärgert?«

»Es fing schon ein paar Monate nach der Hochzeit an, daß meine Frau böse auf mich wurde. Inzwischen ist sie eigentlich permanent sauer. Angeblich rücke ich ihr zu nahe. Dabei tue ich doch gar nichts, außer im selben Haus zu wohnen.«

Sam, 38 Jahre, ist seit drei Jahren mit Kathy zusammen und empfindet viel für sie. Doch wegen seiner inneren Widerstände muß sie eine Menge in Kauf nehmen. Die Beziehung der beiden ist von gegenseitiger Abhängigkeit geprägt und alles andere als einfach. Sex spielt eine wichtige Rolle. Sam liebt Kathy, er wird aber auch sehr leicht zornig. Sein Zorn zeigt sich auf verschiedenste Weise. Insgeheim findet er immer irgend etwas an Kathy auszusetzen oder streitet sich in Gedanken mit ihr. Sein Problem besteht darin, daß er sich »wie eingesperrt« fühlt und am liebsten Schluß machen würde.

Und was hält ihn davon ab? Sam sagt, es ist Kathy und das, was er für sie empfindet. So absurd das auch klingen mag: Aus seiner Sicht steht die Frau, die er liebt, seiner Freiheit im Weg, anderen Frauen den Hof zu machen.

Sam kann kaum noch klar beurteilen, was mit ihm geschieht. Wenn Kathy für ihn kocht, denkt er, sie würde nur versuchen, ihn in die Falle zu locken. Kauft sie ihm ein Geschenk, ist es das gleiche. Ist sie besonders nett zu ihm, glaubt er, das sei nur gespielt, damit sie ihn fangen kann. Kathy kann nicht gewinnen. Alles, was sie tut, macht Sam zornig.

Wenn Menschen mit Bindungsproblemen den Punkt erreichen, an dem sie eine unerklärliche Wut auf ihren Partner bekommen, kann man von einer eindeutigen bindungsphobischen Reaktion sprechen. Aktive Vermeider sind dann irgendwann soweit, daß sie an nichts anderes mehr denken können als an Möglichkeiten, »Land zu gewinnen«. Auf der Suche nach einem Notausgang nehmen sie meist wenig Rücksicht auf die Gefühle des anderen und können recht grausam sein. Zwar wissen sie um die Unvernünftigkeit ihres Handelns, aber sie sehen keinen anderen Ausweg. Ihr Zorn dient unterdessen einem anderen Zweck. Er ist das Instrument, mit dem die Distanz zum Partner vergrößert wird.
Zuweilen versteckt sich der Zorn in einer etwas sonderbaren Verhaltensweise, wie in dem Film *Gaslight / Das Haus der Lady Alquist*. Ingrid Bergman spielt eine Frau, die von ihrem Ehemann in den Wahnsinn getrieben wird, indem er ihr immer wieder suggeriert, sie würde sich Dinge nur einbilden.
Dieses »Gaslighting«, wie wir es einmal nennen wollen, ist eine üble Methode, um die Schuld an den eigenen Gefühlen und Problemen auf andere zu übertragen. Die völlige Verunsicherung des Partners wird in Kauf genommen. So ein Verhalten ist sehr destruktiv.
Einige Bindungsphobiker wenden diese Strategie an, weil sie die eigenen Schuldgefühle nicht ertragen können. Sie möchten die Beziehung beenden, aber Schuld haben soll ein anderer. Sie wollen nicht selbst die Verantwortung übernehmen, sondern sich – und ihren Partner – in dem Glauben wiegen, daß er es ist, der Probleme hat, damit sie sich wegen des schlimmen eigenen Verhaltens nicht solche Vorwürfe machen müssen.
Die Geschichte der 44jährigen Gloria ist ein gutes Beispiel für »Gaslighting« mit bindungsphobischem Hintergrund:
»Lennie hat mich völlig überrollt. Schon bei unserer ersten Begegnung hat er mir gesagt, ich sei die Frau seines Lebens. Alles, was ich tat, fand er wunderbar. Sicherlich war er unrealistisch, aber wir waren beide über 40, und da konnte ich ja wohl davon ausgehen, daß er wenigstens ein bißchen über

seine Gefühle Bescheid wußte. Ein halbes Jahr später haben wir geheiratet.

Schon einen Monat nach der Hochzeit war er völlig verändert. Er eröffnete mir, daß er mich nicht mehr so liebte wie am Anfang, weil ich angeblich eine schlechte Hausfrau war. Ich versuchte ihm klarzumachen, daß er zu hohe Maßstäbe anlegte. Ich bin nicht die beste Hausfrau der Welt, aber die schlechteste auch nicht. Außerdem waren wir beide berufstätig – er hat aber weder im Haushalt mitgeholfen, noch haben wir uns eine Putzfrau genommen. Lennie konnte sich gar nicht mehr über meine Schlampigkeit und einige andere Dinge, die ich seiner Meinung nach falsch machte, beruhigen.

Ich merkte, daß er nicht mehr Herr seines Handelns war, und deutete vorsichtig an, daß seine Reaktion vielleicht mehr mit unserem Zusammenleben zu tun hatte als mit dem Staub auf den Möbeln. Er erklärte mich für verrückt und sagte mir, ich sei es, die ein Problem hätte, und ich würde versuchen, ihn zu vertreiben. Ich wollte mit ihm zur Eheberatung gehen, aber dazu war er nicht bereit. Er weigerte sich kategorisch, auch nur darüber nachzudenken, ob er nicht ein Problem haben könnte, und wies auch jede Mitarbeit im Haushalt weit von sich. Wenn er abends nach Hause kam, fing er an, auf den Schränken nach Schmutz zu suchen. Einmal beschimpfte er mich als dummes, dreckiges Luder. Ich fing an zu weinen und forderte ihn auf, das Haus zu verlassen. Das nahm er als Beweis, daß ich ihn schon immer loswerden wollte.«

Einige Menschen mit Bindungsproblemen nehmen die eigenen Ausreden und Manipulationen für bare Münze. Ihre Unentschlossenheit und die Schuldgefühle deswegen sind so tief verschüttet, daß sie sich ihrer wahren Gefühle gar nicht bewußt werden. Sie empfinden weder Schuld noch Scham oder Reue, nur Zorn. Solche Menschen befinden sich in einem Zustand, in dem sie die eigene Realität zutiefst verleugnen. Ihnen fehlt der Zugang zu ihren Problemen ganz und gar, so daß sie nicht einmal merken, daß sie welche haben. Und das läßt sie so überzeugend wirken, daß es für alle Außenstehenden schwer ist, ihnen keinen Glauben zu schenken – was sie um so gefährlicher macht.

In diesem Zustand ist ihnen kaum beizukommen. Die Beziehungen sind verunsichernd, enttäuschend und verletzend. Heilung kann nur von der Erkenntnis dessen kommen, was wirklich geschehen ist.

Die folgenden Aussagen stammen von Menschen, denen »Gaslighting« widerfahren ist.

»Er tat alles, um mich zur Weißglut zu bringen. Wenn ich dann ausgerastet bin, sagte er, er könnte nicht mit jemandem zusammen sein, der sich nicht beherrschen kann.«

»Sie tat alles Erdenkliche, um mich eifersüchtig zu machen. Wenn ich dann die Beherrschung verlor, erklärte sie mir, sie könnte nicht bei mir bleiben, weil ich zu eifersüchtig wäre.«

»Sie tat alles, um mich zu verunsichern, und meinte dann, ich wäre ihr zu unsicher für eine Beziehung.«

»Er tat, was er nur konnte, um mich wütend zu machen, und sagte dann, ich hätte zuviel Wut in mir.«

Wenn Distanz vorprogrammiert ist

Wenn Sehnsucht das Herz erfüllt, ist kein Platz für das Gefühl, eingeengt zu sein oder in der Falle zu sitzen. Deshalb ist es für einige Männer und Frauen leichter, sich in jemanden zu verlieben, der ganz weit weg ist. Sicher, man fragt sich, ob das Wort Liebe für solche Affären angebracht ist und in wen oder was sich diese Menschen eigentlich verlieben. Aber auf jeden Fall ist das Gefühl stark, solange es da ist.

Manche Menschen scheinen ein schon beinahe unheimliches Geschick zu haben, sich immer ausgerechnet in jemanden zu verlieben, der demnächst in eine weit entfernte Stadt oder gar ein anderes Land zieht. So haben sie grünes Licht für ihre schönsten Phantasien, können auf anmutigste Weise um die

Gunst des anderen werben und sich von ganzem Herzen diesem flüchtigen Traumbild einer Beziehung hingeben. Der Rahmen ist dafür ideal. Ist es dann soweit, daß der andere fortzieht, verzehrt sich der Zurückgelassene vor Kummer und läßt sich von Freunden trösten. Arme Alice (oder armer Alex), denken alle, immer muß ihr (ihm) so etwas passieren. Ob sie (er) wohl auch mal jemanden kennenlernen wird, der nicht auf gepackten Koffern sitzt?

Bei Beziehungen mit vorprogrammierter Distanz ist eher anzunehmen, daß man sich in eine Wunschvorstellung verliebt, statt in die nüchterne Realität. Aus der Distanz gibt jeder Partner ein perfekteres Bild ab als aus der Nähe. Jedes Zusammensein kommt einem schöner vor. Die Höhepunkte sind viel, viel höher. Und die Tiefpunkte entgehen einem entweder oder sie sind so abgrundtief, daß sie die Liebenden zusammenrücken lassen.

Es gibt viele Möglichkeiten, in eine Beziehung Distanz einzubauen, und nicht immer geht es dabei gleich um viele Kilometer. Was versteht man darunter, daß jemand »auf Distanz« ist? Ob es sich um den Geliebten handelt, der in einem anderen Kontinent lebt, um den Ehepartner tagsüber im Büro oder um einen nicht ansprechbaren Gemahl im Zimmer nebenan – alle Situationen haben gemein, daß der Partner für Sie nicht verfügbar ist.

Und was geschieht in der Praxis, wenn man sich einen Partner aussucht, der »auf Distanz« lebt? Der typische Ablauf ist so: Zuerst geht es einem gut, weil die Distanz die Phantasie anregt und zugleich die Bedrohung mindert, die von Nähe ausgeht. Man fühlt sich sicher. Niemand versucht, einem Fesseln anzulegen. Dadurch gewinnt man die Fähigkeit zum Loslassen. Man empfindet Sehnsucht, Verliebtheit und Lust. Sich zu öffnen, Gefühle und auch Verletzlichkeit zuzulassen, fällt gar nicht schwer. Zusammen ergibt das eine ungemein intensive Beziehung – Glückseligkeit für ein ganzes Leben, verdichtet auf den Zeitraum weniger Monate, Wochen oder gar nur Tage. Und ehe man sich's versieht, steht man am Flughafen, mit Tränen in den Augen und einem Taschentuch in der Hand.

In einer Beziehung, in der Distanz von vornherein da ist, stellt sich früher oder später das Problem, daß sie einem der Beteiligten zu groß ist. Er oder sie will mehr Nähe. Mögen sich auch die Gefühle des einen Partners geändert haben, so ist doch die Grundlage der Beziehung unverändert. Die Entscheidung für eine Beziehung mit vorprogrammierter Distanz bringt deshalb auf die Dauer fast immer Probleme.

Distanz durch Traumpartner

»Meine Schwester ist wirklich eine tolle Frau, aber irgendwie ist sie auch verrückt. Sie verliebt sich andauernd in Männer aus dem Fernsehen oder in irgendwelche Typen, die sie beim Einkaufen in einem Laden sieht. Ihr letzter großer Schwarm war ein Schwuler aus ihrer Firma. Wenn sich jemand für sie interessiert, beachtet sie ihn nicht einmal. Sie hat noch an jedem ledigen Mann, der für sie in Frage käme, etwas auszusetzen gefunden. Mein Ehemann ist für sie ein Trottel, weil er sich nur um seine Familie kümmert.«
Kelly

Kellys Schwester hat die Distanz, die sie braucht, in ihrer Phantasie gefunden. Was macht einen Traumpartner so begehrenswert? Warum fällt es so leicht, sich gerade mit ihm einzulassen? Sind es die Lobeshymnen in den Klatschspalten? Sind es die Hüften und Taillen, die man im Fernsehen von ihm sieht? Bestimmt nicht. Vielmehr besteht die größte Attraktivität gewisser Männer und Frauen darin, daß sie absolut und unleugbar für eine Beziehung nicht in Frage kommen. Die Distanz zu ihnen ist so groß, daß es völlig ungefährlich ist, sich schöne Gedanken über sie zu machen. Die Frage einer realen Bindung wird sich mit Gewißheit nie stellen.

Distanz trotz Ehe

Viele Männer und Frauen mit schweren Bindungsproblemen heiraten. Man sollte ihre Zahl nicht unterschätzen. Die Probleme gehen davon nicht weg, in der Regel werden sie sogar noch größer – erheblich größer. Und natürlich werden sie hinter geschlossenen Türen gehalten, unter dem Deckmantel des Eheversprechens.

Viele Männer und Frauen, mit denen wir gesprochen haben, berichteten davon, wie sich ihre Partner nach der Heirat von einem Dr. Jekyll in einen Mr. Hyde verwandelten. Viele sahen Dr. Jekyll nie wieder. Die vor der Hochzeit erkennbaren Bindungsprobleme waren nichts im Vergleich zu denen, die sich hinterher einstellten. Soviel zu dem Trugbild »Wenn ich ihn nur vor den Altar kriegen könnte«.

Das Schlimme an Bindungsproblemen bei Verheirateten ist, daß man sie dort am allerwenigsten vermutet, weil man glaubt, Menschen, die sich nicht binden können, würden nicht heiraten. Doch weit gefehlt. Heiraten muß nichts mit innerer Bindung zu tun haben. Man kann heiraten und trotzdem weiter an der Beziehung zweifeln, andererseits in jemandem, der nie ein Stück Papier unterschrieben hat, den treuesten Partner der Welt finden. Wie äußern sich Bindungsprobleme bei Verheirateten konkret? Die Antwort ist leicht: durch die Schaffung von Distanz.

Der Ehegatte, der fremdgeht, der Workaholic, der erst spät abends nach Hause kommt, der Partner, der sich weiter nach einer alten Flamme sehnt, der Kopf hinter der Zeitung am Frühstückstisch, der Kloß auf dem Sofa, der nur den Fernseher sieht, der Herumtreiber, der Nacht für Nacht mit seinen Freunden loszieht. Es gibt so viele Möglichkeiten, auch in der Ehe Distanz zu wahren – man braucht nicht einmal das Haus zu verlassen.

Beim Gespräch über Ehe und Bindung geraten Männer schnell ins Schußfeld der Kritik. Man hört, wie sie Verlobungen aufkündigen, ihre Bräute am Altar stehenlassen und einfach nicht

»erwachsen werden«. Oder wie sie jede freie Minute mit ihren Freunden verbringen. Bis vor kurzem wurde fast nie von Frauen berichtet, die beim Gedanken ans Brautkleid in Panik geraten.

Geschichten über die bange Braut und die klaustrophobische Ehefrau hatten früher in der Tat Seltenheitswert. Inzwischen sind sie jedoch nichts Besonderes mehr. Ob es sich um Frauen handelt, die erst jetzt bereit sind, über ihre Gefühle zu reden, oder um ein neues Phänomen, in dem der Wandel unserer Gesellschaft Ausdruck findet, läßt sich nicht mit Gewißheit sagen. Vermutlich handelt es sich um eine Kombination aus beidem.

Aus den Gesprächen, die wir mit Frauen geführt haben, wissen wir, daß viele sehr überrascht sind, wenn sie entdecken, daß sie Bindungsprobleme haben, obwohl sie doch verheiratet sind. Oft versuchen sie, kleine Bereiche für sich abzugrenzen, in denen ihr Partner nichts zu suchen hat. So berichtete eine geschiedene Frau, daß sie während ihrer Ehe viel Zeit mit dem Versuch verbrachte, Distanz zu ihrem Mann zu gewinnen. Dazu schloß sie sich beispielsweise im Bad ein, um sich bei einer Zigarette abzuregen. Zur gleichen Zeit ging der Ehemann vor dem Fernseher auf Tauchstation. Nach ihrer Schilderung gingen beide die meiste Zeit irgendwelchen Beschäftigungen nach, von denen der andere bewußt ausgeschlossen war.

Probleme, Probleme, Probleme

Wie läßt sich das Verhalten eines Menschen mit Bindungsproblemen treffend beschreiben? Es ist seltsam, widersprüchlich, verblüffend, liebenswert. Es ist charmant und bösartig. Leidenschaftlich und gleichgültig. Immer ist es absolut verständlich, wenn man nur eine Regel im Sinn behält: Männer und Frauen mit ausgewachsenen Bindungsproblemen können

weder ja noch nein sagen. Sich festzulegen bedeutet »Freiheit adieu«, bedeutet Tod; einem geliebten Menschen Lebewohl zu sagen, bedeutet das gleiche. Auch damit legt man sich fest, nämlich darauf, jemanden für immer zu verlieren. So oder so ist man in Schwierigkeiten.
Das ist auch der Grund, warum viele lieber schweigen oder Formulierungen wie »Vielleicht... ich bin nicht sicher... ich brauche mehr Zeit... morgen sag ich dir Bescheid... vielleicht bin ich in einem Jahr soweit... Ich will, daß es mit uns klappt, aber ich brauche etwas Distanz... Ich liebe dich, weiß aber nicht, was in Zukunft sein wird« gebrauchen – klassische Aussagen mit dem Zweck, einen klaren Entschluß zu vermeiden. Ein definitives Nein löst die gleichen Gefühle aus wie ein Ja. Es steht für Endgültigkeit, für das Zuschlagen von Türen.

Teil 2

Ängste verstehen und Problemen offen entgegentreten

7
Das eigene Verhalten durchschauen

Probleme, sich zu binden und damit festzulegen, beeinflussen nicht nur das Liebesleben. Sie machen sich bei allen anstehenden Entscheidungen bemerkbar, gleich, ob es sich um Ihre berufliche Zukunft, Geldausgaben oder Freundschaften handelt. Beim Heiraten geht es – wie beim Kauf eines Autos oder Computers – darum, sich *für einen* Partner *gegen alle anderen* Möglichkeiten zu entscheiden.

Nirgendwo steht geschrieben, daß man sich auf irgend etwas festlegen muß, sei es eine Person, eine politische Richtung, einen Zeitplan oder auch nur eine größere Anschaffung, und niemand sagt, daß es nicht völlig normal ist, wenn einem solche Entscheidungen Probleme bereiten. Allerdings überlassen Sie Ihren Ängsten mehr Macht als nötig, wenn Sie Ihre Probleme, Unsicherheiten und typischen Verhaltensmuster unbeachtet lassen.

Niemand muß sich binden

Wir wollen Ihnen nicht vorschreiben, ob Sie sich binden sollen oder nicht und ob eine feste Bindung gut oder schlecht für Sie wäre. Zweck ist vielmehr, Ihnen Ihre Probleme ins Bewußtsein zu rufen, damit Sie keine Entscheidungen treffen, die Sie später bereuen müssen. Uns geht es darum, Sie in Ihrem Privatleben vor Schiffbruch zu bewahren. Sie sollen ein Gespür dafür bekommen, welche Menschen Sie sich typischerweise als Partner aussuchen und warum. Es geht uns auch darum, daß Sie mit Ihren Problemen umzugehen lernen, ohne andere unnötig zu verletzen. Sie sollen herausfinden, wovor Sie eigentlich weglaufen und wohin. Dabei wollen wir auch genauer betrachten, ob Sie außer in Ihrem Liebesleben noch in anderen Bereichen Probleme haben. Am Ende sollen Sie selbst entscheiden können, welche Ihrer Verhaltensweisen problematisch sind und was Sie dagegen tun können.

Frühere Beziehungen

Haben Sie zur Zeit gerade eine Beziehung? Wie verläuft sie? Wie waren Ihre früheren Beziehungen? Welche Erwartungen haben Sie an die Zukunft? Eine solide Grundlage für konstruktive Veränderungen gewinnt man am ehesten, wenn man sich einigermaßen gründlich mit den Erfahrungen beschäftigt, die man gesammelt hat. Dabei wollen wir Ihnen mit Fragen nach Ihren Entscheidungen, Ihren Interessen, Ihrem konkreten Handeln in der Vergangenheit helfen.
Wir müssen hierbei wirklich ins Detail gehen. Legen Sie sich Papier und Stift für Ihre Antworten bereit.

Bevor es losgeht

Die Erinnerung an Erlebtes ist nicht immer angenehm. Jeder Mensch macht Fehler, und fast niemand bleibt von schlimmen Erlebnissen, Trauer und Schmerz verschont. Am liebsten würde man diese negativen Erfahrungen inklusive der Rolle, die man selbst darin gespielt hat, vergessen, was nur zu verständlich ist. Der einzige Grund, warum wir die Vergangenheit wieder ausgraben, besteht darin, daß Sie für die Zukunft daraus lernen können. Zunächst einmal sollen Sie ein besseres Gespür dafür bekommen, wie Sie sich in Beziehungen typischerweise verhalten.

Haben Sie, was feste Bindungen angeht, eher ein aktives oder passives Verhaltensmuster?

Jeder Mensch besitzt die Fähigkeit zu beiden Verhaltensvarianten – im Einzelfall geben der jeweilige Partner und die Umstände den Ausschlag. Trotzdem tendiert jeder Mensch eher in die eine oder in die andere Richtung, generell neigen Frauen immer noch häufiger zu einem passiven und Männer zu einem aktiven Verhalten. Lassen Sie die Beziehungen, die Sie in Ihrem Leben eingegangen sind, Revue passieren. Welches Verhaltensmuster kommt Ihnen am bekanntesten vor?

Sind Sie der aktive Partner?

1. Haben Sie wiederholt jemandem den Hof gemacht – oder sich stürmisch verliebt – und die Person später wieder abgewiesen?
2. Haben Sie zwiespältige Gefühle gegenüber einer festen Bindung oder eindeutige Angst davor?
3. Sind Sie davon überzeugt, daß irgendwo ein »idealer« Partner auf Sie wartet, der Ihnen helfen wird, diese Angst zu überwinden?
4. Haben Sie häufig das Bedürfnis nach Distanz in Ihren Beziehungen?
5. Haben Sie einigen Ihrer »Verflossenen« mit Ihrer negativen Einstellung zu einer festen Bindung weh getan?
6. Finden Sie häufig um so mehr Fehler und Gründe, die gegen eine feste Bindung sprechen, je intensiver eine Beziehung wird und je mehr Nähe sich darin entwickelt?
7. Sind Sie in Beziehungen die- oder derjenige, der das Sagen hat, z. B. über die Häufigkeit der Rendezvous?
8. Lösen Erwartungen, die man an Sie richtet, bei Ihnen das unangenehme Gefühl aus, in der Falle zu sitzen?
9. Sorgen Sie, nachdem eine Beziehung aus dem Anfangsstadium heraus ist, bewußt dafür, daß Ihr Partner nicht so hohe Erwartungen an Sie stellt?

10. Lassen Sie nach dem Ende einer Beziehung kaum Zeit verstreichen, bis Sie einen neuen Partner suchen?
11. Bekommen Sie in Beziehungen leicht das Gefühl, daß jemand in Ihr Revier eindringt?

Aktive Vermeider werden die meisten, wenn nicht alle dieser Fragen mit ja beantworten. Passiven Vermeidern dürfte es mit den folgenden Fragen nicht anders gehen.

Sind Sie der passive Partner?

1. Haben Sie sich immer wieder mit Partnern eingelassen, deren Bindungsprobleme auf der Hand lagen?
2. Verbringen Sie viel Zeit mit Träumereien über Beziehungen mit Expartnern oder Personen, die für Sie nicht »zu haben« sind?
3. Sind Sie oft in Menschen verliebt, die erkennbar ungeeignet oder für Sie nicht »zu haben« waren?
4. Geht es Ihnen häufig mehr um eine Beziehung an sich als um den Menschen?
5. Empfinden Sie die Bande zu einem Partner stärker, wenn er weit weg oder anderweitig liiert ist, als wenn er neben Ihnen sitzt?
6. Haben Sie so viel Angst davor, in einer langweiligen Durchschnittsbeziehung »festzusitzen«, daß Sie zu Partnern neigen, die mehr Spannung und Abenteuer erwarten lassen, dafür aber vielleicht einen weniger soliden Lebenswandel pflegen?
7. Reizt Sie die Herausforderung, das Verhalten eines schwierigen Partners zu ändern?
8. Neigen Sie dazu, sich nach dem Ende einer Beziehung übermäßig lange Ihrem Kummer hinzugeben?
9. Warten Sie auf ein Wunder in Ihrem Liebesleben?
10. Weigern Sie sich, die nötigen Schritte zu tun, um geeignete Partner kennenzulernen, die für Sie auch »zu haben« sind?
11. Sperren Sie sich dagegen, daß sich eine engere Beziehung

erst nach und nach entwickelt, wenn es einem Partner nicht gleich bei der ersten Begegnung gelingt, Ihr Herz zu erobern?
12. Wußten Sie bei vielen Beziehungen tief im Inneren schon ganz am Anfang, daß auf die Dauer nichts daraus werden konnte?

Wissen Sie noch, was in Ihren ehemaligen Beziehungen geschah?

Man kann nicht aus der Vergangenheit lernen, wenn man sich an das Geschehene nicht erinnert. Deshalb wollen wir uns nun mit den wichtigsten Liebesbeziehungen in Ihrem Leben, einschließlich unerfüllter Schwärmereien, näher beschäftigen. Am besten fangen Sie mit der Beziehung an, die für Sie am wichtigsten war, und arbeiten sich dann in absteigender Reihenfolge weiter vor. *Beschäftigen Sie sich mit Ihrer aktuellen Beziehung erst, wenn Sie mit der Vergangenheit ganz fertig sind.*

Versuchen Sie sich zu erinnern, wie jede dieser wichtigen Beziehungen begann, und beantworten Sie die folgenden Fragen nacheinander für jede der Personen auf Ihrer Liste. Wahrscheinlich benötigen Sie dafür mehrere Seiten. Lassen Sie sich Zeit. Versuchen Sie nicht, alles auf einmal zu erledigen.

1. Wie haben Sie zuerst auf diese Person reagiert?
2. Wie hat diese Person Ihrer Meinung nach zuerst auf Sie reagiert?
3. Falls Sie sich am Anfang gar nicht so stark zu der Person hingezogen fühlten: Wissen Sie noch, wie es zu Ihrem Sinneswandel kam?
4. Waren Sie am Anfang eher Verehrer(in) oder Verehrte(r)?
5. War die Person für Sie der richtige Partner oder nicht? Warum?
6. Kam die Person für eine feste Beziehung in Frage oder nicht? Aus welchen Gründen?
7. Betrachten Sie die Beziehung einmal aus der Sicht des an-

deren. Waren Sie für sie oder ihn der richtige Partner? Warum? Warum nicht?

8. Kamen Sie für eine feste Beziehung in Frage? Wenn nicht, warum nicht?
9. Wie änderten sich Ihre Gefühle für diese Person im Laufe der Beziehung?
   - Was empfanden Sie am Anfang der Beziehung?
   - Was empfanden Sie in der mittleren Phase?
   - Was empfanden Sie am Ende?
   - Was empfanden Sie unmittelbar nach dem Ende der Beziehung?
   - Was empfanden Sie, nachdem einige Zeit verstrichen war?
10. Warum änderten sich Ihre Gefühle in jeder Phase (sofern zutreffend)?
11. Gab es irgendwelche Wendepunkte, an die Sie sich erinnern? Welche waren das?
12. Wie haben sich die Gefühle, die diese Person für Sie empfand, im Laufe der Beziehung in Ihren Augen verändert? Warum war das wohl so?
13. Hatten Sie zu Beginn der Beziehung bestimmte Vorbehalte? Wenn ja, welche?
14. Zählen Sie gegebenenfalls alles auf, womit die Person versucht hat, in der Beziehung Distanz herzustellen. Wurden Sie emotional ausgesperrt? Wurden unangemessene Grenzen gezogen? Wurden Sie von wichtigen Bereichen seines/ihres Lebens ausgeschlossen?
15. Zählen Sie die verschiedenen Methoden auf, die Sie angewandt haben, um in der Beziehung Distanz herzustellen oder Grenzen zu ziehen.
16. Wie gut kannten Sie die Person wirklich? Was wußten Sie nicht von ihr?
17. Wie gut kannte die Person Sie? Was wußte sie nicht von Ihnen?
18. Stimmte das Verhalten dieser Person am Anfang, in der mittleren Phase und am Ende der Beziehung mit dem über-

ein, was Sie über sie wußten? Inwiefern unterschied es sich davon?
19. Welche Wünsche hatten Sie in den verschiedenen Phasen an die Beziehung?
- Am Anfang?
- In der mittleren Phase?
- Am Ende?
20. Falls Sie in den einzelnen Phasen unterschiedliche Wünsche hatten: Was bewirkte die Veränderung?
21. Wie ehrlich waren Sie dem anderen gegenüber? Oder konkret: Welche Gefühle oder Dinge haben Sie verheimlicht (falls zutreffend)?
- Am Anfang?
- In der mittleren Phase?
- Am Ende?
22. Wie ehrlich, glauben Sie, war die Person Ihnen gegenüber? Welche Gefühle oder Dinge könnte sie vor Ihnen verheimlicht haben?
- Am Anfang?
- In der mittleren Phase?
- Am Ende?
23. Inwiefern könnten Sie sich in der Beziehung unfair verhalten haben?
24. Inwiefern könnte sich Ihr Partner unfair verhalten haben?
25. Gab es Phasen in der Beziehung, in denen Sie den anderen viel kritisiert haben? Wenn ja, welche?
26. Gab es Phasen in der Beziehung, in denen Ihr Partner viel an Ihnen kritisiert hat? Wenn ja, welche?
27. Welche Phantasien hatten Sie im Hinblick auf die Beziehung? Wie veränderten sie sich im Laufe der Beziehung?
28. Welche Phantasien haben Sie heute im Hinblick auf die Beziehung?
29. Gab es eine Zeit, in der Ihnen die Beziehung stabil, ausgewogen und unbeschwert vorkam? Wie lange hielt dieser Zustand an? Wodurch änderte er sich?

30. Wie lange dauerte es, bis Sie erfuhren, wie Ihr Partner sich in anderen Beziehungen verhalten hatte? Störte Sie irgend etwas daran?
31. Wurden Sie von diesem Partner jemals vor seinem Verhalten in Beziehungen gewarnt?
32. Haben Sie oder Ihr Partner jemals über die eigenen gemischten Gefühle gegenüber einer festen Bindung beziehungsweise über die Angst davor gesprochen?
33. Falls Ihr Partner solche Probleme zur Sprache brachte: Haben Sie ernst genommen, was Sie da hörten?
34. Falls Sie solche Probleme zur Sprache brachten: Hat Ihr Partner Ihrer Ansicht nach ernst genommen, was er da von Ihnen hörte?
35. Wußten Sie irgendwo im Innern die ganze Zeit, daß aus der Beziehung nichts werden konnte, falls sich nicht wesentliche Dinge (Verhalten, Einstellungen) änderten?
36. Was ließ Sie glauben, daß solche Änderungen möglich seien?
37. Ging es Ihnen mindestens ebensosehr um das, was sich aus der Beziehung hätte machen lassen, als um die Realität, wie sie war?
38. Wie würden Sie die Realität der Beziehung im Vergleich zu dem beurteilen, was nach Ihrer Vorstellung daraus hätte werden können?
39. Wie endete die Beziehung? Haben Sie Schluß gemacht? Hat die andere Person Schluß gemacht?
40. Was war der wesentliche Anlaß, der schließlich zum Bruch führte?
41. Falls es mit dem Thema feste Bindung zu tun hatte: Welche sonstigen Probleme hätte es zwischen Ihnen geben können, wenn Sie eine feste Bindung eingegangen wären?
42. Glauben Sie, daß Sie sich in der Beziehung vor psychischem Schaden geschützt haben?
43. Glauben Sie, daß Ihr Partner sich in der Beziehung vor psychischem Schaden geschützt hat?
44. Warum war die Beziehung für Sie wichtig?

45. Zählen Sie auf, wie Sie in der Beziehung besser darauf hätten achten können, keinen psychischen Schaden zu nehmen.

Beantworten Sie alle anwendbaren Fragen auch für Ihren derzeitigen Partner (sofern Sie einen haben).
Stellen Sie danach in einer Liste alle Eigenschaften zusammen, die Ihnen an einem Partner am wichtigsten sind.
Machen Sie dann für jeden Ihrer wichtigsten Partner eine Liste mit dessen Haupteigenschaften.
Was ergibt der Vergleich beider Listen? Welche Folgerungen sind aus einem Mangel an Übereinstimmung zu ziehen?

Wie schnell treffen Sie in anderen Bereichen bindende Entscheidungen?

Bei bindenden Entscheidungen geht es nicht immer um Liebe und Beziehungen, sondern um alle möglichen Dinge im Leben. Wenn Sie sich nicht für einen Partner entscheiden können, werden Sie in vielen anderen Bereichen ähnliche Schwierigkeiten haben. Manche Menschen sind derart überempfindlich, daß jede Faser ihres Körpers »*Nagle mich nicht fest!*« schreit, wenn sie einen Entschluß fassen sollen. Aus Abneigung gegen Entscheidungen, die sich nicht rückgängig machen lassen, und aus Sorge vor verkehrten Entscheidungen und davor, sich Möglichkeiten zu verbauen, sind sie in keinem Bereich ihres Lebens imstande, sich für oder gegen etwas zu entscheiden.
Diese Angst wirkt sehr lähmend. Wird jede noch so unbedeutende Entscheidung ein bißchen wie Sterben erlebt, weil sie die Zahl der Optionen verringert, ist an ein erfülltes Leben nicht zu denken.
In diesem Abschnitt wollen wir uns näher mit dem Kampf derjenigen beschäftigen, die keine Option preisgeben mögen. Kennen Sie das vielleicht von sich selbst? Oder von Menschen, mit denen Sie liiert waren?

Sind Sie unerreichbar?

Hat man sich je darüber beschwert, daß Sie nicht da sind, wenn man Sie braucht? Lassen Sie sich nie auf etwas festnageln? Behalten Sie Ihre Pläne bewußt für sich? Können Ihre Freunde immer auf Sie zählen, oder hat man eher Angst, zuviel von Ihnen zu verlangen?
Menschen mit Bindungsproblemen geben sich oft große Mühe, Freunde und Verwandte auf Distanz zu halten. Auf Offenherzigkeit legen sie keinen gesteigerten Wert. Bei Familienfeiern oder auf Partys halten sie sich möglichst nie lange am selben Ort auf, sondern wandern lieber umher. Sie lassen nicht viele Menschen an sich heran. Selbst bei ihren engsten Freunden sorgen sie dafür, daß Gespräche, in denen es um sie persönlich geht, nicht zu intim werden. Sie verstehen es meisterhaft, schnell das Thema zu wechseln, bevor die Sprache auf ihre wahren Gefühle kommt. Sollte doch einmal jemand einen kurzen Einblick in ihr Innenleben erhalten, ziehen sie sich nicht selten wenig später zurück oder verschwinden spurlos. Viele wollen sich nicht an etwas in der Gegenwart binden, sondern heben sich lieber für etwas Besseres in der Zukunft auf. Was dieses Bessere sein wird, wissen sie aber selbst nicht so genau.
Wie steht es mit Ihnen? Sind Sie unerreichbar? Hassen Sie es, wenn Partner, Freunde und Verwandte Erwartungen an Sie richten, weil Sie sich dadurch eingesperrt vorkommen? Und Ihr Partner? Ändert er oft seine Pläne, hält Verabredungen nicht ein oder kommt zu spät? Damit wird ein deutliches Signal an alle gesendet, und das lautet: *Keine Erwartungen bitte.*

Bleiben Sie am liebsten anonym?

Männer und Frauen mit ernsten Bindungsproblemen hassen die Vorstellung, daß es so aussehen könnte, als ob sie mit irgend jemandem oder irgend etwas fest verbunden wären. Die

Wahrung von Anonymität ist eine weitere Möglichkeit, um die eigene Unabhängigkeit zu erhalten. Betrifft Sie das?
Erfüllt Sie der Gedanke an den Eintritt in einen Verein, als dessen festes Mitglied Sie fortan gelten würden, mit Grauen?
Finden Sie es schwer, Ihre Gedanken zu Papier zu bringen, weil dann jemand anders lesen könnte, was in Ihnen vorgeht?
Würden Sie Briefe am liebsten nicht unterschreiben?
Hätten Sie am liebsten kein Namensschild an Ihrem Briefkasten?
Machen Kassettenrecorder Sie nervös?
Hassen Sie es, photographiert zu werden?
Antworten Sie, wenn man Sie konkret fragt, was Sie tun oder wie Sie zu einer Sache stehen, bewußt unpräzise?
Haben Sie jemals eine enge Beziehung mit jemandem vor Freunden heruntergespielt, weil sie Ihnen nicht standesgemäß erschien und Sie sich nicht danach beurteilen lassen wollten?

Können Sie Pläne machen?

Menschen mit ernsten Beziehungsproblemen schwören auf Spontaneität. Sie können sich schwer vorstellen, für Wochen oder gar Monate im voraus Pläne zu schmieden. Vorhersehbarkeit ist ihnen verhaßt. Alles muß auf die letzte Minute geschehen. Natürlich verpassen sie dadurch manche Chance, aber diesen Preis zahlen sie gern für den Erhalt ihrer Freiheit.
Kommt Ihnen das bekannt vor? Sind Pläne Ihnen ein Graus? Machen Sie immer deutlich, daß Ihre Verabredungen nur vorläufig sind? Sieht es in Ihrem Terminkalender aus wie Kraut und Rüben? Versuchen Sie sich immer für den Fall freizuhalten, daß sich etwas ganz Wichtiges oder Aufregendes ergibt? All das sind klassische Symptome für bindungsphobisches Verhalten.

Wie sieht es beruflich aus?

- Sie sind nie mit Ihrem Arbeitsplatz zufrieden und denken immer an einen Wechsel.
- Sie waren nie längere Zeit in der gleichen Firma.
- Sie wechseln ständig den Standort: von Büro zu Büro, von Stadt zu Stadt oder sogar von Land zu Land.
- Sie waren nie in der Lage, eine Stellung längere Zeit zu halten, sofern es nicht viel Abwechslung gab und Sie große Freiheit genossen.
- Ihre Firma steht auf sehr unsicheren Füßen, so daß Sie nie wissen, ob Sie nächste Woche noch einen Arbeitsplatz haben oder nicht.
- Sie betrachten sich als freier Mitarbeiter, obwohl Sie fest angestellt sind.
- Sie sind selbständig oder freiberuflich tätig und können sich auch nichts anderes vorstellen.
- Sie stehen Ihrer Arbeit innerlich stets etwas gleichgültig gegenüber, ganz gleich, wie lange Sie schon dabei sind.

Außer Ihren Beziehungen ist nichts so aufschlußreich wie Ihr Berufsleben. Wenn Sie Bindungsprobleme haben, werden Sie sich mit einem Arbeitsalltag von neun bis fünf Uhr in einer soliden Firma kaum abfinden können. Eher ist anzunehmen, daß Sie ständig auf der Suche nach dem idealen Beruf oder Job sind, ganz so wie Sie dem idealen Partner hinterherjagen.

Wie wohnen Sie?

Betrachten Sie Ihre momentane Unterkunft als ein Provisorium, unabhängig davon, wie lange Sie schon dort wohnen? Träumen Sie mehr von Ihrer nächsten Wohnung, als daß Sie Ihr gegenwärtiges Quartier als »Zuhause« annehmen? Sind Sie stolz auf Ihre Fähigkeit, von heute auf morgen die Zelte abzubrechen? Gab es eine Phase in Ihrem Leben, in der Sie längere Zeit ein bißchen wie ein Vagabund lebten – sechs Monate hier, ein Jahr da, als Untermieter, bei Freunden, bei

Verwandten? Halten Sie sich für einen »Weltbürger«, frei und ungebunden, und finden Sie es spießig, an einem Ort seßhaft zu werden?
Wie stehen Sie zum *Kauf* eines Hauses oder einer Wohnung? Für manche Menschen geht mit den eigenen vier Wänden ein großer Traum in Erfüllung. Ist es für Sie ein Alptraum? Sicher, die Preise am Immobilienmarkt können auch sinken, so daß Sorgen berechtigt sind. Die eigentliche Frage lautet aber: Ist es der Immobilienmarkt, der Ihnen Angst einjagt, oder der drohende Verlust Ihrer Unabhängigkeit?
Wahrscheinlich haben Sie viele gute Gründe zur Rechtfertigung Ihrer Wohnsituation: Es ist billiger oder unproblematischer, macht weniger Arbeit, ist aufregender und abwechslungsreicher. All diese Erklärungen sind nicht von der Hand zu weisen, dienen aber nach unserer Erfahrung dazu, etwas ganz anderes zu verbergen, nämlich Ihre enorme Furcht bei dem Gedanken, seßhaft zu werden.

Was hängt an Ihren Wänden?

Manche Männer und Frauen mit ernsten Bindungsproblemen signalisieren schon mit der Art ihrer Wohnungseinrichtung, daß sie nicht verfügbar sind. Ein gutes Beispiel dafür sind Schlafgelegenheiten, die sich nur für eine Person eignen, wie schmale Matratzen, ein Schlafsack auf dem Fußboden, ein Einzelfuton oder ein kleines Sofa. Solche »Möbelstücke« machen jedem klar, daß ihr Besitzer lieber allein schläft. Und Sie?
- Wirkt Ihre Einrichtung unvollständig?
- Stehen bei Ihnen noch eingepackte Möbel herum, die Sie zurückgeben wollen, weil Sie es sich anders überlegt haben?
- Sind Ihre Wände so leer wie Ihre (*sehr* leeren) Schränke?
- Haben Sie mehr Möbel auswärts gelagert als im Wohnzimmer stehen?
- Sind Ihre Bücher in Kartons verpackt?

- Sind Sie noch nicht dazu gekommen, Möbel zu kaufen, die zusammenpassen?
- Können Sie sich nicht entscheiden, wo die Bücherregale hinkommen, in welcher Ecke die Couch stehen soll oder wo die Bilder aufgehängt werden sollen?

Wenn das Ihre Situation beschreibt, haben Sie sich noch nicht richtig für Ihre jetzige Wohnung entschieden.

Joe und sein Telefon

Joe hat eine Bindungsphobie der krassesten Sorte. Sein Umgang mit dem Telefon macht es deutlich. Anrufer erfahren nie, ob er da ist, denn er versteckt sich zu Hause hinter seinem Anrufbeantworter und im Büro hinter der Empfangsdame. Für seine Familie ist er nie zu erreichen, und seine Freunde wissen, daß sie ihn nur dann sicher zu fassen bekommen, wenn sie ihn direkt besuchen. Einmal warteten zwölf Anrufe von zwölf verschiedenen Personen auf seinem Anrufbeantworter, und alle hatten exakt den gleichen Inhalt: »Joe, wo bist du?«

Verpaßt Joe seine Freundin und bittet seinerseits um Rückruf, ist er nie dort, wo er zur angegebenen Zeit sein wollte. Die vielen Nachrichten auf seinem Anrufbeantworter ärgern ihn, aber er ruft auch nie zurück, so daß die Anrufer weiter versuchen, ihn zu erreichen. Ist mit einer Freundin Schluß, bittet er die nächste, die Ansage auf das Band zu sprechen. Damit will er sich Exfreundinnen vom Leib halten.

Für Joe ist das Telefon ein Instrument, seine Unnahbarkeit zu signalisieren. Er setzt es perfekt ein. Kommt Ihnen das bekannt vor?

Jünger als der erste Sonnenstrahl

Wir kennen einen Mann, dessen Leben ein einziger Protest gegen das Erwachsenwerden ist. Wie er wohnt, wie er lebt, mit wem er seine Zeit verbringt, die Art seiner Beziehungen, seine

Einstellung zur Arbeit, seine Hobbys – alles ist Ausdruck davon, bloß nicht erwachsen werden zu wollen. Seine Wohnung ist die eines jungen Mannes, seine Kleidung ist jugendlich. Er hat zwei Sorten von Freunden: Die einen sind noch in kindlichem Alter oder wie er von kindlichem Gemüt, die anderen sind elternhaft zu ihm und behandeln ihn wie ihren kleinen Sonnenschein. In seiner Phantasie hat er das Leben noch vor sich wie ein 21jähriger, entsprechend benimmt er sich. Kennen Sie jemanden, auf den das zutrifft?

Bedeuten Haustiere zuviel Verantwortung?

Macht Sie schon der Gedanke verrückt, daß ein Tier Sie zum Überleben braucht? Sie sagen, bei Ihrer Lebensweise wäre es unmöglich, ein Haustier zu halten, aber vielleicht scheuen Sie ja auch bloß die Verantwortung.
Die meisten Menschen, die ein Haustier haben möchten, denken dabei an die Freude, die es ihnen bringt. Für jemanden mit Bindungsproblemen stehen dagegen die Probleme im Vordergrund. Was ist, wenn man es nicht schafft, nach Hause zu kommen und das Tier zu füttern? Was ist, wenn man eine Zeitlang woanders sein möchte? Was ist, wenn man umziehen will und in der neuen Wohnung Haustiere verboten sind? Was macht man, wenn es krank oder alt wird?
Es gibt nicht viele Haustiere, die von ihrem Besitzer nicht wenigstens ein kleines Maß an Bereitschaft zur Übernahme von Verantwortung verlangen. Dieser Verlust an Unabhängigkeit ist für manche Menschen Grund genug, in ihrer Wohnung außer Holzameisen keine Form von Leben zu dulden.

Wie leicht fallen Ihnen größere Anschaffungen?

Bereitet Ihnen der Gedanke an die Anschaffung eines neuen Autos schlaflose Nächte? Besitzen Sie keinen Videorecorder, weil Sie sich nicht entschließen können, welche Ausstattung er haben muß? Verbringen Sie den Sommer zu Hause, weil Sie sich nicht entscheiden können, wo es im Urlaub hingehen soll? All das sind klassische Anzeichen für Bindungsprobleme.

Für Menschen mit regelrechter Bindungsphobie sind größere Anschaffungen eine wahre Qual, und sie verschieben den Kauf nicht selten auf unbestimmte Zeit. Sind Anschaffungen nicht zu umgehen, nimmt das Martyrium seinen Lauf. Was ist, wenn man die falsche Wahl trifft? Was ist, wenn es das gleiche anderswo billiger gibt? Was ist, wenn im nächsten Jahr ein besseres Modell auf den Markt kommt? Was ist, wenn Ihre Bedürfnisse sich ändern? Was ist, wenn...?

Und wie steht es mit alltäglichen Entscheidungen?

Brauchen Sie eine Beruhigungspille, wenn Sie im Restaurant eine zehnseitige Speisekarte vorgelegt bekommen? Jagt Ihnen das Plakat *Letzter Verkaufstag* einen Schauer über den Rücken? Kaufen Sie, wenn ein Pullover in vier verschiedenen Farben zur Auswahl steht, entweder alle oder keinen? Ziehen Sie sich mehrfach um, bevor Sie aus dem Haus gehen? Entscheidungen über Entscheidungen ... und kein Ende in Sicht.

Wenn Sie sich nicht festlegen können, sind die »kleinen« Entscheidungen, die das Leben ständig verlangt, alles andere als klein – sie können Sie schier zur Verzweiflung treiben. Das Anziehen am Morgen, der Einkauf im Supermarkt, die Auswahl von Geschenken, – alles wird schnell zur unlösbaren Aufgabe, jede endgültige Entscheidung zur Qual. Sie treiben Kellner, Verkäufer und Freunde in den Wahnsinn – vor allem aber sich selbst.

Möchten Sie immer alles umtauschen?

Tragen Sie sich mit dem Gedanken, das gerade erstandene Eigenheim wieder zu verkaufen?

Suchen Sie ein neues Zuhause für den Hund, den Sie erst bei sich aufgenommen haben?

Würden Sie das Auto, mit dem Sie eben vom Gelände des Autohändlers gefahren sind, am liebsten wieder zurückgeben?
Wie lange bewahren Sie Quittungen auf, »nur für den Fall eines Falles«? Für Menschen mit ungelösten Bindungsproblemen ist dauernde Reue vorprogrammiert.

Fällt es Ihnen schwer, sich von alten Sachen zu trennen?

Sind Ihre Schränke vollgestopft mit alter Kleidung? Platzen Ihre Aktenordner aus allen Nähten? Besitzen Sie Kartons voll mit Gegenständen, an die irgendwelche Erinnerungen geknüpft sind und die Sie nicht wegwerfen können, obwohl Sie wissen, daß das meiste Ramsch ist? Das Unvermögen, sich von solchen Dingen zu trennen, ist nicht nur ein Zeichen für einen sentimentalen Charakter, sondern deutet auch klar auf Bindungsprobleme hin.
Trennt man sich von etwas, ist es für immer fort, und dieses »für immer« können Bindungsphobiker nicht aushalten. Abschied zu nehmen, und sei es von einem alten Hemd – löst in ihnen starke Ängste aus.

Wie stehen Sie zum Kinderkriegen?

Die Frage, ob Kind oder nicht, kann in Beziehungen bekanntlich Krisen auslösen. Die Vorstellung von Nachwuchs scheint zu sehr an die Furcht gekoppelt zu sein, daß den Eltern damit Fesseln angelegt werden. Doch wir haben in den vielen von uns geführten Gesprächen festgestellt, daß gerade Männer und Frauen mit Bindungsproblemen die Elternrolle besonders ernst nehmen.
Während Kinder in den Augen mancher Menschen mit Bindungsphobie der letzte Sargnagel sind, haben viele ihrer Leidensgenossen weitaus weniger Angst, sie können sich im Gegenteil gar nicht vorstellen, auf das Vater- beziehungsweise

Mutterwerden zu verzichten. Das stellt für sie eine zeitlich befristete Bindung dar – keine, die für immer und ewig fortbesteht. Und damit können sie viel leichter leben.

Wissen Sie genau, daß Sie Kinder haben wollen, sind sich aber nicht ganz sicher, ob Sie mit dem anderen Elternteil zusammenbleiben wollen? Sind Sie, falls Sie schon Kinder haben, mit Leib und Seele Vater beziehungsweise Mutter oder empfinden Sie die Verantwortung als Last? Leben Ihre Kinder mit Ihnen unter einem Dach? Sind Sie ihre Hauptbezugsperson? Bereitet es Ihnen Freude, das Aufwachsen Ihrer Kinder mitzuerleben, oder zählen Sie die Tage, bis sie aus dem Haus gehen werden? Vielleicht trifft alles ein bißchen zu, was kein Wunder ist, denn bei Bindungsproblemen geht es um einen Konflikt.

Was geht in Ihnen vor?

Nach außen wirken Sie vielleicht ganz gefestigt, aber in Ihrem Inneren ist überhaupt nichts klar, und Sie haben immer einen Ausweg aus allen Lagen parat. Überhaupt ist es Ihnen nur wegen der raffinierten Fluchtpläne, die Sie ständig schmieden, möglich, feste Verpflichtungen einzugehen. Daß Ihnen die Bindungsphobie nicht auf die Stirn geschrieben steht, heißt noch lange nicht, daß Sie keine haben. Der einzige Beweis liegt fest verschlossen in Ihnen selbst. Auch wenn Sie es noch so meisterhaft verstehen, Ihre Ängste zu verbergen – Sie wissen, daß sie da sind – und nur das zählt letztlich.

Wenn Sie die Fragen in diesem Kapitel ehrlich beantwortet haben, müßten Sie jetzt eigentlich ein recht gutes Gespür dafür haben, wie es mit Ihnen steht. Das ist die Voraussetzung dafür, Änderungen zum Positiven in Angriff zu nehmen.

8
Eigene Gefühle und Ängste erforschen

Bindungsangst – eine Liste von Bestandteilen

Die Angst, sich festzulegen, besteht aus einer komplizierten Mischung aus Unsicherheiten, Befürchtungen und Sorgen, die sich in Zusammensetzung und Intensität bei jedem anders darstellt. Um zu verstehen, was für Sie selbst (oder einen Ihrer Partner) angsterregend ist, müssen Sie ein Gespür für die zahlreichen emotionalen Auslöser entwickeln, die als Zutaten in Ihrem ganz persönlichen Angstrezept enthalten sind.
Wir meinen, daß die Flucht vor bindenden Entscheidungen durch alle Elemente und Vorgänge in einer Beziehung, die Unbehagen oder Streß erzeugen, ausgelöst werden kann.
Arbeiten Sie den folgenden Fragenkatalog durch. Denken Sie bei der Beantwortung der Fragen daran, daß Ihnen zwar jede einzelne der aufgeführten Ängste vage oder unwichtig vorkommen mag, sie aber, wenn sie unbeachtet bleiben oder vereint mit anderen auftreten, große Bedeutung in Ihrem Leben gewinnen können. Es handelt sich um die emotionalen Komponenten der Bindungsangst. Wie oft haben Sie diese Gefühle?

1. Ich habe Angst, daß mich niemand will, weil ich nicht perfekt bin.
Nie _____ Manchmal _____ Immer _____

2. Ich habe Angst, daß ich keinen Partner finde, der perfekt ist.
Nie _____ Manchmal _____ Immer _____

3. Ich habe Angst, daß ich von anderen nach meinem Partner beurteilt werde.
Nie _____ Manchmal _____ Immer _____

4. Ich habe Angst, nicht mehr tun oder lassen zu können, was ich will und wann ich es will.
Nie _____ Manchmal _____ Immer _____

5. Ich habe Angst, meine sexuelle Freiheit zu verlieren.
Nie _____ Manchmal _____ Immer _____

6. Ich habe Angst vor Langeweile.
Nie _____ Manchmal _____ Immer _____

7. Ich habe Angst, daß ich es mir irgendwann anders überlege, dann aber im Käfig sitze.
Nie _____ Manchmal _____ Immer _____

8. Ich habe Angst, daß ich mich von den Kompromissen und Verpflichtungen eingeengt fühle, die eine feste Bindung mit sich bringt.
Nie _____ Manchmal _____ Immer _____

9. Ich habe Angst, meine Individualität zu verlieren.
Nie _____ Manchmal _____ Immer _____

10. Ich habe Angst, unter die Kontrolle eines anderen zu geraten.
Nie _____ Manchmal _____ Immer _____

11. Ich habe Angst, die Kontrolle zu verlieren.
Nie _____ Manchmal _____ Immer _____

12. Ich habe Angst, daß mein Traum von der großen Liebe nicht in Erfüllung geht und ich am Ende nicht den Partner finde, den das Schicksal für mich bestimmt hat.
Nie _____ Manchmal _____ Immer _____

13. Ich habe Angst vor dem Älterwerden.
Nie _____ Manchmal _____ Immer _____

14. Ich habe Angst, daß mein Leben in engen Bahnen verläuft und ich sterbe, ohne richtig gelebt und getan zu haben, was ich eigentlich wollte.
Nie _____ Manchmal _____ Immer _____

15. Ich habe Angst, so sehr zu lieben, daß mir etwas Schreckliches zustoßen wird.
Nie _____ Manchmal _____ Immer _____

16. Ich habe Angst, daß die Menschen, die mir etwas bedeuten, herausfinden, wofür ich mich schäme, und mich deshalb ablehnen werden.
Nie _____ Manchmal _____ Immer _____

17. Ich habe Angst davor, von jemandem abhängig zu sein.
Nie _____ Manchmal _____ Immer _____

18. Ich habe Angst vor der Abhängigkeit eines anderen von mir.
Nie _____ Manchmal _____ Immer _____

19. Ich habe Angst, in der Liebe noch einmal einen Fehler zu begehen.
Nie _____ Manchmal _____ Immer _____

20. Ich habe Angst davor, mein Leben noch komplizierter zu machen und mir noch mehr Probleme zu schaffen.
Nie _____ Manchmal _____ Immer _____

21. Ich habe Angst, ein Leben aufzugeben, das mir gefällt, so wie es ist.
Nie _____ Manchmal _____ Immer _____

22. Ich habe Angst, mein Geld mit jemandem teilen zu müssen.
Nie _____ Manchmal _____ Immer _____

23. Ich befürchte, daß meine Lebensumstände zur Zeit keinen Raum für einen anderen Menschen lassen.
Nie _____ Manchmal _____ Immer _____

24. Ich habe Angst vor der Verantwortung, die mit Ehe und fester Beziehung einhergeht.
Nie _____ Manchmal _____ Immer _____

Soweit unsere tieferen Empfindungen und Ängste im Hinblick auf feste Beziehungen. Um zu verstehen, wie weit jede einzelne Ihre Einstellung beeinflussen kann, müssen wir sie analysieren.

Vier Kategorien von Bindungsängsten

Das Spektrum der Bindungsängste ist breit. Einige haben direkt mit der menschlichen Natur zu tun und sind Ausdruck von Gefühlen, die jeder kennt. Bei anderen handelt es sich um individuelle Ängste, die das Resultat persönlicher Erlebnisse und Erfahrungen sind. Wieder andere beruhen auf Wunschvorstellungen und werden von dem genährt, was uns die Medien und Hollywood vorspielen. Nach unserer Auffassung lassen sich Bindungsprobleme in vier Kategorien gliedern:
- Narzißtische Bindungsprobleme
- Klaustrophobische Bindungsprobleme
- Allgemeine Bindungsprobleme
- Durch besondere Umstände bedingte Bindungsprobleme

Narzißtische Bindungsprobleme

»Nobody's Perfect« – Die Weltsicht des Narzißten

Sind Sie zu kritisch?
Halten Sie kritischer Betrachtung stand?
Wir unterscheiden zwei grundlegende narzißtische Bindungsprobleme. Das erste ist den meisten von uns vertraut, nämlich die Sorge, ob der eigene Partner wirklich erste Wahl für uns ist

oder nicht. Das zweite besteht aus der Furcht, *man selbst* könne den Erwartungen anderer nicht genügen. So oder so betrifft Narzißmus fast jeden von uns, und ein paar Hinweise, wie narzißtische Neigungen Beziehungen sabotieren, dürften nicht schaden.

Das Streben nach Perfektion

Jeder kennt die Geschichte von dem schönen Jüngling Narziß, der sich beim Blick in den Teich derart in sein Spiegelbild vertiefte, daß er hineinfiel und ertrank. *Narzißmus* ist ein sehr negativ belasteter Begriff, der gleich an die Eitelkeit in Person denken läßt, die vor dem Spiegel steht und sich herausputzt. Das Bild ist nicht unbedingt zutreffend. Die moderne Gesellschaft mit ihrer Betonung des schönen Scheins hat es fertiggebracht, aus allen Menschen mehr oder weniger große Narzißten zu machen. Sind wir nicht alle damit aufgewachsen, Perfektion von anderen und von uns selbst zu erwarten?

Narzißtische Züge sind also überhaupt nichts Neues, aber die wenigsten von uns machen sich Gedanken darüber, was es heißt, sie an sich selbst oder seinem Partner zu entdecken. Die Art, wie Narzißmus die Entwicklung beziehungsweise Stagnation einer Beziehung beeinflußt, steht mit Bindungsproblemen in engem Zusammenhang. Während die einen immerfort nach Perfektion streben, verkörpern andere die Kehrseite der Medaille und leiden permanent an der Angst, die eigenen Unzulänglichkeiten könnten ans Licht kommen.

Narzißt zu sein, geht weit über die Verliebtheit ins eigene Spiegelbild hinaus. Es bedeutet im Grunde, daß man seinem Bild beziehungsweise dem Image, das man anderen präsentiert, näher steht als dem eigenen Wesen. Nicht bewußt ist einem dabei meist, wie das Bedürfnis, einen perfekten Anschein zu erwecken, mit narzißtischen Bindungsproblemen zusammenhängen kann.

Sicherlich kennt jeder einen extremen Narzißten, einen Mann oder eine Frau, die so auf das eigene Image (und das anderer)

fixiert sind, daß man an ihr inneres Seelenleben gar nicht herankommt. Diese Menschen sind in der Vergangenheit durch eine lange Kette falscher Botschaften und Signale von ihren echten Werten und Gefühlen derart abgeschnitten worden, daß ihnen nur noch das bleibt, was an der Oberfläche ist.
Sie glauben, ihre Werte seien eben jene oberflächlichen, äußerlichen Eigenschaften, die sie der Außenwelt präsentieren. Was nicht sichtbar ist, kann kaum von Wert sein. Extreme Narzißten können nie einen anderen Menschen lieben oder so nehmen, wie er ist, da Narzißmus stets mit Perfektion zusammenhängt, und es gilt nun einmal: *nobody's perfect*.
Wenn Ihr Selbstwertgefühl an die Vorstellung gekoppelt ist, daß Sie ein perfekter Partner sind – gleich, ob als Liebhaber, Koch, Geldverdiener oder Vati beziehungsweise Mutti –, haben Sie narzißtische Probleme, die Ihnen noch zu schaffen machen könnten.
Selbst Männer und Frauen mit nur schwachen narzißtischen Neigungen können derart mit Äußerlichkeiten beschäftigt sein, daß ihnen das Gespür für den eigenen Wert abhanden kommt. Statt dessen erkennen sie nur die Mängel in dem Bild, das sie für andere abgeben. Deshalb akzeptieren sie sich nie als das, was sie sind; und wer sich selbst nicht akzeptiert, kann auch andere nie wirklich akzeptieren.
Bedenken Sie, daß Menschen mit narzißtischen Zügen das Gefühl haben, im Mittelpunkt des Universums zu stehen. Das ist kein Vergnügen, man spürt permanent alle Augen auf einen gerichtet. Die ständige Sorge, was andere wohl von einem halten, macht das Leben nicht gerade angenehm. Menschen mit ausgeprägtem Narzißmus stehen Tag und Nacht unter innerem Zwang, Perfektion anzustreben.
Zur perfekten Vorstellung, die jemand abgibt, gehört die Gesellschaft, in der er sich befindet. Je näher Sie einem solchen Menschen kommen, desto mehr bangt er auch um Ihr Image. Sie dürfen nicht minder perfekt sein als er selbst, wollen Sie zu seinem Kreis gehören.
Falls Sie mit einem hochgradigen Narzißten liiert sind, kennen

Sie ja das Gefühl, gründlich auf »Fehler« abgeklopft zu werden. Wer eine solche Behandlung einmal über sich hat ergehen lassen, weiß, daß die eigene erste Reaktion oft in dem Versuch besteht, die festgestellten Mängel irgendwie zu beheben. Man denkt, alles würde schon gut werden, wenn man nur die Dinge, die dem Partner mißfallen, ändert. Man müßte nur seinen Typ ändern, mehr Geld verdienen und die Katze weggeben, und alles wäre gut. Man bräuchte nur einer anderen Religion beizutreten, täglich zwei Zeitungen zu studieren und Französisch zu lernen, und schon ginge die Sache auf. Doch die Wahrheit ist, daß man es Narzißten nie recht machen kann.
Narzißten verletzen die Gefühle anderer meist deshalb, weil sie selbst keine Verletzungen mehr ertragen können. Es wäre aber falsch zu glauben, daß sie durch die Liebe des perfekten Partners geändert werden könnten. Das würde keinesfalls funktionieren. Ein Narzißt wird alle wirklichen oder eingebildeten Schwächen, die Sie haben, gegen Sie verwenden. Wenn Sie zu rot, grün oder gelb sind, zu langweilig, eifersüchtig oder zornig, zu naiv, vertrauensvoll oder nett – jemand mit narzißtischen Zügen findet es heraus und wendet es gegen Sie.

Ein kleiner Narzißt steckt in jedem

Viele von uns träumen von einem »perfekten Partner«, und manchmal glauben wir sogar ernsthaft, ein solcher Mensch ließe sich finden. Unser Partner soll gut aussehen. Er soll widerspiegeln, wie wir uns selbst sehen oder wie wir gerne sein würden. Viele von uns haben eine leise narzißtische Stimme in sich, die sich mahnend erhebt, sobald die wirklichen Eigenschaften eines Menschen hinter der Vorstellung zurückbleiben.
Narzißmus ist auch im Spiel, wenn Sie einen potentiellen Partner betrachten und sich sagen: *Vielleicht könnte ich es doch besser treffen. Vielleicht ist der/die hier zu klein, zu groß, zu dünn, zu dick, zu arm oder zu reich.* Woher stammen diese kritischen Stimmen? Vielleicht hatten Sie Eltern, die Sie ständig in dem kritisierten, was Sie taten, wie Sie aussahen oder auftraten,

welche Freunde Sie hatten und wie diese aussahen oder auftraten. Vielleicht waren Sie von Eltern, Verwandten, Freunden umgeben, die ständig negativ über andere urteilten. Möglicherweise steigt die Erinnerung daran nun jedesmal in Ihnen auf, wenn Sie mit jemandem ausgehen, und Sie unterwerfen ihn dem harten Urteil der Stimmen aus der Vergangenheit. Sie fragen: Ist diese Person gut genug? Hat sie genug Geld? Ist sie attraktiv genug? Was wird meine Familie über mich sagen, wenn ich mit dieser Person zusammen bin? Und meine Freunde?

Ich bin der Größte / Ich bin ein Versager

Narzißmus ist eine sehr komplizierte Angelegenheit, denn wer ihn verinnerlicht hat, kann zwei extreme Haltungen einnehmen und zwischen beiden hin- und herwechseln. Oft sagen sich kleine Narzißten, daß sie ganz großartig sind und einen in jeder Hinsicht makellosen Partner verdienen. Dann wiederum überkommt sie das Gefühl, wertlos zu sein und überhaupt nichts und niemanden zu verdienen. Dieses Hin und Her bestimmt auch ihr Verhalten in Beziehungen.
Erwidert zum Beispiel Mary Johns Zuneigung nicht sofort, werden dadurch all seine Selbstzweifel geweckt, und er stellt sich in Frage. Ist Marys Reaktion jedoch sehr positiv und macht sie deutlich, daß sie ebenfalls Interesse an John hat, dann wird er zum Perfektionisten, der plötzlich *ihren* Wert in Frage stellt.

Narzißmus und Bindungsprobleme gehen Hand in Hand

Wenn Sie Angst vor festen Beziehungen haben, wenn Sie der Gedanke an eine lange Beziehung mit einem einzigen Menschen nervös macht, sorgt die narzißtische Stimme in Ihrem Innern, ganz gleich, woher sie stammt, dafür, daß Sie Ihr Leben »frei und ungebunden« weiterleben können. Sie ist es, die es Ihnen untersagt, die Möglichkeit einer Beziehung mit einem

für Sie bestens geeigneten potentiellen Partner in Betracht zu ziehen. So werden Personen, die ganz phantastisch geeignet wären, aus einer Vielzahl von Gründen, von denen die meisten oberflächlich und einige schlicht unsinnig sind, von vornherein abgelehnt.
Es muß sich nicht nur um körperliche Merkmale handeln, sondern kann auch darum gehen, welche Schulen oder Universitäten jemand besucht hat, was er von Beruf ist oder wie er sich kleidet. Menschen mit narzißtischen Neigungen nehmen alle möglichen Abweichungen von bestimmten Wunschvorstellungen zum Anlaß, potentielle Partner vorschnell abzuweisen, statt vernünftige Maßstäbe anzulegen und dem anderen eine Chance zu geben.

Klaustrophobische Bindungsprobleme

Was wäre, wenn Sie eine Beziehung eingingen und plötzlich das Gefühl bekämen, in der Falle zu sitzen? Was wäre, wenn Sie sich nach einiger Zeit wie gefesselt vorkämen, mit allem damit verbundenen Streß? Was wäre, wenn ein anderer mit seiner physischen Präsenz, seinen Bedürfnissen und Gedanken in Ihr Revier eindränge und Ihnen Ihre Freiheit wegnähme? Was wäre, wenn...?
Bei dem Wort *Klaustrophobie* fallen einem sofort enge Grenzen und kleine, geschlossene Räume ein. Praktisch läßt sich jede Situation, emotionale ebenso wie physische, die unsere Optionen oder unsere Freiheit einschränkt, als klaustrophobisch definieren, ähnlich den Situationen, in denen man festsitzt und sich nicht entziehen kann. Jeder hat ein Gefühl dafür, was in ihm selbst klaustrophobische Empfindungen weckt, und wird solche Situationen nach Kräften meiden. So denken wir über andere manchmal im stillen: *Die scheinen ja ganz zufrieden zu sein, aber für mich wäre das kein Leben.* So eng und abgeschlossen mögen wir unser Leben nicht einrichten,

weil wir wissen, daß wir dann unruhig werden und uns unwohl fühlen, was zuerst der Partner zu spüren bekommt. Aber das wird uns nur selten bewußt, wenn wir nicht gerade in einer Beziehung stecken, die solche Gefühle hervorruft.
Der Gedanke an eine feste Bindung kann ein breites Spektrum klaustrophobischer Reaktionen auslösen:

Die Angst vor dem Verlust der Freiheit

Noch in den fünfziger Jahren sahen junge Leute in der Ehe keine Gefahr, die ihre persönliche Freiheit einschränken würde. Ganz im Gegenteil: Wahrscheinlich dachten sie, daß sie nun endlich wie Erwachsene leben und der elterlichen Bevormundung entgehen konnten. Das hieß also, mehr Freiheit zu gewinnen.
Inzwischen ist das anders. Man weiß in der Regel schon, wie es ist, allein zu wohnen, seine eigenen Entscheidungen zu treffen und ein unabhängiges Leben als Erwachsener zu führen. Man weiß auch um die vielen Vorteile des Singledaseins, von denen wahrscheinlich der wichtigste das Gefühl ist, tun und lassen zu können, was man will und wann man es will.
In einer festen Beziehung müssen auch die Bedürfnisse eines anderen berücksichtigt werden. Man gewinnt etwas, verliert aber zugleich einen Teil seiner Freiheit. Zweifellos ist der Verlust der Freiheit jedoch in der Vorstellung viel schlimmer als in der Realität.
So macht sich Jack Sorgen, daß er nicht mehr mit seinen Freunden skilaufen kann, wenn er erst verheiratet ist. In Wirklichkeit kommt das aber höchstens einmal im Jahr vor, manchmal noch seltener. Trotzdem fühlt er sich bei dem Gedanken, eine Ehefrau zu solchen Ausflügen mitnehmen zu müssen, wie gelähmt. In seiner Phantasie hat er nur dieses eine Wochenende im Jahr vor Augen und verliert die 363 anderen Tage aus dem Blick. Er weiß, daß seine Freundin, wenn er mit ihr darüber reden würde, wahrscheinlich sagen würde: »Was soll's – dann fährst du eben allein!« Er weiß auch, daß er mit

seiner Freundin schon mehrere herrliche Skiurlaube hatte, die er als Single nicht unternommen hätte, und doch...
Bei manchen Menschen wird der Verlust der Freiheit erst nach der Hochzeit zum Thema, wenn sie an all die Dinge zurückdenken, die sie tun konnten, als sie noch solo waren. So mag sich eine Frau sehnsüchtig an die schönen Abende bei gutem Essen mit Freundinnen erinnern, die ebenfalls Singles waren, obwohl das nur ein paarmal im Jahr vorgekommen war. Sie vergißt die einsamen Wochenenden und denkt nur noch an die wenigen tollen Abende mit einem aufregenden Mann.

Die Angst vor dem Verlust der sexuellen Freiheit

»Angenommen, ich lerne jemanden kennen und will mit ihm schlafen, was soll ich dann tun?«
Manche Männer und Frauen bekennen sich zur Monogamie, ohne eine Sekunde zu zögern, aber viele reagieren auf eine Weise, die von milder Angst bis hin zu Panik reicht. Einige von ihnen meinen, sie hätten noch nicht genügend Erfahrungen sammeln können. Andere wissen genau, daß sie an sexuellen Erfahrungen keinen Mangel haben, wollen aber gerne weitersammeln. Nicht wenige, die ihre Probleme mit festen Bindungen offen eingestehen, erklärten uns, daß sie noch nie treu sein konnten und auch nicht glauben, daß sich das je ändern würde. Wer zugibt, daß seine sexuelle Neugier noch unbefriedigt ist, ist kein guter Kandidat für eine feste Bindung.
Manche Männer und Frauen haben jedoch gar nicht so viel Angst vor der Monogamie an sich wie davor, die Option zu verlieren, sich auch einmal anders zu verhalten. Sie plagen sich zum Beispiel mit der Vorstellung, ihre sexuelle Lust könnte mit dem Älterwerden des Partners abnehmen. Einige Männer erklärten, sie hätten Angst vor den Situationen, in denen sie einer Versuchung vielleicht nicht widerstehen können. Für sie scheint in erster Linie der Gedanke an den Verlust der sexuellen Freiheit beunruhigend zu sein, weniger die Realität selbst.

Die Angst, sich zu Tode zu langweilen

Was könnte wohl klaustrophobischer sein als das Gefühl, in einer langweiligen Ehe quasi lebendig begraben zu sein? Sprechen Sie mit Menschen über ihre Beziehungsängste, und Sie werden oft zu hören bekommen, daß sie sich nichts Schlimmeres vorstellen können, als an Langeweile zu ersticken. Gemeint ist ein Leben, das »stinknormal« ist, zugleich aber erschreckend, weil ihm jede Lebendigkeit fehlt.

Wenn Sie die Überzeugung haben, vom Schicksal für ein besonders interessantes Leben ausersehen zu sein, kann es in der Tat furchtbar für Sie sein, plötzlich festzustellen, daß die Ehe, in der Sie festsitzen, langweilig und normal ist. Das ist aber nicht alles. Von unseren Befragten haben wir erfahren, daß viele aufgrund einer Reihe komplexer Zusammenhänge feste Beziehungen automatisch mit Langeweile gleichsetzen:

- Sie sind es gewohnt, daß in ihrem Leben Chaos herrscht, und fühlen sich nicht richtig »lebendig«, wenn eine Beziehung in zu feste Bahnen gerät.
- Sie fanden die Lebensweise ihrer Eltern zu nüchtern, abstumpfend oder repressiv; dieser Mangel an Lebendigkeit löst bei ihnen Angst aus, in eine Lebensweise zu verfallen, die an die der Eltern erinnert.
- Sie haben ein sehr ausgeprägtes Phantasieleben, und sofern es in ihrem wirklichen Leben nicht ebenso wild zugeht, finden sie es öde und glanzlos.
- Sie sind hochintelligent und brauchen sehr viel Anregung von ihren Partnern.
- Sie sind emotional notleidend und erwarten von ihrer Beziehung viel Trost und Zuspruch.
- Es mangelt ihnen an beruflichen Herausforderungen, so daß sie von ihrem Privatleben die Befriedigung der meisten geistigen und emotionalen Bedürfnisse erwarten.
- Sie zweifeln an der Tiefe und Komplexität ihrer Persönlichkeit und erwarten von anderen, daß sie sie von ihren Unterlegenheitsgefühlen befreien.

Die Schlußfolgerung ist jedenfalls immer dieselbe: Beziehung ist Langeweile, und Langeweile ist tödlich.

Die Angst vor physischen oder emotionalen Einschränkungen

Als wir vor etlichen Jahren zum erstenmal Befragungen zum Thema Bindung durchführten, unterhielten wir uns mit einem Mann, der gerade dabei war, sich von einer Frau zu trennen, die er erst vor einem Jahr geheiratet hatte. Damals klang das, was er zur Begründung seines Scheidungswunsches anführte, sehr merkwürdig. Inzwischen können wir ihn viel besser verstehen. Wie er berichtete, hatte er mit seiner Frau fast fünf Jahre zusammengelebt, bevor sie heirateten. Für ihn waren das fünf glückliche, zufriedene Jahre. Nach der Hochzeit wollte seine Frau in der Beziehung dann aber vieles anders haben. Sie hatte Vorstellungen von der Ehe, die für ihn abschreckend waren, so gewöhnlich sie auch erschienen.
Für sie bedeutete Ehe die genaue Nachahmung der Lebensweise ihrer Eltern und Freunde, in der fast alles aus Routine bestand. Konkret sahen ihre Erwartungen etwa so aus: Als Ehepaar würden sie jeden Abend zusammen essen und dazu das gute Porzellan nehmen. Jeden Freitagabend war ein Restaurantbesuch angesagt. Samstags würden sie mit Freunden ausgehen und am Sonntag die Verwandtschaft besuchen.
Während der Zeit ihrer »wilden Ehe« hatten sie die Mahlzeiten spontan und ungeplant eingenommen. Manchmal aßen sie abends zusammen, manchmal getrennt. Es gab keine festen Regeln, die besagten, wann sie ausgingen, wie oft oder wohin. Unser Gesprächspartner erzählte uns, daß er sich nach sechs Monaten reif fürs Altersheim fühlte. Seine Ehe beschrieb er mit den Worten: »Es war klaustrophobisch.«
Wer sich fest bindet, weiß, daß er manche Rücksicht nehmen muß. Es kann aber vorkommen, daß sich daraus ein Gefühl des Eingesperrtseins und Unwohlseins entwickelt, was eine Art emotionale Klaustrophobie hervorrufen kann.

So fallen manche Paare gleich nach der Hochzeit in stereotype Rollenmuster. Die Frau geht in die Küche, der Mann in die Garage. Die Frau kauft ein, der Mann kümmert sich ums Auto. Die Frau kocht das Essen und telefoniert stundenlang, der Mann guckt Fußball und krümelt Chips aufs Sofa. Wenigstens in Amerika ist das eine treffende Karikatur der häuslichen Verhältnisse. Wer mit der ihm zugedachten Rolle nicht zufrieden ist, während sich der Partner in der seinen wohl fühlt, wird schnell das Gefühl bekommen, irgendwie unterdrückt zu werden.

Anders gesagt ist jede Situation, in der Sie nicht sein können, wie Sie wirklich sind, geeignet, klaustrophobische Gefühle wachzurufen. Das ist in der Tat erscheckend. Viele Männer und Frauen sind mit der traditionellen Rollenverteilung unzufrieden, wissen aber nicht, wie sie etwas ändern sollen. Das kann leicht zu einer argwöhnischen Haltung gegenüber allen traditionellen Beziehungen führen, häufig mit der Folge, daß wir uns unrealistischen Beziehungen zuwenden, in denen nur die eigene Phantasie Grenzen setzt.

Klaustrophobische Gefühle können wiederum Ressentiments und das Bedürfnis nach Distanz wecken. Zuweilen werden an sich ganz harmlose Gewohnheiten von einem oder beiden Partnern als störende Einschränkung erlebt. Warum? Offenbar sehen sich Paare im Alltag in vielen Bereichen als unzertrennbare Einheit an, Abgrenzungen zwischen den Partnern sind nicht vorgesehen. Einige Beispiele:

Wenn wir ein Paar sind, machen wir zusammen Urlaub.

Wenn wir ein Paar sind, gehen wir zusammen auf alle Partys.

Wenn wir ein Paar sind, bleiben wir auf Partys immer in der Nähe des anderen.

Wenn wir ein Paar sind, verbringen wir unsere Freizeit am Wochenende immer gemeinsam.

Wenn wir ein Paar sind, schlafen wir im gleichen Raum.

Wenn wir ein Paar sind, benutzen wir zusammen das Badezimmer.

Wenn wir ein Paar sind, tragen wir Streitigkeiten nie vor anderen aus.
Wenn wir ein Paar sind, kuscheln wir uns zum Einschlafen aneinander.
Wenn wir ein Paar sind, zeigen wir anderen eine geschlossene Front.
Wenn wir ein Paar sind, müssen wir x-mal in der Woche zusammen schlafen.
Selbst treue, monogame und *liebende* Menschen können sich von der Vorstellung, so leben zu müssen, eingeengt fühlen. Sie beanspruchen die Freiheit, sich in Beziehungen auch einmal anders zu verhalten. Ansonsten wären ihnen die Einschränkungen, die sie um einer festen Beziehung willen in Kauf nehmen sollen, allzu repressiv.

Die Angst vor dem Verlust der Individualität

Jeder kennt die Frau, die fast ihr ganzes Leben damit verbringt, sich um andere zu kümmern. Und jeder kennt auch den Mann, der seine Träume kurzerhand begräbt, um für eine Familie zu sorgen. Das typische Urteil über solche Menschen lautet, sie hätten »ihr eigenes Leben aufgegeben«. Gemeint ist, daß sie sich über die Bedürfnisse anderer definieren und dabei die eigene Individualität aufgeben. Wir bewundern zwar, daß sie so viel Liebe und Fürsorge für ihre Familien übrig haben, sind uns aber gar nicht sicher, ob wir ihnen nacheifern möchten. Zu groß erscheinen die Einschränkungen, die in Kauf genommen werden müssen, und zudem mangelt es an Raum für die eigene Kreativität und Selbstentfaltung. Daher verbinden manche Menschen mit einer festen Bindung einen Verlust an Individualität, besonders jene, die Zeuge waren, wie ein Elternteil, Verwandter oder Freund die eigenen Wünsche und Interessen in übertriebenem Maße zurückstellte.
In unserer Gesellschaft ist viel von Individualismus die Rede. Eigene Entscheidungen fällen, selbst bestimmen, wo es langgeht – diese und andere Formulierungen zeugen von der

Bewunderung für Menschen, die ihr Schicksal selbst in die Hand nehmen. Dabei ist uns nicht immer bewußt, auf welch vielfache Weise Individualismus und Selbstgefühl Ausdruck finden. Sie vermitteln sich dadurch, wie wir den Urlaub verbringen, wo wir wohnen, welche Filme wir uns anschauen, in welche Restaurants wir gehen, wie wir unsere Wohnung einrichten, wofür wir unser Geld ausgeben, wann wir morgens aufstehen und abends ins Bett gehen, ob und was für Partys wir besuchen, ob wir weiche oder harte Matratzen bevorzugen und wie sehr wir den Hund oder die Katze verwöhnen.
Als Single entscheidet man über all diese Dinge selbst. In einer festen Beziehung kann man in diesen Bereichen nicht mehr ungestört schalten und walten, ganz zu schweigen von komplizierteren Dingen wie der Kindererziehung. Man muß lernen, Entscheidungen gemeinsam zu treffen. Bei manchen Zeitgenossen *lösen Kompromisse jedoch Panik aus.*
Kaum zu glauben, daß die Entscheidung über einen Restaurantbesuch oder den Kauf neuer Handtücher genügt, um eine Beziehung in die Krise zu stürzen. Auch ist schwer nachvollziehbar, wie die Entscheidung über einen Film, einen Urlaub oder den Einkauf im Supermarkt das Ende einer Ehe einläuten kann. Viele Menschen mit Bindungsproblemen werden aber, wenn auch etwas beschämt, zugeben, daß es solche scheinbaren Nichtigkeiten waren, die zum Zerwürfnis führten.
Beziehungen erfordern Kompromisse. Das weiß jeder. Nie werden zwei Menschen immer in allen Dingen, die sie als Paar angehen, einer Meinung sein. Damit fertigzuwerden, ist eine Herausforderung, vor die jede Beziehung gestellt ist. Kompromisse einzugehen, bedeutet in gewissem Grade die Aufgabe von Individualität, und was viele davon halten, haben wir ja schon gesehen. Der Schritt vom »Ich« zum »Wir« ist immer mit enormen Anpassungen verbunden – besonders dann, wenn jemand lange Zeit »Solist« war. Bei Menschen mit ausgeprägten räumlichen und emotionalen Platzbedürfnissen kann die Veränderung schnell das Gefühl auslösen, in der

Falle zu sitzen. Manchmal ist einem aber einfach nur das Gefühl zuwider, in einer Rolle gefangen zu sein, die einem fremd ist und in der man sich noch unwohl fühlt.

Die Angst vor dem Verlust der Kontrolle

Einer der Gründe, warum klaustrophobische Situationen so angstbesetzt sind, liegt darin, daß sie uns das Gefühl der Machtlosigkeit geben.
Es ist immer angenehmer, auf die Situation, in der man sich gerade befindet, Einfluß nehmen zu können. Wenn wir Macht haben, geht es uns besser. In einer Beziehung wird jedoch unser Gegenüber immer auch ein gewisses Maß an Macht über uns haben. Das erzeugt Angst und ist einer der Hauptgründe, warum das Thema Herrschen und Beherrschtwerden für Menschen mit Bindungsangst eine so große Rolle spielt.
Löst die Vorstellung, daß jemand Ihnen in Ihr Leben hineinredet, starke negative Gefühle aus? Kommen Sie aus einer Familie, in der ein Elternteil den anderen unterdrückte? Haben Ihre Eltern versucht, Sie zu beherrschen? Haben Sie einen dominierenden Bruder oder eine dominierende Schwester? Können Sie es nicht ausstehen, wenn Ihnen jemand Vorschriften machen will?
Manche sind in dieser Hinsicht so empfindlich, daß sie sich bemühen, ihren Partner vollkommen zu beherrschen. Andere kehren jedem sofort den Rücken, von dem sie glauben, daß er versucht, die Oberhand über sie zu gewinnen.
Die Furcht, von einem anderen beherrscht zu werden, zählt zu den wichtigsten Bindungsängsten. Frauen fürchten oft, Männer würden versuchen, ihre Gedanken, Gefühle und ihr Handeln auf sehr direkte Weise zu beherrschen. Von Männern hört man dagegen zuweilen, Frauen versuchten durch Manipulation, die Kontrolle in der Beziehung an sich zu bringen. Jeder kennt Paare, bei denen ein ständiger Kampf darum geht, wer das Sagen hat. Da versucht einer dem anderen vorzuschreiben, wie er Auto fahren, sich kleiden, das Geschirr abwaschen, ge-

hen oder sogar schlafen, kurzum, wie er leben soll. Angesichts solcher Szenen haben viele Männer und Frauen nicht ohne Grund Angst, ihre Beziehung könnte ebenso geraten.
Nicht immer braucht es ein tyrannisches Verhalten, um einen Menschen zu beherrschen. Manche Menschen können allein durch die Heftigkeit ihrer Stimmungen und Emotionen Einfluß auf die Psyche des anderen nehmen.
• Ein 34jähriger Mann berichtete, wie ihm seine Eltern und vor allem seine Mutter Schuldgefühle gemacht hätten. Seine Mutter, die neben einem Ganztagsjob noch den Haushalt führte, erinnerte ihn ein ums andere Mal daran, wie schwer sie arbeiten mußte. Noch heute wecken Frauen immer wieder Schuldgefühle in ihm.
• Eine 38jährige Frau erzählte uns, daß die Stimmung ihres Mannes, wenn er beim Tennis verloren hatte, jedes Mitglied der Familie traf. »Wenn er glücklich nach Hause kommt, sind wir alle glücklich. Aber wenn er verliert und mit schlechter Laune heimkommt, ist es, als ob eine riesige Wolke drohend über uns hängt. Ich möchte dann am liebsten fortlaufen. Es ist absolut bedrückend.«
Geld ist eine weitere Möglichkeit zur Beherrschung eines Partners. Betty, 41 Jahre alt, berichtet, daß sie mit 19 zum erstenmal verheiratet war, und zwar mit einem Mann, der erheblich älter und finanziell bessergestellt war als sie. Ohne ausreichendes Einkommen hatte sie das Gefühl, abhängig zu sein. Nach der Scheidung nahm sie sich vor, sich nie wieder mit jemandem einzulassen, der mehr Geld hatte als sie. »Also ging ich die nächsten zehn Jahre nur mit armen Schluckern aus, die überhaupt nicht zu mir paßten. Das war ganz klar die Reaktion auf meine Ehe, aber es war mir nicht bewußt, bevor ich eine Therapie anfing.«
Klaustrophobische Reaktionen auf die Kompromisse und Beschränkungen, die mit festen Beziehungen einhergehen, können, vorsichtig ausgedrückt, beunruhigend sein. In Kombination mit den normalen menschlichen Ängsten, die in jedem von uns wohnen, können sie schnell unerträglich werden.

Allgemeine Bindungsprobleme

Die Angst, seine Träume aufzugeben

Jeder von uns hat den Traum von einem Idealpartner, einem Seelenverwandten, den das Schicksal für ihn auserkoren hat. Auf diesen Partner warten wir, nach ihm suchen wir. Die Vorstellung, wie er sein muß, kann sich mit der Zeit ändern, je nachdem, was uns im Leben widerfährt. Mal ist er einfühlsam, verständnisvoll und sensibel, dann wieder eine Quelle sexueller Lust. Dieser Partner tut alles, wonach es uns verlangt und wann es uns verlangt.
Bei einigen Menschen ist dieser Partner jemand, dem sie nie begegnet sind. Bei anderen ist es jemand, den sie zwar kennengelernt haben, der aber kein Interesse an einer näheren Bekanntschaft zeigte. Bei wieder anderen ist es jemand, mit dem sie eine Beziehung hatten, die durch ihn beendet wurde.
Wer es auch sein mag, in unseren Träumen und unserer Phantasie ist er genau der oder die Richtige für uns. Daraus folgt die Angst, daß wir, wenn wir uns mit anderen begnügen, nicht mehr frei sind, wenn der Traumpartner endlich auftaucht. Durch das Festhalten an diesem Traum müssen wir uns in keinem Lebensbereich wirklich festlegen. Schauen wir uns an zwei Beispielen an, wie das aussehen kann:
Maddie ist 39, sehr attraktiv, intelligent, kultiviert, sehr nett und sehr einsam. Etliche Jahre ihres Lebens hat sie mit Warten verbracht – darauf, daß ihr jeweiliger Schwarm erkennen möge, daß er vom Schicksal für sie bestimmt war. Ihre letzte Beziehung hatte sie mit einem Mann, der seine Bindungsphobie offen eingestand. Zur Zeit wartet Maddie geduldig darauf, daß ihr Geliebter sich besinnen und in ihre ausgebreiteten Arme zurückkehren möge.
Roger, 33, ist davon überzeugt, daß die junge Dame aus der Boutique um die Ecke die Frau seiner Träume ist. Da er weiß, daß sie mit einem anderen zusammenlebt, wartet er geduldig auf seinen Moment. Ab und zu geht er in das Geschäft und

kauft etwas. Damit will er sich eine günstige Ausgangsposition für den Moment sichern, wenn ihre Beziehung in die Brüche geht. Bis es soweit ist, weilt er in Gedanken viel bei ihr.
Gemeinsam ist Maddie und Roger, daß sie viel Energie in eine Traumwelt investieren. Keiner der beiden würde zugeben, daß seine Phantasien in der Realität zum Scheitern verurteilt sind. Ihre Träume aufzugeben, hätte für sie mehr zur Folge als nur die Abkehr von bestimmten Partnern. In ihrer Vorstellung wäre es wie eine Abkehr von Gott. Die Gefühle von Maddie und Roger sind so übersteigert, daß sie schon quasi-religiösen Charakter haben. Die Aufgabe des Glaubens, der Traumpartner werde irgendwann doch in ihr Leben treten, ist kaum denkbar, ohne auch ihren Glauben an Gott in Frage zu stellen.
Einige Menschen möchten sogar am liebsten einen Handel mit Gott schließen. Sie rechnen allen Ernstes mit menschlicher statt göttlicher Liebe als Lohn für ein braves, anständiges Leben. Nach ihrer Überzeugung würde der Himmel ihnen schon den passenden Partner schicken, wenn sie nur eben verständnisvoll, liebevoll oder klug genug wären. Bei allen guten Absichten, diese Männer und Frauen sollten sich einen geeigneteren Gegenstand für ihre spirituelle Energie und ihren Drang, Gutes zu tun, suchen als andere Männer oder Frauen, die ihre Liebe oder ihre Telefonanrufe nicht erwidern.
Träume als solche zu erkennen, ist Teil des Erwachsenwerdens.

Die Angst vor dem Erwachsenwerden

Heiraten, eine Familie gründen, Kinder großziehen – das sind für das Leben des einzelnen klassische Orientierungspunkte in unserer Kultur. Es geht dabei um Liebe, aber auch um Verantwortung, Kompromisse, Opfer und viel Arbeit. Kurzum, es geht ums Erwachsenwerden.
Nicht bei jedem verläuft der Übergang reibungslos. Er bedeu-

tet den Verzicht auf Träume und Hoffnungen. Er bedeutet mehr Arbeit und weniger Spiel. Er bedeutet, sich der Wirklichkeit zu stellen. Für manchen ist das zuviel verlangt. Wir suchen nach Liebe, sträuben uns aber gegen das Erwachsenwerden. Das zeigt sich an der Unfähigkeit, feste Beziehungen einzugehen und zu bewahren.
Einige von uns sind als Teil einer Generation aufgewachsen, der immer wieder gesagt wurde, sie hätte es zu leicht, sei verwöhnt, egoistisch und selbstbezogen. Es stimmt, daß viele Männer und Frauen dieser Generation nicht die Entbehrungen des Krieges oder der schweren Wirtschaftskrise kennengelernt haben, die vorangegangenen Generationen zum Erwachsenwerden »verhalfen«. Aber vielleicht sind wir auch gar nicht davon überzeugt, daß diese Art der beschleunigten Entwicklung so wünschenswert ist. Wem ist schon an derart viel Verantwortung gelegen? Warum kann man nicht Liebe haben, ohne sich gleich fest zu binden? Warum soll man es sich nicht einfach gutgehen lassen?
Wenn eine Gesellschaft Bestand haben soll, führt kein Weg daran vorbei, daß einige erwachsen werden und die Pflichten von Erwachsenen übernehmen. Warum finden sich dafür aber immer weniger Freiwillige? Vielleicht liegt es an den Entbehrungen, die viele von uns *eben doch* ertragen mußten und die nur nicht immer als solche erkannt werden.
So können Entbehrungen auch die Gestalt gestörter Familien haben. Wie bei den meisten Kindheitstraumata wird unsere Entwicklung durch solche Umstände gehemmt statt gefördert. In Ermangelung geeigneter Unterstützung beim Erwachsenwerden konnten wir nur zu einem Volk »großer Kinder« werden.
Erwachsene Kinder müssen nicht unreif oder verantwortungslos sein, aber die Hypothek der erlittenen Entbehrungen lastet auf ihnen. Für Menschen, die nie richtig Kind sein durften, hat das Erwachsenwerden wenig Reiz. Man sträubt sich, weil nur ein weiteres Opfer vermutet wird, und Opfer hat man schon genug gebracht. Am liebsten möchte man die Kindheit, die

einem versagt blieb, nachholen. Und bis etwas geschehen ist, um das innere Kind zufriedenzustellen, wird man nie wirklich bereit sein, erwachsen zu werden und die Entscheidungen eines Erwachsenen zu treffen.

Während einige von uns zuwenig Zuwendung erhielten, war es bei anderen genau umgekehrt, und sie wuchsen allzu behütet auf. Das führte dazu, daß sie zuwenig persönliche Autonomie und Selbstwertgefühl entwickeln konnten, um später die Entscheidungen eines Erwachsenen zu treffen. Vom Alter her erwachsen, fühlen sie sich innerlich noch wie Kinder.

Selbst wenn der Wille da ist, erwachsen zu werden und feste Bindungen einzugehen, bleibt Angst mit im Spiel. Wir wissen nicht, ob wir den Schritt schaffen können. Unsere Erfahrungen mit Entscheidungen und der Übernahme von Verantwortung als Erwachsene sind so gering, daß die Kluft allzu breit erscheint, um den Sprung zu schaffen.

Erwachsen zu sein, läßt auch den Gedanken ans Altern näherrücken, der ebenfalls mit Angst besetzt ist. Alter verbindet man rasch mit Krankheit und anderen Einschränkungen körperlicher, psychischer, finanzieller und praktischer Art, die Grund zur Sorge bieten. Zugleich stürmen unaufhörlich offene und versteckte Botschaften einer Kultur auf uns ein, in der die strahlende Jugend alles ist und das Altern nur negative Assoziationen weckt.

Nimmt man all das zusammen, ist leicht nachvollziehbar, warum so viele von uns versuchen, dem Erwachsenwerden zu entgehen. Wir sind nicht bereit dazu und wollen es auch gar nicht sein.

Die Angst vor dem Tod

Sind schon nur wenige bereit, erwachsen zu werden, können noch weniger der Unvermeidlichkeit des Todes ins Gesicht sehen. Geben wir zu: Jeder hat Angst vor dem Sterben. Aber was hat das mit fester Bindung zu tun? Ganz einfach. Die meisten von uns versuchen, alle Gedanken an den Tod beiseite zu schieben. Doch schon bei der Hochzeit werden wir dann durch die Formel »bis daß der Tod euch scheidet« daran erinnert, daß unser Leben nicht ewig dauert. Liegt erst das Ritual hinter uns, einen Partner zu wählen, mit dem wir womöglich bis zum Ende unserer Tage zusammensein werden, haben wir einen sehr wichtigen Schritt auf der Reise durchs Leben getan, die zwangsläufig einmal enden muß.

Viele von uns verbinden mit einer festen Beziehung das Aufgeben von Möglichkeiten, wodurch sich das Leben verengt. Für einige Menschen ist jede noch so unbedeutende Festlegung ein bißchen wie sterben, weil dadurch die Zahl der verbleibenden Optionen kleiner wird und die Zukunft zu schrumpfen scheint. Für diese Männer und Frauen stellt die Weigerung, die Kompromisse des Lebens einzugehen, den Versuch dar, dem Tod ein Schnippchen zu schlagen.

Viele der von uns Befragten berichteten, wie lebendig sie sich fühlten, als sie noch *nicht* in einer festen Beziehung lebten. Sie konnten in Kummer ersticken, todunglücklich oder einsam sein – das war gleichgültig. Worum es ging, war das Sterben, und in gewisser Weise entspricht die Weigerung, feste Bindungen einzugehen, der Weigerung, erwachsen zu werden, zu altern und letztendlich zu sterben.

Während jeder den Tod fürchtet, wird der am meisten Angst haben, der glaubt, nicht richtig gelebt zu haben. Wieder sind es die »großen Kinder«, die sich am ehesten betrogen fühlen und sofort die Flucht ergreifen, wenn die Möglichkeit des Sterbens auch nur leise anklingt. Mit Menschen, die kein erfülltes Leben hatten, kann man nicht über den Tod reden. Und feste Beziehungen sind für sie fast gleichbedeutend mit Tod.

Die Angst, zu sehr zu lieben

Es gibt Menschen, die bei Redewendungen wie »sein Herz verlieren« nur das »verlieren« hören und an Verlust denken – den Verlust der Kontrolle über sich selbst. Das ist zweifellos eine beunruhigende Vorstellung.

Bei einigen ging dieser Kontrollverlust in früheren Beziehungen so weit, daß sie sich nun hartnäckig gegen alles sträuben, was über eine oberflächliche Reaktion hinausgeht. Falls auch Sie das Gefühl haben, sich in Liebesbeziehungen nicht genügend schützen zu können, kommt Ihnen diese Angst vielleicht nur zu bekannt vor.

Die Angst vor Abhängigkeit

Es ist eine der verbreitetsten Ängste: Für die einen geht es darum, von jemandem zu sehr abhängig zu sein und nicht mehr für sich selbst sorgen zu können. Die anderen belastet die Verantwortung, für das Wohlergehen eines Menschen zuständig zu sein. Niemand wird sich wundern, daß bei diesen Ängsten ein direkter Zusammenhang mit stereotypen Geschlechterrollen besteht und daß Frauen immer noch eher von einer zu großen Abhängigkeit von einem Mann berichten, während Männer die Erwartung stört, für eine Frau den Beschützer und Ernährer zu spielen.
Seit jeher waren Weiblichkeit und Abhängigkeit eng verwandt. Vielen Frauen wurde schon als Kind beigebracht, daß man von ihnen erwartet, sich eines Tages in die Obhut eines »großen, starken Mannes« zu begeben. Junge Männer wiederum lernten, daß ihre Männlichkeit unter anderem darin bestand, den ihnen anvertrauten Frauen Schutz und Obdach zu gewähren. – Ein Rollenverhalten, das heute immer mehr Frauen und Männer ablehnen, was nicht selten deren Haltung zu festen Beziehungen prägt.

Die Angst vor der Blöße

»In meiner Familie sind alle bescheuert. Wenn ich mit einer ganz normalen Frau ausgehe und sie einen davon kennenlernt – meine Mutter, meinen Bruder oder meine Schwester –, ist das das Ende.«
»Es sind die Schwangerschaftsstreifen. Wenn man mit jeman-

dem tagaus, tagein zusammen ist, wird er sie früher oder später bemerken.«

»Ich verdiene nicht genug, um für die Sorte Frau attraktiv zu sein, die mir gefällt. Ich habe dauernd Angst, daß jemand dahinterkommt.«

»Ich schulde der Kreditkartenfirma einige tausend Dollar und lebe total über meine Verhältnisse. Und ich würde sterben, wenn irgend jemand das erfährt.«

»Ich glaube nicht, daß jemand ertragen könnte, wie ich meine Katzen vergöttere.«

»Es ist der Hund. Er ist nicht hundert Prozent stubenrein. Das ist doch für andere eine Zumutung.«

»Ich bin ein Sauberkeitsfreak. Schon fast neurotisch.«

»Ich bin ein Trottel, gebe mir aber Mühe, daß es keiner merkt.«

»Ich arbeite meistens 16 Stunden am Tag und will daran auch nichts ändern. Jede Frau würde denken, ich bin verrückt.«

»Die anderen sollen nicht glauben, ich hätte kein Selbstbewußtsein, was im Grunde stimmt. Ich will nicht, daß es jemand merkt.«

Jeder Mensch hat Unsicherheiten – Bereiche, wo er meint, er könne nicht mit den anderen mithalten. Wir wollen aber nicht, daß sich solche »Mängel« herumsprechen, sondern behalten sie lieber für uns. In festen Beziehungen ist es allerdings schwer, etwas voreinander zu verbergen. Niemandem sind wir ungeschützter ausgeliefert als unserem Beziehungspartner. Deshalb spüren viele zumindest ein leichtes Unbehagen. Welches sind nun die schrecklichen Geheimnisse, von denen wir überzeugt sind, niemand würde sie akzeptieren?

Jeder von uns hat einen nicht ganz perfekten Körper, eine nicht ganz perfekte Familie, nicht ganz perfekte finanzielle Verhältnisse und ein nicht ganz perfektes Benehmen. Statt unsere Probleme und Schwächen als einen Teil unseres Menschseins zu betrachten, sehen wir darin einen Grund zum

Schämen. Manche vertiefen sich so in Scham für sich selbst oder die Umstände ihres Lebens, daß sie ständig fürchten, andere könnten dahinterkommen. Das veranlaßt sie, einen großen Teil ihres Lebens vor der Außenwelt zu verbergen. Die »schreckliche Wahrheit« wird zum streng gehüteten Geheimnis: eine alkoholabhängige Mutter, ein chronisch kranker Bruder, Gesundheitsprobleme eines Kindes, eigene finanzielle Nöte, Drogenprobleme, eine häßliche Narbe, eine Lernschwäche, weiße Flecken in der Berufslaufbahn, eine Eßstörung.

Warum müssen manche von uns Geheimnisse haben? Warum muß man sich schämen, wenn man nicht absolut perfekt ist? Nicht jeder gibt sich so viel Mühe, Schwächen zu verbergen. Einige von uns können sich jedoch nicht vorstellen, daß ein normaler, attraktiver Mensch sie mögen könnte, wenn er von all den Leichen in ihrem Keller wüßte. Wegen der Dinge, die wir unter Verschluß halten, fühlen wir uns wie Ausschußware.

Oft stehen dahinter nicht nur narzißtische Konflikte, sondern auch starke Ängste, verlassen zu werden. Aus der Psychologie wissen wir, daß Kleinkinder, wenn sie sich von Mutter oder Vater verlassen fühlen, noch nicht in der Lage sind, die vielen Gründe zu verstehen, die ihre Eltern dazu veranlaßt haben könnten. Das Kleinkind kommt zu dem Schluß: »Ich muß etwas Falsches getan haben, und es geschieht mir recht, verlassen zu werden.« Behält es diese Ansicht bei, wird das Kind wahrscheinlich zu dem Schluß gelangen, man würde es dann nicht mehr verlassen, wenn es perfekt wäre und all seine Probleme und vermeintlichen Schwächen vor den Eltern verstecken würde.

Dieses schiefe Bild zieht sich bis ins Erwachsenenalter und in alle Beziehungen. Wie wir noch zeigen werden, ist es nicht selten mit dafür verantwortlich, wenn wir in unglücklichen Beziehungen landen.

Durch besondere Umstände bedingte Bindungsprobleme

Es mag für jeden von uns gute Gründe geben, einer festen Bindung aus dem Weg zu gehen. Wenn ein 43jähriger zögert, die Pflichten eines Erwachsenen zu übernehmen, haben wir dafür weniger Verständnis als bei einem 23jährigen mit den gleichen Bedenken. Das Lebensalter, wirtschaftliche Verhältnisse, unerfüllte Bildungswünsche – all das sind Gründe, die gegen die Entscheidung für eine feste Bindung sprechen können. Aber es gibt noch weitere Umstände, die Menschen davon abhalten, sich nach einem festen Partner umzusehen.

Die Angst, sich noch mehr Probleme aufzuhalsen

Man denke zum Beispiel an eine Frau wie Maxine, eine alleinerziehende Mutter, die ihre Haltung vielleicht zu Recht als vorübergehende Maßnahme zum Selbstschutz beschreibt. Maxine erklärt, sie sei sich ihres Bemühens, auf keinen Fall eine feste Beziehung einzugehen, voll bewußt.
»Es ist wegen der drei Kinder, sie haben so ein enges Verhältnis zu ihrem Vater. Wenn ich etwas mit einem anderen Mann anfangen würde, wären sie bestimmt sehr dagegen. Das zeigt sich jedesmal, wenn ich mit einem ausgehe. Wenn ich nur ein Kind hätte oder wenn meine Kinder noch kleiner wären oder mein Exmann sich weniger um sie kümmern würde, dann wäre das Durcheinander, das eine neue Beziehung mit sich brächte, vielleicht die Sache wert. Aber jetzt, mit Teenagern, ist das nicht so. Ich denke, wenn die Kinder aus dem Haus sind, kann ich anfangen, wieder zu suchen. Bis dahin weiß ich, was passieren würde. Die Kinder sind mir zu wichtig.
Einige meiner Freunde sagen, das wäre nur eine Ausrede und ich würde noch immer an meinem Geschiedenen hängen. Aber ich *weiß*, daß es nicht so ist. Ich habe doch erlebt, was passiert, wenn jemand wieder heiratet, der mehrere Kinder hat. Bei meiner Cousine war das so. Die hat einen Mann ge-

heiratet, der wirklich nett ist, aber die Kinder und er kamen nicht miteinander zurecht. Da war sie immer hin- und hergerissen, und die Kinder litten auch darunter. Jetzt nehmen sie ihr die Sache furchtbar übel, und sie hat Riesenprobleme mit ihnen. Das muß ich nicht haben.«
Maxine macht sehr deutlich, daß sie eine bewußte Entscheidung getroffen hat und zur Zeit gut damit leben kann.

Die Angst, eine angenehme Lebensweise aufzugeben

Wenn Sie glücklich sind, sich nicht einsam fühlen und ein erfülltes Leben haben, dann befürchten Sie vielleicht, all das durch den Schritt in eine feste Beziehung aufs Spiel zu setzen. In vielen Fällen ist das gut nachvollziehbar. So erzählt uns Zoe, 46:
»Zum erstenmal in meinem Leben geht alles gut bei mir. Ich liebe meine Arbeit, die Stadt, in der ich lebe, meine Freunde ... habe Spaß am Leben. Warum sollte ich daran jetzt etwas ändern? Ich werde keine Kinder haben. Ich bin alt genug, um nicht auf irgendwelche Blödmänner reinzufallen. Das kann sich ja alles ändern, aber im Augenblick bin ich zufrieden, so wie ich bin.«
Dieser Logik kann man nicht widersprechen. Wenn Sie mit Ihrem Leben zufrieden sind, gibt es keine Einwände.

Die Angst, einen Fehler zu wiederholen

Waren Sie einmal oder schon öfter unglücklich verheiratet, haben Sie womöglich Angst, den gleichen Fehler noch einmal zu begehen. Auf diese Haltung stießen wir bei unseren Befragungen immer wieder. Wer sich an festen Beziehungen zu oft die Finger verbrannt hat, ist naturgemäß mißtrauisch, wenn ihm wieder trautes Glück zu zweit winkt. Nach einer oder mehreren schlechten Erfahrungen meldet sich nach Aussage der Betroffenen eine innere Stimme, die sagt: *Das wirst du mir doch nicht noch mal antun!*

Die Angst vor den finanziellen Folgen

Viele Menschen machen sich Gedanken darüber, wie sich eine feste Beziehung für sie finanziell auswirken könnte. Falls Ihnen solche Ängste unrealistisch erscheinen, sprechen Sie doch einmal mit jemandem, der schon mehrmals geschieden und jedesmal zur Kasse gebeten wurde. Doch man muß nicht geschieden sein, um sich Sorgen wegen der finanziellen Folgen einer festen Partnerschaft zu machen. Wer fest liiert ist, trägt Verantwortung für seinen Partner. Einige Menschen nehmen diese Verantwortung sehr ernst. Sie fragen sich, ob sie auch für Notfälle finanziell gewappnet sind. Wer schon älter ist und wieder heiraten will, sorgt sich vielleicht um die Erbansprüche seiner Kinder. Vergessen wir auch nicht diejenigen unter uns, die generell nicht viel vom Teilen halten. Ihnen kann die Vorstellung, jemand könnte von ihnen Großzügigkeit erwarten, außerordentlich bedrohlich erscheinen.

*Die Angst, in Ihrem Leben könnte kein Platz
für einen anderen Menschen sein*

Tag und Nacht zu arbeiten, um die Karriereleiter zu erklimmen, pausenlos zu büffeln, um ein Studienziel zu erreichen, rund um die Uhr zu rackern, um die eigene Firma in Gang zu bringen – solche Belastungen können einem das Gefühl geben, es sei für andere nicht mehr viel übrig. Wenn wir kaum noch Kraft zum Fernsehen haben und selbst den traurig dreinschauenden Kaktus am Fenster ignorieren, warum sollte dann jemand an einer näheren Bekanntschaft mit uns interessiert sein? In dieser Phase unseres Lebens ist Partnerschaft einfach nicht angesagt. Vielleicht später einmal, aber nicht jetzt.
Auf diese Einstellung trifft man immer häufiger, besonders bei beruflich ambitionierten Männern und Frauen, die ihre Karriere als Grund angeben, warum sie keine Zeit haben, den richtigen Partner zu suchen.

*Die Angst vor realistischen Belastungen
durch Ehe und Familie*

Viele von uns haben Bilder von einem erfolgreichen Ehepaar im Kopf, das in einem schönen, nett eingerichteten Haus mit einem teuren Auto in der Garage wohnt und liebe Freunde zu Besuch hat, während die entzückenden Kleinen fröhlich im Garten tollen. Die Eheleute fühlen sich nicht nur fest zusammengehörig, sondern lieben sich abgöttisch, sind ungemein erfolgreich und sehr reich. Ihre Urlaube verbringen sie an traumhaften Orten, und im Alltag können sie sich auf tüchtige Haushaltshilfen stützen. Sollten wir je heiraten und eine Familie gründen, so ist es das, was uns vorschwebt.
Doch neben diesen bunten Bildern haben wir eine andere, realistischere Einstellung vor Augen. Unsere bisherigen Erfahrungen mit geschlechtsspezifischem Rollenverhalten können uns Angst davor einjagen, was womöglich von uns erwartet wird. So befürchten Frauen, ein übermäßiger Teil der Hausarbeit könnte an ihnen hängenbleiben, während Männer Angst haben, zu einseitig den Ernährer spielen zu müssen. Wie Statistiken belegen, sind beide Ängste begründet. Jeder kennt Frauen, die als solide Brotverdiener *obendrein* noch den Haushalt führen müssen. Oder denken wir an jene Männer, die sich für ihr Einkommen redlich abstrampeln und *außerdem* noch mit Babys herumkrabbeln. Meldet sich in Ihnen eine Stimme, die fragt, ob Sie wirklich wollen, daß ein mit Brei bekleckerter Anzug Teil von Ihrem Image wird? Zittern Sie bei der Vorstellung, von Ihrem Gehalt eine Familie finanzieren zu müssen? Dann dürften auch Sie realistische Bindungssorgen haben.

Verständliche Ängste, verkehrte Partnerwahl

Falls eine oder mehrere der oben skizzierten Ängste auf Sie zutreffen – und wer wollte das ernsthaft leugnen? –, besteht der nächste Schritt darin, herauszufinden, ob diese Ängste Ihr Verhalten in Beziehungen entscheidend beeinflussen. Halten Ihre Ängste Sie von der Wahl der richtigen Partner ab und treiben Sie den falschen in die Arme? Dieser Frage wird im nächsten Kapitel nachgegangen.

9
Den Problemmechanismus offenlegen

Die Ängste, um die es im letzten Kapitel ging, berühren nur die eine Seite des Bindungskonflikts. Auf der anderen sehnen sich die meisten Menschen auch heute nach Liebe und Geborgenheit in einer langfristigen Beziehung. Anders gesagt, wir wünschen uns stabile, dauerhafte Beziehungen und fürchten sie zugleich.
Das kann sehr widersprüchliche Gefühle und Verhaltensweisen auslösen. Allzuoft bedeutet es, daß wir einerseits von unseren Sehnsüchten in Beziehungen gedrängt werden, andererseits aber von unseren Ängsten diktiert bekommen, welche Partnerwahl wir treffen und wie wir uns in Beziehungen verhalten.

Bindungswunsch + Bindungsangst = schlechte Wahl

In diesem Kapitel entwickeln wir ein System, nach dem Sie ermitteln können, wie Sie durch Ihre Probleme und Ängste womöglich von geeigneten Partnern ferngehalten und in Partnerschaften gelotst werden, die für Sie unbefriedigend oder gar schädlich sind. Dazu verwenden wir die Liste von Ängsten aus dem letzten Kapitel, allerdings in abgewandelter Form.
Die einzelnen Ängste werden jetzt formuliert, um den jeweiligen Konflikt, der dahintersteht, deutlicher zu machen. Beispiel: *Ich will eine feste Beziehung, aber ich will keinen Fehler machen.* Diese Aussage drückt zwei verschiedene

Gedanken aus: (a) den Wunsch nach einer festen Beziehung und (b) eine Angst, die einem bestimmten Vorbehalt entspricht.

Die Aussage erweckt vordergründig den Anschein, als hätten beide Gedanken darin das gleiche Gewicht. Doch gewöhnlich trifft das nicht zu, und zwar aus folgendem Grund:

- Menschen mit **passiven Bindungsproblemen** sind sich ihres *Wunsches* in der Regel deutlicher bewußt. Bei ihnen stößt der erste Teil der Aussage, nämlich »Ich will eine feste Beziehung«, auf größere Resonanz.
- Menschen mit **aktiven Bindungsproblemen** sind sich dagegen weitaus eher ihrer *Angst* bewußt. »Ich will keinen Fehler machen«, der zweite Teil der Aussage, bringt daher deutlicher zum Ausdruck, was sie empfinden.

Das klassische bindungsphobische Paar besteht aus einem Partner mit aktiven und einem mit passiven Bindungsproblemen. Oft teilen die beiden jedoch ihre Ängste. Man gewinnt sogar den Eindruck, daß diese Verwandtschaft der Empfindungen nicht selten eine Gemeinsamkeit darstellt, die sie einander näherbringt. Dabei ist der Grad der Intensität, mit der jeder von ihnen den Wunsch »Ich möchte eine feste Beziehung« und die Angst »Ich will keinen Fehler machen« in sich spürt, vollkommen verschieden. Diese Diskrepanz der Bedürfnisse ist es meist auch, die zum Bruch der Beziehung führt.

Vor diesem Hintergrund wollen wir nun untersuchen, was passieren kann, wenn Menschen mit Bindungsproblemen (aktiven oder passiven) Liebesbeziehungen eingehen. Schauen wir uns an, was geschieht, wenn jemand *wirklich* eine feste Beziehung eingehen will, dabei aber auch wirklich Ängste verspürt.

Narzißtische Bindungsprobleme

Können Sie eine oder mehrere der folgenden Aussagen unterschreiben? Meinen Sie, daß die Aussagen auf Ihren Partner zutreffen?

- Ich will eine feste Beziehung, aber mit einem Partner, der ideal zu mir paßt.
- Ich will eine feste Beziehung, aber mit jemandem, der mir das Gefühl gibt, daß alles an mir perfekt ist und unsere Liebe auch.
- Ich will eine feste Beziehung, aber mit jemandem, der im Leben etwas darstellt und/oder körperlich attraktiv für mich ist.

Wenn Sie im Prinzip eine feste Beziehung wollen, aber nur mit jemandem, der Ihren narzißtischen Bedürfnissen entspricht, laufen Sie Gefahr, nur in Beziehungen zu landen, in denen so viele andere Probleme lauern, daß eine feste Bindung kaum möglich ist. Groß ist auch die Chance, dabei stets auf Menschen zu stoßen, für die Narzißmus ebenfalls kein Fremdwort ist.

So kann es zum Beispiel sein, daß eine Frau mit passiven narzißtischen Bindungsproblemen erst dann das Gefühl hat, etwas wert zu sein, wenn ein Mann ihr seine Liebe gesteht. Ein Charmeur hat da oft leichtes Spiel. Diese Konstellation ist die ideale Voraussetzung dafür, daß sich die Frau nacheinander mit einer Reihe von Männern einläßt, die selbst »Bäumchen wechsle dich« spielen, um sich ihren Wert zu beweisen. Ständiger Partnerwechsel erfüllt für Menschen mit aktiven Bindungsproblemen nicht selten den Zweck, das eigene Selbstbild aufzupolieren.

Da Männer und Frauen mit narzißtischen Problemen dazu neigen, sehr »wählerisch« zu sein, überrascht es ganz besonders, daß es ihnen nicht oft gelingt, auf das zu achten, was wirklich zählt. Untersuchen wir, wie narzißtische Probleme Menschen davon abhalten können, einen passenden Partner zu finden:

Der narzißtische Wunsch nach Perfektion

Allzuoft treten zu Beginn einer bindungsphobischen Beziehung sämtliche narzißtischen Empfindlichkeiten zutage. Was jeder Partner vom anderen wahrnimmt, hängt – in dieser Phase der Beziehung – völlig davon ab, was er persönlich als perfekt erachtet.

Für den einen kann das ein schöner Körper sein, für den anderen Reichtum, für einen dritten zählt vor allem Charme. Für viele spielt nichts von alledem eine Rolle. Menschen, zu deren Vorstellung von Perfektion auch emotionale und geistige Tiefe zählt, präsentieren ihre poetischen Seelen zuweilen gar wie in einem Werbespot. Man denke auch an jene, die in Begeisterung geraten, wenn sie die Aussicht wittern, ihre schönsten Wunschträume zu realisieren. Für den einen kann es um das perfekte Abenteuer oder das Erlebnis für eine Nacht gehen, für den anderen zählt nichts geringeres als die perfekte Romanze. Für manche fehlt etwas, wenn nicht schon Trennung, Sehnsucht und Verzweiflung warten; was bei ihnen auf Widerhall stößt, sind Worte, in denen sich Konflikte und Seelenschmerz ankündigen.

Imagebedürfnisse und Urteilsvermögen

Nicht jeder lebt seinen Narzißmus auf gleiche Weise aus. So unterscheiden sich aktive Vermeider in ihrem typischen Verhalten in der Regel von passiven Vermeidern. Außerdem haben wir es hier mit einem jener Bereiche zu tun, in dem Männer und Frauen oft zu unterschiedlichen Denk- und Verhaltensweisen konditioniert sind.

Aktive Vermeider, insbesondere Männer, können ihre narzißtischen Impulse ausleben, indem sie sich im Handumdrehen von einer Person verzaubern lassen, die sie noch nie im Leben gesehen haben. Es kann das Funkeln im Auge einer Frau sein, die Art, wie sie geht oder wie sie ihren Minirock geradestreicht. Es kann ihr Tonfall sein, ihre Ausbildung, die Familie, aus der sie stammt. Was das äußere Image auch sein mag, der aktive Vermeider sagt sich typischerweise: *Das ist die besondere Frau, die ich verdiene.* Auf irgendeine Art und Weise befriedigt sie ein wichtiges Bedürfnis in ihm und stellt ein Gefühl der Erfüllung in Aussicht – und der Macht. Man lebt auf, weil man der Welt ein erfolgreiches Image präsentieren kann. Passive Vermeider sprechen besonders auf Menschen an, die »ganz stark ankommen« oder ihnen das Gefühl geben, daß sie das Bild, das sie für andere abgeben, »liften« werden.

Menschen mit narzißtischen Problemen, darunter Männer ebenso wie Frauen, reagieren nicht selten wie gebannt, wenn sich die Erfüllung ihrer ganz speziellen Phantasien als Möglichkeit abzeichnet. Solange der Zauber wirkt – und das ist meist so lange, bis das betreffende Herz erobert ist –, bleibt das Urteilsvermögen ausgeschaltet. Jede Eigenschaft, die Imagebedürfnissen entgegenkommt, kann diesen Zustand bewirken – Status, Macht, Geld und physische Erscheinung kommen allesamt als Triebkraft der narzißtischen Anziehung in Frage.

Sobald es dem aktiven Vermeider gelungen ist, seinen Partner oder seine Partnerin zu erobern, kommen die alten Bindungsängste wieder hoch, und die narzißtische Neigung, am anderen Fehler zu entdecken, gewinnt allmählich die Oberhand. Wieder überschatten narzißtische Impulse das vernünftige Urteilsvermögen.

Fehlersuche

Da immer ein Hang zur Perfektion besteht, leben Menschen mit Imageproblemen ihre Bindungsängste aus, indem sie beim Partner oder in der Beziehung auf Fehlersuche gehen. Die Vernunft verabschiedet sich, und an ihre Stelle tritt zuweilen die schiere Lächerlichkeit. Oft trauen die verblüfften Partner ihren Ohren nicht. Einige Kostproben:
- Nach fünf Jahren erklärt Wayne (1,75 m groß) seiner Freundin (1,60 m), daß sie nicht heiraten könnten, weil sie

zu klein sei und er Angst habe, auch die Kinder würden zu klein geraten.
- Nach zweijährigem Zusammenleben kündigt Keisha ihren Auszug an, da ihr Freund einen »miserablen Geschmack« habe und ihr beim Anblick seiner häßlichen Garderobe übel werde.
- Nachdem er ihr sechs Monate intensiv den Hof gemacht hat, läßt Louis seine Freundin wissen, es sei aus und vorbei, weil sie nicht gut genug Ski laufen könne, um auf der Piste mitzuhalten.
- Deborah erklärt Ian, aus der Beziehung könne aus zwei Gründen nichts werden: (1) Obwohl er dreimal soviel verdient wie sie, findet sie, er verdiene nicht genug. (2) Obwohl er dreimal so viele Freunde hat wie sie, findet sie, er habe zuwenig Freunde. Nach eigenen Worten beabsichtigt sie, später einmal mehr zu verdienen und mehr Freunde zu haben; er würde nicht erfolgreich genug *aussehen*.
- Don hat bisher jede Frau abgelehnt, mit der er ausgegangen ist, weil sie ihm nicht hübsch genug war. Er meint immer, er könne es noch besser treffen.

Interessant ist, daß aktive Vermeider mit narzißtischer Neigung ihre Partner häufig aufgrund von Eigenschaften zurückweisen, die ihnen von Anfang an bekannt waren. Es fällt auch auf, wie selten man von diesen Menschen hört, daß sie eine Beziehung beenden, weil ihre Partner lieb- oder rücksichtslos seien oder sie vernachlässigten.

Narzißtische Zukunftsängste

Besonders bedauerlich ist es, wenn ein Mensch mit aktiven narzißtischen Bindungsproblemen eine wirklich gute, solide Beziehung torpediert und zerstört, nur weil er vage Zukunftsängste verspürt. Fast jeder, der vor der Entscheidung steht, ob er sich mit einem anderen zusammentun soll oder nicht, hat bestimmte Ängste – meist unter dem Motto: *Was ist, wenn?*

»Was ist, wenn sie so dick wird wie ihre Mutter?«
»Was ist, wenn er einen Bierbauch bekommt wie sein Vater?«
»Was ist, wenn sie Falten bekommt?«
»Was ist, wenn sich ihre Figur durch die Schwangerschaft verändert?«
»Was ist, wenn er kein Geld mehr hat?«
»Was ist, wenn mir später meine Traumfrau begegnet?«
»Was ist, wenn meine Freundinnen finden, daß er komisch aussieht?«
Diese Aufzählung ließe sich beliebig fortsetzen. Hinter jedem Satz verbirgt sich im Grunde die gleiche Frage: Was ist, wenn ich mich an jemanden binde, der nicht perfekt ist, und dann das Gefühl bekomme, festzusitzen?

Frauen und narzißtische Imagesehnsüchte

Wenn eine Frau in einer Beziehung plötzlich nicht mehr zu wissen scheint, was sie tut, sind oft Imagesehnsüchte mit im Spiel. Für Frauen im allgemeinen und solche mit passiven Bindungsproblemen im besonderen ist es dabei schwierig, den Vorwurf narzißtischer Kritik für sich gelten zu lassen. Schnell kommt der Hinweis, sie seien die letzten, die Perfektion erwarteten. In der Regel haben sie das Gefühl, in Beziehungen eher zuviel zu akzeptieren. Wenngleich das sogar zutreffen dürfte, bleibt doch außer acht, wie stark Imagesehnsüchte ihr Verhalten beeinflussen. Oft ist das weibliche Selbstwertgefühl zu sehr von dem Bild abhängig, das nach außen dargeboten wird. Gewiß, das ist zum großen Teil kulturell bedingt, aber eine gewisse Rolle kann auch Narzißmus spielen.
Betrachten wir ein recht häufig vorkommendes Beziehungsszenario:
Naome, Sozialarbeiterin in einem großen städtischen Krankenhaus, hat seit 15 Jahren ein Verhältnis mit einem Arzt aus einer anderen Stadt. Es kommt zu zwei bis drei Treffen im Jahr. Naome sagt dazu:

»Ich komme mir vor wie ein Vollidiot. Seit 15 Jahren treffe ich mich mit einem verheirateten Mann. Er ruft nie an, schreibt nie, tut überhaupt nichts, außer ein paarmal im Jahr aufzutauchen und die Nacht mit mir zu verbringen. Wenn er anruft, bin ich jedesmal völlig außer mir. Ich fühle mich begehrt und gerate in helle Erregung. Das ist ziemlich dumm, weil es noch nicht mal schön für mich ist, wenn wir zusammen sind. Am Tag danach fühle ich mich jedesmal fürchterlich. Warum reagiere ich dann aber immer wieder so, wenn das Telefon klingelt und er dran ist?«

Von dem Moment an, wenn eine Frau zum erstenmal mit einem Mann ausgeht, findet sie Selbstbestätigung darin, daß das Telefon klingelt und jemand sie um ein Rendezvous bittet. Denken Sie an den Teenager, der darauf wartet, daß ihn beim Klassenfest in der Schule jemand zum Tanzen auffordert. Das Mädchen wird zur Frau, das Verhalten ändert sich nicht. Die Gesellschaft hat der jungen Frau beigebracht, daß sie einen Partner für das Schulfest braucht, einen Begleiter zum Ausgehen und einen Ehemann, der ihrem Leben einen Sinn gibt. Man hat ihr gesagt, daß Frauen, die etwas zählen, diese Dinge haben und Frauen ohne Mann zu bedauern sind.

Oft werden solche Vorstellungen durch die Familie noch verstärkt. Man denke an die ledige Frau, deren Verwandte immer wieder nachforschen, ob sie schon »einen abgekriegt« hat. Wird sie mit einem Mann gesehen, bedeutet es, daß jemand sie haben will, was ihren Wert steigert. Hat sie dagegen keine Rendezvous und keinen Freund oder Gatten an ihrer Seite, kann es durchaus sein, daß *sie selbst* sich in Frage stellt, was angesichts der vielen Botschaften, die auf sie niederprasseln, kein Wunder ist. Vielleicht braucht sie das Gefühl, daß ein Mann Gefallen an ihr findet, um sich selbst akzeptieren zu können. Und wenn es ein attraktiver Mann mit gutem Hintergrund ist, um so besser für ihr Image.

Naome ist ein gutes Beispiel dafür. Als sie ihren Arzt vor 15 Jahren kennenlernte, war sie noch in der Ausbildung. Er hielt einen Gastvortrag und galt bereits als Kapazität auf seinem

Gebiet. Als er sich für Naome zu interessieren begann, fühlte sie sich geschmeichelt. Es beeindruckte sie, mit welchem Respekt er von anderen behandelt wurde, und sie maß dem mehr Gewicht bei als der Tatsache, daß er verheiratet war und in einer anderen Stadt lebte. Nur so konnte es überhaupt zu dieser zutiefst unbefriedigenden Beziehung kommen.

Schaut man genauer hin, erkennt man in Naomes Beziehung beide Seiten der narzißtischen Medaille. Einerseits kommt sie sich, wenn ihr Freund anruft und Interesse für sie zeigt, wie eine begehrenswerte Frau vor. Indem er mit ihr über Psychiatrie redet, gibt er ihr das Gefühl, intelligent und als Gesprächspartner interessant zu sein. Kurzum, sie findet bei ihm Bestätigung. Doch auf der anderen Seite hinterlassen die kurzen Zusammenkünfte, bei denen es letztlich um Sex geht, bei Naome das Gefühl, geringgeschätzt und als Lustobjekt mißbraucht zu werden.

Die weiblichen Leser sollten einmal über Naomes Geschichte nachdenken und sich auf jene Momente in ihrem eigenen Leben besinnen, als die Aufmerksamkeit eines Mannes ihr Selbstwertgefühl beflügelte. Denken Sie daran, wie Sie sich – oft im vollen Bewußtsein der Probleme – auf fragwürdige Beziehungen einließen, nur um sich mit einem Mann an Ihrer Seite begehrenswerter zu fühlen. Erinnern Sie sich, wie Sie mit Männern ausgingen, die Sie gar nicht so gut leiden konnten, nur damit die anderen Sie mit einem männlichen Wesen sahen. Denken Sie daran, welche Sprünge Ihr Selbstwertgefühl macht, wenn ein Mann Sie attraktiv und begehrenswert findet. Und ist es nicht ein tolles Gefühl, im Freundeskreis von einem Mann zu berichten, der Ihnen den Hof macht?

Erinnern Sie sich auch daran, wie Sie sich fühlten, als ein Mann Ihre Wunschvorstellungen von einer Beziehung nicht erfüllte, wie Ihr Selbstwertgefühl bedroht war, als ein Mann Ihnen nicht sagte, daß Sie etwas ganz Besonderes sind. Denken Sie auch an die Energie, die Sie aufbrachten, um den Männern in Ihrem Leben zu beweisen, daß Sie tatsächlich die perfekte Frau sind.

Ob es Ihnen gefällt oder nicht, es handelt sich bei alldem um miteinander verknüpfte narzißtische Probleme. In gewisser Weise mag das ja alles ganz harmlos erscheinen. Was ist schon verkehrt daran, wenn man sich gut fühlt, weil einen jemand toll findet? Natürlich nichts. Ein Problem wird erst daraus, wenn Sie dem Gefühl so ausgeliefert sind, daß Ihr Verstand sich verabschiedet, und wenn Ihre Selbstachtung auf so wakkeligen Füßen steht, daß sie durch die Aufmerksamkeit eines Mannes völlig übersteigert oder zerstört werden kann.
Eine Frau, auf die das zutrifft, ist anfällig für Verhältnisse mit Männern, die überhaupt nicht zu ihr passen oder auch gar nicht frei sind. Betrachten wir, was passieren kann, wenn ein stark bindungsphobischer Mann, einer, der Beziehungen regelmäßig nach kurzer Zeit abbricht, sein Auge auf eine solche Frau wirft. Ihre Reaktion auf seine stürmischen Annäherungsversuche fällt extremer aus als bei einer selbstsicheren Frau, die in sich einen ruhenden Pol hat. Er erzählt ihr, sie sei wunderbar, und sie glaubt ihm, da seine Worte ihr das Gefühl geben, wirklich wunderbar zu sein. Dann gerät er in Panik und flieht, während sie zurückbleibt, ohne in sich Halt zu finden.

Was die narzißtischen Stimmen in uns flüstern

Läßt man die narzißtischen Impulse die Oberhand über das gesunde Urteilsvermögen gewinnen, eröffnen sich so viele Möglichkeiten, den falschen Partner zu wählen und den richtigen zu verschmähen, daß es fast unmöglich ist, eine Ordnung hineinzubringen. Befanden Sie sich je in einer der folgenden Situationen?
• Wenn Al eine Frau kennenlernt, erzählt er ihr zunächst alles, was an *ihm* toll ist. Er versucht, Eindruck zu schinden, indem er ihr sein flottes Auto vorführt und die schöne Wohnung zeigt. Er erzählt von seinem interessanten Beruf, seinen interessanten Hobbys, seinen interessanten Neurosen. Hat er erst bewiesen, wie toll er ist, fängt er an ihr klarzumachen, daß

auch sie ganz toll ist. Statt sich Zeit zu lassen und sich in Ruhe ein Urteil über den Mann zu bilden, läßt sie sich auf ihn ein und sagt sich: *Oh, Mann, der ist so toll, und er findet mich auch toll. Dann muß ich wohl wirklich toll sein.* Sie dringt nicht hinter das oberflächliche Image, das er präsentiert und das sich oft – allerdings viel später – als pures Gerede erweist.

• Wenn Cynthia einen Mann kennenlernt, erzählt sie ihm gleich, wie viele Männer sie attraktiv finden. Sie macht ihm klar, wie gut sie aussieht, wie liebenswert und vor allem wie »wählerisch« sie ist. Er hört zu und sagt sich: *Die ist wohl wirklich ein toller Fang. Wenn ich mit ihr zusammen bin, werden mich die anderen bewundern, weil ich eine Frau habe, die jeder gerne hätte.* Daß sie schwierig und verwöhnt ist, merkt er erst viel später.

• Bruce und Elaine sind schon drei Jahre zusammen. Bruce liebt Elaine. Er findet sie wundervoll – nett, rücksichtsvoll und fürsorglich, aber was das Heiraten angeht, ist er unsicher. Vielleicht, wenn sie etwas anders wäre. Sie ist zwar ganz hübsch, aber wenn man sie so gut kennt wie er, weiß man auch, daß sie einmal im Monat auf dem Rücken ein paar kleine Pickel kriegt. Sie ist eben nicht hundertprozentig perfekt, und er hat auch Angst, sie könnte einmal dick werden. Da lernt er eine andere Frau kennen. Sie ist jünger und schlanker. Er trennt sich von Elaine – obwohl er glaubt, daß er sie wahrscheinlich noch immer liebt – und stürzt sich in die neue Beziehung. Unterdessen fragt er sich, ob das nicht der Fehler seines Lebens ist. Aber er kann sich nicht helfen.

• Denise steckt in einer sehr zwanghaften Beziehung mit einem sehr schwierigen, untreuen Mann. Als Denise und Doug sich kennenlernten, gab er ihr das Gefühl, sie unheimlich zu mögen und zu begehren. Nachdem sich das änderte, fühlte sie sich sofort unattraktiv und ungeliebt. Ohne ihn, so kommt es ihr vor, existiert sie überhaupt nicht.

• Doris hat einen guten Ehemann. Er ist rücksichtsvoll, anständig, klug, arbeitet hart – und er liebt sie. Er verdient nicht soviel wie einige der Männer aus der Nachbarschaft, und ihm gehen auch an manchen Stellen die Haare aus. Sie weiß, daß sie nicht so kritisch sein sollte, aber sie glaubt, die anderen würden sie mitleidig anschauen, daß sie keinen reicheren Mann mit üppigerem Haarwuchs abbekommen hat.

Diese Geschichten illustrieren, wie uns narzißtische Impulse veranlassen können, in Beziehungen Distanz zu wahren, unrealistischen Phantasien nachzujagen und vor der Wirklichkeit davonzulaufen. Damit verspielen wir nicht selten unsere Chance auf dauerhaftes Glück.

Worauf Sie achten sollten

Bedenken Sie, als Narzißt haben Sie eine besondere Schwäche für:

- *Menschen, die Ihren narzißtischen Idealen zu entsprechen scheinen.* Das sind die Dinge, die dem Bild entsprechen, das Sie anderen präsentieren möchten. Bewirken können sie, daß Sie sich in äußerliche Merkmale verlieben statt in die Menschen dahinter. Wenn jemand den richtigen Studienabschluß hat, die richtige Kleidung trägt, die richtigen Leute kennt, das richtige Auto fährt, in der richtigen Gegend wohnt, das richtige Gesicht hat, aus der richtigen Familie stammt, laufen Sie Gefahr, das ganze Paket zu kaufen, ohne nachzuschauen, was eigentlich drin ist.
- *Menschen mit hochgradigem Narzißmus.* Wer narzißtische Sehnsüchte hat, wird oft von Menschen mit glatt durchgestylter, eben »perfekter« Selbstdarstellung angezogen. Die größten Narzißten besitzen oft viel Charisma und Charme. Zwar ist alles Fassade, aber sie wissen damit umzugehen.
- *Menschen, die Ihnen erzählen, Sie wären das Beste seit der Erfindung des Menschen, und die Ihnen sagen, was Sie hören wollen – bevor man sich überhaupt richtig kennt.* Wenn Sie mehr Selbstbewußtsein hätten, wären Sie nicht so leichte Beute für jemanden, der in solcher Manier auf Sie losstürmt. Bedenken Sie: Narzißtische Sehnsüchte bedeuten, daß zwei

Stimmen in Ihnen sind – eine, die flüstert, Sie seien der oder die Größte, und eine, die Sie auseinandernimmt und vom Sockel reißt. Jemand, der Ihr Herz gewinnt, indem er sich mit Ihrer »positiven« Stimme verbündet, hat womöglich auch die Macht, die »negative« zu aktivieren und Ihnen einen Dämpfer zu verpassen.
- *Menschen, denen Sie es immer recht machen wollen oder die Ihnen das Gefühl geben, sich beweisen zu müssen.* Das Bedürfnis, es anderen recht zu machen und sich selbst zu beweisen, geht häufig mit geringem Selbstbewußtsein einher, das wiederum mit einer narzißtischen Neigung verbunden sein kann. Weil Sie perfekt sein wollen, sind Sie jemandem, der Ihnen Anerkennung verweigert, ziemlich wehrlos ausgeliefert. Seien Sie also auf der Hut!

Klaustrophobische Bindungsprobleme

Falls Ihnen instinktiv unwohl wird, wenn Ihnen jemand zu nahe »auf die Pelle rückt«, fühlen Sie sich womöglich nur zu solchen Menschen und Situationen hingezogen, die Ihnen ein Gefühl von Raum und Distanz vermitteln. Sie wenden sich vielleicht, ohne es zu merken, von Partnern ab, die an einer festen Beziehung ernsthaft interessiert sind, und könnten am Ende mit Beziehungen dastehen, in denen wiederum zuviel »Distanz« ist. Typischerweise zerbrechen Ihre Beziehungen, weil Intimität und der Gedanke an eine dauerhafte Bindung bei Ihnen oder Ihren Partnern Unbehagen auslösen. Gehen wir doch einmal die Liste klaustrophobischer Konflikte durch und schauen, was sich im einzelnen abspielen kann:

Ich will eine feste Beziehung, möchte aber die Freiheit behalten, zu tun, was ich will und wann ich es will
Was kann passieren, wenn Sie sich hauptsächlich von Menschen angezogen fühlen, die den Eindruck machen, als wür-

den sie Ihr Bedürfnis nach Freiheit nicht beeinträchtigen? Das hängt davon ab, ob Sie passive oder aktive Bindungsprobleme haben.

Sie haben aktive Bindungsprobleme: Sie meiden wahrscheinlich Partner, die allzu traditionelle, konventionelle Erwartungen an Ihr Verhalten haben. Es kann aber vorkommen, daß Sie sich Partner aussuchen, die eine festere Beziehung und weniger Freiheit anstreben als Sie. Deshalb geraten Sie oft in Situationen, in denen Sie das Gefühl haben, es versuchte jemand, Sie anzubinden. Sie sollten sich fragen:

- Sende ich mehrdeutige Botschaften aus, indem ich von meinem Bedürfnis nach einer festen Bindung rede, mich aber verhalte, als ob mir meine Freiheit lieber wäre?
- War ich in der Vergangenheit des öfteren ein unzuverlässiger Partner?
- Fühle ich mich von Menschen angezogen, die Stabilität verkörpern, um mich hinterher zu wundern, daß sie versuchen, mich für ein geordnetes Leben zu gewinnen?
- Habe ich schon einmal den Fürsorgeinstinkt eines Partners ausgenutzt?
- Sage ich manchmal Dinge, die beim anderen Erwartungen entstehen lassen, um mich hinterher zu wundern, woher diese kamen?
- Reagiere ich übermäßig abwehrend, wenn jemand »Anschläge« auf meine Zeit verübt, selbst wenn es sich um meinen aktuellen Partner handelt?

Sie haben passive Bindungsprobleme: Am stärksten fühlen Sie sich von Menschen angezogen, die eine Aura von Freiheit umgibt. Dahinter steht oft die Hoffnung, das Gefühl der Freiheit möge auf Sie abfärben. Vielleicht träumen Sie davon, eine Beziehung einzugehen, in der Sie und der andere gemeinsam »frei wie Vögel« leben können. Unheil droht, wenn Sie vergessen, daß Freiheit für jeden etwas anderes bedeutet. Ihr vermeintlicher Gesinnungsgenosse möchte vielleicht gerade in die andere Richtung davonfliegen – allein.

Bedenken müssen Sie auch, daß diejenigen, die den Duft von

Freiheit und Abenteuer verströmen, oft unstete, ungefestigte Menschen sind. Während Sie sich unter Freiheit vielleicht eine Fahrt durch die Landschaft in einem Cabriolet oder eine etwas unkonventionelle Lebensweise vorstellen, könnten Sie sich plötzlich an der Seite von jemandem finden, der unter Freiheit das Recht versteht, in jeder Hinsicht zu übertreiben – z. B. beim Alkoholkonsum, beim Geldausgeben oder den kleinen Affären. Und dann sind Sie ständig mit dem Versuch beschäftigt, Ihren Partner auf den Boden zurückzuholen. Oder Sie verbringen Ihre ganze Zeit damit, einen immer wieder ausweichenden Partner zu überreden, ein geordnetes Leben zu führen und eine feste Beziehung mit Ihnen einzugehen. Fragen Sie sich:
- Neige ich zu Beziehungen, in denen sich der andere wie ein verantwortungsloses Kind benimmt und ich die Rolle des erbosten Elternteils spiele?
- Gehe ich ungleiche Beziehungen ein, in denen ich der Ballast bin und mein Partner der Freigeist?
- Bin ich schon wiederholt Beziehungen mit Menschen eingegangen, die dafür sorgen, daß mein Leben unstet bleibt und ich nicht recht Halt finde?

Ich will eine feste Beziehung, aber meine sexuelle Freiheit möchte ich behalten
Was kann schiefgehen, wenn man eine feste Beziehung will, sich aber das Recht vorbehält, Sex mit anderen zu haben? Die Antwort lautet: alles. Die Liste ist endlos. Vertrauen, Liebe und feste Partnerschaft sind in unserer Gesellschaft eng mit Monogamie verbunden. Versucht man, hier Trennlinien zu ziehen, geht die Gleichung nicht mehr auf und die Beziehung zerbricht mit den bekannten Begleiterscheinungen Eifersucht, Zorn, Enttäuschung und Verunsicherung. Man kann davon ausgehen, daß der Wunsch nach sexueller Freiheit in einer festen Beziehung die Krise vorprogrammiert.
Sie haben aktive Bindungsprobleme: Fragen Sie sich zuerst, warum Sie sich Partner aussuchen, die Ihnen treu sein werden,

um das dann auszunutzen. Meist ist das, was Sie tun, für Ihren Partner enorm verletzend. So verhält man sich nicht, wenn man jemanden liebt, und entsprechend wird es auch registriert. Manchmal dreht sich der Spieß auch um, wenn Sie das »Recht auf Sex außerhalb der Beziehung« für sich reklamieren und Ihr Partner, noch bevor Sie mit dem Satz zu Ende sind, verschwindet und in ein fremdes Bett steigt.
Sie haben passive Bindungsprobleme: Sie zeigen Verständnis, wenn Ihr Partner sexuelle Freiheiten beansprucht, reklamieren diese aber nicht für sich. Sie hoffen, daß es nur eine Phase ist, die Ihr Partner durchläuft, und daß die Liebe am Ende schon siegen wird. – Meist ist das leider nicht der Fall.

Ich will eine feste Beziehung, mich aber nicht langweilen
Zwischen dem Wunsch nach einem interessanten Leben und der Angst vor Langeweile besteht ein großer Unterschied. Manchmal geht es Menschen, die ihren Wunsch nach einer festen Beziehung äußern, in Wahrheit um eine Achterbahnfahrt mit lauter Höhen und Tiefen. Verspüren sie nicht dauernd das große Prickeln, meinen sie, irgend etwas würde nicht stimmen.
Menschen, die andere brauchen, um zu spüren, daß sie am Leben sind, wissen eine angenehme, konstruktive Beziehung zweier Erwachsener mit eigenen Interessen nur selten zu schätzen.
Vielleicht sind sie stets zu sehr in dramatischen Situationen gefangen, um potentielle Partner überhaupt wahrzunehmen – freundliche, angenehme Zeitgenossen mit guten Absichten, die jedoch nicht die hypnotischen Fähigkeiten besitzen, die nötig wären, um auf sich aufmerksam zu machen.
Die Angst vor Langeweile kann manchmal zu besonders destruktiven Beziehungen führen. Daß immer etwas los ist und man sich nie langweilt, ist leicht zu bewerkstelligen. Man braucht sich bloß mit Glücksspielern, Drogenhändlern oder Menschen, die einem nicht sagen können, wie sie ihr Geld verdienen, einzulassen. Lachen Sie sich Rennfahrer, Waffen-

schmuggler oder gescheiterte Existenzen, etwa Alkoholiker oder Drogenabhängige, an. Sorgen Sie dafür, daß Eifersucht – Ihre oder die des anderen – eine Hauptzutat in jeder Ihrer Beziehungen ist, und schlaflose Nächte sind Ihnen garantiert. Suchen Sie sich jemanden mit Problemen. Oder schaffen Sie sich selbst welche!

Wenn Sie mehr Angst vor Langeweile als vor allem anderen haben, werden Sie mit ziemlicher Sicherheit Beziehungen anknüpfen, die sehr interessant und sehr problematisch zugleich sind. Eine von uns befragte Frau berichtete wie folgt über eine ihrer »aufregenderen« Partnerschaften: »Ich sah in sechs Monaten zehnmal so viele Unfallstationen und Gerichtssäle wie davor in meinem ganzen Leben – Fernsehen eingeschlossen.«

Sie haben aktive Bindungsprobleme: Beim ersten Anzeichen von »Normalität« in einer Beziehung geraten Sie in Panik und fangen an, Probleme zu schaffen. Statt sich auf Ihren Beruf oder andere Aktivitäten zu konzentrieren, sorgen Sie ständig für Streit und Chaos in der Beziehung. Sie versuchen, Würze in Ihr Leben zu bringen, indem Sie mehrere Verhältnisse gleichzeitig unterhalten oder Ihrem Partner Eifersuchtsszenen machen. Für »Stimmung« sorgen auch oft Streit und Krittelei. Sobald Ruhe in eine Beziehung einkehrt, haben Sie genug und verlassen einen Partner, der Sie vielleicht wirklich mag und an Ihrer Seite steht.

Sie haben passive Bindungsprobleme: Es gelingt Ihnen nicht, sich ausreichend zu schützen, und Sie sprechen am stärksten auf Menschen an, die so »interessant« sind, daß Sie den größten Teil Ihrer Zeit mit dem Versuch verbringen, deren Verhalten zu enträtseln. Vielleicht fühlen Sie sich auch zu Menschen hingezogen, deren psychische Probleme (sehr spannend!) eine feste Bindung unrealistisch erscheinen lassen. Dennoch widmen Sie Ihre ganze Kraft dem Versuch, eine solche Person zu einer festen Partnerschaft zu bewegen. Eine weitere Möglichkeit besteht darin, daß Sie in Ihren Beziehungen Szenen provozieren und für ein ständiges Drama sorgen. Oder Sie sind schnell gelangweilt, wenn sich eine Beziehung nur allmählich entwickelt, und üben so lange Druck aus, bis die Krise da ist.

Ich will eine feste Beziehung, habe aber Angst, daß ich es mir anders überlege und dann nicht mehr herauskann
Was geschieht, wenn Sie zwischen dem Wunsch nach dauerhafter Liebe und der Angst, nicht mehr »lebend herauszukommen«, hin- und hergerissen sind? Hier geht es um die klassische klaustrophobische Angst vor dem »bis in alle Ewigkeit«, die ein ebenso klassisches Abwehrverhalten auslöst. Wen bei dem Gedanken an ein langfristiges Zusammenbleiben die Unruhe packt, der entscheidet sich fast immer für Beziehungen, in denen Distanz ein fester Bestandteil ist. Hat sich mit der Zeit mehr Nähe eingestellt, wird die Beziehung nicht selten sabotiert, um wieder mehr Distanz zu schaffen.
Sie haben aktive Bindungsprobleme: Am Anfang einer Beziehung sind Sie voller Begeisterung, aber sobald Ihr Partner den Eindruck macht, er sei willig und für Sie zu haben, steigen klaustrophobische Gefühle in Ihnen hoch. Meist kennen Sie das Problem und lassen sich bei allem, was Sie tun, ein Hintertürchen offen. Vielleicht suchen Sie sich Partner, die so schlecht zu Ihnen passen oder die so schwierig sind, daß immer ein guter Grund für eine Trennung da ist. Das bedeutet, daß Sie insgeheim stets Pläne haben, wie Sie aus einer Beziehung aussteigen könnten. Sie sind immer mit einem Fuß in der Tür, ganz gleich, ob die Beziehung schon lange oder erst seit kurzem besteht. Jahrelang verheiratet zu sein, ist kein Hinderungsgrund.
In der Regel spüren Sie diesen Konflikt um so stärker, je besser die Beziehung im Laufe der Zeit wird. Oft führt das ausgerechnet am Tag vor (oder nach) dem Kauf eines neuen Hauses, kurz vor (oder nach) der Geburt eines Kindes oder unmittelbar vor (oder nach) der Hochzeit zum Bruch. Fast immer ist eine Fülle mehrdeutiger und stummer Botschaften und Aussagen nach dem Schema »Ich liebe dich, aber...« im Spiel.

In vielen Fällen verschafft Ihnen dieser Konflikt in Verbindung mit anderen die nötige Munition, um eine Beziehung zu beenden oder ihre Weiterentwicklung zu sabotieren.

Sie haben passive Bindungsprobleme: Dies ist die klassische Konstellation für das Einlassen auf Beziehungen, die langfristig auf keinen Fall funktionieren können. Sie haben eine Vorliebe für Beziehungen, in denen von vornherein Distanz ist, beziehungsweise für Partner, die aufgrund von Umständen oder ihrer emotionalen Verfassung für eine feste Bindung nicht in Frage kommen. Oft ist deren Bindungsphobie so groß, daß sogar Sie nicht daran vorbeisehen können. Diese Menschen tun nichts, was Ihre eigenen bindungsphobischen Ängste wecken würde, und ermöglichen es Ihnen dadurch, nichts als Liebe für sie zu empfinden. Häufig gehen Sie völlig auf in dem Versuch, jemanden für eine feste Beziehung zu gewinnen, der absolut nicht imstande ist, eine solche Entscheidung zu treffen.

Da Sie so selten Beziehungen haben, in denen eine feste Bindung überhaupt in Frage kommt, werden Sie diesen Konflikt wahrscheinlich nicht bemerken, bis irgendeine Wendung des Schicksals Sie aufrüttelt. Wir haben beispielsweise mit etlichen Frauen gesprochen, die nach einer Reihe katastrophaler Beziehungen heirateten und dann zu ihrem Erstaunen erstmals erfuhren, was es heißt, sich gefangen zu fühlen und mit der Angst zu kämpfen, »festzusitzen«.

Bei Menschen mit passiven Bindungsproblemen ist der deutlichste Hinweis auf diesen Konflikt wohl das große Verständnis, das sie ihren bindungsphobischen Partnern entgegenbringen.

Ich will eine feste Beziehung, möchte aber nie durch die Kompromisse und Verpflichtungen, die damit einhergehen, eingeengt werden

Hier wird ein besonders deutlicher Widerspruch formuliert. Jeder weiß, daß Beziehungen voller Verpflichtungen sind und Kompromisse erfordern. Dennoch gibt es sehr viele Menschen, die das nicht wahrhaben wollen. Wie drückt sich das in ihrem Verhalten aus?

Wenn Ihre Ängste direkt mit der Annahme zusammenhängen, daß Paare monolithische Einheiten bilden und zwischen ihnen keine Grenzen bestehen, gibt es wohl keine bessere Methode, einer Einengung durch die Beziehung zu entgehen, als die Beziehung selbst einzuengen. Ziehen Sie Ihre eigenen Grenzen und definieren Sie Verhaltensregeln – für gewöhnlich rangiert Spontaneität, allerdings sehr übertriebene, an vorderster Stelle.

Sie haben aktive Bindungsprobleme: Sie bringen auf vielfältige Weise zum Ausdruck, daß Sie Beschränkungen oder Verpflichtungen ablehnen. Die typischsten Beispiele:

- Sie ziehen Grenzen, Grenzen und nochmals Grenzen, um Ihre Beziehung unter Kontrolle zu halten und sich selbst davon zu überzeugen, daß Ihr Partner keine hohen Erwartungen hat. Manche Menschen stellen das gleich am Anfang einer Beziehung klar; andere warten, bis sie ihre Freiheit in Gefahr wähnen.
- Sie bestehen auf Spontaneität und immer wieder Spontaneität. Das führt unweigerlich dazu, daß auch Ihr Partner nicht zur Ruhe kommt.

Sie haben passive Bindungsprobleme: Da Ihnen lockere Beziehungen am liebsten sind, verlangen Sie auch von Ihrem Partner nicht viel. Leider ziehen Sie mit dieser Haltung oft Menschen an, die das bemerken und ausnutzen. Falls Sie eine Frau sind, stellen Sie sich vielleicht eine ausgewogene Beziehung vor, in der zwischen den Partnern alles ganz natürlich »fließt« und keiner etwas vom anderen fordern muß. Weil Sie Verständnis für den Wunsch nach Spontaneität haben, stellen Sie zunächst nur geringe Ansprüche – bis Ihr Partner seine Konflikte derart offen auf Ihre Kosten auslebt, daß Sie darunter leiden.

Oder Sie sind eine Frau, die sich für stark und unabhängig hält, mit einem eigenen Leben und eigenen Interessen. Sie suchen einen Mann als Geliebten und besten Freund, aber nicht als Brotverdiener. Warum lernen ausgerechnet Sie dann immer nur Männer kennen, die nicht einmal die wenigen, bescheidenen Anforderungen erfüllen, die Sie stellen? Falls Sie ein Mann sind, halten Sie sich vielleicht für einen Menschen, der sehr aufgeschlossen für weibliche Bedürfnisse ist und die Bereitschaft zeigt, eine Frau in ihrer beruflichen Karriere zu unterstützen. Warum lernen dann ausgerechnet Sie immer nur Frauen kennen, die der Auffassung sind, die Spontaneität einer Beziehung ginge schon verloren, wenn man nur den Samstag zum festen Rendezvoustag macht?

Betrachten Sie die Sache doch einmal so: Vielleicht ziehen Sie hauptsächlich Menschen an, die vor jemandem mit traditionellen Erwartungen sofort weglaufen würden. Oft haben Sie soviel Verständns für den Wunsch nach Spontaneität und Abgrenzung, daß Sie, wenn Sie Ihrem Partner endlich ins Gewissen reden wollen, schon zu tief drinstecken, um ihm einfach den Rücken zu kehren. Vielleicht haben Sie auch selbst so viele Schranken um sich aufgebaut, daß Sie jemanden, der den Eindruck erweckt, als strebe er eine ganz klassische Familie mit »Nähe und Geborgenheit« an, sofort ablehnen würden.

Ich will eine feste Beziehung, aber meine Individualität darf nicht auf der Strecke bleiben

Was geschieht, wenn Sie eine feste Beziehung wollen, aber fürchten, Sie müßten dafür Ihre Individualität aufgeben? Eine sehr verbreitete Reaktion besteht darin, alles sorgsam zu hüten, wovon Sie glauben, daß es Sie von anderen abhebt – was Sie tun, was Sie denken, was Sie besitzen.

Das eigene »Revier« gilt vielen als erweitertes Selbst. Deshalb kommt bei dem Konflikt, um den es hier geht, auch oft der Gedanke auf: *Ich brauche mehr Platz.* Gemeint ist Raum, um man selbst sein zu können, Raum zum Wachsen und um sich darin zu bewegen, wie es einem paßt. Unser Platzbedarf im physischen und emotionalen Sinne hängt eng mit dem Wunsch nach Individualität und klarer Abgrenzung von anderen zusammen.

»Ich mach es auf meine Weise, geh mir aus dem Weg!« »Ich denke, was ich will, halt dich da raus!« »Ich bin so, wie es mir paßt, laß mich in Ruhe!« So oder ähnlich klingen manche Schlachtrufe in häuslichen Auseinandersetzungen, ob nun zwischen Beziehungspartnern oder Eltern und Kindern. Der Konflikt, der sich darin äußert, hängt von allen hier erörterten Konflikten am engsten mit unseren emotionalen »Platzbedürfnissen« zusammen. Das Problem bei der Sache ist, daß sich nicht jeder über das Ausmaß der empfundenen Bedrohung im klaren ist. Wir wissen nur, daß wir das Gefühl haben, kaum atmen zu können.

Sie haben aktive Bindungsprobleme: Obwohl es Sie innerlich drängt, sich mit einem anderen Menschen zu vereinen, bringen Sie auf verschiedenste Weise Ihr Bedürfnis nach Individualität zum Ausdruck. Diese Ambivalenz verunsichert den anderen und ruft Spannungen hervor.

Statt auf Partner, die Ihnen ebenbürtig sind, fällt Ihre Wahl womöglich auf extrem passive Menschen, die sich leicht dominieren lassen. Vielleicht wiegen Sie sich dadurch in dem Glauben, Sie hätten stets treue Beifallspender hinter sich, so daß Sie Ihre Individualität ohne jeden Abstrich in Form von Kompromissen oder gemeinsamen Entscheidungen behaupten können. Am Ende werden Sie sich aber von solcher Passivität beengt fühlen und Ihren Partner aus dem gleichen Grund ablehnen, aus dem er Ihnen zuvor attraktiv erschien.

Sie haben passive Bindungsprobleme: Sie fühlen sich zu Personen mit ausgeprägtem Sinn für Individualität hingezogen, und zwar aus zwei Gründen: (1) Sie haben Respekt für solche Persönlichkeiten; (2) Sie glauben, daß Ihre Individualität von ihnen ebenfalls respektiert, ja vielleicht sogar noch gestärkt wird. Es könnte aber durchaus das Gegenteil eintreten, und die Wünsche und Bedürfnisse Ihres Partners könnten Sie erdrücken.

Da Sie jemand mit noch stärkeren »Platzbedürfnissen« als Ihren eigenen verunsichert, neigen Sie dazu, sich an ihn zu klammern. Das wiederum vermittelt Ihrem Partner das Gefühl, seine Individualität oder sein Raum seien bedroht.

Ich will eine feste Beziehung, aber ich möchte nicht unter die Kontrolle eines anderen geraten
Ich will eine feste Beziehung, aber ich möchte nicht die Kontrolle verlieren
Diese Ängste, die wohl jeder nachvollziehen kann, resultieren direkt aus dem gerade erörterten Konflikt. Um ein Gespür dafür zu bekommen, welche Bedeutung die Kontrolle über den Partner bei Bindungsproblemen hat, sollten Sie sich fragen, wie es bei Ihnen selbst ist. Sind Sie sensibel für die Launen des anderen? Lassen Sie sich durch Zorn oder Schuldgefühle leicht beeinflussen? Oder durch Geld, Angst oder Streicheleinheiten? Was löst bei Ihnen das Gefühl aus, unter der Dominanz eines anderen zu stehen? Welche Bereiche Ihres Lebens möchten Sie gerne im Griff behalten? Lassen Sie andere in Ihr »Revier«? Haben Sie »Regeln« aufgestellt?
Wer ein starkes Bedürfnis hat, das Verhalten seines Partners zu steuern, führt Regeln ein. Oberflächlich kann es um alles mögliche gehen, vom Aufräumen der Küche bis zur Entscheidung über den Urlaub. Sind auch Bindungsprobleme im Spiel, betreffen die Regeln aber meist den Zugang zum eigenen »Revier«.
Sie haben aktive Bindungsprobleme: Sie versuchen, über alles, was in einer Beziehung geschieht, die Kontrolle zu behalten. Die Schranken, die Sie errichten, und die von Ihnen aufgestellten Regeln erfüllen oft erfolgreich den Zweck, daß niemand die Herrschaft über Sie erringen kann. In den Beziehungen, die Sie eingehen, dreht sich alles um Ihre Bedürfnisse, und Sie suchen sich Partner, die sich das gefallen lassen. Wegen Ihrer Haltung, die sich mit »*mein* Leben«, »*mein* Haus«, »*meine* Regeln« charakterisieren läßt, fühlen Sie sich manchmal schuldig, was bei Ihnen den Eindruck erweckt, mit Hilfe von Schuldgefühlen würde versucht, Sie zu beherrschen; darauf reagieren Sie mit Zorn und Verärgerung. Wenn Sie jemanden

lieben, haben Sie wegen der Intensität Ihrer Gefühle den Eindruck, jemand hätte Macht über Sie. Auch das kann Ihren Zorn hervorrufen.

Sie haben passive Bindungsprobleme: Obgleich Sie Ihre Abneigung gegen Menschen, die versuchen, Sie zu beherrschen, sehr wohl kennen, haben Sie so viel Angst, eine laufende Beziehung zu gefährden, daß Sie das Thema fast nie zur Sprache bringen – bis nach der Hochzeit.

Beharrt Ihr Partner darauf, in allem das Sagen zu haben, kann bei Ihnen aber auch ein Gefühl der Machtlosigkeit entstehen. Das wiederum weckt den Wunsch, Ihren Machtanteil in der Beziehung zu vergrößern. Nicht selten trägt dies mit dazu bei, daß Sie an destruktiven Beziehungen festhalten.

Übrigens geben sich Menschen mit ernsten Bindungsproblemen vor der Hochzeit selten mit kleinen Zankereien ab, und manchmal nicht einmal danach. Sie sind meist so sehr damit beschäftigt, schwerwiegende Probleme zu wälzen, daß sie nur wenig Zeit für die Lappalien des Alltags finden. Statt dessen suchen sie die Auseinandersetzungen über viel wichtigere Themen, wie zum Beispiel, ob man heiraten beziehungsweise verheiratet bleiben soll.

Falls Sie Probleme haben, in denen es um Kontrolle, Macht und Herrschaft in Beziehungen geht, achten Sie doch einmal auf folgende Punkte:

- Wenn Sie glauben, Macht hinge direkt mit Geld zusammen, suchen Sie sich vielleicht stets entsprechend situierte Partner, zum Beispiel solche, die weniger Geld haben als Sie.
- Wenn Sie fürchten, mittels Zorn beherrscht zu werden, fällt Ihre Wahl womöglich stets auf Partner, die ihre Gefühle nicht ausdrücken können.
- Wenn Sie Angst haben, durch Schuldgefühle kontrolliert zu werden, suchen Sie sich als Partner vielleicht Menschen, die so unmöglich sind, daß Sie auf keinen Fall jemals Schuldgefühle haben müssen.

Allgemeine Bindungsprobleme

Manche Konflikte betreffen mehr oder weniger jeden von uns. Sie sind offenbar der Preis für das Leben in der heutigen Zeit. Zum Beispiel:

Ich will eine feste Beziehung, aber nur, wenn sie ganz meinen Träumen entspricht und der Partner mir vom Schicksal bestimmt ist
Wir haben ja alle die gleichen Filme im Kino gesehen. Jeder wünscht sich, daß einmal »die Glocken läuten« und »die Erde bebt«. Manche von uns sind aber so darauf fixiert, die perfekte Romanze zu erleben, daß sie aufpassen müssen, daß es ihnen nicht am Ende mehr um den schönen Traum als um einen Menschen aus Fleisch und Blut geht.
Was bedeutet es eigentlich, wenn man sagt, daß man eine echte Beziehung will, aber nur mit jemandem, der allen Wunschvorstellungen entspricht? Mit solchen Erwartungen laufen Sie Gefahr, einen Großteil Ihres Erwachsenenlebens entweder in sehr problematischen Beziehungen oder allein zu verbringen. Sie fühlen sich oft einsam und sinnen über gescheiterte Beziehungen, über laufende Beziehungen und was darin geschehen sollte nach oder über Beziehungen, die Sie sich von der Zukunft erhoffen.
Sie haben aktive Bindungsprobleme: Sie fliegen auf Menschen, von denen Sie zunächst glauben, sie entsprächen Ihren Wunschvorstellungen, und weisen ihnen die Tür, wenn sich herausstellt, daß sie auch bloß Erdenbürger sind. In Ihren Träumen davon, wie es ist, ein Paar zu sein, haben Sie immer die Vorstellung von einem romantischen Dauerhoch. Verblaßt dieses Gefühl im richtigen Leben, sind Sie überzeugt, einen Fehler zu machen. Passen Sie auf, daß Sie nicht auf solide Beziehungen verzichten, nur um unrealistischen Träumen nachzujagen.
Sie haben passive Bindungsprobleme: Ihre Träume haben einen solchen Stellenwert in Ihrem Leben, daß Sie dazu neigen,

Ihre Beziehungen an ihnen zu messen. Deshalb ist es für Sie nahezu unmöglich, mit begrenzten Erwartungen an neue Partnerschaften heranzugehen. Sie wollen immer aufs Ganze gehen und bringen Ihren Traum vom großen Glück gleich mit. Auch wenn Sie es nicht glauben mögen: Oft sind Sie ebenso eng mit Ihrem Traum liiert wie mit Ihrem Partner. Wie gut, wie schlecht oder wie gleichgültig Ihr Partner auch ist, in Ihren Augen besitzt er alle Eigenschaften der Traumperson.

Ihr Verhalten in Beziehungen hat indes nicht immer viel mit der Realität zu tun. In Ihren Träumen wissen Sie ganz genau, was Sie fühlen und wie Sie sich verhalten sollen. Und das versuchen Sie umzusetzen – *auch dann, wenn Ihnen die Beziehung keinen Grund dazu gibt.* Das Festhalten an Ihren Träumen, auch wenn die Realität das krasse Gegenteil ist, macht es für Sie sehr schwer, den Bruch einer Beziehung zu verwinden. Falls Ihnen das alles bekannt vorkommt, sollten Sie unbedingt lernen, Ihre Träume in Schach zu halten, so daß Sie sich nicht allzu stürmisch und vorschnell in Beziehungen stürzen – oder sich emotional an Beziehungen klammern, die Vergangenheit sind.

Ich will eine feste Beziehung, aber ich will nicht aufhören, mich jung zu fühlen

Wenn ein Teil von Ihnen weiter Kind sein will, hat das sicher Einfluß darauf, wen Sie sich als Partner aussuchen und wie Sie diese Person behandeln. Nicht immer ist der Konflikt so deutlich erkennbar, denn es gibt unzählige Methoden, wie Menschen versuchen, jung zu bleiben. Folgende Partnertypen könnten Ihnen das Gefühl vermitteln, dem Erwachsenwerden zu entrinnen. Fühlen Sie sich zum Beispiel angezogen von:
- Menschen, die jünger sind als Sie?
- Menschen mit kindlichem Naturell?
- Menschen, die beruflich nicht so eingespannt sind?
- Menschen, die in ihrer Entwicklung noch nicht so weit sind, denen Sie aber viel zutrauen?
- Menschen ohne stabilen, gefestigten Charakter?

- Menschen, die noch die typischen Probleme von Heranwachsenden haben, wie: Was soll ich werden? Wo soll ich wohnen?
- Menschen mit jugendlichen Einstellungen?
- Menschen, die gerne die Elternrolle übernehmen?
- Menschen, die Ihnen das Gefühl geben, ein entzückendes Kind zu sein?
- Menschen, die Ihre jugendliche Haltung tolerieren?
- Menschen, die in der Beziehung die ganze Verantwortung übernehmen?

Die Angst vor dem Eintritt in die Welt der Erwachsenen hängt unmittelbar damit zusammen, ob man die Endlichkeit des Lebens akzeptiert. Diese Frage ist wiederum eng mit dem nächsten universellen Konflikt verbunden.

Ich will eine feste Beziehung, aber ich will nicht das Gefühl haben, daß mein Leben deswegen in irgendeiner Weise zu Ende ist

Glauben Sie, daß Sie weniger vom Leben haben werden, wenn Sie eine feste Bindung eingehen? Verschieben Sie das Heiraten, weil Sie noch zuviel »erledigen« müssen, bevor Sie seßhaft werden? Wenn Sie auch nur das leiseste Gefühl haben, daß sich mit der Ehe die Tore schließen statt neue Möglichkeiten eröffnen, beeinflußt das Ihr Verhalten.

Männer und Frauen mit aktiven und passiven Bindungsproblemen sind gleich stark betroffen. Der Unterschied liegt nur darin, daß die Aktiven den Konflikt meist schon spüren, bevor sie eine feste Bindung eingehen, und die Passiven erst danach.

Wie reagiert man, wenn man glaubt, daß sich die Tore schließen? »Zornig und nervös«, »beengt und eingesperrt«, »wütend und erschreckt«, »gefangen wie ein Tier« – das sind nur einige der Antworten, die wir erhielten. Und wie verhält man sich in dieser Situation? Gewöhnlich wird versucht, die Türen gewaltsam wieder zu öffnen. Manchmal geschieht das mit einem einzigen »Befreiungsschlag«, der meist direkt zum Scheidungsrichter oder in die Arme des nächsten Partners führt. Oder die Beziehung wird auf subtilere Weise sabotiert – durch Streit und Krittelei. Die häufigsten Anzeichen für diesen Konflikt:

- Sie lieben Ihren Partner noch, würden ihn aber am liebsten eine Zeitlang »auf Eis legen«, um sich richtig auszuleben.
- Sie haben keine Erklärung dafür, aber seit dem Moment, als eine feste Bindung zur realen Möglichkeit wurde, spüren Sie eine starke Unruhe, die unmittelbar mit der Angst verbunden scheint, das Leben könnte vorbei sein und der Tod hinter der nächsten Ecke auf Sie warten.
- Sie verlieren plötzlich die Fähigkeit, von der Zukunft zu träumen, weil Sie das Gefühl haben, Sie hätten keine mehr.
- Sie haben so lange von Ehe und fester Partnerschaft geträumt, daß Sie jetzt, wo es endlich soweit ist, eine seltsame Traurigkeit verspüren, so als gäbe es nichts mehr zu träumen.
- Ihr Partner macht Sie so nervös, daß Sie am liebsten auf Distanz gehen würden; Sie wissen aber, daß er für das, was Sie empfinden, im Grunde nichts kann.

Wer von diesem Konflikt betroffen ist, will beides: Der Partner soll, ohne selbst Ansprüche zu stellen, Liebe, Sicherheit und Geborgenheit geben und zugleich erlauben, daß man selbst umherzieht und Abenteuer erlebt.

Das Problem ist so alt wie die Menschheit selbst. Das bekannteste Beispiel ist wohl die Geschichte von Odysseus. Nach dem Ende des Trojanischen Kriegs segelte er auf der Suche nach Abenteuer, Liebe und Gefahr durch die Ägäis. Als er schließlich zu seiner Frau, der geduldigen Penelope, heimkehrte, symbolisierte das seine Bereitschaft, nicht mehr als Vagabund umherzuziehen, sondern dort einen Platz zu finden, wo er hingehörte. Mit dem Ende der »Odyssee« endet auch die Geschichte, aber das eigentliche Leben des Odysseus konnte erst jetzt beginnen. Natürlich wissen wir nicht, was in der Ehe geschah, als Penelope die Erzählungen ihres Mannes oft genug gehört hatte. Wir können aber davon ausgehen, daß sie Kinder hatten, sich einen Hund anschafften und alt wurden wie andere Menschen auch.

Was Odysseus herausfand, ist, daß sich das eigentliche Leben nicht auf einem Segelschiff abspielt, ebensowenig wie an Bord eines Düsenjets. Das eigentliche Leben ist nicht dort, wo man in Bewegung ist, sondern wo man anhält und sich einen festen Platz schafft. Sicher, man kann sein Leben mit den außergewöhnlichsten Abenteuern füllen, läuft dann aber Gefahr, irgendwann festzustellen, daß man zwar viele Souvenirs hat, aber das Wesentliche entbehrt. Während Odysseus in der Ägäis seinen Träumen nachjagte, war er von der Realität seiner eigenen Welt völlig losgelöst. Er kehrte in die Heimat zurück, weil er entdeckt hatte, daß sein wahres Leben nur dort sein konnte.

Eine feste Bindung fängt genau dann an, wenn wir unsere Phantasievorstellungen beiseite legen und ein anderes menschliches Wesen mit all seinen Stärken und Schwächen als Partner akzeptieren. Das bedeutet, unseren Platz im Kosmos zu akzeptieren, unser Menschsein und damit auch unsere Sterblichkeit. Das mag erschrecken, aber es ist ein fester Bestandteil des Lebens.

Und noch ein Hinweis für Frauen mit passiven Bindungsproblemen, die glauben, ihr eigener Odysseus werde schon wieder zurückkommen, wenn sie nur geduldig auf ihn warteten. Denken Sie daran, daß Odysseus sich erst blicken ließ, nachdem Penelope ihre Verlobung mit einem anderen bekanntgegeben hatte – und sie meinte es ernst damit! Odysseus stand am Vorabend ihrer Hochzeit vor der Tür.

Ich will eine feste Beziehung, aber ich will niemanden so sehr lieben, daß ich einen Teil von mir selbst verliere
Betrachtet man sich berühmte Love-Storys, ist nicht zu übersehen, daß viele der Liebenden am Ende den Tod finden. Es scheint, als wären die Gefühle so stark, daß die Liebenden sie

nicht überleben können. Welch schauriger Gedanke, der Zusammenschluß mit einem anderen Menschen könnte so intensiv sein, daß man dabei sein Leben riskiert! Wir wollen die Leidenschaft spüren, aber nicht von ihr übermannt werden. Für viele von uns ist eine echte Beziehung jedoch gleichbedeutend mit völliger Verwundbarkeit.
Das richtige Maß an Nähe zu finden und zu akzeptieren, ist für viele ein Grund, eine Psychotherapie oder eine Beratung aufzusuchen. Jeder von uns muß lernen, zu lieben und geliebt zu werden, ohne sich selbst dabei zu verlieren. Die Bewältigung der Schwierigkeiten, die dabei entstehen können, ist eine wichtige Aufgabe.

Ich will eine feste Beziehung, habe aber Angst, abgelehnt zu werden, wenn erst all das ans Licht kommt, wofür ich mich schäme
Fast keiner ist durchweg mit sich zufrieden. Im Leben der meisten Menschen gibt es Punkte, für die sie sich mehr oder weniger schämen und die sie am liebsten geheimhalten würden. In festen Beziehungen geht das nicht, wir sind den Blicken unserer Partner schonungslos ausgesetzt. Früher oder später kommen sie hinter jedes Geheimnis. Dann erfahren sie vom schwarzen Schaf, begegnen unserer verrückten Tante und hören Berichte über die törichten oder peinlichen Dinge, die wir als Kinder taten. Sie entdecken die Härchen, die an Stellen unseres Körpers wachsen, wo sie nicht hingehören, und die Fettpölsterchen auf unseren Hüften. Da ist sie, die ganze ungeschminkte Wahrheit, offen sichtbar für unsere Lebensgefährten. Kommt Ihnen das ein wenig beängstigend vor?
Wie geht man um mit dem Wunsch nach einer festen Beziehung, wenn es – in Vergangenheit oder Gegenwart – Dinge an einem gibt, für die man sich so schämt, daß man sie selbst dem eigenen Partner nicht anvertrauen möchte?
Mit aktiven Bindungsproblemen suchen Sie sich in der Regel Partner, von denen Sie *wissen*, daß sie sich mit Ihren vermeintlichen Schwächen abfinden werden. Menschen mit passiven

Bindungsproblemen neigen dagegen zu Beziehungen mit Partnern, von denen sie *hoffen*, daß sie mit ihrer Hilfe die eigenen Minderwertigkeitsgefühle überwinden können. Das funktioniert etwa so:

Sie haben aktive Bindungsprobleme: Sie kennen Ihre persönlichen Schwachpunkte und machen diese oft schon beim ersten oder zweiten Rendezvous zum Gesprächsthema. Sie verwenden sie manchmal sogar als Köder, um jemanden in Ihre Intimsphäre zu locken. Haben Sie zum Beispiel Alkoholprobleme, ist Ihr neuer Partner schnell zum Mitkämpfer gegen das Übel gemacht. Hatten Sie eine schwere Kindheit oder kommen Sie aus einem kaputten Elternhaus, erzählen Sie das vielleicht schon am ersten Abend. Auf diese Weise testen Sie Ihre neuen Partner, damit Sie *absolut sichergehen können*, daß sie die »Dämonen« in Ihrem Leben kennen und akzeptieren. Manchmal könnte man meinen, Sie setzten Ihre Probleme bewußt als Mittel ein, um die Sensibilität des anderen Ihnen gegenüber zu erhöhen und ihn fester an sich zu binden.

Statt zuzulassen, daß andere Sie wegen Ihrer vermeintlichen Schwächen zurückweisen, verwenden Sie diese als Begründung, um sich von ihnen zu trennen. Zum Beispiel so:

Als John Mary kennenlernte, erzählte er ihr alles über seine schlimme Kindheit, seine gemeine Mutter und die Qualen, die er durchlitt. Zwei Jahre lang drehte sich alles in der Beziehung um Johns Empfindlichkeit, seine Launen und emotionalen Bedürfnisse. Am Ende gab er Mary den Laufpaß und erklärte ihr, sie hätte doch wissen müssen, daß »Dämonen« der Vergangenheit in ihm spukten und ihn davon abhielten, sich auf eine feste Bindung einzulassen.

Gleich bei der ersten Begegnung von Jane und Mark erzählte sie ihm von ihren Eßproblemen und wie schlecht es ihr psychisch jedesmal ging, wenn sie zunahm. Während die Beziehung Fortschritte machte und die beiden sich näherkamen, begann Jane, mehr zu essen, und legte entsprechend Pfund um Pfund zu. Nach Marks Eindruck nimmt Jane um so mehr zu, je besser die Beziehung wird. Er meint, das sei ihre Methode,

um zuviel Nähe zu vermeiden. Sagen dürfe er jedoch nichts, weil er Jane damit schlechte Gefühle machen würde.
John und Jane haben beide ein sehr kompliziertes Abwehrsystem, mit dem sie ihre Partner auf Distanz halten. Dazu zählt eben auch, sie erst in die eigenen Probleme hineinzuziehen und diese dann als Grund für den Ausstieg aus der Beziehung zu verwenden.

Sie haben passive Bindungsprobleme: Für manche von uns nimmt das Ringen mit dem Wunsch nach Perfektion eine neue Dimension an, wenn es um Liebesbeziehungen geht. Statt jemanden zu suchen, der zu uns paßt – jemanden mit den Eigenschaften, die uns an einem Partner wichtig sind –, fühlen wir uns von Menschen angezogen, von denen wir glauben, daß sie uns nicht so kritisch beurteilen und uns keinen Korb geben werden. Anfangs erscheinen solche Menschen als »sicher«, aber das kann *extrem* täuschen.

Die Erfahrung zeigt, daß der Versuch, die angeblichen eigenen Schwächen auf diese Weise zu kompensieren, zu katastrophalen Fehlentscheidungen bei der Partnerwahl führen kann. Wenn Sie fürchten, daß Ihre Fehler ans Licht kommen könnten, werden Sie sich wahrscheinlich Partner mit einer so gestörten Persönlichkeit suchen, daß Sie aus der Beziehung nicht wieder heil herauskommen.

Die 33jährige Sandi hat eine lange Reihe verheerender Beziehungen hinter sich. Ihre Geschichte ist nicht untypisch:

Sandi hat einen zehnjährigen Sohn, der ihr große Sorgen macht. Tom ist zwar sehr intelligent, hat aber eine Lernbehinderung und ist hyperaktiv. Gegenüber jedem Mann, für den sich Sandi interessiert, benimmt sich Tom feindselig und aggressiv. Hinzu kommt als weitere Last ein schwieriger Exgemahl, der immer wieder auftaucht.

Sandi nimmt ihre Rolle als Mutter ausgesprochen ernst und hat sehr konservative Vorstellungen davon, wie sich eine Beziehung entwickeln sollte. Hört man ihr genau zu, merkt man, daß sie im Grunde der Ansicht ist, kein halbwegs vernünftiger Mann könne bereit sein, die ganzen Scherereien mit ihrem

Kind und ihrem Exgemahl in Kauf zu nehmen. Das geht soweit, daß sie jedesmal, wenn sie einen netten, attraktiven Mann kennenlernt, einen Dialog mit sich selbst führt, der ungefähr so lautet: *Er würde nie verstehen, unter welchem Streß du stehst. Er würde nie verstehen, was für ein Leben du führst. Er würde dich nie verstehen.*
Andererseits denkt Sandi, wenn sie jemanden mit unzähligen Problemen kennenlernt: *Der kann mich und meine Probleme verstehen. Ich muß mir keine Sorgen machen, daß ich zu viele Probleme habe – er hat ja selbst noch mehr.* Das Resultat ist eine schreckliche Beziehung nach der anderen.

Ich will eine feste Beziehung, aber ich will von niemandem abhängig sein
Ich will eine feste Beziehung, bin aber noch nicht dafür bereit, daß jemand von mir abhängig ist
Diese Konflikte – beide hängen eng mit der Furcht vor stereotypen Geschlechterrollen zusammen – lassen sich direkt darauf zurückführen, wie Ihre Eltern miteinander umgingen beziehungsweise wie Sie von Ihren Eltern behandelt wurden, als Sie noch ein Kind waren.
Leider verhalten sich Menschen mit solchen Ängsten bei der Partnerwahl oft nicht minder stereotyp. Da schließen Männer von der Kleidung oder dem Beruf einer Frau auf ihre Ab- oder Unabhängigkeit. Da haben Frauen so entsetzliche Angst vor der Abhängigkeit, daß sie sich, ohne es zu merken, für Männer entscheiden, die nicht auf eigenen Füßen stehen können oder überhaupt nicht zu ihnen passen. Vielleicht suchen sie sich auch Partner, die finanziell oder emotional von ihnen abhängig sind, späterer Ärger ist vorprogrammiert.
In welche Kategorie Sie selbst gehören, hängt auch damit zusammen, wie Sie sich Ihre finanzielle Rolle in einer Beziehung vorstellen. Das kann sehr kompliziert sein und bedarf sorgfältiger Analyse.
Konflikte, die sich um das Thema Abhängigkeit drehen, können auch mit Vertrauen zu tun haben. Vielleicht fragen Sie

sich, ob Sie dem anderen genug vertrauen können, um sich von ihm abhängig zu fühlen, oder ob Sie überhaupt die Fähigkeit besitzen, anderen zu vertrauen. In einigen Fällen mag professionelle Hilfe nötig sein.

Durch besondere Umstände bedingte Bindungsprobleme

Ich will eine feste Beziehung, aber ich will nicht noch einmal einen Fehler begehen
Ich will eine feste Beziehung, aber ich will mein Leben nicht noch komplizierter machen
Ich will eine feste Beziehung, aber mein Leben gefällt mir so, wie es gerade ist
Ich will eine feste Beziehung, aber ich will mein Geld nicht mit jemandem teilen müssen
Ich will eine feste Beziehung, aber meine Lebensumstände lassen im Augenblick keinen Raum für einen Partner
Dies sind einige der häufigsten Umstände, die Männer und Frauen als Gründe angeben, warum sie eine feste Beziehung aufschieben oder ihr aus dem Weg gehen. Jeder davon kann durchaus Gültigkeit besitzen. Manche haben eine Berechtigung, andere sind Ausreden. Jeder weiß ja, daß Umstände oft vorgeschoben werden, um Ängste zu verhüllen, die ohnehin ständig präsent sind. Sie müssen selbst herausfinden, welche Ihrer Ängste einen realen Hintergrund haben und welche mit ungelösten Problemen zu tun haben, die Sie mit sich herumtragen. Wenn Sie **aktive Bindungsprobleme** haben, neigen Sie dazu, Umstände stark zu übertreiben, so daß sie als Argumente gegen eine feste Beziehung herhalten können. Haben Sie dagegen **passive Bindungsprobleme**, werden Sie die Bedeutung von Umständen oder Erkenntnissen, die darauf hindeuten, daß eine feste Beziehung nicht funktionieren würde, eher herunterspielen.

10
Bindungen eingehen, die zählen

In den vorangegangenen Kapiteln war viel von Bindungsproblemen die Rede. Es ging um Gefühle, Verhalten, Entscheidungen und Ängste. Vor allem aber ging es um Konflikte. Dabei wurde eine Frage noch ausgeklammert, und zwar die, wie man es anstellt, eine wirklich solide Beziehung aufzubauen und zu bewahren.
Darum soll es im folgenden gehen. Wir halten das Ganze keineswegs für eine einfache Angelegenheit. Das widerspräche auch zu sehr unseren eigenen Erfahrungen. Falls Sie es jedoch leid sind, immer nur am Beckenrand des Swimmingpools zu sitzen und neidisch auf die zu schauen, die den Mut hatten hineinzuspringen und ein Leben zu zweit zu führen, wollen wir Ihnen zeigen, wie Sie lernen können, den Sprung zu wagen und nicht im kalten Wasser unterzugehen.

Der erste Schritt: Gestehen Sie sich Ihre Probleme ein und nehmen Sie sich vor, sie zu meistern

Zuerst müssen Sie aufhören, sich selbst und anderen etwas vorzumachen. Suchen Sie nicht mehr nach Entschuldigungen – weder für sich noch für Ihre Partner. Ob Sie nun selbst stets unentschlossen sind oder immer wieder in Beziehungen mit unentschlossenen Partnern landen – erkennen Sie, daß Sie Probleme haben und daß diese gelöst werden müssen.
Es gibt immer Gründe, die gegen eine feste Bindung sprechen. Ist jemand 22 Jahre alt und hat erst wenig Erfahrung mit dem

anderen Geschlecht, dann ist es nur richtig und verständlich, wenn er sich unsicher zeigt. Irgendwann ist aber der Punkt erreicht, wo man sich die Rationalisierungen, hinter denen man sich versteckt, eingestehen muß. Stellen Sie sich den Bindungsängsten, die Ihr Handeln beherrschen, und Sie haben den ersten Schritt getan, um ihnen die Macht zu nehmen.
Vielleicht sind Sie niemals hundertprozentig sicher, ob eine Entscheidung *realistisch* und richtig ist, gleich ob in der Liebe oder anderswo. Doch es gibt nur eine Lösung: Statt nach einer Beziehung zu suchen, in der es keine Zweifel gibt, sollten Sie sich vornehmen, Wege zu finden, um Ihrer Zweifel Herr zu werden und sich nicht länger von ihnen beherrschen zu lassen.

Lernen Sie Ihre Verhaltensmuster kennen

Lernen Sie, Ihr Verhalten richtig einzuschätzen. Fragen Sie sich,
- ob Sie ein aktives oder passives Vermeidungsverhalten an den Tag legen;
- wann und wie Sie zu unangemessenen oder unrealistischen Entscheidungen kommen;
- an welchem Punkt in Beziehungen Sie häufig in Panik geraten und die Flucht ergreifen;
- wie Sie sich selbst Angst einjagen, indem Sie zu schnell zuviel wollen;
- wie Sie Erwartungen wecken, die Ihnen am Ende das Gefühl geben, am liebsten davonlaufen zu wollen;
- welche Beziehungsphantasien Sie hegen;
- wie Sie auf die Phantasien anderer reagieren;
- wo Sie so prompt und heftig reagieren, daß Ihr potentieller Partner das Gefühl bekommt, in der Falle zu sitzen;
- wie Sie Ihre Partner durch Errichtung von Schranken auf Distanz halten;

- wie Sie es versäumen, angemessene Grenzen zu ziehen;
- wie Ihre Ambivalenz in anderen Lebensbereichen Ausdruck findet.

Erkennen Sie Ihre Ängste und was sie bei Ihnen auslösen

Bindungsphobie hat vor allem mit Angst zu tun. Angst, in der Falle zu sitzen; Angst, Handlungsspielräume aufzugeben; Angst, die Freiheit zu verlieren; Angst, die Kontrolle abzugeben; Angst vor Abhängigkeit; Angst vor Langeweile; Angst vor einem ganz normalen Leben; Angst davor, Fehler zu machen oder zu wiederholen. Sie müssen ganz genau auf das schauen, was Sie in einer Beziehung nicht wollen, und sich dann überlegen, wie diese Ängste dazu führen können, daß Sie die falsche Wahl treffen oder sich falsch verhalten.

Ein Vorschlag dazu: Denken Sie einmal an alle Menschen in Dauerbeziehungen, die Sie kennen – angefangen bei Eltern und Verwandten. Halten Sie in einer Liste fest, was Sie an diesen Beziehungen stört, was Sie in Ihrem Leben nicht wiederholen möchten. Denken Sie dann an alle »etablierten« Menschen aus Ihrer Bekanntschaft, deren privates und berufliches Leben Ihnen öde und langweilig erscheint. Notieren Sie, was Sie daran auszusetzen haben. Denken Sie dann darüber nach, wie diese »Ängste« Ihr eigenes Verhalten beeinflussen könnten. Waren etwa manche Ihrer weniger glücklichen Entscheidungen nur extreme Reaktionen?

Es gibt eine ganze Reihe weiterer Faktoren, die Bindungsprobleme verursachen oder verstärken können. Dazu zählen zum Beispiel tiefsitzende Ängste vor Nähe und Verlassenwerden, deren Ursprung meist in der frühen Kindheit liegt. In solchen Fällen sucht man am besten Hilfe bei professionellen Therapeuten. Scheuen Sie nicht vor diesem Schritt zurück, wenn er sich als notwendig erweist.

Achten Sie auf die narzißtischen Elemente in Ihren Entscheidungen

Allzuoft veranlassen uns die narzißtischen Stimmen in unserem Inneren zu Entscheidungen, die Ausdruck von Wunschbildern sind, aber mit der Realität wenig zu tun haben. Wir leben in Häusern, die wir uns nicht leisten können, kaufen Autos mit zu hohen Unterhaltskosten und wählen Berufe, die uns keine Erfüllung bringen. Aber das Schlimmste ist: Wir suchen uns Partner, an deren Seite wir zwar gut aussehen, die aber nicht gut für uns sind.

Wenn eine laute narzißtische Stimme Sie beeinflußt, gehen Sie ständig wie auf Eierschalen. Gefangen von dem Wunsch nach Perfektion, sind Sie immer auf der Suche nach der perfekten Liebe, der perfekten Karriere, dem perfekten Auto, dem perfekten Videorecorder, dem perfekten Hund. Wer andere schonungslos beurteilt, kritisiert, etikettiert und kategorisiert, nimmt in der Regel an, alle würden das so machen. Die ständige Erwartung, von anderen prüfend beäugt zu werden, gewinnt auf diese Weise höchste Priorität und begräbt Ihre wahren Bedürfnisse. Sie werden unfähig, Entscheidungen nur um der Sache willen zu treffen.

Um aus dem Gefängnis der Perfektion zu entkommen, müssen Sie dem Ursprung der strengen Stimmen nachgehen und anfangen, sich so zu akzeptieren, wie Sie sind. Versuchen Sie, sich mit dem Urteil »gut genug« anzufreunden. Betrachten Sie sich selbst und das, wofür Sie sich entscheiden, ab sofort als gut genug. »Perfekt« ist ein Wort, auf das wir sehr gut verzichten können.

Sagen Sie ja zu sich selbst und Ihrem Leben

Viele glauben, sie müßten bloß dem oder der »Richtigen« begegnen, und alles in ihrem Leben würde sich ganz von selbst regeln. Gehen Sie lieber genau vom Gegenteil aus und bringen Sie zunächst einmal all jene Bereiche des Lebens in Ordnung, die mit Liebe und Partnerschaft nichts zu tun haben. Es klingt wie eine Binsenweisheit, aber alles braucht ein Fundament. Das Haus ebenso wie eine Beziehung. Bevor man eine befriedigende Partnerschaft aufbauen und erhalten kann, muß eine solide Grundlage geschaffen werden, was bedeutet, zu sich selbst ja zu sagen und sich ein eigenes Leben aufzubauen.

Bei unseren Befragungen stießen wir auf ein sehr interessantes Verhaltensmuster: Während Menschen mit aktiven Bindungsproblemen offensichtlich allergrößte Probleme damit haben, sich auch nur im geringsten festzulegen, wirken Menschen mit passiven Bindungsproblemen meist stabiler, weniger ängstlich und mehr in sich und ihrem Leben zu Hause. Das kann ein ganz falscher Eindruck sein. Immer wieder konnten wir beobachten, wie Menschen mit passiven Bindungsproblemen bereit waren, ihr eigenes Leben – Freunde, Interessen, Wohnung – aufzugeben, sobald eine neue Beziehung winkte. Wer derart leicht Abschied von allem nimmt, was er sich aufgebaut hat, nur weil ein neuer Partner in Erscheinung tritt, muß sich fragen, wieviel ihm sein eigenes Leben wirklich bedeutet hat.

Ob Sie nun aktiver oder passiver Vermeider sind, der Weg zu einer befriedigenden Partnerschaft ist der gleiche. Organisieren Sie Ihr Leben so, daß Sie wirklich dazu stehen können, und nicht nur vorläufig. Schlagen Sie Wurzeln in der Realität. Leben Sie nicht in der Phantasie oder so, daß Sie es sofort für jemanden aufgeben würden. Ihr Leben sollte so sein, daß der richtige Partner es mit Ihnen teilen könnte.

Mit dem Zuhause fängt es an

Eine echte Beziehung zum eigenen Zuhause zu entwickeln, ist der entscheidende erste Schritt auf dem Weg zu einer Beziehung mit einem anderen Menschen. Bei manchen mag das mit so grundlegenden Dingen anfangen wie dem Auspacken der Bücherkisten oder der Anschaffung eines Betts. Bei anderen bedeutet es, Verantwortung für die eigene Umgebung zu übernehmen, statt Helfer anzuheuern, die Möbel für sie kaufen und über die Einrichtung entscheiden.

Dahinter steht der Gedanke, einen Lebensraum zu schaffen, der die wichtigen Aspekte Ihrer Persönlichkeit widerspiegelt. Sie wollen weder das Gefühl haben, in einem Hotel zu wohnen, noch Distanz zu Ihrer äußeren Umwelt schaffen. Ganz im Gegenteil: Sie wollen mit ihr so eng verbunden sein wie möglich.

Sagen Sie adieu zu »vorläufig«

Einige Menschen treffen nur Entscheidungen, wenn sie diese als vorläufig ansehen. Statt sich Zeit zu nehmen und eine Wohnung zu finden, die ihnen gefällt, landen sie in einem Quartier, das sie selbst als »vorläufig« einstufen. Statt das Sofa zu suchen, das sie sich vorstellen, kaufen sie vorläufig ein anderes. Statt feste Verabredungen zu treffen, die sie auch wirklich einhalten wollen, ist ihr Terminkalender voll mit Plänen, die sie zwar im Prinzip einhalten wollen, aber auch jederzeit wieder umstoßen können. Wir brauchen Ihnen nicht mehr zu sagen, daß ein erfülltes Leben anders aussieht.

Beschließen Sie, ein wirklich erfülltes Leben zu führen

Was gehört zu einem erfüllten Leben? Sicherlich Arbeit, Freunde, ein Zuhause, Geselligkeit, Liebe, Kreativität und persönliche Interessen. Wenn Sie Ihre Probleme lösen wollen, müssen Sie anfangen, Zeit und Energie in viele Bereiche Ihres

Lebens zu investieren. Dazu gehört, daß Sie sich mit Ihrer Arbeit, Ihrer sozialen Umgebung und Ihren persönlichen Interessen identifizieren.

Lernen Sie, Entscheidungen zu treffen – und fangen Sie dabei klein an

Welche Entscheidungen, abgesehen von der Partnerwahl, machen Ihnen immer wieder zu schaffen? Feste Termine? Die Frage, was Sie anziehen sollen? Was Sie essen sollen? Ob und in welche Vereine Sie eintreten sollen? Welche Hobbys Sie sich zulegen sollen? Welchen Film Sie sich anschauen sollen? Welchen Computer Sie sich anschaffen sollen? Welches Auto Sie kaufen sollen? Wann Sie Urlaub machen sollen?
Fangen Sie mit Entscheidungen an, die Sie als weniger einschüchternd empfinden, und machen Sie kleine Schritte. Das könnte zum Beispiel heißen, daß Sie sich endlich Visitenkarten mit Ihrer aktuellen Adresse drucken lassen. Vielleicht kaufen Sie sich auch eine Pflanze für die Küche oder hängen im Wohnzimmer ein Bild auf, oder Sie treffen eine Verabredung zwei Wochen im voraus – und halten sie ein.
Loben Sie sich für jeden Erfolg, und sei er noch so gering. Und wenn Sie hinter Ihren Zielen zurückbleiben, versuchen Sie es gleich noch einmal. Falls Sie in der Vergangenheit nie in der Lage waren, Entscheidungen aus ganzem Herzen zu treffen, wäre es schon ein Wunder, wenn Sie es nun plötzlich mit der ganzen Welt aufnehmen könnten. Sollten Ihnen Ihre kleinen Entscheidungen Angst einjagen, versuchen Sie es einfach noch eine Nummer kleiner. Bei Erfolg schrauben Sie Ihre Ambitionen *etwas* höher. Setzen Sie sich aber nicht unnötig unter Druck, üben Sie lieber langsam und stetig.

Lernen Sie, nein zu sagen

Es geht nicht nur darum, anderen Personen, Situationen oder Sachen zuzustimmen. Sie müssen auch nein sagen und sich abwenden können, wohl wissend, daß man sich den Weg zurück womöglich verbaut. Niemand gibt gerne Optionen auf, wenn es nicht sein muß. Sich von etwas zu trennen, tut immer weh. Ein nicht gesagtes Nein kann jedoch sehr unfair gegenüber denjenigen sein, die auf Sie zählen und die – übrigens ebenso wie Sie selbst – dadurch gehindert werden, in ihrem Leben voranzukommen.

Angst ist kein Grund zum Handeln

Wenn Sie jetzt beginnen, Entscheidungen zu fällen, werden Sie etwas bemerken, das viele bereits kennen: Oft packt einen nämlich erst *nach* einer Entscheidung die große Angst. Je schwerwiegender der Entschluß, desto größer die Angst. Ob Sie ein Haus, ein Auto oder einen Hund kaufen, eine Wohnung mieten, sich verloben, heiraten oder ein Kind kriegen – immer kann es passieren, daß Sie hinterher nervös werden. Was nichts über das Haus, das Auto, den Hund, die Wohnung, den Partner oder das Kind aussagt.
Das gleiche kann eintreten, wenn Sie nein sagen und irgend etwas oder jemandem in Ihrem Leben den Rücken zukehren, sei es dem Job, der Wohnung oder dem Ehepartner. Das Problem ist, daß wir unsere Unruhe oft als Zeichen für einen schrecklichen Fehler interpretieren. Wenn Sie also gerade etwas abgelehnt haben und deswegen nervös sind, warten Sie einfach eine Weile und schauen Sie, wie es Ihnen dann geht. Handeln Sie nicht impulsiv.

Laufen Sie nicht mehr davon

Wenn wir mit einer Situation, Person oder Entscheidung unzufrieden sind, sehen wir manchmal nur einen einzigen Ausweg, die Flucht. Als Angehörige der Spezies Mensch besitzen wir aber die Fähigkeit, miteinander zu kommunizieren. Machen Sie Gebrauch davon!

Machen Sie sich nicht selber Angst, indem Sie zu weit vorausdenken

Niemand würde sich zu irgend etwas durchringen können, wenn er über alle möglichen Konsequenzen, Verwicklungen und Komplikationen nachdächte, die eine Entscheidung im Laufe des Lebens nach sich ziehen kann. Wenn Sie alle Ihre Handlungen hochrechnen, muß natürlich Panik aufkommen. Da aber niemand weiß, was geschehen wird, ist es ziemlich sinnlos, sich heute über das Jahr 2012 den Kopf zu zerbrechen. Das Beste, was wir tun können, ist, in guter Absicht zu handeln und die jeweils bestmöglichen Entscheidungen zu treffen.

Seien Sie in Ihren Beziehungen als ganze Person präsent

Manchmal ist es in Beziehungen am einfachsten, Distanz zu wahren. Selbst gegenüber den engsten Freunden kann es angenehmer sein, Gedanken und Gefühle zurückzuhalten. Oder man läßt sich auf Rollenspiele ein, ist für den einen der Erwachsene, für den anderen das Kind, für wieder andere ein anhänglicher Clown oder ein eleganter Snob. Zwar mögen diese Rollen jeweils bestimmte Aspekte unserer Persönlichkeit ausdrücken, aber sie vermitteln kein vollständiges Bild. Indem wir Teile von uns vor anderen verbergen, schaffen wir Distanz und schränken unsere Fähigkeit ein, Nähe zu erleben.

Werden Sie in allen Beziehungen ein zuverlässiger, berechenbarer Partner

Halten Sie Ihre Versprechen. Wenn Sie ein Telefonat ankündigen, dann rufen Sie auch an. Wenn Sie sich zum Mittagessen verabreden, gehen Sie auch hin. Wenn Sie einen Besuch versprechen, dann machen Sie ihn auch. Werden Sie absolut berechenbar für alle, die Sie kennen. Halten Sie sich nicht ständig Auswege offen, auch wenn es um etwas noch so Belangloses geht.
Gewiß gibt es hin und wieder Konflikte, und auch die wichtigsten Pläne müssen manchmal geändert werden. Aber das sollte die Ausnahme sein, nicht die Regel.

Hören Sie auf, sich in schöne Träume zu verlieben

Wenn Ihre Vorstellung von Liebe und Beziehung auf Sehnsucht und Unerreichbarkeit gebaut ist, sollten Sie sich fragen, was Sie eigentlich wollen.
Nach unserer Erfahrung müssen wir alle aufpassen, daß wir uns nicht in Situationen verlieben, die perfekt sein könnten, wenn... Viele Menschen vermeiden feste Beziehungen nämlich insbesondere dadurch, daß sie Traumvorstellungen hegen, die nie zu befriedigenden Beziehungen führen können. Vielleicht könnten Ihre schönsten Träume in einer solchen Beziehung wahr werden, wenn es nur gelänge, den Partner ein klein wenig zu ändern? Bestimmt nicht. Wenn sich in Ihrem Leben etwas ändern soll, müssen Sie nun mal an sich selbst arbeiten und nicht an Ihrem Partner.

Vergessen Sie das Märchen vom »richtigen« Partner und der »perfekten« Beziehung

Menschen mit Bindungsproblemen begegnen oft potentiellen Partnern, von denen sie glauben, daß sie »perfekt« sein könnten. Auffälligerweise handelt es sich stets um Menschen, die nicht willens oder fähig sind, eine feste Bindung einzugehen, und die deshalb keine echte Gefahr darstellen.
Es ist eine der großen Legenden unserer Kultur, daß eine Beziehung nur genau die richtige sein muß, und schon ginge alles glatt. Es mag in der Tat einige glückliche Paare geben (auch wenn wir sie nicht gefunden haben), bei denen immer alles wunderbar läuft, aber bei den meisten Normalsterblichen ist das nicht der Fall. Wie gut zwei Menschen auch zueinander passen – Probleme gibt es immer. Statt der perfekten Beziehung hinterherzulaufen, sollten Sie lieber daran arbeiten, aus Ihrer Beziehung das Beste zu machen.

Verzichten Sie nicht auf das, was Sie wirklich brauchen

Kritisch zu sein, ist eine Sache. Es ist aber etwas anderes, seine wahren Bedürfnisse zu verleugnen. Lassen Sie sich zum Beispiel auf keine Rollen ein, die Ihnen nicht wirklich liegen. Der Versuch, jemand sein zu wollen, der man nicht ist, führt zur Entfremdung von sich selbst und vom Partner. Wer sich selbst verrät, muß dafür fast immer den Preis in Form von Unglücklichsein bezahlen.

Lassen Sie die Finger von Partnern, die nicht »zu haben« sind

Sich mit den falschen Partnern einzulassen, ist die wirksamste Methode, um eine feste Beziehung zu vermeiden. Das weiß

jeder. Wie kommt es aber, daß so viele Menschen so viel Zeit mit dem Unmöglichen verschwenden?
Wir wollen uns noch ein letztes Mal mit einigen der häufigsten Typen von Partnern der besagten Kategorie auseinandersetzen.

Menschen mit klassischer Bindungsphobie

Männer und Frauen mit ernsten Bindungsproblemen sind für eine feste Beziehung nicht »zu haben« – wie sensibel sie auch erscheinen, wie verführerisch, liebevoll und interessant sie auch sein mögen und wie sehr sie vielleicht gerade Ihre Liebe brauchen. Meist sind die Bindungsprobleme unübersehbar. Je nach Alter und »Werdegang« hinterlassen diese Menschen reihenweise Exliebhaber und -geliebte, die das gleiche Schicksal teilen, nämlich erst heiß umworben und dann verstoßen worden zu sein.

Woran erkennt man einen Bindungsphobiker, wenn man ihm begegnet? Analysieren Sie ihn:

- *Wie viele Beziehungen hat er oder sie schon abgebrochen und warum?* In aller Regel sind Menschen mit klassischer Bindungsphobie schon mehrmals im Leben aus Beziehungen geflohen, wenn Sie sie kennenlernen. Hatte das jeweils mit der Abneigung gegen eine feste Bindung zu tun, gibt es keinen Grund anzunehmen, daß es Ihnen anders ergehen wird. Seien Sie also auf der Hut.

- *Äußert er oder sie offen Zweifel am eigenen Wunsch nach einer festen Bindung?* Hier lautet die Regel: Wenn Ihnen jemand erzählt, daß er/sie sich seiner Bindungsprobleme bewußt ist, sollten Sie ihm/ihr glauben. Solche Einstellungen und Gefühle verschwinden nicht über Nacht. Mögen Sie auch noch so bezaubernd, begehrenswert und intellektuell anregend sein – es ist höchst unwahrscheinlich, daß Sie einen anderen Menschen ändern können.

- *Hat er oder sie eine unrealistische Einstellung zu Beziehungen?* Zu Beginn einer Beziehung zeigen Menschen mit Bindungsphobie ihr Interesse oft allzu schnell und allzu heftig. Dies kann ein Hinweis darauf sein, daß Sie es mit jemandem zu tun haben, dessen Verhalten von romantischen Träumen bestimmt wird. Solche Träume sind aber mit einer realen festen Bindung nicht vereinbar. Das soll nicht heißen, daß »Liebe auf den ersten Blick« nie vorkommt oder es keine romantische Liebe gibt. Doch wem es ernst ist mit der Suche nach einer festen Bindung, weiß, daß so etwas Zeit braucht. Und entsprechend wird er oder sie sich verhalten.

- *Ist Ihre eigene Einstellung überromantisch und unrealistisch?* Wenn Sie feststellen, daß Sie mehr Zeit damit verbringen, sich schönen Gedanken über die Beziehung hinzugeben, als sie tätsächlich zu leben, sind Sie auf dem besten Wege in eine bindungsphobische Beziehung.
- *Hat die Person unangemessene Schranken um sich errichtet?* Gibt es Bereiche seines/ihres Lebens, von denen Sie ausgeschlossen sind? Ist er/sie bereit, Interessen und Freunde mit Ihnen zu teilen? Sind der Entwicklung der Beziehung irgendwelche unangemessenen Grenzen gesetzt?
- *Hat Ihr Partner in spe in anderen Lebensbereichen Probleme, sich zu entscheiden?* Menschen mit Bindungsphobie mögen sich generell nicht festnageln lassen. Sie brauchen oft viel Raum für sich und sind manchmal unzuverlässig.
- *Neigt er/sie zu Untreue?* Bindungsphobische Männer und Frauen sind oft wahre Meister im Anbahnen neuer Bekanntschaften, während sie noch anderweitig liiert sind.

Verheiratet oder zusammenlebend

Männer und Frauen, die mit einem anderen Menschen zusammenleben, sind für eine feste Bindung nicht frei, weil ihre Primärbeziehung woanders ist. Selbst wenn die Beteiligten einander hassen, jeder sein eigenes Leben führt und sie in getrennten Flügeln des gemeinsamen Hauses wohnen, muß man von einer Primärbeziehung ausgehen. Auch wenn sie nur wegen der Kinder zusammen sind, wegen der Immobilie, aus

Bequemlichkeit oder zur Wahrung des Scheins – bis diese Beziehung beendet ist, haben Sie es mit jemandem zu tun, der für Sie nicht in Frage kommt.

Wir kennen viele Menschen, die auf diese Weise Jahre ihres Lebens vergeudet haben. Unzählige Frauen wurden von einem scheidungswilligen Mann als »Brechstange« benutzt, um nach getanem Werk wieder allein dazustehen. Darauf zu warten, daß jemand seinen Ehepartner verläßt, ist wie Warten auf Godot. Selbst wenn es irgendwann dazu kommt, ist noch lange nicht gesagt, daß mehr daraus wird.

Sich in jemanden zu verlieben, der verheiratet ist oder in einer Beziehung zusammenlebt, ist eine altbewährte Methode zur Vermeidung einer festen Bindung. Sie endet fast immer schmerzvoll.

Die unerwiderte große Liebe

Von jemandem zu träumen, der die eigenen Sehnsüchte nicht erwidert, ist eine sichere Methode, um einer dauerhaften Beziehung auszuweichen. Nach unserer Erfahrung sind Männer und Frauen dazu gleichermaßen imstande. Manchmal sind die Objekte ihrer Liebe Menschen, mit denen sie täglich zu tun haben, manchmal sind es Berühmtheiten oder sogar Fremde im Bus. Wenn die Person, die man liebt, weit entfernt ist, mag das zwar romantisch sein, aber eine Beziehung ist es nicht.

Hin und her

Er liebt mich, er liebt mich nicht. Sie ist da, sie ist nicht da. Er braucht mich, er will seine Freiheit. Sie vermißt mich, sie vergißt anzurufen. Das macht jeden verrückt. Läßt man sich auf das Spiel ein, sagt das nicht nur etwas über das innere Chaos des anderen aus, sondern auch über die eigene Ambivalenz.

Der Verhaltensforscher B. F. Skinner zeigte am Beispiel von Tauben, daß nichts anziehender und hypnotischer ist als eine

Zuwendung in Raten – er nannte das »intermittierende Verstärkung«. Vielleicht sind Sie selbst der lebende Beweis. Wenn der Mensch, den Sie lieben, beständiger wäre, hätte das nicht die gleiche magische Kraft. Es ist die Unbeständigkeit der Zuwendung, die Sie im Bann hält. Für eine feste Bindung ist so jemand kein brauchbarer Kandidat.

Schwer faßbar

Kein Zweifel, Herr oder Frau »Schwer-faßbar« mag Sie. Man weiß bloß nie, wie sehr. »Schwer-faßbar« telefoniert viel mit Ihnen, aber nicht regelmäßig. Die Telefonate können Stunden dauern, aber manchmal ist das Gespräch auch schon nach wenigen Minuten beendet. Wenn Sie sich sehen, amüsieren Sie sich blendend, aber dann kann es wieder vorkommen, daß »Schwer-faßbar« für Wochen oder sogar Monate abtaucht. Das alles ist sehr geheimnisvoll und romantisch, und Sie erhalten viel Nahrung für Ihre Träume und Phantasien. Sie fragen sich, warum nicht mehr aus der Beziehung wird, trauen sich aber nicht, das Thema anzusprechen. »Schwer-faßbar« ist immer schwer zu erreichen, zu finden, zu halten oder festzunageln, zu schwer in eine Beziehung einzubinden – aber sehr attraktiv!
Vielleicht glauben Sie an gute Gründe für dieses sonderbare Verhalten, an ein dunkles Geheimnis, eine düstere Vergangenheit, eine Liaison mit einem lieblosen, kühlen Wesen. Die Möglichkeiten sind grenzenlos faszinierend, aber vermutlich entspricht keine der Wahrheit. Zutreffen dürfte eher, daß »Schwer-faßbar« schreckliche Angst vor Nähe hat und sein Verhalten für den nötigen Abstand sorgt, mag die »Chemie« zwischen Ihnen auch noch so berauschend sein.

Große Herausforderungen

Der Wunsch, einen anderen Menschen zu ändern und ihn und damit auch sich selbst zu retten – das läßt einen an Partner geraten, die eine Herausforderung darstellen. Es gibt viele Varianten, keine führt zu einer realistischen Beziehung.

Der Alkohol- oder Drogenabhängige
Sie glauben nicht wirklich, daß es ein ernstes Problem gibt. Sie sind sich sicher, daß Sie Ihren Partner mit genügend Verständnis und Unterstützung überreden können, eine Entziehungskur zu machen. Vielleicht glauben Sie auch, das Problem werde ganz von selbst verschwinden, wenn die Beziehung – dank Ihrer Liebe und verständnisvollen Art – stärker geworden ist.

Der Schürzenjäger
Sie fragen ihn, ob er denn nicht lieben kann. Er erwidert: »Mein Problem liegt woanders. Ich liebe zu sehr.« Er hat eine Ehefrau und eine Freundin, vielleicht auch mehrere. Ganz gleich, mit wie vielen Frauen er liiert ist, er schwört, daß er jede liebt. Die Herausforderung an Sie: Machen Sie aus ihm einen monogamen Mann, der nur noch Sie begehrt.

Die Dauerflirterin
Sie geht mit vielen Männern aus und hat großen Spaß dabei. Zwar redet sie vage von Kindern und einem Haus im Grünen, aber momentan ist sie auf dem Weg in die Karibik. Sie ist niedlich, sie ist entzückend, und sie liebt ihre Freiheit. Herausforderung: Machen Sie eine Hausfrau aus ihr.

Die gepeinigte Seele
Er ist ein begabter Autor, sie eine zornige Dichterin. Er ist ein deprimierter Maler, sie eine furchtgeplagte Umweltschützerin. Die Qualen in seinem oder ihrem Kopf sind der Stoff, aus dem große Filme sind. Erwischen Sie sich manchmal bei dem Gedanken: *Ist er/sie eigentlich jemals* nicht *unglücklich?* Fühlen Sie sich manchmal schuldig, weil Sie nicht genug Tiefe haben oder nicht genug lieben oder nicht global genug denken? Auch wenn es noch so gute Gründe für den Kummer dieses Men-

schen geben mag: Der emotionale Stellenwert seines Unbehagens macht ihn für seinen Partner unerreichbar.

Herr oder Frau »Unentschlossen«
Eine Stimme sagt ihm, Sie seien die richtige Frau für ihn, aber eine andere flüstert, er solle die Augen ruhig weiter offenhalten. Sie liebt Sie, aber auch der andere bedeutet ihr viel. Hätten Sie wohl etwas Geduld und Verständnis?
Ob der Mensch, den Sie lieben, nun zwischen zwei Herzen oder zwei Lebensstilen hin- und hergerissen ist, er scheint jedenfalls mit Dämonen zu kämpfen, die Sie nicht verstehen können. Aber Sie bleiben bei der Stange und steigen selbst in den Ring. Vielleicht haben Sie das Gefühl, um die Seele des oder der Geliebten zu kämpfen, und sind überzeugt, Ihren Rivalen überlegen zu sein. Also tun Sie alles, um zu beweisen, daß Sie der bessere Partner sind. Immer wieder.
Als Gefangener widerstrebender Bedürfnisse hat Herr oder Frau »Unentschlossen« einen idealen Weg entdeckt, um eine Beziehung zu vermeiden, aber zugleich eine ganze Menge Zuwendung zu erlangen. Vielleicht ist das Ganze ein wenig chaotisch, aber es ist äußerst angenehm. Wie schön, daß es so viele Optionen gibt.

Der Kritiker
Irgend etwas ist immer verkehrt an dem, was Sie tun, was Sie anziehen, was Sie denken, was Sie fühlen. Etwas ist immer falsch an Ihren Freunden, Ihrer Wohnung, Ihrem Geschmack, Ihren Bedürfnissen. Es ist nie richtig und nie genug. Immer gibt es etwas auszusetzen.
Wenn Sie mit einem solchen Menschen zusammen sind, haben Sie bald das Gefühl, Sie könnten ohne weiteres den Rest Ihrer Tage mit dem Versuch verbringen, seine oder ihre Anerkennung zu ergattern. Welch eine Herausforderung!
Aber: Wenn Sie sich nie völlig akzeptiert fühlen, werden Sie auch nie das Gefühl bekommen, wirklich eng mit einem anderen Menschen verbunden zu sein. Und vielleicht will ein Teil

von Ihnen gerade das. Ihr Partner ist unmöglich, aber übersehen Sie nicht, daß Sie es sich immerhin gefallen lassen ... warum auch immer.

Der unvereinbare Gegensatz
Manche Menschen knüpfen mit Vorliebe Beziehungen, in denen die Distanz zwischen den Partnern von vornherein groß ist, so daß es auf die Dauer Probleme geben muß. Einige Beispiele: Ihre Wertvorstellungen sind so unterschiedlich, daß Sie sich über kein Thema unterhalten können, ohne zu streiten. Sie glauben, daß Sie nie heiraten können, weil Ihre Eltern das nicht überleben würden. Die Beziehung verstößt gegen Ihren Glauben. In Ihren Einstellungen, Ihrem kulturellen Hintergrund und Ihrem Denken trennen Sie Welten. Sie sprechen nicht die gleiche Sprache, im wörtlichen oder übertragenen Sinne. Der Altersunterschied ist zu groß. Im Endeffekt bedeutet das: Der Partner ist für eine enge Beziehung nicht geeignet, außer in Ihrer Phantasie, denn dort gibt es für alles eine Lösung – Ihre Eltern regen sich ab, einer von Ihnen ändert die Konfession, den politischen Standpunkt oder gar die ethnische Zugehörigkeit, und so weiter.
Für Menschen mit Bindungsproblemen hat eine solche Liaison etwas ungemein Praktisches. Sie können aus tiefstem Herzen lieben und das Gefühl völliger Zusammengehörigkeit genießen, während Sie im Grunde wissen, daß die Beziehung keine Zukunft hat beziehungsweise der Unterschied zwischen Ihnen zu groß ist, um wirkliche Nähe entstehen zu lassen.

Suchen Sie andere Bekanntschaften

Eine wichtige Voraussetzung für die Überwindung Ihrer Bindungsprobleme besteht darin, andere Menschen kennenzulernen. Wer eine langfristige Beziehung will, muß vor allem versuchen, potentielle Partner kennenzulernen, die auch wirklich beziehungsfähig sind. Solche Menschen existieren. Es liegt an Ihnen, sich nach einem anderen Typ umzuschauen als dem, der Ihnen bisher am meisten »lag«. Machen Sie sich eine Liste mit den Eigenschaften, die Sie sich von einem Partner wünschen. Bleiben Sie möglichst konkret und realistisch. Ihre Liste könnte zum Beispiel so aussehen: Liebevoll, ehrlich, zuverlässig, humorvoll, kommunikativ, verständnisvoll, attraktiv, intelligent, mit beiden Beinen auf der Erde stehend usw. Wenn Sie jemand Neues kennenlernen, achten Sie darauf, daß er oder sie die Eigenschaften besitzt, auf die Sie am meisten Wert legen. Falls Sie sich weiter von Personen angezogen fühlen, deren Eigenschaften mit denen auf Ihrer Liste nicht im mindesten übereinstimmen, reflektieren Sie Ihr Verhalten und setzen Sie sich einmal ernsthaft damit auseinander, wie Sie es immer wieder schaffen, das eigene Leben zu sabotieren.

Gehen Sie auch Dominanzprobleme an

Eine feste Bindung verlangt Kompromisse. Man muß lernen, mit einem anderen zusammenzuleben und gleichberechtigt Entscheidungen zu treffen. Dominiert ein Partner übermäßig, ob finanziell, emotional oder auf andere Weise, ist die Partnerschaft ungleich. Finden Sie heraus, wie Sie offen oder versteckt versuchen, Macht auszuüben beziehungsweise über sich ausüben lassen. Falls dieses Thema in Ihrem Leben eine zentrale Rolle spielt, könnte es sinnvoll sein, den psychologischen Hintergrund näher zu beleuchten. Vielleicht benötigen Sie auch professionelle Hilfe, um sich vor einem dominierenden Partner zu schützen oder zu lernen, wie Sie mit den eigenen Machtansprüchen besser umgehen können.

Trennen Sie sich von unrealistischen Wunschvorstellungen, laufen Sie nicht mehr vor dem Leben davon

Jeder hat seine Träume und Phantasien. Das ist völlig normal. Doch statt uns Anregung zu verschaffen, werden unsere Phantasien manchmal zu Hindernissen, die uns den Weg zu einem glücklichen Leben verbauen. Dann sollten Sie dagegen angehen. Bemühen Sie sich um ein Verständnis für die Herkunft Ihrer Phantasien und fragen Sie sich, was sie Ihnen bedeuten. Phantasien, die uns von der Realität abschirmen, dienen oft als Mittel gegen seelischen Kummer, mit dem wir uns nicht auseinandersetzen können oder wollen. Wir träumen von ganz »besonderen« Partnern, weil vielleicht nur sie uns das Gefühl geben können, selbst auch etwas Besonderes zu sein. Doch irgendwann kommt der Moment, in dem wir uns so akzeptieren müssen, wie wir sind, und nicht so, wie wir sein könnten, wenn nur unsere Phantasien Wirklichkeit würden. Es kommt auch der Moment, in dem wir mehr Kraft in uns selbst finden müssen, damit unsere Phantasien nicht mehr so viel Macht über uns haben. Gewiß, die reale Welt ist oft nicht halb so aufregend wie die Phantasie. Aber im Endeffekt gibt sie doch mehr Erfüllung.

Werden Sie Teil des Ganzen

Das letzte Hindernis auf dem Weg zu einer befriedigenden Beziehung ist vielleicht auch das größte. Es geht darum, seinen Platz im Weltgeschehen zu akzeptieren. Der Schriftsteller Anatole Broyard hat dies in einem Artikel sehr treffend ausgedrückt. Er schreibt: »Sich zu binden, bedeutet, in eine ehrliche Beziehung nicht nur mit einem anderen Menschen, sondern mit der *conditio humana* selbst einzuwilligen. Man muß beides zusammen nehmen, denn das eine bedeutet nichts ohne das andere.«

Das ist kein leichter Schritt, weil damit zugleich auch die eigenen Beschränkungen und die Endlichkeit des Lebens akzeptiert werden müssen. Doch solange wir unseren individuellen Pfad durchs Leben getrennt von den Erfahrungen der anderen betrachten, wird es für uns sehr schwer sein, feste Bindungen einzugehen.
Echte Bindung bedeutet, den egozentrischen Standpunkt aufzugeben und zu einer umfassenderen Perspektive zu finden. Sie bedeutet Annahme der Realitäten des Lebens, sich mit seiner Arbeit, Liebe, Fürsorge, Teilnahme, seinem Humor und seiner Präsenz ins Leben einzufügen. Sie bedeutet, das Menschsein schlechthin zu akzeptieren. Im Endeffekt heißt das für jeden von uns, in einem größeren Ganzen aufzugehen, also den Schritt vom »Ich« zum »Wir« zu vollziehen, und zwar im allerweitesten Sinne.

Anhang

**Probleme bearbeiten, Beziehungen verändern –
ein Leitfaden für Sie und Ihren Partner**

Dieser Anhang wendet sich an alle, die zur Zeit in einer destruktiven Beziehung leben, sowie an Leser, die sich davor schützen wollen, in eine solche zu geraten. Bei der Lektüre werden Sie feststellen, daß sich manches wiederholt. Das ist aber nicht zu vermeiden, um alle Perspektiven – passiv und aktiv, männlich und weiblich – zu berücksichtigen.

1
Ein neues Verhalten erlernen

Wie verhalten Sie sich, wenn Sie jemanden kennenlernen? Worüber machen Sie sich Sorgen? Was erzählen Sie? Was verschweigen Sie? Schon am ersten Tag einer Beziehung von Bindungsphobikern werden die Weichen für das gestellt, was später folgt. Ein ums andere Mal beginnt der aktive Partner, die Art von Interaktion herzustellen, die er später fürchten und hassen wird, gibt sich der passive Partner Beziehungsillusionen hin und läßt sich auf ein fragwürdiges Szenario ein. Sind solche Verhaltensmuster überhaupt zu ändern?
Nach dem Erscheinen unseres Buchs »Warum der Mann nicht lieben kann« veranlaßten uns die Reaktionen von Lesern dazu, an der Einrichtung von Gesprächskreisen mitzuwirken, in denen die in dem Buch behandelten Themen weiter vertieft wurden.
Der folgende Abschnitt greift einige der häufigsten besprochenen Themen auf und soll Ihnen bei der Neugestaltung Ihrer Beziehungen helfen. Er enthält eine Reihe von Vorschlägen für den besseren Umgang mit Konflikten und für ein angemessenes, verantwortungsvolles Verhalten.

Von vornherein anders

Wenn Ihre Beziehungen künftig anders verlaufen sollen, müssen Sie sich vom ersten Tag an anders verhalten. Beste Absichten allein reichen nicht.
Im Idealfall stehen Sie beim Lesen dieses Buchs gerade am

Beginn einer neuen Beziehung, und Sie können Fundamente legen, was in der Anfangsphase am leichtesten ist. Doch auch wenn Sie in der Mitte, am Ende oder in gar keiner Beziehung stehen, haben Sie die Chance, eine Veränderung zu beschließen und in Beziehungen künftig verantwortungsvoller gegenüber sich selbst und anderen zu handeln.

Dieser Abschnitt ist in zwei Teile gegliedert. Der eine wendet sich an Menschen mit aktiven, der andere an solche mit passiven Bindungsproblemen. Wir empfehlen die Lektüre beider Teile, damit Sie nicht nur das eigene Verhalten und Gefühlsleben besser verstehen, sondern auch das Ihres Partners.

Beziehungsleitfaden für Menschen mit aktiven Bindungsproblemen

Der Beginn – Grundstein für Enttäuschungen

Als aktiver Partner sind Sie in der Anbahnungsphase einer neuen Beziehung der Choreograph. Das bedeutet, Sie gestalten den Rahmen und wählen das »Betriebssystem«, unter dem alle künftigen »Programme« in der Beziehung laufen werden, um einmal die Sprache der Computerwelt zu verwenden. Sie bestimmen die Intensität, den Stil und das Tempo. In der Regel werden Sie es auch so einzurichten verstehen, daß Sie die Macht haben. Wie gut Ihre Absichten auch sein mögen, die Gefahr des Machtmißbrauchs ist äußerst groß.

Am Anfang heißt Ihr Ziel Verführung, ob emotional oder körperlich, und alles, was Sie sagen, soll Sie diesem Ziel näherbringen. Deshalb geben Sie vor allem solche Informationen über sich preis, von denen Sie eine positive Reaktion erwarten, während Sie Informationen, die als Warnung aufgefaßt werden könnten, verschweigen oder herunterspielen. Sie wollen mit Ihrem Gegenüber zusammen sein und denken keine Sekunde an die Zweifel, die Ihnen später kommen könnten. Eine große Rolle spielt auch Ihre Phantasie. In Ihren Worten und Taten drücken sich Ihre gesamten Hoffnungen und Träume aus – ohne daß Sie bedenken, welche Erwartungen Sie damit vielleicht wecken. Wie können Sie bei solcher Gefühlslage überhaupt verantwortungsvoll handeln? Nehmen Sie die folgenden Vorschläge als Richtschnur:

Überstürzen Sie nichts

Vergegenwärtigen Sie sich immer wieder, wie Sie reagieren, wenn eine Partnerschaft real zu werden beginnt, und wie Ihre Fluchttendenzen auf den anderen wirken.
Es gibt einen einfachen Ausweg: Nehmen Sie sich Zeit. Lassen Sie ganz allmählich Nähe entstehen. Denken Sie, bevor Sie handeln. Bilden Sie sich kontinuierlich ein Urteil über die Beziehung. Bleiben Sie dabei realistisch. Wie reagiert Ihr Gegenüber? Falls Ihre eigene Unsicherheit Sie in der Beziehung vorantreibt, müssen Sie sich damit auseinandersetzen.

Wecken Sie beim Partner keine unrealistischen Erwartungen

Achten Sie auf Ihre Worte. Sätze wie »Jemand wie du ist mir noch nie begegnet«, »Ich habe mich noch nie so zu einem Menschen hingezogen gefühlt wie zu dir« oder »Ich kann es gar nicht erwarten, bis du meine Familie kennenlernst« haben eine sehr große Verführungskraft. Sie erzeugen das Gefühl, etwas ganz Besonderes zu sein, und lösen hohe Erwartungen aus. Dadurch geraten Sie unter starken Druck, mehr aus der Beziehung zu machen. Und für viele ist Liebe gleichbedeutend mit Heirat.
Wenn Sie eine gemeinsame Zukunft anklingen lassen, dürfen Sie sich über eine entsprechende Reaktion nicht wundern. Schon am ersten Abend kann sich auf diese Weise »mal sehen« in »wann ziehen wir zusammen?« verwandeln.

Mit Worten können Sie den Eindruck erwecken, Ihnen schwebte ein langes – sehr langes – Zusammensein vor. Doch die Realität sieht anders aus: Sie sind noch gar nicht in der Lage, eine gemeinsame Zukunft zu planen. Weder kennen Sie sich lange noch gründlich genug. Das braucht viel Zeit. Bis dahin sollten Sie auch nicht so tun, als ob Sie genau wüßten, daß diese Beziehung die einzig wahre ist. Heben Sie sich die Worte lieber für den Tag auf, an dem Sie ihnen auch Taten folgen lassen können.

Beschönigen oder verschweigen Sie Ihre Vergangenheit in Sachen Liebe nicht

Erwecken Sie nicht den Eindruck, als ginge das Scheitern Ihrer früheren Beziehungen allein auf das Konto Ihrer Expartner. Es ist wichtig, daß Sie Mitverantwortung übernehmen und soviel wie möglich aus Ihren Erfahrungen lernen.

Indem Sie alle Schuld auf andere schieben, täuschen Sie auch Ihren neuen Partner. Jemand, der Sie mag, wird Ihnen alles glauben, vor allem ein »Du bist anders«. Wenn Sie sagen: »Ich will, daß diese Beziehung anders wird« oder »Ich glaube, diese Beziehung kann ganz anders werden«, wird er oder sie diese Hoffnung gerne übernehmen.

Sagen Sie, was Sie meinen: »Wir kennen uns noch nicht gut genug, um zusammen zu schlafen« dürfen Sie nicht ersetzen durch »Ich würde nie mit jemandem ins Bett gehen, wenn ich nicht ganz sicher wäre, daß aus der Beziehung auch wirklich mehr wird«. Sonst nimmt Ihr Partner beim ersten gemeinsamen Sex an, damit sei eine langfristige Beziehung besiegelt.

Vergessen Sie nicht, daß Sie in der frühen Phase noch gar nicht wissen können, was aus der Beziehung einmal wird. Sie können sich viel wünschen, aber das allein ist nicht genug. Bis Sie wirklich sicher sind, sollten Sie nichts äußern, was Ihren Partner im Hinblick auf Ihre Vergangenheit oder Ihre Pläne für die Zukunft verwirren könnte.

Schinden Sie keinen Eindruck

Wenn Sie alle Register ziehen, um Eindruck zu machen, sagen Sie damit: »Diese Beziehung ist mir sehr wichtig; ich will, daß mehr daraus wird.« Das mag im Moment stimmen, aber wie ist es in einigen Wochen oder Monaten? Heute sind Sie ganz furchtbar interessiert, aber schon bald wächst Ihnen das Ganze vielleicht über den Kopf.

Jeder hat eine andere Methode, potentielle Partner zu beeindrucken. Welche ist Ihre? Vertrauen Sie ihm schon beim ersten Rendezvous die intimsten Geheimnisse an? Dann muß Ihr Partner davon ausgehen, daß Sie wirklich an einer sehr tiefen Beziehung interessiert sind. Ist Ihnen nichts zu teuer, machen Sie viele Geschenke? Kochen Sie liebevoll für romantische Abende zu zweit? Das alles erweckt den Eindruck, als ob Sie die Beziehung *sehr* ernst nehmen, was Sie aber unter Druck setzt, weitere Taten folgen zu lassen.

In Wirklichkeit können Sie unmöglich schon so weit sein. Sie sollten auch nichts anderes vortäuschen. Wenn Sie schon wiederholt bereut haben, am Anfang zu schnell gewesen zu sein, wird es Zeit, daß Sie ein wenig bremsen. Niemand, der ernsthaft an Ihnen interessiert ist, wird Ihnen den Rücken kehren, weil Sie ihm oder ihr nicht schon beim ersten Telefongespräch die tiefsten Geheimnisse Ihrer Seele verraten oder zum Zusammenziehen einladen.

Lassen Sie Kinder aus dem Spiel

Was beeindruckt alleinerziehende Eltern am meisten? Jemand, der sich auch für die Kinder interessiert. Das zeigt, daß Sie sensibel, fürsorglich und wohlmeinend sind. Also beziehen Sie die Kinder in Ihre Pläne ein. Sie beschenken sie und machen Ausflüge mit ihnen. Was spricht dagegen? Wahrscheinlich müssen Sie sich nicht einmal verstellen, sondern mögen die Kleinen wirklich. Das alles mag ganz harmlos aussehen, ist es aber nicht.

Kinder in der »Eroberungsphase« wie Schachfiguren zu benutzen, kann große Wirkung haben, ist aber weder den Kindern noch dem Elternteil gegenüber fair. Denn damit erwecken Sie den Eindruck, Sie würden in langen Zeiträumen denken. Die Kinder gewöhnen sich an Sie, und Ihr Partner vertraut auf Sie. Aber: Sie sind noch gar nicht in der Lage, langfristig zu denken, müssen noch abwarten, wie sich die Beziehung nach und nach entwickelt. Außerdem wissen Sie, was mit Ihnen passiert, wenn Sie unter Druck geraten: Sie fühlen sich schnell wie ein Tier im Käfig. Sofern Sie nicht hundertprozentig sicher sind, daß Sie noch lange für die Kinder da sein werden, sollten Sie sie wirklich aus dem Spiel lassen. Sie sind nicht der Vater oder die Mutter, der Stiefvater oder die Stiefmutter, ja nicht einmal der beste Freund. Vielleicht später einmal, aber im Moment noch nicht. Was Kinder brauchen, ist jemand, der ihre emotionalen Bedürfnisse versteht und ihre Grenzen respektiert. Das heißt, daß Sie Distanz halten müssen.
Das gilt auch für das Leben des potentiellen Partners. Respektieren Sie es und mischen Sie sich nicht ein. Überreden Sie niemanden, sich einen anderen Job zu suchen, die Zelte abzubrechen oder sein Leben zu verändern. Beeinflussen Sie nichts, das langfristige Konsequenzen haben könnte.

Sprechen Sie nicht gleich von einer festen Beziehung

Wenn Sie jemandem erzählen, Sie seien auf der Suche nach einer festen Beziehung, erwecken Sie damit den Eindruck, daß Sie auch bereit und imstande sind, mit ihr umzugehen. Wenn Sie von Ihrem Kinderwunsch sprechen, dem nach einer Familie oder einem ganz normalen Leben, geht Ihr neuer Partner natürlich davon aus, daß Sie sich das alles gründlich überlegt haben. Selbst wenn er vorher nicht an etwas Langfristiges gedacht hatte, wird er das nun sicher tun.
Es ist völlig überflüssig, schon so früh über das Thema »feste Bindung« zu reden. Sie steigern damit nur den Druck, der auf Ihnen lastet. Und ob Ihnen das gut tut, ist zu bezweifeln.

*Beziehen Sie Ihren neuen Partner nicht
gleich in alles ein*

Die Anfangsphase einer Beziehung mit einem Menschen, der einen wirklich interessiert, setzt jede Menge Lebensgeister frei. Man will möglichst die ganze Zeit zusammensein und alles mitteilen.
Solches Verhalten weckt in Ihrem Partner aber Erwartungen und den Wunsch, er möge *immer* eine wichtige Rolle in Ihrem Leben spielen. Dadurch können Sie sich leicht unter Druck gesetzt fühlen, was wiederum negative Gefühle auslöst. Zeigen Sie Ihren Unmut, wird ihn das wie ein Blitz aus heiterem Himmel treffen. Denken Sie auch an die Gefühle und die Verwundbarkeit des anderen.

*Geben Sie sich nicht als perfekter Partner aus,
wenn Sie es auf Dauer nicht sein können*

Für Ihren neuen Partner tun Sie praktisch alles, weil Sie ja noch sehr um ihn bemüht sind. Wenn Sie nicht vorhaben, immer so zu sein, lassen Sie es besser von Anfang an.
Sie kennen einen Menschen erst wenige Wochen, Tage oder gar Stunden und lassen auf vielfache Weise erkennen, daß Sie ein Muster an Hilfsbereitschaft sein wollen. Damit verbergen Sie Ihre Angst vor einer festen Bindung. Aber diese Angst ist da. Und je mehr Ihr Partner anfängt, mit Ihnen zu rechnen, desto mehr wird Sie das stören.

Lassen Sie die Zukunft außen vor

Es ist schön, sich die Zukunft auszumalen, aber das heißt noch lange nicht, daß man solche Phantasien mit jemandem teilen muß, den man gerade erst kennengelernt hat. Wenn man von »wir« spricht, geht der andere von einer realen Zukunft aus, nicht von bloßen Phantasiegespinsten. Beschränken Sie sich auf die Gegenwart, und überlassen Sie die Zukunft getrost sich selbst. Heute, morgen, nächstes Wochenende – das sollten fürs erste die Grenzen sein.

Urteilen Sie nicht über das Verhalten anderer

Jeder von uns kennt Menschen, die unsensibel, untreu, bösartig, berechnend oder opportunistisch sind. Kann man mit dem Finger auf die Schwächen anderer zeigen, erscheinen die eigenen kleiner und lassen sich so auch ganz bequem verstecken. Wenn Sie sich über einen »Sünder« dieser Art auslassen, muß Ihr Partner denken, Sie seien ganz anders – jetzt und in Zukunft.
Ihr bindungsphobisches Verhalten mag ja weniger ausgeprägt sein als bei manchen anderen, aber ein Problem ist es dennoch. Indem Sie mit dem Finger auf andere zeigen, tun Sie so, als hätten Sie selbst nie jemanden verletzt und wären dazu auch gar nicht imstande, was nicht der Wahrheit entspricht. Behalten Sie Ihr Urteil also am besten für sich. Wenn Sie schon Kommentare über das Verhalten anderer abgeben müssen, sollten Sie fairerweise auch zum eigenen Sündenregister stehen.

Drängen Sie Ihren Partner nicht, Ihnen zu vertrauen

Sie tun, was Sie nur können, um das Vertrauen des anderen zu gewinnen. Verdienen Sie es oder brauchen Sie es zur Linderung der eigenen Unsicherheit? Wenn Ihnen jemand sein Vertrauen schenkt, geht er davon aus, daß Sie ihm nie weh tun werden. Falls Sie das nicht versprechen können, hören Sie lieber auf zu drängen.

Setzen Sie nicht Sex ein, um die Beziehung zu festigen

Sexuelle Intimität ist eine ernste Sache. Einige Menschen mit aktiven Bindungsproblemen, insbesondere Männer, drängen auf körperliche Nähe, um sie als Sprungbrett ins Herz des

Partners zu benutzen. Frauen deuteten uns häufig an, Sex würde die Beziehung für sie fest besiegeln, sie verzichteten daher lieber.
Der Schritt zu sexueller Intimität in einer Beziehung macht die Beteiligten sehr verwundbar. Allzu leicht wird sexuelle Begierde als Ausdruck ernsthaften Interesses an einer festen Beziehung mißverstanden.

Drängen Sie Ihren Partner nicht zu Entscheidungen

Vielleicht sind Sie irgendwann bereit, sich definitiv für Ihren Partner zu entscheiden, vielleicht auch nicht. Zu Anfang einer Beziehung ist es jedenfalls noch viel zu früh, auch nur davon zu reden.
Es gibt viele Dinge, die entschieden sein wollen: der oder die einzige im Leben des anderen zu sein, mit dem Partner zusammenzuziehen, zu heiraten oder eine sexuelle Beziehung aufzunehmen und gemeinsam Urlaub zu machen. Achten Sie darauf, daß Ihre Wünsche zu der Phase passen, in der sich die Beziehung gerade befindet. Wenn Sie jemanden zum Beispiel erst zwei Tage kennen, sollten Sie nicht darauf bestehen, daß er mit Ihnen für drei Wochen in die Karibik fährt, wie schön diese Vorstellung auch sein mag. Wenn Sie jemanden zwei Wochen kennen, sollten Sie noch nicht vorschlagen, sich zusammen eine Wohnung zu suchen. Und fangen Sie auf keinen Fall an, vom Heiraten zu sprechen, bevor eine angemessene Zeit verstrichen ist.
Wenn Sie zu schnell zu viel verlangen, wird Ihr Partner das wahrscheinlich so auslegen, daß Ihre Entscheidung für die Beziehung schon gefallen ist. Und das wird ihn nur ermutigen, die ganze Sache noch ernster zu nehmen.

Die Mittelphase – wenn aus Zweifeln Taten werden

Woran erkennt der Partner mit aktiven Bindungsproblemen, daß die Beziehung in eine neue Phase getreten ist? Wenn sich erste Panikgefühle einstellen. Am Anfang hieß es immer »volle Kraft voraus«.

Doch inzwischen hat sich die Stimmung gewandelt, und es wird von Ihnen erwartet, daß Sie Ihren Worten Taten folgen lassen. Plötzlich kommen Ihnen Zweifel, und Sie bereuen vieles von dem, was Sie im Eifer des Gefechts gesagt haben. Je mehr Sie sich anfangs engagiert haben, um so mehr geraten Sie nun in Panik.

Die Mittelphase beginnt meist dann, wenn Ihr Partner Ihnen zu verstehen gibt, daß er zu Ihnen gehört. Sie haben gewonnen, Ihr Wunsch ist in Erfüllung gegangen. Das Problem ist nur, daß Sie nicht bereit sind, Ihr Glück anzunehmen. Und Ihre ambivalenten Gefühle schreien nach Taten.

Sie sollten wissen, daß vieles von dem, was Sie in Erwägung ziehen, zur Lösung des Konflikts nicht taugt. Viele der Dinge, mit denen Sie Distanz herstellen und sich »Platz zum Atmen« verschaffen möchten, bewirken genau das Gegenteil. Der plötzliche Wandel in Ihrem Verhalten trifft Ihren Partner empfindlich und verunsichert ihn, macht ihm Angst oder treibt ihn gar zur Verzweiflung. In dieser emotional desolaten Verfassung wird er mehr Ansprüche an Sie stellen und nicht etwa weniger. Er wird versuchen, den Abstand zwischen ihm und Ihnen zu verringern, um sich zu beruhigen. Ihrem Partner Trost zu spenden, ist aber das allerletzte, wozu Sie in dieser Situation in der Lage sind.

Lassen Sie Ihren Partner nicht unter Ihrer Ambivalenz leiden. Wenn Ihnen Ihre Probleme über den Kopf wachsen, müssen Sie dafür selbst eine Lösung finden. Beherzigen Sie deshalb unbedingt die folgenden Regeln:

Ziehen Sie keine falschen Schlußfolgerungen

In Ihren Gedanken malen Sie sich den schlimmsten Fall aus. »Wenn wir Weihnachten zusammen verbringen, müssen wir das von jetzt ab jedes Jahr tun.« »Wenn wir uns öfter als einmal verabreden, fällt die Tür zu.« »Wenn wir einmal zusammen schlafen, müssen wir vor den Traualtar.« Sie mögen ja von Ihrem Partner erwarten, daß er Ihre Handlungen so interpretiert, aber der einzige Mensch, der wirklich weiß, was Ihr Partner denkt und fühlt, ist er selbst. Vielleicht sieht er das Ganze viel lockerer als Sie.

Seien Sie zuverlässig

Wenn Sie sich verabreden, halten Sie den Termin auch ein. Geben Sie kein Versprechen ab, wenn Sie es nicht halten können. Erkennen Sie, daß es nicht die Verabredung oder der Plan ist, vor dem Sie Angst haben, sondern daß es die damit verbundenen Erwartungen sind. Unzuverlässigkeit kann Ihren Partner zur Verzweiflung treiben. Bedenken Sie auch, daß Ihr Partner sich vielleicht Sorgen um Sie macht, wenn Sie nicht auftauchen – was auf Sie womöglich so wirkt, als würde er Ihnen zu nahe rücken.

Seien Sie eindeutig

Wenn Sie sich jede Nacht leidenschaftlich lieben, macht die Weigerung, eine Einladung zum Essen bei den Eltern anzunehmen, nicht gerade deutlich, wo die Grenzen der Beziehung liegen. Solches Verhalten kann Verwirrung stiften und den anderen verletzen. Widersprüchliche nonverbale Botschaften sind dabei oft noch verwirrender als solche, die offen ausgesprochen werden. Bedenken Sie, daß Ihr Partner, der sehnsüchtig auf ein positives Signal wartet, gar nicht weiß, wie er auf all die Facetten Ihres Verhaltens reagieren soll. Wenn Sie einen Rückzieher machen wollen, müssen Sie einen direkteren Weg einschlagen.

Seien Sie kein Spielverderber

Besondere Anlässe wie Partys, Theaterbesuche, Geburtstage oder gemeinsame Urlaube erfüllen Sie mit Angst. Sie sehen darin Symbole fester Zusammengehörigkeit. Um gegenzusteuern, sabotieren Sie diese Anlässe, was für Ihren Partner allerdings sehr verletzend ist. Sie sollten lernen, mit den Gefühlen und Phantasien, die Ihnen bei solchen Gelegenheiten kommen, konstruktiver umzugehen. Vielleicht liegen Sie ja mit Ihrer Interpretation weit neben der Realität, und mit Ihrem Verhalten ebenso.

Suchen Sie nicht bei Ihrem Partner nach Gründen, um aus der Beziehung auszusteigen

In dieser Phase neigen Sie angesichts des »Damoklesschwerts« einer festen Bindung, das Sie über sich wähnen, dazu, überkritisch zu werden. Ihrem Partner tun Sie damit sehr weh. Schließlich haben seine oder ihre »Fehler« Sie ja am Anfang auch nicht gestört. Der einzige Grund, warum Sie jetzt kritisieren, ist Ihre eigene Angst. Dieser sollten Sie sich stellen, statt sich abzureagieren. Ihre Ambivalenz ist das Problem, nicht die Abweichung Ihres Partners vom Idealbild.

Greifen Sie nicht zum Telefon, um die Distanz zu vergrößern

Sie sind noch nicht bereit, die Beziehung zu beenden, haben aber das Bedürfnis, den Kontakt soweit wie möglich einzufrieren. Statt sich mit ihrem Partner zu treffen, führen Sie die Beziehung deshalb per Telefon weiter. Sie haben keine Vorstellung, welche Gefühle Ihre Anrufe bei Ihrem Partner auslösen können. Vielleicht wartet er am anderen Ende der Leitung verzweifelt auf ein deutlicheres Signal. Ihre widersprüchlichen Botschaften können furchtbare Verwirrung stiften und Ihren Partner geradezu lähmen.

Benutzen Sie Sex nicht, um Nähe zu regulieren

Verweigern Sie sich zur Zeit sexuell? Haben Sie keine Lust auf Liebe? Es ist naheliegend, daß Ihre Ambivalenz auch im Schlafzimmer Folgen hat. Sprechen Sie ehrlich darüber? Oder überlassen Sie es Ihrem Partner, alle möglichen Schlüsse aus Ihrem Verhalten zu ziehen? Oft wird angenommen, daß sich eine Beziehung leichter beenden läßt, wenn weniger sexuelle Intimität im Spiel ist. Doch das hat einen Haken. Sexuelle Verweigerung verunsichert den Partner, und dadurch wird sein Bedürfnis nach Nähe nur noch größer.

Schaffen Sie Distanz nicht durch Untreue

Untreue ist das äußerste, aber auch ein besonders verletzendes Mittel, um einen Rückzieher einzuleiten. Wird Ihnen eine Beziehung zu eng, suchen Sie in einer neuen Affäre ein Fluchtfenster. Sicher, Sie werden der Beziehung entkommen, aber es ist eine ziemlich brutale Methode. Ihr Partner kann nicht wissen, daß Angst der Grund für Ihr Verhalten ist. Was er weiß, ist nur, daß Sie versuchen, die Beziehung zu zerstören. Wahrscheinlich wird er selbst einen guten Teil der Schuld auf sich nehmen und glauben, er sei nicht begehrenswert genug. Das hat er nicht verdient. Und auch dem Dritten im Bunde tun Sie keinen Gefallen.

Weinen Sie sich nicht bei Ihrem Partner aus

Gut möglich, daß Sie unter Ihrer eigenen Unentschlossenheit leiden. In einer Minute wollen Sie an der Beziehung festhalten, in der nächsten davonlaufen. Es geht Ihnen furchtbar schlecht, und das bekommt auch Ihr Partner zu spüren. Sie würden am liebsten heulen.

Erwarten Sie aber nicht von einem anderen, daß er Ordnung ins Wirrwarr Ihrer Gefühle bringt. Wenn Sie weinen müssen, dann bitte nicht in Gegenwart Ihres Partners. Sie glauben, mit

Ihren Tränen zu zeigen, wie ernst Sie es meinen. Vielleicht hoffen Sie auch auf Zeitgewinn, damit Sie länger darüber nachdenken können, ob Sie sich nun trennen sollen oder nicht. Vielleicht wissen Sie noch nicht einmal so genau, warum Sie eigentlich weinen. Das Problem dabei ist, daß Ihre Tränen leicht falsch verstanden werden, nämlich im Sinne von »wir werden das schon hinkriegen«. Das kann nur dazu führen, daß Ihr Partner noch näher zu Ihnen hingezogen wird, und danach ist Ihnen im Moment sicher am allerwenigsten. Weinen Sie also lieber im stillen Kämmerlein.

Sagen Sie nicht, daß Sie mehr Zeit brauchen, wenn Sie gar nicht wissen, was Sie eigentlich brauchen

Wenn sich Ihr Verhalten drastisch ändert, wird Ihr Partner eine Erklärung hören wollen. Sie sind seelisch völlig durcheinander und können weder vor noch zurück. Sie wissen nicht, was los ist und deuten daher an, daß Sie mehr Zeit bräuchten. Entscheidend ist hierbei, daß Sie nicht ehrlich sind.
Ihr Partner wird Ihnen jede halbwegs plausible Erklärung abnehmen. Wenn Sie also um Bedenkzeit bitten, wird er das wörtlich nehmen. Wahrscheinlich wird er alles akzeptieren, was Sie vorbringen. Sagen Sie also nicht »Es ist nichts«, wenn doch etwas ist. Sagen Sie nicht »Es liegt nicht an dir«, wenn Sie im stillen das Gegenteil denken. Sagen Sie nicht »Ich bin noch nicht soweit«, wenn Sie denken, daß Sie es auch in zehn Jahren nicht sein werden. Ihr Partner kann sich selbst nicht schützen, wenn Sie die Wahrheit verbergen.

Geben Sie keine Versprechen, die Sie nicht halten können

Oft droht der passive Partner an diesem Punkt mit dem Abbruch der Beziehung. Doch trotz Ihrer Zweifel wollen Sie die Beziehung nicht beenden, sind nicht bereit, den anderen loszulassen. Also versprechen Sie, sich zu ändern, Ihren Partner künftig nicht mehr zu verletzen und vieles mehr. Sie versprechen überhaupt alles mögliche, nur um Ihren Partner zu behalten. Wahrscheinlich haben Sie damit Erfolg, aber anständig ist das nicht. Wenn Sie unbedingt etwas versprechen wollen, dann am besten sich selbst, daß Sie sich mehr Klarheit über Ihr Verhalten verschaffen werden.

Loben Sie nicht die Dinge, die Ihnen das Gefühl geben, in der Falle zu sitzen

Wenn sie Ihnen etwas kocht, haben Sie das Gefühl, erdrückt zu werden. Wenn er Ihnen Blumen schickt, fühlen Sie sich bedrängt. Wenn Ihr Partner Werte wie Treue, Heim und Familie hochhält, sehen Sie sich im Käfig. Dennoch geben Sie vor, diese Dinge zu schätzen – und ermuntern Ihren Partner damit zur Wiederholung. Sie versuchen, dankbar zu sein, und spüren doch nur eine Art klaustrophobischer Angst, die in Zorn umschlagen kann. Es ist nicht fair, Ihrem Partner Vorwürfe zu machen, wenn er sich auf Sie einstellt.

Nehmen Sie nicht alles wieder weg, was Sie am Anfang gegeben haben

Am Anfang taten Sie alles, damit die Beziehung etwas ganz Besonderes ist. Doch dann sind Ihnen Zweifel gekommen, Sie haben das Gefühl, in der Falle zu sitzen. Also fangen Sie an, Dinge wieder wegzunehmen. Sie geben weniger Zeit, weniger Gefühle, weniger Sex, weniger von allem. Sie versuchen, die Bedeutung der Beziehung durch Wegnahme von Zuwendung zu schmälern. Die Sache hat einen Haken: Je weniger Sie geben, desto mehr wird Ihr Partner verlangen. Ihre Versuche, sich zurückzuziehen, werden ihn nur veranlassen, noch näher an Sie heranzurücken. Auch hier treffen Ihre Versuche, Distanz zu gewinnen, Sie selbst. Daß Ihr Partner mit darunter leidet, versteht sich.

Lassen Sie Ihren Partner nicht den Therapeuten spielen

Je mehr Sie sich hin- und hergerissen fühlen, desto mehr kommt es Ihnen vor, als sei Ihr Partner der einzige Mensch, mit dem Sie darüber reden können. Doch ein Gespräch über dieses Thema ist eine äußerst schwierige Angelegenheit. Auch wenn Sie bemüht sind, Ihren Konflikt darzulegen, wird Ihr Partner in erster Linie die Intimität zwischen Ihnen wahrnehmen. Und das macht die Beziehung noch enger, nicht lockerer. Ihr Partner ist in dieser Phase nicht dazu da, für Sie den Seelendoktor zu spielen. Bringen Sie ihn auch nicht dazu.

Sprechen Sie keine Probleme an, wenn Sie nicht bereit sind, daran zu arbeiten

Da Sie darauf aus sind, Distanz zu schaffen, halten Sie Ausschau nach Problemen in der Beziehung – großen Dingen, kleinen Dingen, was Sie nur finden können. Sie wissen, daß es dabei nur um Ausreden und Entschuldigungen geht, um Ihnen einen Fluchtweg zu bahnen. Sie wissen auch, daß Sie im Grunde nicht an der Lösung dieser Probleme interessiert sind. Aber das weiß Ihr Partner nicht. Wenn Sie ihm eine Liste von Problemen präsentieren, wird es so aussehen, als wollten Sie daran arbeiten. Ihr Partner wird daraufhin vielleicht versuchen, Dinge zu ändern. Und dadurch fühlen Sie sich noch mehr gefangen, spüren noch mehr Unmut. Wenn es Probleme gibt, die Sie lösen möchten, sprechen Sie darüber. Probleme, die keine sind, sollten Sie für sich behalten.

Holen Sie sich Hilfe

In dieser Phase der Beziehung haben Sie zwei Möglichkeiten: Sie können einen anderen Menschen verletzen, oder Sie können sich selbst helfen. Vielleicht brauchen Sie jemanden, der Ihnen mit Rat zur Seite steht. Sie müssen nicht ganz allein mit

Ihren Problemen fertig werden. Es gibt viele ausgebildete Helfer, und ihre Inanspruchnahme kann an diesem Punkt Ihres Lebens und Ihrer Beziehung Entscheidendes bewirken.

Werden Sie ehrlich

Wenn Sie tief im Inneren wissen, daß die Beziehung keine Chance hat, wird es Zeit, Ihren Partner davon zu informieren. Auch wenn Sie ständig von Zweifeln geplagt werden, sollten Sie mit ihm darüber reden, aber bitte ohne Schuldzuweisung. Natürlich sehnt sich Ihr Partner nicht nach einem solchen Gespräch, aber Ehrlichkeit – ohne zweideutige Botschaften – wird es ihm leichter machen, damit fertig zu werden.

Das Ende – verängstigt und auf der Flucht

Wir hoffen natürlich, daß es bei Ihnen nie soweit kommt, aber wir wissen auch, daß viele Menschen, denen es nicht gelingt, ihrer Probleme Herr zu werden, dem äußeren und inneren Druck irgendwann nicht mehr standhalten können. Vielleicht werden Sie vom passiven Partner gedrängt, sich endlich zu entscheiden oder mehr Verantwortung zu übernehmen. Als der aktive Partner haben Sie jedenfalls das Gefühl, man würde Ihnen die Luft abdrücken, und Sie reagieren mit einer regelrechten Angstattacke. Sie denken an nichts anderes mehr als daran, wie Sie Ihr Unbehagen lindern können, und das heißt: raus aus der Beziehung. Doch selbst in dieser Phase haben Sie vermutlich noch einen Rest Unentschlossenheit, da Sie immer noch viel für Ihren Partner empfinden.
Die Heftigkeit dieses Konflikts hängt unmittelbar damit zusammen, wie tief die Beziehung ist. Trotz aller Widerstände kann nämlich eine intensive Beziehung zwischen Ihnen und Ihrem Partner entstanden sein. Bei unseren Befragungen lassen wir uns immer das Ende bindungsphobischer Beziehungen

schildern. Dabei stellten wir fest, daß eine verblüffend große Zahl von Menschen eine fast identische Szene beschreibt: Der aktive Partner, also der für den Bruch Verantwortliche, weint und spricht davon, wie sehr er den Menschen liebt, dem er gerade den Rücken kehren will. Mit anderen Worten, der Konflikt dauert auch kurz vor dem Ende der Beziehung noch in voller Größe an.

Die Beziehungen von Menschen mit aktiven Bindungsproblemen enden meist auf eine der drei folgenden Weisen (oder einer Kombination daraus):

1. Mit ihrem Verhalten (oft Untreue) und ihrer Ambivalenz bringen sie ihren Partner dazu, eine endgültige Auseinandersetzung zu provozieren.
2. Sie errichten so viele Hürden, lassen so wenig Nähe zu und schaffen so viel Distanz, daß die Beziehung langsam und qualvoll zugrunde geht.
3. Sie beenden die Beziehung abrupt, fast so, als würden sie sich in Luft auflösen. Oft gehen sie gleich eine neue Beziehung ein, die dann als Schranke zwischen ihnen und ihrem Expartner dient.

Alle drei Wege sind verletzend, und keiner ist ehrlich. Wenn Sie an einem Punkt sind, wo Sie denken, das Ende einer bindungsphobischen Beziehung sei erreicht, sollten Sie deshalb diese Vorschläge beherzigen:

Fragen Sie sich in Ruhe, wovor Sie eigentlich weglaufen und warum

Fragen Sie sich ernsthaft, ob Sie mit Ihrem Verhalten erreichen können, was Sie erreichen wollen. Vielleicht denken Sie, es ginge für Sie darum, dem Partner zu entkommen. Aber womöglich laufen Sie in Wirklichkeit vor eigenen Erwartungen, Ängsten und überhaupt vor sich selbst davon.

Mag sein, daß der Abbruch der Beziehung die richtige Antwort ist. Vielleicht aber auch nicht. Sie brauchen mehr Klarheit, und zwar möglichst schnell. Wenn Sie jetzt irgend-

wohin flüchten wollen, dann nach unserer Meinung am besten dorthin, wo man Ihnen mit Ihrem Konflikt helfen kann. Im Idealfall also zu einem verständnisvollen Therapeuten.
Dies ist nicht die Zeit für voreilige Entscheidungen. Wenn Sie erst begonnen haben, die eigenen Gefühle auszuloten, sehen Sie vielleicht Möglichkeiten für den Umgang mit der Beziehung, die Ihnen vorher verborgen waren. Oder Sie begreifen, warum die Beziehung nie hätte funktionieren können, und ziehen daraus Lehren für die Zukunft. Was auch immer herauskommt, Sie werden zumindest nicht mehr so im trüben fischen wie bisher.

Treiben Sie Ihren Partner nicht dahin, daß er die Beziehung für Sie beendet

Vielleicht haben Sie viel zu große Schuldgefühle, um Ihre Beziehung offen und ehrlich zu beenden. In dieser Situation ist die Versuchung groß, den Partner so weit zu bringen, daß er das für Sie erledigt. Wenn Sie ihn dazu kriegen, Ultimaten zu setzen, können Sie zumindest einen Teil der Schuld abwälzen. Ein perfektes Szenario? Sicher nicht.
Denn nicht Ihr Partner will die Beziehung beenden, sondern Sie. Wenn Sie ihn dazu zwingen, wird er es vielleicht tun, sich aber später, während Sie aufatmen, ganz entsetzlich fühlen und überhaupt nicht begreifen, wie alles gekommen ist. Er wird zweifeln und bereuen und sich fragen, ob er nicht vorschnell gehandelt hat oder zuwenig Verständnis für Sie hatte, vielleicht sogar Schuldgefühle bekommen.

- Verletzen und demoralisieren Sie Ihren Partner nicht, indem Sie »Beweisstücke« für eine neue Bekanntschaft so herumliegen lassen, daß er sie finden kann.
- Provozieren Sie Ihren Partner nicht, indem Sie Verabredungen platzen lassen oder nicht anrufen, obwohl Sie es versprochen haben.
- Werden Sie nicht nörglerisch.

- Werden Sie nicht bockig wie ein Kind.
- Bewahren Sie Respekt für Ihren Partner und die Beziehung.
- Begreifen Sie, daß Ihr Partner mit Ihnen zusammensein will und alles mögliche tun wird, um es Ihnen recht zu machen.
- Bedenken Sie, daß Sie es Ihrem Partner mit Kritik noch schwerer machen, Selbstachtung zu bewahren und den Bruch zu verschmerzen.
- Übernehmen Sie Verantwortung für Ihre Gefühle und handeln Sie danach.

Bleiben Sie aufrichtig, wenn Sie Ihre Beziehung beenden wollen

Glauben Sie nicht, daß es gar nicht auffällt, wenn Sie sich ganz allmählich zurückziehen. Sicher hätten Sie es am liebsten, wenn die Beziehung ganz allmählich aufhörte zu existieren: Es wäre für Sie weniger schmerzvoll und Sie müßten nicht die Verantwortung für den Bruch übernehmen.

Doch Sie können keine Beziehung auf Null reduzieren, ohne je offen sagen zu müssen, daß Sie nicht mehr wollen. Wenn Sie immer weniger geben und immer höhere Schranken errichten und glauben, dadurch ließe sich die Pein einer völligen Trennung ersparen, fügen Sie dem Selbstwertgefühl Ihres Partners schweren Schaden zu. Oft wird er Sie um so mehr als Tröster herbeisehnen, je schlechter Sie ihn oder sie behandeln.

Es reicht nicht zu sagen, »irgendwas« sei nicht mehr in Ordnung. Sie schulden es Ihrem Partner, dieses Etwas näher zu beschreiben. Es ist unfair, einen Fuß in der Beziehung zu lassen, während Sie eifrig dabei sind, alle anderen Körperteile zu entfernen. Ihr Partner wird sicherlich nicht die richtigen Schlüsse ziehen, davon dürfen Sie nicht ausgehen. Solange Sie nicht definitiv sagen, daß es aus ist, wird er oder sie weiter warten und hoffen.

- Verwenden Sie nicht die Ausrede »Ich brauche noch etwas Zeit«.
- Ermutigen Sie Ihren Partner, ein eigenes Leben zu führen und unabhängiger von Ihnen zu werden.
- Ihre Worte und Taten dürfen sich nicht widersprechen.
- Sagen Sie, was Sache ist.
- Seien Sie ehrlich.

Beenden Sie eine Beziehung nicht, ohne Ihr Verhalten zu erklären

So schwer es auch sein mag: Sie müssen Verantwortung für das Geschehen übernehmen. Ihr Partner wird Sie vielleicht nicht freiwillig gehen lassen. Das macht es schwer für Sie. Wenn Sie sich aber klar gegen die Fortsetzung der Beziehung entschieden haben, sollten Sie auch in der Lage sein, dieses unangenehme, aber auf alle Fälle notwendige Gespräch zu führen. Viele Menschen erleben es in dieser Situation als hilfreich, gemeinsam mit dem Partner eine Beratung aufzusuchen, um Wege zu erörtern, wie die Beziehung auf weniger schmerzhafte Weise gelöst werden kann.

Fragen Sie sich einmal, ob Ihre Abneigung gegen einen »offiziellen« Abschluß nicht vielleicht Ausdruck einer immer noch vorhandenen Unentschlossenheit ist.

- Hören Sie nicht völlig auf, den anderen anzurufen.
- Weigern Sie sich nicht, mit Ihrem Partner am Telefon zu sprechen.
- Verschwinden Sie nicht sang- und klanglos.
- Handeln Sie verantwortungsvoll.
- Zögern Sie nicht, sich professionellen Rat zu holen, wenn Sie von Schuldgefühlen übermannt werden oder glauben, alles falsch zu machen.
- Helfen Sie Ihrem Partner, das Geschehene zu verstehen.

Beziehungsleitfaden für Menschen mit passiven Bindungsproblemen

Der Beginn

Wenn Sie der passive Partner sind, heißt das, Sie »fliegen« auf Menschen, die sichtlich Probleme mit festen Beziehungen haben. Anfängliche Vorbehalte schlagen Sie meist schnell in den Wind:

- Selbst wenn der Betreffende – mit Worten, Taten oder aufgrund seiner Vergangenheit – genügend Anhaltspunkte dafür liefert, daß er Bindungsangst hat oder aus anderen Gründen für eine feste Beziehung nicht in Frage kommt, lassen Sie in der Regel trotzdem Zurückhaltung vermissen.
- Selbst wenn Sie erkennen oder von anderen darauf gebracht werden, daß die betreffende Person emotional nicht zuverlässig ist, richten sich Ihre Hoffnungen und Phantasien ganz auf die Festigung der Beziehung.

Manchmal könnte man meinen, Sie müßten Ihre Fähigkeit zu lieben unter Beweis stellen. Vielleicht spüren Sie, daß der Partner nicht richtig bindungsfähig ist, und haben zu große Angst, die gerade gewonnene Beziehung wieder zu verlieren. Aus meist illusorischen Gründen gewinnt die Vorstellung vom großen »Potential« der Beziehung in Ihrem Denken allzu hohen Stellenwert.

Diese Haltung macht Sie äußerst verwundbar. Doch statt etwas dagegen zu tun, sind Sie auch noch stolz darauf und rechnen sich Ihre Fähigkeit, einem anderen zu vertrauen, bevor er sich das Vertrauen verdient hat, als Beweis für Ihre Liebesfähigkeit an.

Man kann Ihnen zwar kaum verantwortungsloses Handeln gegenüber anderen vorwerfen, doch dafür handeln Sie unverantwortlich gegenüber sich selbst. Ihre Neigung, das eigene Denken und Fühlen den Plänen eines Menschen unterzuordnen, den Sie kaum kennen, öffnet Enttäuschungen Tür und

Tor. Sie sollten sich besser vor Kummer schützen und bedachtsamer vorgehen. Hier sind einige Tips, wie Sie den Verlauf Ihrer Beziehungen ändern können:

Passen Sie auf, daß Ihre Phantasien nicht mit Ihnen durchgehen

Sie wissen ja mittlerweile, daß Sie ein blühendes Phantasieleben haben und die Angewohnheit besitzen, neuen Partnern blitzschnell einen festen Platz in Ihren Phantasien einräumen. Das beeinflußt unweigerlich auch Ihr Verhalten und Ihre Erwartungen.
Haben Sie beispielsweise eine Verabredung zum Kaffee, ahnt Ihre Phantasie vielleicht schon Liebesgeflüster. Haben Sie eine Verabredung ins Kino, plant Ihre Phantasie womöglich schon die Hochzeit. Selbst in Ihren sexuellen Wunschbildern legen Sie sich fest. Das Schlimme an der Sache ist nur, daß Sie zuviel in eine Beziehung investieren, die noch gar nicht richtig begonnen hat, und zu sehr auf einen Menschen setzen, der erst wenig getan hat, um das zu rechtfertigen. Halten Sie Ihre Phantasien besser unter Kontrolle!

Reagieren Sie angemessen

Wenn Sie zu schnell zuviel geben, gerät die junge Beziehung unter starken Druck. Wahren Sie deshalb angemessene Grenzen. Natürlich sollen Sie die romantische Anfangsphase genießen, nur nicht übertreiben.
Glauben Sie zu Beginn einer Beziehung nicht sofort, es sei die wichtigste Beziehung Ihres Lebens. Sie wissen doch gar nicht, wie sich alles weiter entwickelt. Falls das Interesse des neuen Partners so stark ist, wie Sie glauben, wird es auch morgen noch da sein. Man kann es gar nicht oft genug sagen: Wenn Sie die Liebe Ihres Lebens finden, bleibt wirklich noch Zeit genug, sie auszukosten.
Hören Sie neuen Partnern, die Ihnen von ihren Bindungspro-

blemen berichten, gut zu und glauben Sie ihnen. Passen Sie
Ihre Erwartungen an.

Hegen Sie keine unrealistischen Erwartungen

Wenn Sie zulassen, daß Ihre Erwartungen am Anfang einer
Beziehung in den Himmel steigen, setzen Sie sich der Gefahr
aus, schrecklich enttäuscht zu werden. Bleiben Sie lieber auf
dem Boden der Tatsachen, ganz gleich, was Ihr neuer Partner
sagt oder verspricht. Denken Sie immer daran, daß Menschen
mit aktiven Bindungsproblemen oft nur für den Augenblick
romantisch sind und Pläne machen, die sie beim besten Willen
nicht in die Tat umsetzen können.
Wir wollen Ihnen nicht nahelegen, kühl oder abweisend zu
sein. Aber seien Sie vorsichtig und passen Sie auf sich auf.
Versuchen Sie auch herauszuhören, was nicht ausgesprochen
wird. Bis sich die Beziehung mit der Zeit bewährt hat, sollten
Sie davon absehen, Pläne für eine lebenslange Zweisamkeit zu
schmieden.

Erkundigen Sie sich nach den Beziehungserfahrungen Ihres neuen Partners

Wenn Ihr Partner in Beziehungen immer nur Probleme hatte,
dürfen Sie nicht erwarten, daß mit Ihnen alles ganz anders sein
wird. Natürlich sind Sie nicht wie die anderen, das heißt aber
nicht, daß es Ihnen gelingen wird, das Verhalten eines Menschen von Grund auf zu ändern.

Lassen Sie sich nicht allzu leicht erobern

Es gibt unzählige Methoden, auf jemanden einen guten Eindruck zu machen oder, wie es so schön heißt, sein »Herz zu
erobern«. Vielleicht kauft Ihr neuer Schwarm Geschenke für
Sie oder ist nett zu Ihren Großeltern. Vielleicht beeindruckt Sie
am meisten sein Intellekt oder ihre Sensibilität, seine Offenheit

gegenüber Erlebnissen in der Kindheit, Problemen in der Jugend, Schicksalsschlägen im Erwachsenenalter. Das kann durchaus verführerisch sein. Vielleicht ist wirklich eine gute und enge Beziehung im Entstehen. Es kann aber auch sein, daß Sie nur jemanden getroffen haben, der gewohnheitsmäßig Seelen-Striptease macht. Lassen Sie sich Zeit, bevor Sie beschließen, daß eine Beziehung die richtige ist.

Schützen Sie Ihre Kinder, Ihre Arbeit, Ihr eigenes Leben

Liebhaber und Geliebte kommen und gehen, aber die Kinder, die Arbeit und das übrige Leben bleiben. Fangen Sie nicht an, Ihr Leben umzustellen, bevor Sie ganz sicher sind, daß Sie es mit einem netten, liebevollen Menschen zu tun haben, der Ihnen dauerhaft zugetan ist.

Uns sind schon so viele Schreckensgeschichten von Menschen – vor allem Frauen – zu Ohren gekommen, die ihr Leben gleich in den ersten Monaten einer neuen Beziehung auf den Kopf gestellt haben, weil sie von jemandem darum gebeten wurden. Ziehen Sie nicht zu schnell in die Wohnung Ihres neuen Partners und lassen Sie ihn auch nicht zu schnell bei sich einziehen; sorgen Sie dafür, daß Ihre Kinder in der Anfangsphase aus dem Spiel bleiben; geben Sie nicht Ihre Wohnung, Ihren Hund, Ihre Katze, Ihren Arbeitsplatz oder Ihre Freunde auf.

Etwas Risiko gehört manchmal dazu. Sie sollten aber keinen der entscheidenden Bereiche *Ihres Lebens* aufs Spiel setzen, bevor Sie Gewißheit haben, daß es der andere ebenso ernst meint. Gewähren Sie dem neuen Partner nur Schritt für Schritt Eintritt in Ihr Leben, eine verfrühte Bereitschaft zu einer festen Beziehung kann schließlich auch ein Anzeichen für Bindungsprobleme sein.

Fangen Sie nicht an, den perfekten Partner zu spielen

Sie versuchen, sich zu »verkaufen«, indem Sie für Ihren neuen Partner alles tun, was in Ihren Kräften steht. Er sieht schlecht aus, also fangen Sie an, seinen Kühlschrank aufzufüllen. Sie bedauert ihr abgebrochenes Studium, also bieten Sie ihr Geld an, damit sie wieder studieren kann. Er erwähnt ein böses Erlebnis in der Kindheit, also werden Sie zum Experten für Kindheitstraumata. Sie bricht sich ein Bein, also werden Sie zum 24-Stunden-Pfleger.

Drei Gründe sprechen gegen solches Verhalten: (1) Es wäre angemessen für einen liebevollen, langjährigen Gatten, paßt aber nicht in die Anfangsphase einer Beziehung. (2) Ihr Partner wird Ihre Versuche, sich beliebt zu machen, womöglich als bedrohlich empfinden und das Gefühl haben, von Ihnen erdrückt zu werden. Je mehr Sie sich bemühen, um so mehr wächst seine Furcht. (3) Wenn Sie Ihre Energie, Ihr Geld und Ihre Zeit einem anderen widmen, kann das leicht auf Kosten Ihrer eigenen Entwicklung gehen. Der Versuch, einem anderen alles recht zu machen, hält einen in der Regel davon ab, für sich selbst das Beste zu erreichen.

Seien Sie nicht »allzeit bereit«

Sie können sich gar nicht mehr ausreichend Ihrem eigenen Leben widmen, wenn Sie bereit sind, von einer Sekunde auf die andere alles aufzugeben und sich nur noch um das Leben eines anderen zu kümmern.

Menschen mit passiven Bindungsproblemen sind oft in Sorge, ihr Partner könnte z. B. nicht wieder anrufen, wenn sie einmal nicht zu Hause sind und neben dem Telefon sitzen. Jederzeit verfügbar zu sein, kann aber das falsche Signal sein. Ihr Partner fühlt sich dadurch womöglich unter Druck gesetzt und liest den Vorwurf heraus, er würde sich nicht genug um Sie kümmern. Und, was noch wichtiger ist:

Erkennen Sie, daß »phantastischer Sex« nicht automatisch zum Traualtar führt

Nur weil im Bett alles wunderbar ist, muß man nicht gleich ein ganzes Leben zusammen verbringen wollen. Jemand, der beim Sex leidenschaftlich, intensiv und hingebungsvoll ist, muß nicht auch nach Verlassen des Schlafzimmers noch so sein. Gerade Menschen mit aktiven Bindungsproblemen kennen im Schlafzimmer oft überhaupt keine Schranken, sind draußen aber unnahbar.

Auch wenn für Sie Leidenschaft, Intimität, Liebe und der Bund fürs Leben fest zusammengehören, haben viele da eine andere Vorstellung. Sie sollten deshalb bedenken, daß jemand, dem Ihr Körper alles zu bedeuten scheint, nicht automatisch auch sein ganzes Leben mit Ihnen verbringen möchte.

Machen Sie keine Versprechen, bevor Sie nicht sicher sind, daß die Liebe gegenseitig ist

Was bedeutet eine feste Beziehung für Sie? Was versteht Ihr Partner darunter? Wann fangen Sie an, sich fest gebunden zu fühlen? Ab welchem Moment glauben Sie, daß ein Versprechen gegeben ist? Denken Sie, daß Menschen, zwischen denen es beim ersten Rendezvous »funkt«, sich ein zweites Rendezvous schulden, um die Chancen einer Beziehung auszuloten? Fühlen Sie sich nach dem ersten Mal im Bett schon wie in festen Händen? Oder erst wenn Sie mit jemandem sechs Monate – oder ein ganzes Jahr – zusammen waren? Oder erst, nachdem Sie zusammengezogen sind oder sich das Jawort gegeben haben?

Versuchen Sie herauszufinden, was Ihr Partner unter einer festen Beziehung versteht, und geben Sie nicht mehr, als Sie bekommen. Scheuen Sie sich nicht, nein zu sagen. Sie werden nicht gleich die wichtigste Beziehung Ihres Lebens verlieren, nur weil Sie etwas nicht sofort wollen, sei es Sex oder Heiraten. Wenn es Ihnen aufrichtig um den Aufbau einer Beziehung geht, wird ein ebenso aufrichtiger Mensch, dem Sie etwas bedeuten, den Wunsch nach etwas mehr Zeit sicher respektieren.

Die Mittelphase – wenn Ihr Partner in Panik gerät

Für passive Partner beginnt die Mittelphase einer bindungsphobischen Beziehung genau dann, wenn der andere anfängt, seine Zweifel zu zeigen, indem er auf Distanz geht oder sein Verhalten plötzlich ändert. Das hängt direkt mit der wachsenden inneren Verbundenheit des passiven Partners zusammen.

In dieser Phase gibt es für Sie zwei Hauptfeinde: (1) die Verleugnung, also das geflissentliche Übersehen der Fakten, die das Fundament Ihrer Beziehung in Frage stellen, und (2) die Angst vor dem Bruch der Beziehung, die geradezu lähmend wirken kann.

Wenn es mit Ihrer Beziehung schon so weit gekommen ist, müssen Sie Ihre Energie darauf konzentrieren, den Tatsachen ins Auge zu sehen und sich zu schützen. Das ist manchmal sehr schwer. Das Gefühl, die Kontrolle über die Beziehung zu verlieren, kann Panik und starke Verunsicherung auslösen. Vergessen Sie nicht, wer Sie sind und was Sie eigentlich verdient haben.

Konzentrieren Sie nicht alle Energie auf den Gedanken, Ihr Partner könnte fremdgehen. Und verschwenden Sie auch nicht zuviel Energie darauf, Ihren eigenen Wert und den Wert der Beziehung zu beweisen. Beides dient im Endeffekt nicht zu Ihrem Schutz, und Ihr Partner wird sich dadurch vielleicht noch mehr unter Druck gesetzt fühlen und noch panischer reagieren.

Ihre Reaktion sollte angemessen sein. Wenn Ihr Partner weniger gibt, dürfen Sie nicht das Gegenteil tun und mehr geben. Treten Sie ein paar Schritte zurück und versuchen Sie, die Beziehung aus der Distanz zu betrachten. Verwenden Sie mehr Zeit darauf, sich zu schützen, als sich zu beweisen. In diesem Sinne sind auch die folgenden Vorschläge gemeint.

Erkennen Sie den Konflikt Ihres Partners und akzeptieren Sie ihn

Es ist ein großer Fehler, nur das zu hören, was man hören will – das Liebesgeflüster, die Beteuerungen, die Ausreden. Dadurch fallen alle anderen Botschaften unter den Tisch. Die Ängste Ihres Partners werden nicht verschwinden, nur weil Sie so tun, als gäbe es sie nicht. Häufig wollen wir einfach nicht hinhören, wenn uns ein Partner mitteilt, die Beziehung sei vielleicht doch nicht das Wahre. Statt dessen suchen wir Bestätigung für unsere Zuversicht, indem wir wahrnehmen und uns merken, was uns paßt.
Sollte Ihr Partner an der Beziehung zweifeln, müssen Sie es unbedingt wissen, damit Sie sich schützen können.

Nehmen Sie unakzeptables Verhalten nicht einfach hin

Belohnen Sie unakzeptables Verhalten nicht, indem Sie noch liebevoller werden, Ihrem Partner noch mehr entgegenkommen und sich alles bieten lassen. Wenn Sie schlecht behandelt, Verabredungen nicht eingehalten und Pläne über den Haufen geworfen werden, ist es an der Zeit, die Beziehung neu zu überdenken.
Nicht angebracht ist in dieser Phase eine besonders verständnisvolle Haltung. Damit werden Sie Ihren Partner nicht für sich gewinnen, eher sein Gefühl der Bedrohung noch steigern.
Es ist schwer, sich von dem Menschen zu trennen, den man liebt. Sicherlich würden Sie ihm bei der Bewältigung seiner Probleme nur zu gern helfen – aber ein verletzendes Verhalten hinzunehmen, ist keine Lösung.

Machen Sie Ihrem Partner klar, daß er Ihnen mit seiner Unentschlossenheit viel Kummer bereitet. Ist kein *ernster* Versuch zu erkennen, etwas daran zu ändern, haben Sie keine andere Wahl, als sich zurückzuziehen. Aber wenn Sie von Ihrem Partner schlecht behandelt werden, geht Ihnen ja auch eigentlich nicht viel verloren.

Versuchen Sie nicht zu beweisen, daß Sie ein würdiger Partner sind

Wenn der Mensch, den man liebt, sich nicht entscheiden kann, liegt es nahe, mit aller Kraft zu beweisen, daß man selbst die beste Wahl ist. Machen Sie das nicht. Versuchen Sie nicht, unter Beweis zu stellen, daß Sie sinnlicher, intelligenter, weiser, gutherziger, großzügiger oder würdiger sind als jeder andere. Die Probleme Ihres Partners haben nämlich herzlich wenig mit Ihren Qualitäten als Mensch und Beziehungspartner zu tun.

Lassen Sie die Zweifel Ihres Partners nicht an Ihrem Selbstwertgefühl nagen

Vielleicht hat Ihr Partner dies oder jenes an Ihnen auszusetzen, ist weniger aufmerksam, ruft seltener an, kommt nicht mehr so oft zu Besuch. Vielleicht wächst in Ihnen der Verdacht, daß er mit seinen Gedanken bei jemand anderem ist. Das kann ernsthaft am Selbstwertgefühl nagen.
Erkennen Sie, daß das Verhalten Ihres Partners typisch für einen Menschen mit Bindungsproblemen ist, und lassen Sie sich nicht deprimieren. Suchen Sie Unterstützung bei Freunden und schauen Sie sich nach einem Partner um, von dem Sie mehr erwarten können.

*Arbeiten Sie an Ihrem eigenen Leben,
nicht dem Ihres Partners*

Sie halten sich für stark genug, um es mit den Problemen Ihres Partners aufzunehmen, und glauben, daß sich zusammen schon eine Lösung finden läßt. Sie ermutigen Ihren Partner, mit Ihnen zu reden, sich Ihnen anzuvertrauen. Sie verbringen viel Zeit damit, seine Probleme zu beleuchten. Wäre es da nicht schön, einen angemessenen Lohn zu erhalten? In der Realität tritt oft das Gegenteil ein, wenn sich der Partner von all den gutgemeinten Bemühungen eher bedrängt fühlt.
Viel besser wäre es, sich auf das eigene Leben zu konzentrieren. Nehmen Sie Abstand und lassen Sie los. Die Vorstellung mag beängstigend sein, und vielleicht beschleunigen Sie ja auch wirklich das Ende der Beziehung, aber dazu wäre es früher oder später ohnehin gekommen. Zu Ihrem eigenen Wohl gilt die Regel: je eher, desto besser. Nach unserer Erfahrung wird Ihre Position durch einen Rückzieher im rechten Moment eher gestärkt als geschwächt.
- Werden Sie nicht zum Therapeuten Ihres Partners.
- Machen Sie Ihren Partner nicht zum einzigen, was in Ihrem Leben zählt.
- Widmen Sie nicht alle Energie den Problemen Ihres Partners.
- Ziehen Sie auch professionelle psychologische Hilfe in Erwägung, um diese Phase besser durchzustehen.
- Tun Sie alles, um ohne Ihren Partner stark und unabhängig zu werden.

Das Ende

Das Schwierigste ist zu diesem Zeitpunkt sicherlich, mit dem Scheitern der Beziehung fertig zu werden. Ihr nach wie vor unentschlossener Partner macht es Ihnen nicht gerade leichter.

Als aktiver Partner würde er zwar meist lieber heute als morgen aus der Beziehung flüchten, ist aber oft außerstande, sich emotional zu lösen, wenn er nicht davon überzeugt ist, daß Sie ihn im Zweifelsfall wieder zurücknehmen. Machen Sie bei diesem Spiel nicht mit, denken Sie lieber an sich selbst.

- Seien Sie nicht verständnisvoll wie eine Mutter oder ein Vater.
- Seien Sie nicht liebevoll wie ein Ehepartner.
- Akzeptieren Sie nicht alles, wie es vielleicht der beste Freund oder die beste Freundin tun würde.
- Sitzen Sie nicht wartend am Telefon.
- Machen Sie das Telefon nicht zum Instrument, um Ihren Partner zu kontrollieren.
- Machen Sie die Beziehung nicht zum einzigen Thema Ihrer Unterhaltungen.
- Unternehmen Sie möglichst viel in Ihrer Freizeit.
- Sorgen Sie für einen vollen Terminkalender.
- Richten Sie Ihr Leben nicht nach den Wünschen Ihres unzuverlässigen Partners aus.
- Suchen Sie sich Unterstützung.
- Erfinden Sie keine Entschuldigungen für das Verhalten Ihres Partners.
- Trauern Sie nicht der seligen Anfangsphase der Beziehung nach.
- Spielen Sie die bindungsphobischen Spielchen Ihres Partners nicht mit.
- Widerstehen Sie der enormen Versuchung, näher an den anderen heranzurücken.
- Tun Sie alles, um sich ein eigenes Leben aufzubauen.
- Machen Sie Urlaub, falls es sich einrichten läßt.
- Fühlen Sie sich Ihrem Partner gegenüber nicht verantwortlich, wenn es umgekehrt auch nicht der Fall ist.
- Wahren Sie bei Ihren Treffen etwas Zurückhaltung.
- *Gehen Sie so weit auf Distanz, wie es Ihnen ohne größere Probleme möglich ist.*

Gehen Sie nicht in die Eifersuchtsfalle

Eifersucht ist ein mächtiges Gefühl, das alle Unsicherheiten und Selbstzweifel weckt, die in einem schlummern. Geht der Partner auf Distanz, denkt man fast automatisch, daß jemand anders im Spiel sein muß. Warum sollte sonst etwas, das so schön war, auf einmal zerbrechen? Warum sollte der Partner sonst sein Verhalten plötzlich ändern?
Natürlich besteht die Möglichkeit, daß es einen Dritten gibt. Das ist für Sie gar nicht so wichtig. Ihr Partner hat Bindungsprobleme. Sein Verhalten hat nichts damit zu tun, wie begehrenswert Sie sind, welchen Wert als Person Sie besitzen, wie gut die Beziehung ist oder wie Sie im Verhältnis zur »Konkurrenz« abschneiden. Viele Männer und Frauen mit aktiven Bindungsproblemen sind untreu, weil es eine altbewährte Methode ist, in Beziehungen Unruhe und Distanz zu schaffen.
Lassen Sie sich nicht darauf ein. Denken Sie daran, daß Sie, wenn erst die Eifersucht geweckt ist, vieles tun, was Sie sich normalerweise kaum vorstellen können. Sie geben sich doppelte Mühe zu beweisen, daß Sie besser sind als der oder die »andere«, vielleicht machen Sie auch Szenen. Ersparen Sie sich das. Kontrollieren Sie nicht die Taschen Ihres Partners, überprüfen Sie nicht seine Telefonrechnungen, warten Sie nicht auf der Treppe, bis er heimkommt, und rufen Sie auch nicht alle paar Minuten an, um zu sehen, ob er zu Hause ist.
Worüber Sie sich größere Sorgen machen sollten als um die Treue oder Untreue Ihres Partners ist, ob Sie dabei sind, in die Eifersuchtsfalle zu tappen. Eifersucht weckt den Kampfgeist. Sie bringt Rivalitätsgefühle aus Kindertagen wieder an die Oberfläche und schürt alte Ängste vor dem Verlassenwerden oder dem Versagen.
Versuchen Sie, Ihre reflexartige Eifersucht unter Kontrolle zu bekommen, und lernen Sie, mit diesen Gefühlen besser umzugehen. Kümmern Sie sich um sich selbst, und machen Sie sich vor allem Gedanken darüber, wie Sie sich emotional von Ihrem Partner lösen können.

Hüten Sie sich vor obsessivem Verhalten

Rufen Sie nicht die Eltern, Freunde oder Arbeitskollegen Ihres Partners an, um sie auf Ihre Seite zu ziehen. Verbringen Sie nicht Ihre ganze Zeit damit, die Beziehung mit Freunden bis ins kleinste Detail zu analysieren. Gehen Sie nicht zu Hellsehern, Sterndeutern oder Trancemedien, um zu hören, was Sie hören wollen. Das alles bringt Sie überhaupt nicht weiter.

- Gehen Sie zu einer Beratung, wenn Ihre Gefühle außer Kontrolle geraten.
- Unternehmen Sie soviel wie möglich mit möglichst vielen Freunden und Bekannten.
- Erkennen Sie, daß Ihr Partner wahrscheinlich zu keiner Beziehung, wie sie Ihnen vorschwebt, imstande ist – und zwar mit niemandem!

Ziehen Sie sich ein Stück zurück

Wir wissen, daß alle Ihre Instinkte sagen, Sie sollten in die Offensive gehen, sich noch mehr ins Zeug legen. Das würde aber wahrscheinlich alles nur verschlimmern. Ihr Partner braucht keine Bestätigung dafür, daß Sie für ihn da sind. Das weiß er – und darin liegt ja gerade ein wesentlicher Teil des Problems.

So schwer es ist, sich von jemandem fernzuhalten, den man liebt und dessen Verlust man fürchtet, stellen Sie ganz bewußt Ihr eigenes Wohl in den Vordergrund, und wahren Sie in der Beziehung etwas Distanz.

Das Ende verstehen

Es gibt hauptsächlich drei Arten, wie Menschen mit aktiver Bindungsphobie das Ende ihrer Beziehungen herbeiführen und wie Sie, als Mensch mit passiven Bindungsproblemen, darauf reagieren:

1. *Ihr Partner hat Sie mit seinem Verhalten dazu getrieben, die Beziehung zu beenden.* Denken Sie nicht, das Ende hätte vermieden werden können, wenn Sie nur ein wenig länger ausgeharrt und weiter an der Beziehung gearbeitet hätten. Das ist sicher nicht der Fall. Wir wetten, daß Ihr Partner Sie sogar noch stärker provoziert hätte, wenn Sie länger bei der Stange geblieben wären. Sie haben also genau richtig gehandelt und brauchen keine Schuldgefühle zu haben. Versuchen Sie, schnell über das Erlebte hinwegzukommen.
2. *Ihre Beziehung durchläuft einen langsamen Erosionsprozeß.* Ihr Partner bringt Sie so weit, daß Sie immer weniger von ihm erwarten. Machen Sie nicht den Fehler zu glauben, daß Sie nur mehr investieren müßten, um am Ende einen gerechten Lohn zu bekommen. Rückzug in Etappen ist für Ihren Partner ein Mittel zum Selbstschutz, denken Sie nun an Ihren eigenen Schutz. Stürzen Sie sich in Ihr eigenes Leben. Nehmen Sie sich vor, nie wieder in eine solche Beziehung zu geraten, und lassen Sie die Wunden heilen.
3. *Ihr Partner beendet die Beziehung, indem er flüchtet, entweder ganz konkret physisch oder emotional.* Das ist ein echter Alptraum, den wir, nach dem berühmten Entfesselungskünstler, als Houdini-Syndrom bezeichnen. Plötzlich ist Ihr Partner, von dem Sie dachten, daß er Sie liebt, nicht mehr für Sie da. Vielleicht ist er wirklich wie vom Erdboden verschwunden, vielleicht weigert er sich »nur«, je wieder mit Ihnen zu sprechen. Und Sie wissen nicht einmal warum. Gibt es einen anderen oder eine andere? Haben Sie etwas Falsches gesagt oder getan?
Wenn dies das Ende ist, sind Sie im »Worst-Case-Szenario« einer bindungsphobischen Beziehung gelandet. Sie haben keine andere Wahl, als zu akzeptieren und die Konsequenzen zu ziehen. Mag sein, daß Ihr Partner später einmal zurückkehrt, aber darauf können Sie nicht warten. Sie müssen jetzt an sich denken und sich wieder ganz dem eigenen Leben widmen.

Hilfe finden

Da viele Menschen in dieser Situation daran denken, professionelle Hilfe in Anspruch zu nehmen, um mit dem Trauma des plötzlichen Endes ihrer Beziehung fertig zu werden, möchten wir zu dem Thema einige Anregungen geben. Wir stützen uns dabei auf unsere vielen Gespräche mit Betroffenen.
Im Moment sind Sie sicher sehr verletzbar und auf Zuspruch angewiesen. Es sollte Ihnen nun vor allem darum gehen, jemanden zu finden, der Ihre Lage versteht und schon anderen in ähnlicher Situation geholfen hat, ins normale Leben zurückzufinden. Am besten sind natürlich immer Empfehlungen. Wir haben mit vielen Frauen gesprochen, die sich um Hilfe an einen Therapeuten wandten, all ihre Wünsche und Bedürfnisse auf ihn übertrugen und dann in der Sackgasse landeten. Sehr wichtig ist auch, daß Sie jemanden finden, der deutliche Grenzen zieht und klare Ziele für Ihren Fortschritt bestimmt. Hüten Sie sich vor Therapiesituationen, in denen zwischen Therapeut und Patient eine starke sexuelle Anziehung besteht.
Wir sind vom Nutzen einer guten Therapie überzeugt, wissen aber auch, daß nicht alle Therapeuten für das geeignet sind, was hier verlangt wird. Haben Sie keine Scheu, in Frage kommende Therapeuten vorab um Auskunft über ihre Arbeit zu bitten. Fragen Sie sie, ob sie in ihrer Praxis schon mit Problemen wie dem Ihren zu tun hatten und wie der zeitliche Rahmen der Therapie in solchen Fällen war.

Wieder glücklich vereint?

In Märchen und Liebesromanen kommt es oft vor, daß Liebende getrennt werden und dann, nachdem sie Leid und Sehnsucht durchgestanden haben, am Ende wieder glücklich vereint sind. Es hatte ein schreckliches Mißverständnis gegeben, alles war nur ein Irrtum gewesen. Entfernung und Trennungsdauer tragen das ihre zur Versöhnung der erzürnten

Herzen bei. Die Beteiligten werden reifer, und am Schluß sieht man, wie sie Hand in Hand in den Sonnenuntergang spazieren – Happy-End.
Hoffen Sie nicht auf ein Szenario dieser Art. Mag sein, daß Ihr Partner zurückkommt, doch wenn sich nichts grundlegend ändert, wird alles so bleiben wie zuvor. Es kann sein, daß der aktive Partner, nachdem er seine Freiheit ausgekostet hat, das Geschehene in anderem Licht sieht. Wir meinen allerdings, daß ein solches Wiedersehen zunächst nur in einer kontrollierten Umgebung stattfinden sollte, beispielsweise im Büro eines wirklich kompetenten, einfühlsamen Paarberaters. Sie können nicht in seine oder ihre Arme zurückkommen, ohne wenigstens Grund zu der Annahme zu haben, daß es diesmal besser wird.

2
Bindungsphobische Beziehungen beenden

Da viele Menschen ein Buch wie dieses genau dann zur Hand nehmen, wenn eine Beziehung zu Ende geht, möchten wir auch etwas über das Danach sagen. Zu diesem Thema sind schon viele Bücher geschrieben worden. Wir wollen deshalb die besonderen Umstände herausgreifen, mit denen Männer und Frauen in bindungsphobischen Beziehungen konfrontiert sind.
Wie Sie merken werden, setzen wir unterschiedliche Schwerpunkte, je nachdem, ob aktive oder passive Bindungsprobleme im Spiel sind. Menschen mit passiven Problemen müssen in der Regel lernen, den Verlust zu verschmerzen und im Leben wieder Tritt zu fassen, während es für Menschen mit aktiven Problemen darauf ankommt, gründlich über ihr Handeln und das, was sie verlieren, nachzudenken.
Wir wissen beide, was es heißt, eine bindungsphobische Beziehung zu verarbeiten. Denn wir haben darüber nicht nur mit unzähligen Männern und Frauen in den verschiedenen Phasen gesprochen, sondern diesen Prozeß auch persönlich durchlebt, also Konflikt und Verlust erfahren und aufgearbeitet. Wir hoffen, daß die von uns selbst und in vielen Gesprächen mit anderen gewonnenen Einsichten auch Ihnen helfen werden, das Erlebte besser zu verarbeiten. Klar ist, daß es keine einfachen Rezepte gibt, wie man über den Verlust eines Menschen, den man geliebt hat, hinwegkommt, aber fest steht auch, daß Heilung möglich ist – und daß man sein Verhalten ändern kann.

Verarbeitung durch den aktiven Partner

Wenn Sie der aktive Partner sind, haben Sie vor dem Bruch der Beziehung zweifellos vor einem enormen Konflikt gestanden. Nur Sie allein können wissen, wie schwer alles für Sie war. Nur Sie kennen den inneren Dialog, der zu Ihrer Entscheidung geführt hat. Und niemand außer Ihnen weiß, wie oft Sie sich täglich gefragt haben, was Sie nur tun sollen und ob Sie wohl richtig handeln.

Jetzt ist alles vorbei. Was nun? Selbst wenn Sie es waren, der einen Schlußstrich ziehen wollte, wird der Verlust der Beziehung zu einem Menschen, der Ihnen etwas bedeutete, diverse unangenehme und unerwartete Gefühle auslösen. Die meisten Menschen mit aktiven Bindungsproblemen sind bestrebt, diese Gefühle so wenig wie möglich zu beachten. Sie möchten sie am liebsten abschütteln, gerade so wie die Beziehung, die ihr Auslöser war. Wir sind allerdings überzeugt, daß Sie jedes dieser Gefühle sehr genau beachten sollten, wenn Sie künftig imstande sein wollen, anders zu handeln.

Rechnen Sie damit, daß Sie

- starke Zweifel empfinden
- in einem Moment Erleichterung, im nächsten Furcht und Einsamkeit verspüren
- sich verwirrt fühlen
- traurig und sentimental sind
- Schuldgefühle haben
- viel an Ihren Expartner denken
- am liebsten alle Gedanken an Ihren Expartner aus Ihrem Kopf verbannen würden
- sich fragen, ob Sie nicht einen Fehler gemacht haben
- mit dem Gedanken spielen, es noch einmal zu versuchen
- sich eine Versöhnung ausmalen
- den Wunsch verspüren, sich gleich wieder in eine neue Beziehung zu stürzen.

Wir glauben, daß es falsch wäre, eine Beziehung zu Ihrem Expartner oder jemandem Neuen aufzunehmen. Sie möchten,

daß es Ihnen wieder bessergeht und die unangenehmen, verwirrenden Gefühle verschwinden. Doch es wäre besser, wenn Sie sich jetzt die Zeit nehmen würden, sich mit Ihren Gefühlen auseinanderzusetzen, und versuchen würden zu verstehen, was geschehen ist und warum. Die Zeit ist noch nicht reif für neue Aktionen.
Betrachten Sie das Ende der Beziehung als einen Neuanfang. Nicht unbedingt als zweite Chance, die Beziehung neu zu beleben oder jemanden Neuen zu finden, sondern als Chance, Ihre Probleme so weit in den Griff zu bekommen, daß Sie Ihre Partner und auch sich selbst künftig nicht mehr so verletzen. Das bedeutet Arbeit, denn mit guten Vorsätzen und frommem Wunschdenken ist es nicht getan.

Machen Sie »Klarschiff«

Als der aktive Partner hängt Ihr Befinden nach dem Bruch einer Beziehung wesentlich davon ab, wie Sie das Ende inszeniert haben. Betrachten wir noch einmal die drei häufigsten Varianten.
- Haben Sie Ihren Partner dazu provoziert, die Beziehung zu beenden, indem Sie einen Riesenstreit anfingen oder ein unmögliches Benehmen an den Tag legten?

Falls dem so ist, dürfte es für Sie naheliegen, jetzt auch noch das Opfer zu spielen. Es war der Partner, der Schluß gemacht hat, also trifft ihn die ganze Schuld. Er oder sie war »zu eifersüchtig«, »zu flippig«, »zu anhänglich«, »zu besitzergreifend« und so fort. Doch das alles hilft Ihnen im Grunde nur, der Wahrheit auszuweichen.
Sie haben zwei Möglichkeiten: Entweder Sie sehen ruhig mit an, wie Ihr Expartner die Schuld auf sich nimmt. Das bringt Sie der Lösung Ihrer eigenen Probleme keinen Schritt näher und ist obendrein ausgesprochen unfair. Oder Sie entscheiden sich für die Wahrheit. Ein Teil von Ihnen weiß, wie stark Ihr Wunsch nach Trennung war und wie geschickt Sie die Beziehung zum Bruch manövriert haben. Wenn Ihr Leben künftig

anders werden soll, müssen Sie Ihre Weigerung, an der Beziehung zu arbeiten, eingestehen. Ihrem Expartner wird das helfen, seinen Seelenfrieden wiederzufinden, und für Sie ist es wichtig, um das Geschehene verarbeiten zu können.
Dazu müssen Sie ehrlich sein und zugeben, welchen Anteil Sie daran hatten, daß Ihr Partner immer näher an den Abgrund gedrängt wurde. Übernehmen Sie dafür die Verantwortung – je eher, desto besser.
Falls Sie eine dritte Person mit ins Spiel gebracht haben, um Öl ins Feuer zu gießen, sollten Sie auch das eingestehen. Der ehrliche Umgang mit beiden Partnern ist eine wichtige Voraussetzung, um den Bruch zu bewältigen.

- Haben Sie so hohe Barrieren (emotionale oder physische) errichtet, sich so sehr zurückgezogen oder so große Distanz zwischen sich und Ihrem Partner geschaffen, daß die Beziehung unweigerlich verkümmern mußte?

Falls Sie sich durch die Hintertür aus der Beziehung gestohlen haben, geht es zunächst darum, mit den Erwartungen aufzuräumen, die Sie hinterlassen haben. Möglicherweise glaubt Ihr Expartner fest, die Beziehung werde eines Tages wieder zum Leben erwachen. Vielleicht halten Sie es für eine nette Geste Ihrerseits, solche Hoffnungen auf eine gemeinsame Zukunft nicht zu zerstören. Nichts könnte falscher sein. Es kommt jetzt wirklich darauf an, Ihren Expartner ganz loszulassen, damit er oder sie das eigene Leben weiterleben kann – schon aus Fairneß.
Sie müssen es aber auch um Ihrer selbst willen tun, damit Sie zu *Ihrem* Leben zurückfinden können. Das bedeutet, über Ihr Verhalten und die widersprüchlichen Signale, die Sie ausgesandt haben, gründlich nachzudenken. Wahrscheinlich sagen Sie sich, daß Sie noch nicht soweit sind, ganz loszulassen. Vielleicht spüren Sie, daß Sie eines Tages die Schranken öffnen und die Beziehung wieder zum Leben erwecken könnten, wenn Sie nur Ihre Meinung änderten. So ein Plan gibt zusätzliche Sicherheit, selbst wenn man nicht glaubt, daß man ihn je verwirklichen wird. Andererseits hält er einen davon ab, Ver-

antwortung für den eigenen Beitrag zum Bruch der Beziehung zu übernehmen. Wenn Sie wieder mit Ihrem Expartner zusammensein wollen, müssen Sie daran arbeiten. Wenn nicht, müssen Sie den Verlust verschmerzen und betrauern. Nur so kommen Sie weiter.

Für beide Seiten gilt es, den anderen loszulassen. Die Konfrontation mit der Wahrheit wird Ihnen beiden sehr weh tun, aber sie wirkt befreiender und heilender als jede umständliche Erklärung. Der Schmerz, der Zorn und die Trauer, die unausweichlich folgen, sind der Situation angemessen und letzten Endes zu bewältigen. Womit man kaum fertig wird, ist die Verzweiflung, die sich bei dem Versuch einstellt, an den schattenhaften Überresten einer Beziehung festzuhalten.

Wenn Sie ganz langsam und heimlich aus einer Beziehung aussteigen und nie eine ehrliche Begründung geben, wird sich gar nichts ändern. Wenn Sie aber zu Ihrem Handeln und Ihren Problemen stehen, eröffnet sich die Chance für echte Veränderungen und persönliches Wachstum.

- Haben Sie sich davongestohlen, vielleicht mit einem neuen Partner, hinter dem Sie sich verstecken können?

Wenn Sie eine Beziehung ohne angemessene Begründung verlassen, wird nicht nur Ihr Partner darunter leiden. Das plötzliche Ende läßt auch Sie nicht ungeschoren. Vielleicht verlangt es seinen Tribut in Form von Schuldgefühlen, die sich schon bald einstellen.

Es gibt für Sie und Ihren Partner nichts Heilsameres als die Wahrheit. Sie kann großen Zorn hervorrufen und sehr verletzend sein. Sie kann unglaubliche Empörung auslösen und enorme Trauer und Schuldgefühle hervorrufen. Doch all diese Gefühle sind angemessen und letztendlich in den Griff zu bekommen.

Laufen Sie nicht davon, als habe es die Beziehung nie gegeben. Sie würden damit einen Teil Ihrer eigenen Geschichte und damit Ihrer selbst verleugnen.

Wenn Sie es sich anders überlegen

Sind Sie erst wieder »frei«, werden Sie vielleicht feststellen, daß Sie viel an Ihren Expartner denken, selbst wenn Sie schon wieder ein neues Verhältnis haben. Das kann extreme Formen annehmen. Vielleicht stellen Sie die Richtigkeit Ihrer Entscheidung in Frage, sagen sich gar, daß Sie das Beste verloren haben, was Sie je besessen haben.

Bevor Sie wieder an die Tür Ihres Expartners klopfen, Liebe schwören und Besserung geloben, müssen Sie erst etwas tun, das Ihnen helfen könnte, solchen Worten auch Taten folgen zu lassen. Mag sein, daß Sie momentan beim Gedanken an eine dauerhafte Bindung keine Furcht verspüren, doch das heißt noch lange nicht, daß Sie keine Bindungsprobleme mehr haben. Es ist nicht schwer, sich eine feste Partnerschaft herbeizusehnen, wenn man gerade solo ist. Etwas völlig anderes ist es dagegen, eine feste Bindung einzugehen und bei der Stange zu bleiben, wenn es ernst wird.

Falls Sie Kontakt zu Ihrem Expartner aufnehmen, dann nur, um sich zu erklären, aber nicht, um Versöhnung zu erbitten (ein Brief genügt völlig – ein persönlicher Besuch ist weder notwendig noch zu empfehlen). Wichtig ist zu begreifen, daß Ihr Konflikt nicht verschwindet, nur weil Sie verschwunden sind. Wenn Sie eine zweite Chance haben wollen, müssen Sie sich diese erst verdienen. Und das heißt, hart an sich zu arbeiten, am besten mit kompetenter psychologischer Unterstützung.

Trauern lernen

Menschen mit aktiven Bindungsproblemen nehmen sich nur selten genug Zeit, um über ihre ehemaligen Beziehungen nachzudenken und die erlittenen Verluste zu betrauern. Machen Sie es anders.

1. Folgen Sie möglichst nicht dem Impuls, sich schnell wieder in eine neue Beziehung zu stürzen.

Das ist nicht angebracht und stiftet nur Verwirrung. Sie haben dann kaum eine Chance herauszufinden, was Sie wirklich fühlen. In dieser für alle Beteiligten schwierigen Situation laufen Sie Gefahr, das alte Spiel noch einmal zu wiederholen. Ein neuer Partner wäre schnell als Dritter in Ihr altes Drama einbezogen. Wenn Sie nicht wissen, mit wem Sie zusammensein wollen oder was Sie im Augenblick tun sollen, ist es das beste für Sie, eine Zeitlang allein zu bleiben.

Versuchen Sie, Ihre eigenen Gefühle, die Ihres Expartners und die möglicher neuer Personen in Ihrem Leben zu respektieren. Nehmen Sie sich Zeit zum Trauern um die alte Beziehung, bevor Sie sich in eine neue stürzen.

2. Benutzen Sie den Menschen, den Sie verlassen haben, nicht als Werkzeug zur Klärung Ihrer Probleme.

Wenn Sie nicht sicher sind, ob Sie das Richtige getan haben, und wenn Sie immer noch an Ihrem Expartner hängen, liegt es nahe, daß Sie sich vergewissern, ob Sie wieder aufgenommen würden – bis Sie es sich dann später vielleicht wieder anders überlegen.

Das ist natürlich unfair, weil Sie kaum Rücksicht auf den anderen Menschen nehmen. Wenn Sie Ihre Unentschlossenheit nicht in den Griff bekommen, sollten Sie eine Therapie in Erwägung ziehen, bei der man Ihnen durch diese schwierige Phase hilft. Falls Sie Ihre alte Beziehung tatsächlich fortsetzen möchten, wäre es vielleicht auch ratsam, die Hilfe eines Eheberaters in Anspruch zu nehmen, um neue Formen des Zusammenseins zu finden.

3. Nehmen Sie sich Zeit zum Analysieren Ihres Verhaltens in Beziehungen.

Jetzt ist die Zeit, darüber nachzudenken, wie Sie sich in Beziehungen verhalten. Erkennen Sie, daß Ihr Handeln von Ängsten beherrscht wird. Beschäftigen Sie sich mit den Konsequenzen Ihres Verhaltens.

4. Lassen Sie Ex- oder neue Partner aus dem Spiel, wenn Sie sich auf die »Suche nach sich selbst« begeben.

Das ist allein Ihre Aufgabe. Es mag nicht Ihre Schuld sein, daß Sie Menschen anziehen, die zu schnell gewillt sind, sich mit den Tiefen und Untiefen Ihrer Seele einzulassen. Sie sollten sich dessen aber bewußt sein und die, mit denen Sie zusammen sind, nicht ausnutzen.

5. Analysieren Sie Ihre Gründe für den Abbruch der Beziehung:
   - Hatten Sie für den Abbruch der Beziehung gute Gründe?
   - Haben Sie sich aufrichtig Mühe gegeben?
   - Waren Sie übertrieben krittelig?
   - Sind Sie immer noch auf der Suche nach einem Menschen, der vielleicht nur ein Phantom ist?
   - Haben Sie den emotionalen Rückzug schon angetreten, sobald sich zeigte, daß Ihr Partner zu einer festen Beziehung bereit war?
6. Geben Sie die Vorstellung auf, daß Sie Ihren Expartner jederzeit zurückhaben können.

Wir wissen nicht, ob die Aufgabe dieser Beziehung ein kluger Schritt oder der Fehler Ihres Lebens war. Aber Sie werden nie eine klare Antwort auf diese Frage finden, wenn Sie sich weigern, Ihren wahren Gefühlen auf die Spur zu kommen.

Ende mit Schrecken: Leitfaden für den passiven Partner

Als passiver Partner spüren Sie den Schmerz am stärksten. Ob Ihr Expartner Sie nun verlassen oder mit seinem Verhalten dazu getrieben hat, ihn zu verlassen – in jedem Fall waren Sie ja gewillt, an der Beziehung zu arbeiten.

Traditionell war die passive Rolle dem weiblichen Geschlecht zugewiesen, und Frauen scheinen in vielen Fällen schwerer über den Verlust einer Beziehung hinwegzukommen als Männer. Oft haben sie beispielsweise den Eindruck, als stünden ihnen weniger Möglichkeiten zum Kennenlernen neuer Partner offen, so daß sie über längere Zeit mit ihrer Sehnsucht allein sind. Aber auch Männer kommen nur selten schnell und glatt durch die Phase nach dem Bruch.

Fest steht, daß es für Angehörige beider Geschlechter – unabhängig davon, wie schlecht es dem einzelnen gerade gehen mag – einen Weg aus dem Kummertal gibt. Wir haben mit vielen Menschen gesprochen, die von ihren bindungsphobischen Partnern völlig aus der Bahn geworfen worden waren, und können von daher mit Sicherheit sagen, daß es ein Leben nach der Krise gibt. Es liegt in Ihrer Hand.

Das erste Hindernis: Sie möchten alles verstehen, was geschehen ist – auf Kosten Ihres eigenen Wohlergehens

Natürlich sollte man die Vorgänge in seinem Leben soweit wie möglich begreifen, aber jetzt ist nicht die Zeit, sich darauf zu fixieren. Es geht zunächst einmal darum, heil aus der Affäre zu kommen. Viele Männer und Frauen, die wegen einer gescheiterten Liebe gerade im »Tal der Tränen« sind, äußern das Bedürfnis zu »verstehen«, was wirklich geschehen sei. Das heißt oft nichts anderes als »Ich muß weiter für den Menschen empfinden, der mir weh getan hat«. Verstehen wird nämlich zu »verstehen, was der oder die andere tut, fühlt und erlebt«. Und das ist eindeutig ein Hindernis auf dem Weg aus der Krise.

Betrachten Sie das Ganze doch einmal so: Sie befinden sich auf einem Schiff, das drauf und dran ist zu sinken. Sie stehen an der Reling und können das Ufer sehen. Würden Sie in dieser Situation an Bord bleiben und Ihre Kräfte damit verausgaben, Wasser zu schöpfen und zu recherchieren, wie es zu der Katastrophe kam? Das Vernünftigste wäre, sich ans Ufer zu retten. Und machen Sie nicht den Fehler, in Ihrem Partner, also ausgerechnet demjenigen, der für den Untergang verantwortlich ist, Ihr persönliches Rettungsfloß zu sehen.

Schützen Sie sich. Denken Sie vor allem an sich selbst. Widmen Sie nicht zuviel Energie dem Versuch, die Psychologie Ihres Partners zu begreifen – so faszinierend sie auch sein mag. Wir sind ja auch der Meinung, daß Sie alles verstehen sollten, was geschehen ist, aber das geht ebensogut aus sicherer Entfernung und mit besserem Überblick. Und es sollte vor allem darum gehen, daß Sie Ihre eigenen Reaktionen und Ihr Verhalten verstehen, so daß Sie in Ihren künftigen Beziehungen davon profitieren können.

Das zweite Hindernis: Sie glauben, Ihre Beziehung und Ihr Expartner waren einzigartig auf der Welt

Bindungsphobische Beziehungen haben etwas Unwiderstehliches. Sie wirken so komplex und kommen einem so besonders vor. Bestimmt können Sie sich kaum vorstellen, daß irgend jemand auf der Welt wirklich verstehen kann, was zwischen Ihnen und Ihrem Expartner abgelaufen ist. Man könnte beinahe denken, es wäre Ihnen vom Schicksal vorherbestimmt, Ihr seltsames Spiel miteinander zu treiben. Vielleicht sehen Sie in Ihrem Expartner Ihren mystischen Schicksalsgefährten? Vielleicht meinen Sie, daß kein anderes Paar je so tiefe Liebe zueinander empfunden hat wie Sie beide?
Sagt Ihnen jemand, Ihre Reaktionen seien typisch, wollen Sie das nicht hören. Erzählt Ihnen jemand, Sie verhielten sich unklug und würden sich nicht genügend schützen, wollen Sie davon nichts wissen. Kommt Ihnen jemand damit, das verworrene oder gar empörende Verhalten Ihres Partners sei typisch, stellen Sie sich ebenfalls taub.
Sie werden sich beharrlich weigern, auf Freunde, Bekannte, Verwandte, Therapeuten oder irgendwelche Theorien zu hören, die das, was Ihnen gerade geschieht, einzuordnen und zu benennen versuchen. Wir sagen ja gar nicht, daß Ihre Beziehung nicht einzigartig ist. Aber wir haben ähnliches doch immerhin schon oft genug gesehen, um zu wissen, daß die Mechanismen, die dem Verhalten Ihres Partners zugrunde liegen, ebensowenig einmalig sind wie Ihre Reaktionen darauf.

Sie waren mit einem Menschen zusammen, der ein ernstes Bindungsproblem hat. Wie einmalig Sie oder Ihr Partner auch sein mögen, die Dynamik einer solchen Beziehung ist es gewiß nicht.

Das dritte Hindernis: Sie glauben, daß Sie an dem schuld sind, was in der Beziehung schiefgelaufen ist

Oft sind bindungsphobische Beziehungen in der Anfangsphase absolut traumhaft und geradezu hypnotisierend. Wenn sie dann ins Stocken geraten, denkt der passive Partner leicht, alles wäre anders gekommen, wenn er sich nur anders verhalten hätte. Aber glauben Sie uns bitte: Für das Verhalten Ihres Partners können Sie nichts.

Das Verhalten eines Menschen mit aktiven Bindungsproblemen, der sich zur Flucht aus einer Beziehung anschickt, ist häufig so merkwürdig und unverständlich, daß der passive Partner sich gedrängt fühlt, das Ruder mit den richtigen Worten oder Taten herumzureißen. Das funktioniert aber nicht. Jeder Versuch, den Lauf der Dinge aufzuhalten, würde Ihnen nur als Versuch ausgelegt, den Partner in die Falle zu locken. Damit wäre überhaupt nichts gewonnen.

Es gilt nun einmal, daß es *für eine reale Beziehung zweier realer Menschen bedarf*. Einer allein kann zwar eine Beziehung beenden, aber es müssen zwei daran arbeiten, wenn sie funktionieren soll.

Das vierte Hindernis: Sie fühlen sich verantwortlich für das, was aus Ihrem Expartner wird

Am Ende einer bindungsphobischen Beziehung ist es häufig so, daß sich der passive Partner völlig mit dem »aktiven Davonläufer« und seinem Leben identifiziert. Menschen mit aktiven Bindungsproblemen neigen oft dazu, ihre Partner zu ermuntern, sich am Kampf gegen all die »bösen Geister«, die in ihrem Leben angeblich herumspuken, zu beteiligen. Diese

Aufforderung spricht viele an. Man möchte ja so gerne helfen und Gutes tun. Überlegen Sie es sich aber lieber noch einmal, und setzen Sie Ihre wohltätigen Energien nicht am falschen Ort ein.

Machen Sie sich folgende Sätze zum Kredo: Es gibt nichts, was Sie tun könnten, um die Probleme des anderen zu lösen. Es gibt nichts, was Sie tun könnten, um an den Problemen des anderen etwas zu ändern. Es gibt nichts, was Sie tun könnten, um den anderen zu bewegen, an seinen Problemen zu arbeiten. Sie sind auch nicht dafür verantwortlich. Passen Sie auf sich selbst auf und lösen Sie Ihre eigenen Probleme.

Dieser Rat wird so häufig gegeben, daß man ihn kaum noch beachten mag, es ist auch nicht das, was Sie hören wollen. Aber wenn Ihr Partner sich nicht ändern und ein Wunder erleben will, dann wird es auch keins geben. Sie müssen an Ihrem Wunder selbst arbeiten. Daß Sie dieses Buch lesen, ist immerhin schon ein Anfang.

Lassen Sie sich helfen

Oft hält uns Scham davon ab, nach dem Verlust der »Liebe unseres Lebens« von anderen Hilfe zu erbitten. Nur ungern erzählen wir Freunden und Eltern, wie schlecht es uns wirklich geht. Manchmal erscheint es uns unmöglich, unsere Gefühle auszudrücken. Manchmal kommen wir uns auch wie Idioten vor und haben Angst, andere könnten das genauso sehen. Das Bitten um Hilfe mag manchem fast so schlimm erscheinen wie das Ende der Beziehung. Unterläßt man es aber, läuft man Gefahr, in die Isolation zu geraten.

Im Augenblick brauchen Sie alle Hilfe, die Sie bekommen können. Niemand erwartet, daß Sie allein mit Ihrem Kummer fertig werden. Ziehen Sie deshalb alle Möglichkeiten in Betracht:

- *Wenden Sie sich an andere.* Für manchen bedeutet Hilfe, sich an enge Freunde oder verständnisvolle Angehörige zu wenden und sich den Kummer von der Seele zu reden.

- *Gehen Sie zu einem professionellen Helfer.* Für viele kommt auch das Aufsuchen professioneller Helfer in Frage, also der Weg in die Sprechstunde eines Psychotherapeuten oder erfahrenen Eheberaters. Das ist sicher eine gute Idee, wenn es in der Therapie vor allem darum geht, Sie von Ihrem Kummer zu befreien, und weniger darum, das Handeln Ihres Partners zu verstehen.
- *Schauen Sie sich nach einer Selbsthilfegruppe um.* Selbsthilfegruppen können wahre Wunder bewirken. Wenn es in Ihrer Stadt noch keine Gruppe zum Thema »Beziehung gescheitert – was nun?« gibt, könnten Sie zum Beispiel bei einer Familienberatungsstelle, bei Ihrer Krankenkasse oder beim Gesundheitsamt nachfragen. In einigen Städten gibt es auch spezielle Vermittlungsstellen für Selbsthilfegruppen. Oder Sie gründen selbst eine Gruppe. Dazu brauchen Sie bloß eine Kleinanzeige in der Zeitung aufzugeben. Sie werden sich wundern, wie viele Menschen mit ähnlichen Problemen ringen. Wir haben immer wieder erfahren, wie gut es tut, wenn man seine Erlebnisse mit anderen teilen und sich deren Berichte anhören kann.

Kaputte Beziehung – zerstörte Zukunft?

Bindungsphobische Beziehungen sind in der Regel gespickt mit – zuweilen unausgesprochenen – Verheißungen darüber, was nächste Woche, nächsten Monat, nächstes Jahr geschehen wird. Diese Verheißungen sind einer der Gründe, warum solche Beziehungen als etwas ganz Besonderes erscheinen und die Beteiligten so in ihren Bann ziehen. Sie wecken die Erwartung, daß noch Großes kommen wird, so vieles, auf das man sich noch freuen kann – wie könnte diese Beziehung also nicht die »fürs Leben« sein?

Bei all den Versprechungen und dem großen Potential, das eine solche Beziehung dem Anschein nach hat, wirkt das Ende wie eine Katastrophe. Denn man verliert ja nicht nur einen Menschen, sondern auch alle Hoffnungen, Träume und Pläne, die er verkörperte und an die Sie rückhaltlos glaubten.

Was Sie verloren haben, war vor allem ein Traum und eine Zukunft. Es mag pures Wunschdenken gewesen sein und mit der Realität wenig zu tun gehabt haben, aber das spielt keine Rolle. Um im Leben wieder Tritt zu fassen, müssen Sie den Verlust Ihrer Träume und Pläne ebenso verschmerzen wie den Verlust dessen, was wirklich da war. Und das kann das Schlimmste von allem sein. Vielleicht hilft es, wenn Sie eine klare Vorstellung davon gewinnen, was Sie betrauern.

Traum und Wirklichkeit

Schöne Versprechen können so überzeugend wirken, daß man geblendet wird und jegliche Objektivität bei der Beurteilung des Partners verliert. Wissen Sie, was Sie an der Beziehung wirklich hatten? Wissen Sie, was Ihnen wirklich entging?
In einer typischen bindungsphobischen Beziehung leitet der aktive Partner seinen Rückzug genau dann ein, wenn die Beziehung von der »rosaroten Phase« (»alles ist himmlisch«) in die »Realitätsphase« (»ich liebe diese Person und meine es ernst mit der Beziehung«) wechselt. Das bedeutet, daß der passive Partner selten die Chance hat, eine weniger perfekte »Hier-und-jetzt-Beziehung« mit seinem Partner zu erleben. Der Bruch ausgerechnet in einer Zeit, in der alles besonders gut zu laufen schien, hinterläßt beim passiven Partner einen Berg von Fragen und enorme Verwirrung.
Weil Sie sich so sehr auf »übermorgen« konzentrieren, bleibt Ihnen kaum Gelegenheit, Erfahrungen zu machen, die zwischen gleichberechtigten Partnern in einer festen Beziehung ebenfalls meist zum Alltag gehören, nämlich Meinungsverschiedenheiten und Enttäuschungen in so manchem Bereich. In gewisser Weise warten Sie immer darauf, daß die reale Beziehung überhaupt beginnt. Da Ihr Partner stets ein bißchen »an seinen Fesseln zerrt«, erleben Sie ihn nie als ganz normalen Menschen mit Launen und Macken. Was Sie von ihm kennen, ist allein das perfekte Bild aus der rosaroten Anfangsphase.

Es ist wie ein Theaterbesuch, bei dem man nach einem hervorragenden ersten Akt gehen muß. Man nimmt an, der Rest des Stücks sei genauso gut. Wie viele Theatergänger wissen, kann man jedoch im zweiten und dritten Akt herbe enttäuscht werden. Das Problem ist nur, daß Sie es nie erfahren.
Eines können wir Ihnen an dieser Stelle versichern: Sie haben mit großer Wahrscheinlichkeit schon das Beste bekommen, was Ihr Partner zu geben hatte. Und zwar aus dem Grund, da Menschen mit aktiver Bindungsangst am Anfang meist hundertfünfzigprozentig engagiert sind. Auch wenn alles noch so echt wirken mag, wissen sie doch insgeheim, daß der Zustand der Glückseligkeit nicht von Dauer sein kann, die Realität langfristig nicht halten kann, was die Wunschträume, die geweckt wurden, erwarten lassen. Der aktive Partner weiß auch, daß er die gegebenen Versprechen nicht einlösen kann und daß der erste Akt der beste war. Nur Sie wissen es nicht. Deshalb muß er durch die Hintertür davonschleichen, bevor der zweite Akt beginnt. Sie bleiben zurück und versuchen mit aller Kraft, Zauber und Glanz zurückzuholen, doch Sie sind allein im Saal, fassungslos und bestürzt über diesen unerwarteten Ausgang.

Die Trauer hat viele Phasen

Wenn man einen geliebten Menschen durch den Tod verliert, sind die einzelnen Phasen der Trauer einigermaßen vorhersehbar. Verlieren wir dagegen eine Beziehung, gibt es keinen Beweis, der unmißverständlich verkündet, daß es aus und vorbei ist. Vielmehr kann es sogar sein, daß uns die oder der »Verflossene« weiter anruft, im gleichen Gebäude arbeitet wie wir oder gar den Schlüssel zu unserer Wohnung hat. Daher lassen sich die Trauerphasen nach dem Ende einer bindungsphobischen Beziehung nicht immer klar abgrenzen. Früher oder später dürfte aber jeder folgende Gemütszustände durchleben:
- *Schock* als erste Reaktion, auch wenn ein Teil von Ihnen

vielleicht schon wußte, daß es zur Trennung kommen mußte.
- *Leugnung* der Realität (»Es ist nicht vorbei«, »So was kann mir doch nicht passieren«, »Das wird sich schon wieder ändern«, »Mein Partner kommt sicher zu mir zurück«, »Ich kann ihn/sie zurückhaben«).
- *Scham, Verlegenheit* und *Rückzug* vor der Umwelt.
- *Zorn* (»Wie konnte er/sie mir das antun?«).
- *Flehen und Verhandeln*, zum Beispiel in Form der Anrufung höherer Mächte (»Lieber Gott, ich würde alles geben, wenn er/sie nur zu mir zurückkäme«) oder durch Verhandlungen mit dem Partner, dem die gewagtesten Kompromisse angeboten werden (»Wir brauchen uns doch nicht jede Woche zu sehen«, »Wir müssen ja nicht monogam sein« usw.).
- *Niedergeschlagenheit und Depression*. Mit wachsender Verzweiflung kommt es oft zur wiederholten Leugnung des Verlusts.
- *Akzeptieren* des Verlusts – nachdem alle anderen Phasen durchlaufen sind.

Da man nie ganz genau weiß, ob die Beziehung wirklich vorbei ist, kommt es fast nie zu einem »geordneten« Ablauf der verschiedenen Phasen. In der Regel verändert sich die Stimmung ständig. Hinzu kommt fast immer eine gehörige Portion Selbstbeschuldigung (»Hätte ich doch nur etwas anderes gesagt, etwas anderes getan, mich anders verhalten«).
Heilung ist nur möglich, wenn wir das Ende akzeptieren. Darauf müssen wir hinarbeiten. Es darf nicht darum gehen, jemanden zurückzuerobern oder unsere Fehler zu entdecken. Es geht in dieser Phase ausschließlich darum, einen Sachverhalt zu akzeptieren, damit wir ihn abschließen können.

Den Schlußstrich ziehen

Im Augenblick sehnen Sie sich am meisten nach Hoffnung, daß Ihr Partner irgendwann wieder vor Ihnen steht und Sie eine zweite Chance bekommen, die Beziehung so zu leben, wie

Sie es sich gewünscht hatten. Natürlich können wir nicht in die Zukunft sehen. Aber eins ist gewiß: Das Festhalten an der Beziehung ist im Moment ein ungeheures Hindernis auf Ihrem Weg zurück ins Leben.

Es mag vorkommen, daß Menschen ihre Fehler einsehen und in die Arme ihres sitzengelassenen Partners zurückkehren. Doch fast immer geschieht das, *nachdem* der passive Partner die Kraft gefunden hat, sich abzuwenden und den Verheißungen der Beziehung nicht länger hinterherzulaufen.

Es geht um Ihren Selbstschutz. Nur wenn Sie den Verlust akzeptieren, können Sie wirklich trauern. Das Geschehene mag furchtbar traurig sein, doch mit der Zeit kommt man darüber hinweg. Trauern tut weh, aber der Schmerz währt nicht ewig. Wenn Sie sich jedoch Wunschvorstellungen von Versöhnung und Wiedersehen hingeben, halten Sie die Trauerphase an. Das bedeutet mehr Kummer. Glauben Sie uns, und vertrauen Sie auf die heilende Kraft des Loslassens.

Was bedeutet »loslassen«?

Loslassen heißt
1. sich klar für den Abbruch der Beziehung zu entscheiden;
2. zu dieser Entscheidung zu stehen, so schwer das auch sein mag, und zu wissen, daß sie richtig ist;
3. sich selbst das Versprechen zu geben, daß die Beziehung aus und vorbei ist;
4. die getroffene Entscheidung zu bekräftigen, indem Eltern, Freunde und Bekannte darüber informiert werden;
5. dem Expartner mit Worten und Taten klarzumachen, daß es vorbei ist.

Es ist vorbei

Eine bindungsphobische Beziehung ist erst dann wirklich zu Ende, wenn der passive Partner einen Schlußstrich gezogen hat. Das bedeutet, daß Sie

- nicht weiter hoffen, daß sich Ihr Expartner ändern wird;
- keine Versöhnungsphantasien mehr zulassen;
- nicht länger versuchen, Ihren Partner mit geschickter Strategie zurückzugewinnen;
- Ihrem Expartner nicht länger erlauben, Sie zu sehen;
- nicht mehr an das »Was wäre, wenn...« denken.

»Wie konnte mich der Mensch nur so behandeln?«

Bestimmte Fragen tauchen am Ende einer Beziehung fast immer auf:
- »Wie konnte mein Partner mich verlassen, wenn er mich wirklich geliebt hat?«
- »Wie kann jemand so tiefe Gefühle plötzlich nicht mehr gelten lassen?«
- »Wie kann jemand eine Beziehung beenden, in der noch so viel drinsteckt?«
- »Wie konnte er/sie meine Gefühle derart mit Füßen treten?«

Berücksichtigt man den typischen Verlauf bindungsphobischer Beziehungen, ist es kein Wunder, daß diese Fragen immer wieder gestellt werden, denn solche Beziehungen werden von den Beteiligten in der Regel bis kurz vor Schluß als besonders intim erlebt. Und deshalb wird der Abbruch der Beziehung auch als solcher Schock empfunden. Plötzlich muß man sich fragen, wie eng und gut die Beziehung überhaupt gewesen ist.

Die aktiven Partner, mit denen wir sprachen, legten stets großen Wert auf die Feststellung, daß sie tiefe Gefühle für ihre Expartner hegten. Sie konnten ihnen deshalb so einfach den Rücken kehren, weil sie fest davon ausgehen, daß ihre Partner sie wieder zurücknehmen, sollten sie es sich anders überlegen. Sie müßten dann vielleicht eine Weile betteln und sich anstrengen, aber es würde schon irgendwie klappen.

Menschen mit aktiven Bindungsproblemen gaben meist zu, daß in ihrem Kopf ein ständiger Dialog über das Pro und Kontra der Weiterführung der Beziehung abläuft. Viele berichten, sie hätten quasi von Anfang an einen Fuß zumindest in der Nähe der Tür gehabt, natürlich ohne sich das anmerken zu lassen.

Wir könnten einen großen Teil dieses Buchs dem Versuch widmen, befriedigende Antworten auf Fragen über Ihren Expartner zu finden. Ohne Sie oder Ihren Partner persönlich zu kennen, ist das aber nicht möglich. Und im Grunde ist es auch nicht unser Interesse, denn wir sind fest der Meinung, daß es für Sie an der Zeit ist, sich weniger auf Ihren Partner und mehr auf sich selbst zu konzentrieren.

Werden Sie zornig

Erst wenn Sie begriffen haben, daß es an Ihnen ist, einen Schlußstrich zu ziehen, beginnt die eigentliche Arbeit. Sie werden sehr traurig und verletzt, vielleicht sogar mutlos sein. Vor allem kommt es aber darauf an, daß Sie Ihren Zorn zulassen, und zwar *auf konstruktive Weise*.

Zorn ist ein Gefühl, das die meisten von uns nur ungern gegenüber jemand anderem als sich selbst zum Ausdruck bringen. Das gilt besonders für Menschen mit passiven Bindungsproblemen, denn sie fühlen sich oft am wohlsten, wenn sie denken können, alles sei im Grunde ihre Schuld.

Die Wirklichkeit sieht aber so aus, daß Sie nach einer Beziehung mit einem »aktiven Davonläufer« viele Gründe zum Zorn haben. Auch Sie waren Akteur in diesem Alptraum und müssen zu Ihrem Teil der Verantwortung stehen, aber das entschuldigt nicht das verletzende Verhalten Ihres Partners.

Hören Sie auf, sich selbst an allem die Schuld zu geben. Erfinden Sie nicht länger Ausreden für Ihren Partner. Geben Sie den Versuch auf, seine Psyche zu »verstehen«. Machen Sie sich lieber deutlich, wie sehr Sie verletzt wurden. Sich über den eigenen Zorn klarzuwerden, ist ein wichtiger Schritt. Unterdrückt man ihn, wird der Heilungsprozeß sabotiert und verzögert.

Das heißt natürlich nicht, daß Sie das Auto des Expartners demolieren, ihn der Steuerfahndung melden, seine Briefe stehlen oder andere Racheakte begehen sollen. Es ist eine Sache, sich in therapeutischer Umgebung auszutoben, eine andere, Rache zu üben. Lassen Sie nicht zu, daß Ihr Zorn auf destruktive Gleise gerät!

Ein Tip zum Loskommen

Passive Partner haben fast immer ein kurzes Gedächtnis. Was ihnen an der Beziehung auch alles mißfiel, hinterher erinnern sie sich nur daran, wie wundervoll sie war. Den Prozeß des Trauerns behindert das eher.
In einem solchen Moment ist es hilfreich, sich hinzusetzen und detailliert aufzuschreiben, was an der Beziehung alles nicht in Ordnung war. Solche Listen haben sich schon vielfach bewährt. Notieren Sie:
- Dinge, die Ihnen an der Beziehung nicht gefallen haben;
- Bedürfnisse, die nicht befriedigt wurden;
- positive Eigenschaften, die Ihr Expartner nicht zu schätzen wußte;
- was Sie in der nächsten Beziehung bekommen wollen, da Sie es in dieser vermißt haben.

Schreiben Sie alles auf, was Ihnen einfällt, und lassen Sie auch nicht die kleinste Einzelheit aus. Lesen Sie Ihre Listen immer wieder durch, und tragen Sie sie immer bei sich. Wenn Sie sich dabei erwischen, wie Sie liebevoll an Ihren Expartner denken, frischen Sie damit Ihr Gedächtnis auf.
Verbannen Sie Ihren Expartner aus Ihren sexuellen Phantasien. Versuchen Sie, nicht mehr an das zu denken, was sexuell zwischen Ihnen war. Hören Sie keine Musik, die Erinnerungen weckt. Vermeiden Sie alles, was den sinnlichen Aspekten der Beziehung in der Erinnerung Gewicht verleiht.

Den Schlußstrich ziehen

- *Räumen Sie gründlich auf.* Es hilft enorm, sich von all den kleinen Dingen zu trennen, die an die Beziehung erinnern. Sie müssen die Erinnerungsstücke nicht gleich wegwerfen, doch verwahren Sie zumindest die wichtigeren Memorabilien an einem Ort, wo Sie nicht jeden Tag darüber stolpern. Wenn etwas Zeit vergangen ist, liegt Ihnen an den meisten dieser Dinge vielleicht gar nichts mehr.
- *Schreiben Sie einen Abschiedsbrief, schicken Sie ihn aber nicht ab.* Dieser Brief ist nur für *Sie* bestimmt, nicht für Ihren Expartner. Sagen Sie darin alles, was Sie sagen möchten, nicht nur die Dinge, die er/sie hören soll. Der Akt des Schreibens hat eine ungeheuer befreiende psychologische Wirkung.
- *Studieren Sie Ihre »Mängellisten«.* Das Anlegen und wiederholte Lesen der bereits beschriebenen Listen kann enorm hilfreich sein. Tragen Sie die Listen immer bei sich und schauen Sie hinein, wenn es nötig ist. Wenn Ihnen etwas Neues einfällt, schreiben Sie es dazu.
- *»Begraben« Sie die Beziehung.* Laden Sie Ihre engsten Freunde und andere Personen, die in schweren Zeiten zu Ihnen stehen, ein, und nehmen Sie öffentlich Abschied von der Beziehung.
- *Verschaffen Sie sich Klarheit über Ihre Gefühle, und bleiben Sie konsequent.* Versuchen Sie, eine feste Position einzunehmen und ihr treu zu bleiben. Sie sind verletzt worden. Deshalb sind Sie zu Recht verärgert und darauf bedacht, sich vor weiterem Leid zu schützen.
- *Setzen Sie sich eine Frist.* Gefühle kann man nicht erzwingen. Versuchen Sie aber dennoch, einen Zeitplan für Ihre Genesung festzulegen und die Trauerphase nicht allzu lang werden zu lassen. Menschen mit passiven Bindungsproblemen neigen dazu, die Genesungsphase in die Länge zu ziehen. Falls Sie eine Therapie machen, sollten Sie mit Ihrem Therapeuten einen Zeitpunkt in nicht allzu ferner Zukunft anvisieren, an dem Sie wieder zum normalen Leben zurückkehren.

Gestehen Sie sich zu, verlieren zu können

Einige passive Partner, vor allem männliche, können nicht loslassen, weil sie es als Niederlage empfinden und auf keinen Fall am Ende als Verlierer dastehen wollen. Dabei gibt es gar keinen Sieger!
Wenn Sie sich aus Angst vor Kratzern an Ihrem Ego an eine Beziehung klammern, sollten Sie sich fragen, was in Ihnen vorgeht. Wie kommt es, daß Ihr Selbstwertgefühl offenbar vom Erfolg der Beziehung abhängig ist? Warum haben Sie solche Angst davor, Ihren Freunden, Verwandten und Bekannten die schlechte Nachricht zu erzählen?
Machen Sie sich, wenn nötig auch mit Unterstützung eines Therapeuten, von der Vorstellung frei, daß Ihr Selbstwertgefühl von der Beziehung abhängt.

Hindernisse auf dem Weg zur Genesung

- *Hindernis Nr. 1: Die Freundschafts-Falle*

Für Sie geht es momentan um die eigene Genesung. Dazu müssen Sie trauern, und das ist fast unmöglich, wenn Sie versuchen, mit dem Expartner befreundet zu bleiben. Wieviel Ihnen auch an ihm liegen mag, wie gerne Sie auch weiter mit ihm zu tun hätten und wie sehr er den Kontakt mit Ihnen aufrechterhalten möchte – *im Moment* kann eine Freundschaft nicht funktionieren. Vielleicht in sechs Monaten oder einem Jahr, aber nicht jetzt. Wenn Sie über das Scheitern der Beziehung hinwegkommen wollen, müssen Sie alle Leinen kappen, wenigstens für eine Weile. Will Ihr Expartner wirklich Ihr Freund sein, wird er Verständnis dafür haben und abwarten, falls nicht, ist er auch kein so guter Freund.
Für einen Menschen mit aktiven Bindungsproblemen ist es selbst bei allerbester Absicht äußerst schwer, ein guter Freund zu werden. Hinter dem Wunsch nach Freundschaft steht oft das rein egoistische Bedürfnis, sich die Tür zu Ihnen offenzuhalten. Seien Sie vorsichtig.

- *Hindernis Nr. 2: Der Expartner gibt keine Ruhe*

»Wir hatten drei Jahre zusammengelebt und wollten heiraten und so schnell wie möglich ein Kind bekommen. Dann hat er mir eines Abends eröffnet, daß er eine Weile fort müßte – der Druck sei ihm zu groß. Einen Monat später sagte er mir, daß ich ihm sehr fehlte, er aber eine andere heiraten werde. Jetzt ruft er mich einmal die Woche an, wenn er durcheinander ist und mit mir über seine Gefühle reden will.«

»Sie sagt, daß sie mich nicht mehr sehen will, ruft mich aber jedesmal an, wenn sie ein Problem hat – wenn ihr Auto nicht anspringt, in der Firma etwas schiefläuft oder sie Krach mit einer Freundin hat. Das kann drei- oder sogar viermal in der Woche vorkommen. Ich soll nur zuhören und überhaupt nichts sagen. Sobald ich mich äußere und meine Gefühle zeige, sagt sie, ich würde Ansprüche an sie stellen, und hängt auf.«

»Als er auszog, hat er seine ganzen Sachen dagelassen. Was ich auch sage, er holt sie nicht ab. Statt dessen kommt er ab und zu vorbei und nimmt jedesmal nur ein paar Teile mit. Dabei benimmt er sich immer so, als ob er eifersüchtig auf alles ist, was ich tue. Er will zwar nichts mehr von mir, aber er will sichergehen, daß auch niemand anders was von mir will.«

»Sie hat gesagt, ich würde ihr zu dicht auf den Pelz rücken, und sie müßte sich deshalb von mir trennen. Seitdem hat sie jeden, aber auch jeden meiner Freunde und Bekannten angerufen und verkündet, daß sie mit ihnen befreundet bleiben möchte. Und jedesmal erkundigt sie sich dabei nach mir. Wenn sie doch auf Trennung aus ist, warum klinkt sie sich dann so in meinen Freundeskreis ein?«

Im Augenblick müssen Sie besonders darauf achten, sich vor dem gestörten, oft provokativen Verhalten Ihres Expartners zu schützen. Seine Probleme können Ihre Versuche, über die Beziehung hinwegzukommen, sonst rasch behindern und alle Anstrengungen zunichte machen.

Sie müssen bedenken, daß der Abbruch der Beziehung die Ängste Ihres Partners zwar lindern kann, den Konflikt selbst aber nicht beseitigt. Da der Druck verschwunden ist, kann er/sie getrost Sehnsucht nach der Beziehung empfinden, doch sobald Sie beide wieder zusammen sind, kommt auch die alte Angst und der Drang nach Freiheit wieder zum Vorschein.

- *Hindernis Nr. 3: Aus und nicht vorbei*

Ihr Expartner weiß, daß er Sie vielleicht für immer verliert, wenn er Sie jetzt in Ruhe trauern und das Scheitern der Beziehung verarbeiten läßt. Diese Vorstellung ist womöglich zuviel für ihn. Während in Ihnen die Erkenntnis reift, daß es aus und vorbei ist, erhalten Sie plötzlich Telefonanrufe, Besuche oder Briefe. Ihr Expartner möchte mit Ihnen in Kontakt bleiben und weiter »Ihr Freund« sein. Er gibt Ihre Wohnungsschlüssel nicht zurück und läßt seine Sachen bei Ihnen. Die versteckte Botschaft lautet: »Ich komme bald zurück.«

Der Grund ist, daß auch der Abbruch einer Beziehung eine Festlegung bedeutet, zu der Ihr Expartner nicht imstande ist. Dadurch entsteht in ihm ein neuer Konflikt, auf den Sie sich nicht einlassen dürfen.

Wenn Ihr Expartner den Kontakt völlig abbricht

Ihr schlimmster Alptraum wird Realität. Von einem Tag auf den anderen ist der Mensch, der ganz für Sie da war, fort. Obendrein tut er so, als sei nie etwas zwischen Ihnen gewesen, hat bereits eine neue Beziehung angefangen und spricht wieder von Verlobung oder gar Heirat.

Wie kann es dazu kommen? Die Antwort lautet: Weil Ihr Expartner nur mit dem Konflikt umgehen kann, indem er ihn begräbt. Und das geht am leichtesten mit einer neuen Beziehung.

Sie dürfen die neue Beziehung Ihres Expartners nicht zum Hauptthema Ihres Denkens und Fühlens werden lassen. Jetzt haben Sie die Möglichkeit, Ihre eigenen Probleme zu verarbeiten und Ausschau nach einer Beziehung von der Art zu halten, wie sie Ihnen vorschwebt und wie Sie sie verdienen.

Schützen Sie sich vor dem Zorn Ihres Expartners

Bedenken Sie, daß Ihr Expartner besser als Sie weiß, was er alles versprochen und nicht gehalten hat, und sich deshalb vermutlich schuldig fühlt. Eine Möglichkeit, diese Schuldgefühle loszuwerden, besteht darin, Ihnen die Verantwortung zuzuschieben. Wenn er sich einredet, alles sei eigentlich Ihre Schuld, kann er ruhiger schlafen.

Von den Schuldgefühlen Ihres Expartners zu verletzendem oder provozierendem Verhalten ist es nur ein kurzer Weg. Er benimmt sich so, als gehe die Trennung auf Ihr Konto, und das in einer Phase, in der Sie vermutlich alles tun würden, um noch mit ihm zusammenzusein. Schützen Sie sich, indem Sie möglichst weit auf Distanz gehen.

Denken Sie zuerst an sich

Ein wichtiger Schritt auf dem Weg zur Genesung ist die Entscheidung, sich vor allem um die eigenen Probleme zu kümmern und nicht darum, was der Expartner gerade tut oder nicht tut. In dieser Phase sollten Sie sich mit den eigenen Ängsten auseinandersetzen und herauszufinden versuchen, warum Sie Entscheidungen getroffen und sich auf eine so wackelige Partnerschaft eingelassen haben. Sie müssen sich fragen, wie es kommt, daß Ihnen ein anderer Mensch wichtiger wurde als alles, was eigentlich für Sie zählt. Kein Partner und keine Beziehung sollte Ihnen je so viel mehr bedeuten als Sie selbst, Ihre Werte und Überzeugungen. Sorgen Sie dafür, daß es in Zukunft nicht wieder passiert.

Setzen Sie sich ein neues Ziel. Konzentrieren Sie Ihre ganzen kreativen und psychischen Energien auf den Aufbau eines eigenen Lebens, das nicht durch den Bruch einer noch so wichtigen Beziehung zerstört werden kann.